本书出版得到北京高等学校"青年英才计划"（项目编号：YETP0828）
教育部人文社会科学研究青年基金项目（项目批准号：19YJCZH271）
教育部2019年度中外人文交流专项研究课题的大力支持，特此鸣谢。

德国媒体中的中国国家形象建构

周海霞 著

中国社会科学出版社

图书在版编目（CIP）数据

德国媒体中的中国国家形象建构／周海霞著 . —北京：中国社会科学出版社，2021.3

ISBN 978-7-5203-7253-4

Ⅰ.①德… Ⅱ.①周… Ⅲ.①国家—形象—研究—中国②中德关系—研究 Ⅳ.①D6②D822.351.6

中国版本图书馆 CIP 数据核字（2021）第 024515 号

出 版 人	赵剑英
责任编辑	张　林
责任校对	李　剑
责任印制	戴　宽

出　　版	中国社会科学出版社
社　　址	北京鼓楼西大街甲 158 号
邮　　编	100720
网　　址	http://www.csspw.cn
发 行 部	010-84083685
门 市 部	010-84029450
经　　销	新华书店及其他书店
印　　刷	北京明恒达印务有限公司
装　　订	廊坊市广阳区广增装订厂
版　　次	2021 年 3 月第 1 版
印　　次	2021 年 3 月第 1 次印刷
开　　本	710×1000　1/16
印　　张	22.25
插　　页	2
字　　数	355 千字
定　　价	128.00 元

凡购买中国社会科学出版社图书，如有质量问题请与本社营销中心联系调换
电话：010-84083683
版权所有　侵权必究

目 录

绪 论 ……………………………………………………………… (1)
 第一节 选题依据 ……………………………………………… (1)
 第二节 关于德国媒体中的中国形象的研究现状 …………… (4)
  一 德国学界相关研究综述 ……………………………… (4)
  二 中国学界相关研究综述 ……………………………… (11)
 第三节 研究目的和研究假设 ………………………………… (18)
 第四节 本书基本框架 ………………………………………… (20)
 第五节 研究意义 ……………………………………………… (21)

第一章 理论基础与研究设计 …………………………………… (23)
 第一节 建构主义与建构主义视角下的传播学 …………… (23)
  一 建构主义认识论 ……………………………………… (23)
  二 建构主义视角下的传播学 …………………………… (27)
 第二节 国家形象 ……………………………………………… (31)
  一 国家形象的价值与功能 ……………………………… (31)
  二 国家形象的特点 ……………………………………… (34)
  三 媒体中的国家形象 …………………………………… (37)
 第三节 刻板印象与偏见、民族中心主义 ………………… (40)
  一 刻板印象与偏见 ……………………………………… (41)
  二 民族中心主义 ………………………………………… (44)
 第四节 语料与研究方法 ……………………………………… (45)

一　语料选取与代表性 …………………………………………（46）
　　二　研究方法与具体操作设计 …………………………………（49）

第二章　中国经济话语束分析与中国经济形象 ……………………（56）
　第一节　2000—2002年：落后的穷国显现经济发展新迹象 ………（58）
　第二节　2003—2004年：中国在亚洲崛起和逐渐成为世界
　　　　　工厂 ……………………………………………………（62）
　　一　议题一：中国的经济成就与西方的中国热 ………………（62）
　　二　议题二：中国经济繁荣的另一面 …………………………（65）
　　三　话语内部对峙：中国经济崛起论和中国经济
　　　　崩溃论并存 ……………………………………………（67）
　　四　意识形态观察框架：社会主义/资本主义框架 ……………（68）
　　五　其他次级主题：人民币汇率问题与"能源饥渴" …………（69）
　　六　《明镜》周刊议题：中国对亚洲其他国家的影响 ………（73）
　第三节　2005—2007年：中国竞争力提高与国际权力转移 ………（75）
　　一　中国竞争力提升被视为对西方构成威胁 …………………（76）
　　二　其他次级主题 ………………………………………………（89）
　第四节　2008—2010年：经济危机与中国自信膨胀论调 ………（118）
　　一　经济危机前夕：中国威胁论被继续言说 …………………（118）
　　二　经济危机过程中——几度变幻的中国经济形象 …………（124）
　　三　中国经济危机之后：率先走出经济危机的中国经济
　　　　保持速度增长，中国威胁论再次升级 ……………………（132）
　　四　经济危机时期其他子话语束分析 …………………………（144）
　第五节　中国经济话语束的词汇层面分析 ………………………（149）
　　一　标签的"去自然化" ………………………………………（149）
　　二　集体象征分析 ………………………………………………（151）
　　三　关键词去自然化分析："攻击性" ………………………（156）
　第六节　中国经济话语束小结 ……………………………………（157）
　　一　递进式"中国经济威胁论" ………………………………（157）
　　二　两刊涉华经济报道差异梳理 ………………………………（160）

三　中国经济话语束中提炼的相关形象 …………………… (163)

第三章　中国国际关系话语束分析与中国国际形象 ……………… (175)
　第一节　中德关系的报道 ……………………………………… (176)
　　一　中德经贸关系的报道 ……………………………… (177)
　　二　中德外交关系的报道 ……………………………… (192)
　第二节　中美关系的报道 ……………………………………… (227)
　　一　2000—2002年阶段：鹰强龙弱 …………………… (227)
　　二　2003—2007年阶段：中国经济快速发展逐渐对美构成
　　　　挑战 …………………………………………………… (230)
　　三　经济危机时期的中美关系 ………………………… (233)
　　四　与涉华政治报道的交织：中美关系之"台湾问题" …… (239)
　　五　与中国经济话语束的交织：人民币汇率问题 …… (242)
　　六　中美关系主题小结 ………………………………… (244)
　第三节　综合评述中国国际行为的报道分析 ……………… (247)
　　一　中国与亚洲邻国的关系 …………………………… (247)
　　二　中国与西方国家的关系 …………………………… (248)
　　三　小结与选词分析 …………………………………… (252)
　第四节　中日关系的报道 ……………………………………… (254)
　　一　渐获亚洲经济和政治领导权的中国被日本视为威胁 …… (254)
　　二　与中美关系话语束的交织：日美接近与中国抗衡 …… (256)
　　三　历史遗留问题引发中日冲突 ……………………… (257)
　　四　中日关系主题小结 ………………………………… (263)
　第五节　朝鲜问题与中朝关系的报道 ……………………… (264)
　　一　朝鲜难民问题 ……………………………………… (265)
　　二　动态变化的中朝关系 ……………………………… (266)
　　三　话语事件：朝鲜核试验问题 ……………………… (267)
　　四　《时代》周报议题：朝韩争端与中朝关系 ………… (268)
　　五　与中美关系主题的交织 …………………………… (269)
　　六　中朝关系主题小结 ………………………………… (270)

第六节 《明镜》周刊议题：中印关系 …………………………（270）
第七节 中伊关系和伊朗问题的报道 …………………………（274）
第八节 中俄关系的报道 ………………………………………（277）
第九节 中国与非洲国家的关系的报道 ………………………（279）
第十节 中国国际关系话语束小结 ……………………………（285）

第四章 中国科技话语束分析与中国科技形象 …………………（287）
第一节 中国科技威胁论 ………………………………………（288）
　一　中国科技发展成就与中国科技威胁论 …………………（288）
　二　中国科技威胁论与中国国家政策 ………………………（293）
第二节 中国载人航空事业发展与德媒对中国的政治偏见 ……（295）
第三节 对中国生物科学研究与临床应用违背伦理道德的
　　　 指责 ………………………………………………………（298）
第四节 关于中国具体科研成果的简讯 ………………………（300）
第五节 中国科技话语束小结 …………………………………（300）

第五章 中国军备话语束分析与中国军事形象 …………………（302）
第一节 与"台湾问题"的交织 ………………………………（302）
第二节 与中国国际关系话语束的交织 ………………………（303）
第三节 中国武器进口与武器制造 ……………………………（305）
第四节 中国军备话语束小结 …………………………………（305）

第六章 中国体育话语束分析与中国体育形象 …………………（307）
第一节 体育政治化和中国运动员形象 ………………………（307）
第二节 中国体育制度等级森严、运动员训练艰苦 …………（308）
第三节 质疑中国体育事业成就与兴奋剂有关 ………………（309）
第四节 中国足球腐败 …………………………………………（309）
第五节 中国职业篮球运动发展 ………………………………（310）
第六节 中国明星运动员与中国体育威胁论 …………………（311）
第七节 中国体育话语束小结 …………………………………（312）

第七章 实证分析话语束总结和中国硬实力形象与国际关系形象 ……………………………………………………………（313）

第一节 德媒涉华报道总结之各话语束分析 …………………（313）

一 关于中国经济话语束与中国经济形象 ……………（313）

二 关于中国国际关系话语束与中国国际形象 ………（315）

三 关于中国科技话语束与中国科技形象 ……………（319）

四 关于中国军备话语束与中国军事形象 ……………（319）

五 关于中国体育话语束与中国体育形象 ……………（320）

六 各话语束关联性分析 ………………………………（320）

七 《明镜》周刊和《时代》周报涉华报道差异小结 …（321）

第二节 德媒涉华报道总结之横向存在的中国形象侧面分析 …（323）

一 实用主义 ……………………………………………（323）

二 红色中国与黄色中国 ………………………………（325）

三 刻板印象：13 亿中国人的集体行为 ………………（326）

四 德媒涉华报道中存在的地域形象 …………………（329）

结束语 ……………………………………………………………（332）

参考文献 …………………………………………………………（335）

绪　　论

第一节　选题依据

国家形象作为一国软实力的重要组成部分，具有经济价值、政治价值和国家安全价值等多重价值。国家形象是一国的无形资产，国家形象在一定程度上影响一国在国际上的地位以及该国的外交经贸关系。良好的国家形象可以置换成实实在在的利益诉求，而被打上负面烙印的国家形象则会在诸多领域影响甚至阻碍一国利益的实现。对于处在上升期并亟待在全球化浪潮中实现发展的中国而言，西方发达国家眼中的中国形象如何影响中国在国际上的地位和行动能力，因为当下掌握国际主导话语权的依然是西方国家。自20世纪90年代以来，西方社会普遍流行中国威胁论，中国被视作来自另一个阵营的潜在威胁，中国形象也相应地呈现负面倾向。负面中国形象对于中国的影响已经在各个层面表现出来，尤其是在中国与西方国家的交流中。比如在宏观层面，旨在向世界介绍中国、推广中国文化和语言的孔子学院在一些国家受到批评、被质疑甚至遭遇抵制，即是负面国家形象影响中国实现国家利益的一个案例。而中国企业在境外的并购行为遭到限制就是负面国家形象在中观层面对中国产生不良影响的案例，比如福建宏芯基金收购德国爱思强受挫一事。多国掀起是否限制华为参与本国5G网络建设，同样也跟西方国家眼中的负面中国形象有关。在微观层面，负面中国形象对于中国人作为个体在境外的工作和生活也会产生影响，比如近年来在美国和欧洲国家存在的华人间谍威胁论，对当地的华人以及赴境外学习工作的中国人都有一定的影响。

德国是欧洲强国和欧盟的领头羊,在世界政治和经济舞台上德国都饰演重要的角色。因此,研究德国眼中的中国形象具有重要意义。实证研究表明,中国在德国主要呈现负面形象,而且较很多其他西方国家而言,德国公众中对中国持负面看法的人数比例更高。根据美国"皮尤中心"(Pew Research Center)的皮尤全球态度项目调研结果,德国公众对中国所持的看法相当消极,并且几乎是自该民调项目开展以来一直保持高程度负面倾向。皮尤全球态度项目始于2005年,而2007年至2018年德国受访者中对中国持负面看法的人数比例分别高达54%(2007)、68%(2008)、63%(2009)、61%(2010)、59%(2011)、67%(2012)、64%(2013)、64%(2014)、60%(2015)、60%(2016)、53%(2017)、54%(2018)。①西方其他民调机构如"环球扫描"(GlobeScan)、"世界公众舆论网"(WorldPublicOpinion.org)等进行的国家形象调研项目也都得出类似结果。②从全世界范围看,如此长时间持续对中国保持这么高程度负面态度的,只有日本公众和土耳其公众。德国与中国之间既没有历史遗留问题,也不存在领土争端,但是其公众中不喜欢中国的人数比例持续走高,高于很多西方国家(包括美国)的平均水平,这是一个非常值得深思的问题。

德国人眼中的中国形象作为德国社会的集体想象物,除了受到该社会集体记忆的影响之外,对其影响最大的就是德国媒体。大多数德国人对中国而言并没有直接经验,其获悉关于中国的信息、感知中国的最重要的途径便是德国媒体。因此德国媒体涉华报道可谓观察德国人眼中的中国形象的重要窗口。

德媒涉华报道从20世纪90年代起就以负面倾向为主基调,进入21世纪以来,中国在德国媒体中继续呈现负面形象,中国经济威胁论产生各种变体,如中国能源资源威胁论、中国科技威胁论、中国军事威胁论、

---

① 参见 Pew Research Center, "Global Indicators Database", 2018, http: www.pewglobal.org/database/indicator/24。

② 参见马凌、李昱佳《2009年全球舆论调查中的中国国家形象》,《中国地质大学学报(社会科学版)》2010年第3期,第23—24页。

中国资本威胁论等。近年来德媒涉华报道的负面倾向也受到中国公共舆论的关注，无论是中国官方还是普通公众，无论是学术研究结果还是个体的感性认识，所得到的结论都指向德媒的负面报道倾向。中国公共舆论指责德媒涉华报道过于负面和片面，指责其导致中国国家形象受损，但德国媒体和德国政界并不接受这样的批评，他们一再以德国媒体向来具有批判性为由，驳斥中方所提出的关于德媒涉华报道具有反华倾向的观点。德媒坚持表示其涉华报道并无倾向性，但实际上德国媒体所塑造的中国形象，并非如其所宣扬的那样是对中国现实的客观反映，而是由德国媒体积极建构的关于中国的认识。德国媒体被视为国家的第四种权力，表面上是独立于其他三权之外的具有监督功能的机制，在公众面前向来披着"客观中立"的外衣，因而德国媒体所塑造的中国形象在德国公众处获得"客观性"地位，被视作对中国真实情况的镜像反映。德国媒体涉华报道的内容选择和报道倾向在很大程度上能够影响德国民众对中国的印象。其实中国有很多面，而缺乏直接信息来源的德国民众所获得的关于中国的信息是由德国媒体从众多的面中筛选出来的，是德国媒体为公众做出的预先选择的产物，并且其观察中国的视角也是具有特定选择性的，并非对于真实中国的简单反映。这正是本书的关键切入点。本书旨在揭示德国媒体所塑造的中国形象具有建构性，德媒眼中的中国形象其实更多地反映德国/西方自身的诉求和欲望，而非真实的中国。在"中国威胁论"主导西方眼中的中国形象的条件下，这种研究视角对于积极影响中国国家形象、捍卫中国的国际地位具有重要意义。另外，德国大众传媒又是反映德国民众和各团体（如德国企业界、政界、学术界等）对于中国的态度与看法的重要基地。所以研究德国媒体中的中国形象对于把握德国各界对中国的态度、德国政府对华政策等方面，都具有非常重要的借鉴意义。基于相关研究成果，国家部门也可以及时调整或制定涉德应对策略。

第二节　关于德国媒体中的中国形象的研究现状[①]

在德国媒体中的中国形象研究领域，关注最多的自然是中国学界和德国学界。其中，德国学界在该领域的研究相较于中国学界而言开始得更早，其研究成果也更为丰硕。德国学界公开发表的相关研究成果中专著数量远多于中国学界，中国学界的研究成果以论文形式居多。德国学界相关研究成果所使用的语料覆盖的媒体报刊数量也多于中国学者。

一　德国学界相关研究综述

德国学界公开出版的相关研究成果中，以使用内容分析法或者话语分析法作为研究方法的居多，使用较多的另一类研究方法为专家访谈法，也有研究成果是结合使用内容分析和专家访谈两种研究方法。德国学者开始关注德国媒体中的中国形象这一研究课题的时间虽然很早，始于20世纪60年代，但是在2000年之前只有零星的几项研究成果公开出版。从数量上看，相关成果主要集中在2008年以后，这一方面与中国近年经济快速发展有关；另一方面与2008年中国主办大型国际体育赛事以及发生多起备受关注的大事件有关。尤其是中国在2008年作为奥运会东道主备受世界瞩目，因而德国国内多项研究成果中选择以2008年德媒涉华报道作为分析语料。

笔者视野所及，截至2000年，德国学界研究德国媒体中的中国形象的成果共有4部专著1篇期刊论文，出版时间分别为1968年、1978年、1989年、1997年和2000年。1968年出版的《中国——德国媒体的童话之国》可谓开启先河之作。该书作者通过分析11家德国报刊和3家瑞士报刊在1966年8月15日至10月15日的涉华报道得到结论：中国在德国媒体中呈现的形象是德国现有社会的潜在敌人。[②] 10年之后另一部专著

[①] 本章节"关于德国媒体中的中国形象的研究现状"是以本书姊妹篇《德国媒体中的中国社会形象与文化形象建构》（中山大学出版社2018年版）的"研究现状"为基础扩展和修订而来，因此本章节部分内容与后者（第7—18页）存在重复或相近。

[②] 参见 Günter Amendt, *China. Der deutschen Presse Märchenland*, Berlin: Voltaire-Verl, 1968。

《中国外交政策诸方面——以其在特定德国报纸中的感知为关注重点》出版。该书聚焦6家德国媒体于1963年至1972年关于中国外交政策的报道,分析结论:德国媒体中的中国形象扭曲,德媒涉华报道存在一定缺陷,比如缺少背景信息,报道中充斥大量的套话,且具有极端的善良/邪恶二分框架特征。①第3部专著是1989年出版的《关于中国改革时期的报道——〈世界报〉记者赫伯特·克雷姆普1977—1981年的北京报道》。该书选择的分析素材是出自同一位记者之手的涉华报道。作者通过对记者赫伯特·克雷姆普(Herbert Klemp)在特定时段内的七百余篇涉华报道进行分析,并辅以专家访谈法配合研究,得出结论称,克雷姆普的报道在文风上呈现多样化,表达精确,细微之处见观察功夫。此外,该文内容还涉及外国驻华记者在中国的工作条件。②

20世纪末时出现了两个研究成果,分别是以硕士学位论文形式出版的《变迁中的中国形象:德国媒体报道》(1997)和期刊论文《新的"邪恶帝国"?德国媒体1949年和1999年中的中华人民共和国》(2000)。前者的具体研究方式是选取6家德国媒体在1984年、1990年、1996年三年的涉华报道为分析语料,以定性和定量的内容分析为方法,进而通过对比获悉德媒涉华报道的变迁情况。该书的基本结论是:德国媒体中的中国形象发生了巨大的变化,从80年代"中国热"框架下的有趣的新伙伴形象,变成具有威胁性的饥饿巨人形象;从80年代热衷改革开放的国家形象,变成自信的、由继承了传统意识形态的教条政府执政的、西方在其中的影响力越来越小的中国形象。③

2000年发表的期刊论文《新的"邪恶帝国"?德国媒体1949年和1999年中的中华人民共和国》,同样也是通过对比分析的方法,揭示德国

---

① 参见 Wolfhard Karl Wilhelm Behrens, *Aspekte chinesischer Außenpolitik unter besonderer Berücksichtigung ihrer Perzeption in ausgewählten deutschen Zeitungen*, Bonn: Rhein. Fr.-Wilh.-Universität, 1978。

② 参见 Gerd Frahne, *Berichte über Chinas Reformperiode. Die Peking-Reporte des WELT-Korrespondenten Herbert Kremp 1977–1981*, Bochum: Studienverlag N. Brockmeyer, 1989。

③ 参见 Christiane Hilsmann, *Chinabild im Wandel. Die Berichterstattung der deutschen Presse*, Hamburg: Diplomarbeiten Agentur diplom.de, 1997。

媒体中的中国形象在更长的时间段内（50年）的变迁情况。该文对比了1949年和1999年德媒涉华报道，发现德媒中的中国形象呈现出负面发展趋势：1999年的涉华报道充满"批评和审判"，报道倾向以负面为主；而1949年的涉华报道则显现出德媒对中国基本不感兴趣。①

2001年以后出现的有关德国媒体中的中国形象的研究成果中，影响最大、调研规模最大的，当数2010年由德国海因里希·伯尔基金会资助出版的《德国媒体中的中国报道》。该书基于批评话语分析方法，对6份在德国具有主流媒体地位的报刊和3家德国电视台在2008年的所有8766条涉华报道进行分析，并采访了相关媒体的驻华记者。该文得到的结论主要包括：德媒涉华报道中充斥大量关于中国的负面刻板印象；在涉华报道中负面事件具有高度的新闻价值；涉华政治报道呈现出意识形态烙印和民族中心主义烙印。②该书最后还附有凯·哈费茨（Kai Hafez）的评论文章《从传播学视角看德国媒体中的中国形象》③、托马斯·海贝勒（Thomas Heberer）的评论文章《从政治学视角看中国形象和媒体报道》④，两篇评论分别从传播学视角和政治学视角对德媒涉华报道进行分析，并且都不同程度地论证了《德国媒体中的中国报道》一书的相关结论。

在中、德两国都产生重要影响的另一类相关研究成果，是华为（德国）公司委托德国民调机构TNS Emnid公司和学者进行的题为"德国与中国：感知与现实"⑤的系列调研报告。每次报告出台都受到德国多家媒

---

① 参见 Tim Trampedach, "Das neue Reich des Bösen"? Die Volksrepublik China in deutschen Medien 1949 und 1999, *Berliner Chinahefte*, No. 18, 2000。

② 参见 Carola Richter/Sebastian Gebauer, *Die China-Berichterstattungen in den deutschen Medien*, Berlin: Heinrich Böll Stiftung, 2010。

③ Kai Hafez, Das Chinabild deutscher Medien aus kommunikationswissenschaftlicher Perspektive, *Die China-Berichterstattungen in den deutschen Medien*, Berlin: Heinrich Böll Stiftung, 2010, pp. 237 – 258.

④ Thomas Heberer, Chinabild und Medienberichterstattung aus politikwissenschaftlicher Perspektive, *Die China-Berichterstattungen in den deutschen Medien*, Berlin: Heinrich Böll Stiftung, 2010, pp. 259 – 288.

⑤ Huawei, "Deutschland und China – Wahrnehmung und Realität. Die Huawei-Studie 2012/2014/2016", 2019, http://www.huawei-studie.de/download.

体关注和报道。目前该报告系列已公开发表3份报告，分别是2012年版、2014年版和2016年版。报告的宗旨是调研中、德两国在彼此国民眼中的形象，所使用的研究方法为电话访谈以及专家访谈，同时辅以两国媒体关于对方的报道分析作为支撑，调查显示德国民众眼中的中国形象在很大程度上受到德国媒体涉华报道的影响。与2012年的报告相比，2014年和2016年的调研报告中媒体分析的分量更重，语料数量也更大。2016年的媒体分析涉及11家德国平面媒体，样本量为1582篇文章，时间范围为2015年7月1日至2016年6月30日；2014年同样是11家平面媒体，囊括德国重要的跨区域报刊、新闻周报和周刊，样本量为1759篇报道，时间范围是2013年7月1日至2014年6月30日。其主要分析内容为德媒涉华报道的议题分布和报道框架、报道规模、报道倾向等方面。

2014年出版的专著《德国社会中的中国镜像：来自经济界、科学界和文化界的形象、态度和期待》，也是结合使用内容分析和专家访谈的研究方法，并且辅以小规模的在线访谈和框架分析等研究方法。所选取的语料为2012年来自8家德国报刊的共计5279篇涉华报道。分析结果显示，中国形象处在变迁之中。中国经济发展依然是占据主导地位的议题，媒体益发关注中国在国际上的角色，德媒持批评态度的议题主要涉及中国经济发展与人民生活水平之间的关系。该书认为，德媒涉华报道并非片面性报道，而是全面展示了中国的国家形象，而且批评中国的那些观点也并非德国视角专有。①

2017年出版的论文集《中德形象报告——从文化、媒体和语言科学视角看德语区的中国形象（2000—2013）》②汇集了多篇研究德国媒体中的中国形象的论文，并且所涉视角丰富，包括中国经济形象分析、中国教育形象分析、关于中国饮食话语的分析、中国在中非关系报道中的形

---

① Caja Thimm/Tobias Bürger/Phyllis Kuhn, *China im Spiegel der deutschen Gesellschaft. Images, Einstellungen und Erwartungen in Wirtschaft, Wissenschaft und Kultur*, Bonn: Bonner Akademie für Forschung und Lehre praktischer Politik, 2014.

② Friedemann Vogel/Jia Wenjian (Hrsg.), *Chinesisch-Deutscher Imagereport. Das Bild Chinas im Deutschensprachigen Raum aus kultur-, medien - und sprachwissenschaftlicher Perspektive* (2000 - 2013), Berlin/Bosten: De Gruyter, 2017.

象分析、海外中国人/华人群体形象分析、中国政治形象分析，以及德语广告中的中国形象分析等。

系统性分析德媒涉华报道的另一个研究成果为著作《从理想化到妖魔化：中国形象在变迁？关于德国跨地区媒体中的评论类涉华报道的媒体分析》。该书对《法兰克福汇报》和《南德意志报》1993—2007年的特定涉华报道进行内容分析，得出结论：德媒涉华报道呈现负面趋势，一方面短期的、高频率出现的负面头条新闻导致负面中国形象的形成；另一方面涉华报道多使用刻板印象以及使用与中国的政治与经济权力相关的报道框架。①

另一专著《真实的中国和失真的中国：〈明镜〉周刊（2001—2004）中的中国形象》通过分析《明镜》周刊2001年至2004年的涉华报道获得中国形象。该书作者认为，一方面《明镜》所呈现的中国形象更多是旧中国形象；另一方面作者表示该刊涉华报道是均衡的、具有批判性的，但并非片面负面的。②

相关研究成果中视角较为独特的，是基于报道配图，而非报道文字本身进行分析：《〈明镜〉周刊中的中国国家形象：关于2004年和2009年报道配图的对比分析》一书采用定量的内容分析法，通过对比《明镜》周刊2004年与2009年两年涉华报道中的报道配图及配图文字，获悉并描述时下的中国国家形象，并分析2009年的中国形象与2004年相比发生了怎样的变化，以确定德国政府换届前后德媒涉华报道的变化所在。③

如前文所述，鉴于2008年中国发生一系列大事件，德国学界出现诸多以2008年德媒涉华报道为分析语料的研究成果。除了专著《德国媒体中的中国报道》之外，其他相关研究成果基本都着重于事件报道分析，

---

① 参见 Alexander Seibt, *Von der Idealisierung bis zur Verteufelung. Das Bild Chinas im Wandel? Eine Medienanalyse der Kommentare zu China in der deutschen überregionalen Presse* (Arbeitspapiere zur internationalen Politik und Außenpolitik. 2010, Nr. 3), Köln：Lehrstuhl Internationale Politik Universität zu Köln, 2010。

② 参见 Gui Hao, *Das wahre und unwahre China. Das China-Bild im Wochenmagazin "DER SPIEGEL" von 2001 bis 2004*, Saarbrücken：VDM Verlag Dr. Müller, 2007。

③ 参见 Johanna Braun, *Das Nationen-Bild Chinas im Nachrichtenmagazin "DER SPIEGEL"：Eine vergleichende Bildanalyse der Jahrgänge 2004 und 2009*, Saarbrücken：VDM, 2011。

尤其是关于 2008 年奥运会的报道分析，且多采用内容分析方法。比如《2008 年奥运会——在西藏的阴影下？对特定的跨地区德国日报中关于中国主办奥运会的前期报道的分析》一书通过对 3 份德国报纸于 2008 年 1 月 1 日至 5 月 31 日的 201 篇涉华报道进行分析，得出结论称，与奥运前期有关的涉华报道受到西藏事件的影响，具有政治框架特点和批判性特点；①《德国媒体中的中国形象：关于特定的跨地区德国日报在 2008 年奥运会前期准备与赛事举办语境下的内容分析》一书分析奥运会背景下德国媒体是如何报道和评价中国的，以及分析奥运会的相关事宜是否对中国的媒介形象产生影响，该书主要关注报道出现的主题、行为主体以及关于中国的倾向性评价；②《北京——中国的政治游戏：以〈法兰克福汇报〉为例看中国的政治格局对 2008 年奥运会报道的影响》一书着重分析中国的政策，分析相关政策对奥运会产生的作用是否以及如何影响涉奥体育报道，分析结果显示，在奥运举办期间体育报道所占分量更重，在奥运前后政治报道所占分量更重，但同时也并未导致体育报道边缘化。③

涉及奥运会事件分析的还有《2008 年德国报道中的中国：一个多维视角的内容分析》一书，该书对 3 家德国报刊中关于西藏动乱事件、汶川地震和奥运会的报道进行分析，并得出结论：2008 年德媒涉华报道具有负面中心倾向、政治中心倾向、危机事件成为报道焦点等特征。同时作者表示，不可笼统指责德媒涉华报道过于负面和片面，而应有差异性地观察国际报道，媒体报道因事件本身、事件阶段和媒介不同而异。④

---

① 参见 Ina Vach, *Die Olympischen Spiele 2008 – im Schatten von Tibet? Eine Analyse der Vorberichterstattung über die Olympischen Spiele im Gastgeberland China in ausgewählten deutschen überregionalen Tageszeitungen*, Hannover: Hochschule für Musik und Theater Hannover, 2008。

② 参见 Susanne Pfeifer, *Das Image Chinas in den deutschen Medien. Eine Inhaltsanalyse ausgewählter überregionaler deutscher Tageszeitungen im Kontext der Vorbereitung und Austragung der Olympischen Spiele 2008*, Saarbrücken: VDM Verlag, 2009。

③ 参见 Bettina Geuenich, *Beijing – Die politischen Spiele in China: Die Auswirkungen der politischen Lage in China auf die Sportberichterstattung der Olympischen Spiele 2008 in Peking am Beispiel der FAZ*, Saarbrücken: VDM Verlag Dr. Müller, 2010。

④ 参见 Linny Bieber, *China in der deutschen Berichterstattung 2008: Eine multiperspektivische Inhaltsanalyse*, Wiesbaden: VS Verlag für Sozialwissenschaften, 2011。

期刊论文《奥运之火在燃烧，随之一同燃起的是怀疑的火焰》分析了6家德国平面媒体在奥运会举办期间的涉华报道，作者认为，20世纪90年代以来德媒涉华报道明显的负面倾向在2008年西藏动乱事件报道中得到加强，并且德媒在关于奥运会的报道中依然大量使用与中国形象有关的既有图式。①

除了单独分析德媒涉华报道，以获悉中国形象建构外，也有个别研究成果通过将中德两国媒体关于奥运会的报道进行对比，以分析获得两国媒体所塑造的中国形象及其相关报道模式：《同一个世界——同一个梦想？奥运会报道中的中国形象》一书使用定量的内容分析方法，对比德国媒体《法兰克福汇报》、《南德意志报》和中国媒体《中国日报》《上海日报》2008年6月1日至8月31日关于奥运会的报道，并采访相关媒体的记者，以求基于对比方式得出更加接近真实的中国形象。在该书中关于中国的形象、刻板印象和偏见成为分析重点。根据该书分析结果，德国媒体涉华报道聚焦冲突主题，塑造过于负面的中国形象，视西方国家优越于中国，中国更多被塑造成对手甚至敌人的形象；而中国媒体的报道则以正面和颂扬基调为主，基本没有批评中国的言论出现，虽不避免冲突主题，但依然以褒扬为主基调。该书作者认为，德国媒体和中国媒体的报道中虽然都呈现"扭曲"的中国形象，但德媒所塑造的中国形象更接近真实。②

此外，也有个别研究成果以德国电视中的中国形象为研究对象，比如《德国公法电视中的中国形象——以德国电视二台2008年的涉华报道的内容分析为例》同样以2008年的涉华报道为语料，作者认为，其他关于德国平面媒体2008年涉华报道的研究结论并不全面，因为该书通过分析得到的结论是，德国电视二台的涉华报道涉及中国的方方面面，并且

---

① 参见 Michael Poerner, "Das olympische Feuer brennt. Und mit ihm lodert das Misstrauen" - Die Chinaberichterstattung während der Olympischen Sommerspiele in Beijing 2008, *Journal of Current Chinese Affairs*, No.1, 2009。

② 参见 Lukas Peuckmann, "*One World, One Dream？*". *Das Bild Chinas in der Olympia-Berichterstattung*, Berlin: Frank & Timme, 2010。

传播的是全面的、细分化的中国形象。①

从成果形式和研究对象来看，德国国内相关研究成果多为专著形式，一大部分成果集中关注2008年德媒涉华报道，其中又以奥运会报道受关注程度居高。从研究结论看，大多研究成果都表示，德国媒体涉华报道以负面报道倾向为主，且报道中大量存在关于中国的刻板印象；另外，2008年报道分析显示，德媒涉华报道聚焦冲突事件和危机事件，且具有政治中心倾向。从研究方法看，相关研究成果多采用内容分析法，访谈法居次。从媒体使用来看，德国学界使用较多的语料来源主要包括跨区域日报《法兰克福汇报》《南德意志报》《世界报》《日报》，新闻周刊《明镜》《焦点》《明星》，新闻周报《时代》等。

二 中国学界相关研究综述

国内关于德国媒体中的中国形象研究基本都集中于2005年之后，但并非像德国学界那样主要以德国媒体2008年的涉华报道为分析语料。从成果形式看，国内学界的相关研究以学术论文居多，目前仅有1部专著公开出版，即本书的姊妹篇《德国媒体中的中国社会形象与文化形象建构——德国主流媒体〈明镜〉周刊和〈时代〉周报涉华报道分析》。从语料来源看，国内相关研究成果所分析的报刊数量相对较少（大多为1份至2份报刊），其中又以《明镜》周刊涉华报道被用于分析的频率最高，《时代》周报居其次。需要提到的是，国内学界近年来逐渐关注德国平面媒体在线网站的涉华报道，而不仅仅局限于德国媒体传统纸质报刊的涉华报道。另外，近年来学界对中国形象的关注也延伸到德国电视媒体中，研究对象包括德语纪录片和影视作品中的中国形象。

根据研究方法和分析视角不同，国内研究成果可分为两类：第一类论文主要在内容层面关注涉华报道，此类论文选择分析某德国报刊在某自然时间段内（即并非与特定事件挂钩的时间段）的涉华报道，从而获悉中国在所分析报刊的各报道领域中呈现的形象，并分析导致特定中国

---

① 参见 Peng Kuang, *Das Chinabild im deutschen öffentlich-rechtlichen Fernsehen. Eine Inhaltsanalyse am Beispiel der China-Berichterstattungen des ZDF im Jahr* 2008, Marburg: Tectum Verlag, 2014。

形象形成的诸多原因。这一类论文的数量相对较多，语料覆盖时段也相对较长，而且多使用内容分析方法。此类论文包括以下所列。

张征和冯静在论文《〈明镜〉周刊之"镜中中国"解析》中分析《明镜》1999—2002 年的涉华报道，得出结论：涉华报道数量在增加，且随着德国政府对华政策调整，德媒涉华报道呈现经济报道增加、人权报道数量减少的趋势。《明镜》报道展示了经济上繁荣、政治上保守、军事上野心勃勃、存在众多社会问题的中国形象。①

刘继南等的著作《镜像中国：世界主流媒体中的中国形象》中有一章内容涉及《法兰克福汇报》2000—2003 年的涉华报道分析。该章得出结论称，在世界主流媒体报道中中国所呈现出的形象是：在经济上发展快，虽有问题但整体趋势积极向上；在政治上不开明，人权形象糟糕；在社会法律方面，存在问题较多。总之，是各方面都有待提高的发展中国家形象。②

贾文键在《德国〈明镜〉周刊（2006—2007 年）中的中国形象》一文中对《明镜》2006 年和 2007 年的涉华报道进行分析，得出结论称，该刊涉华报道以负面报道占主导地位。作者表示，其原因在于德国的国家利益面临挑战、德国人的文化自信面临危机及"跨文化沉默的螺旋"现象。③

周海霞的论文《负面中国形象之跨文化解读——以德国〈时代〉周报（2006—2007）中的中国形象为例》，对《时代》周报 2006—2007 年的涉华报道进行分析，并以跨文化交流理论的民族中心主义和文化维度等视角为切入点，阐述《时代》周报涉华报道负面倾向居多的原因。④

---

① 参见张征、冯静《〈明镜〉周刊之"镜中中国"解析》，《国际新闻界》2005 年第 2 期，第 26 页。
② 参见刘继南、何辉等《镜像中国：世界主流媒体中的中国形象》，中国传媒大学出版社 2006 年版，第 222 页。
③ 参见贾文键《德国〈明镜〉周刊（2006—2007 年）中的中国形象》，《国际论坛》2008 年第 4 期，第 65—66 页。
④ 参见周海霞《负面中国形象之跨文化解读——以德国〈时代〉周报（2006—2007）中的中国形象为例》，载殷桐生主编《德意志文化研究》第 5 辑，外语教学与研究出版社 2009 年版，第 12—17 页。

王志强在《德国〈时代〉周报视角下的经济中国形象（2004—2009）》一文中对《时代》的涉华经济报道进行分析，得出结论称，德媒涉华经济报道呈现负面倾向性，且受到德国政局变化的影响。作者认为，施罗德时期涉华经济报道较为客观，默克尔执政时期涉华报道反映出德国政界对中国崛起的怀疑和戒心。①

周海霞在《2008年德国媒体眼中的中国形象——以〈时代〉周报（2008）和〈明镜〉周刊（2008）中的中国形象为例》中，对《时代》周报和《明镜》周刊2008年涉华报道进行分析，结果显示，一方面，中国在政治领域呈现极其负面的形象；另一方面，《时代》周报所塑造的中国形象整体倾向中性，《明镜》周刊所塑造的中国形象整体倾向负面。②

周海霞等所著论文《经济危机时期德国媒体中的动态中国经济形象——以德国主流媒体〈明镜〉周刊和〈时代〉周报2009—2010年涉华报道为例》，使用批评话语分析方法，对经济危机语境中《明镜》周刊和《时代》周报塑造的中国经济形象进行分析，所得到的结论为：中国经济形象围绕德国经济利益呈现多变性特点，这背后折射出德国的利益尺度和诉求。③

蔡馥谣在《西方新闻周刊镜像下的中国形象——基于1949—2013年德国〈明镜〉周刊封面的中国符号分析》中，通过对《明镜》周刊的50张与中国相关的封面图片及其标题的分析，得出的中国形象是：经济繁荣开放、政治保守专制、民主自由受限、军事野心勃勃。④

刘佳等在《〈南德意志报〉中的中国形象建构》中对《南德意志报》2008—2015年的涉华报道进行了主题、客观性、倾向性和框架解

---

① 参见王志强《德国〈时代〉周报视角下的经济中国形象（2004—2009）》，《德国研究》2009年第4期，第68页。
② 参见周海霞《2008年德国媒体眼中的中国形象——以〈时代〉周报（2008）和〈明镜〉周刊（2008）中的中国形象为例》，《德语学习学术版》2010年第2期，第210页。
③ 参见周海霞、王建斌《经济危机时期德国媒体中的动态中国经济形象——以德国主流媒体〈明镜〉周刊和〈时代〉周报2009—2010年涉华报道为例》，《德国研究》2011年第1期，第39页。
④ 参见蔡馥谣《西方新闻周刊镜像下的中国形象——基于1949—2013年德国〈明镜〉周刊封面的中国符号分析》，《兰州大学学报（社会科学版）》2014年第4期，第71—78页。

构式分析。①李晓梅在论文《德国〈南德意志报〉2016 年对中国的经济形象建构》中对《南德意志报》2016 年涉华经济报道主题进行梳理，得到结论称，该报涉华经济报道以中性情感倾向为主；②吴悦旗在论文《近十年德国媒体中的中国制造》中，通过对《时代》周报、《明镜》周刊和《焦点》杂志中有关"中国制造"的报道分析，获悉德国媒体中的中国产品形象。③

国内学界除了关注德国传统纸质媒体所建构的中国形象之外，也逐渐开始以德国媒体在线网站的涉华报道为研究语料。比如冉华等所著论文《中国国家形象的"他塑"——〈明镜〉周刊网站国际版涉华报道分析》，以《明镜》周刊网络版的涉华报道国际版为语料，通过对报道数量、议题、框架和基调等的分析，研究该刊所建构的中国形象；④唐婧的论文《网络互动与中国形象的构建——德国媒体网络版对"中国全面深化改革"报道的分析》，主要分析《时代》周报网络版和《明镜》周刊网络版中关于中国全面深化改革各层面报道后面的网络读者跟帖，并比较网络读者跟帖与媒体报道中中国形象的异同；⑤黄思学等所著论文《境外媒体眼中的中国外交形象——德国〈明镜周刊〉国际版涉华外交报道分析》，以《明镜》周刊国际版网站的英语涉华报道为语料，认为该刊所塑造中国外交形象具有高关注度、主观化、负面化的特点。⑥

如前文所述，国内学界的关注点也延伸到德国电视媒体中的中国形象上。其中较早关注德国媒体中的中国影像的是冯德律的论文《德国电

---

① 参见刘佳、束涵《〈南德意志报〉中的中国形象建构》，《新闻研究导刊》2018 年第 4 期，第 63—64 页。

② 参见李晓梅《德国〈南德意志报〉2016 年对中国的经济形象建构》，《新闻传播》2017 年第 12 期，第 30—34 页。

③ 参见吴悦旗《近十年德国媒体中的中国制造》，《新闻研究导刊》2016 年第 14 期，第 56—59 页。

④ 参见冉华、戴骋《中国国家形象的"他塑"——〈明镜〉周刊网站国际版涉华报道分析》，《国际传播》2018 年第 1 期，第 45—54 页。

⑤ 参见唐婧《网络互动与中国形象的构建——德国媒体网络版对"中国全面深化改革"报道的分析》，《今传媒》2016 年第 7 期，第 52—56 页。

⑥ 参见黄思学、卢世博、方紫嫣《境外媒体眼中的中国外交形象——德国〈明镜周刊〉国际版涉华外交报道分析》，《湖南行政学院学报（双月刊）》2016 年第 2 期，第 24—31 页。

视纪录片中的中国形象探析》。通过对德国三部关于中国的纪录片的描述，该文得出结论认为：关于中国的纪录片中通常都有正、反两个方面，既呈现中国经济对世界经济的影响力，又涉及中国经济增长导致的生态问题以及中国社会问题等。①

涉及德语纪录片所呈现的中国影像的另一研究成果是郑西帆等的论文《德语纪录片〈中国边疆〉建构的多维中国形象分析——兼论如何提高国产纪录片的跨文化传播能力》，该文运用批评话语分析、影视评论分析等方法，从经济、政治、宗教、环境、边疆民众等视角出发，对纪录片《中国边疆》中呈现的中国形象进行多维分析。②

周海霞的 4 篇论文《德国影视作品中的中国和中国人——关于德国喜剧电影〈酸甜邻居〉的跨文化解读》《德国电影中的华人形象和中国形象——以三篇德语故事片为主的分析》《"文化飞地"：中餐馆与德国华人题材影像的空间叙事》《德国影视作品中的华人影像书写——华人叙事模式与角色类型化分析》，则以涉及华人和中国主题的德国故事片为语料，通过分析相关作品中的叙事模式、所使用的中国元素等，获得德国影视作品中的华人形象与中国形象。③

第二类论文主要在新闻制作层面关注涉华报道，如语言使用、主题选择等，此类论文选择分析德国报刊就中国境内发生的特定新闻事件进行的报道，如西藏事件、奥运会、上海世博会、"一带一路"等，或者分析与特定事件相关的时间范围内的德媒涉华报道，从而揭示德媒在具体事件上的倾向性。此类论文包括以下所列。

---

① 参见［德］冯德律《德国电视纪录片中的中国形象探析》，谢震宇译，《德国研究》2007 年第 4 期，第 50 页。
② 参见郑西帆、宋蒋萱《德语纪录片〈中国边疆〉建构的多维中国形象分析——兼论如何提高国产纪录片的跨文化传播能力》，《新闻大学》2013 年第 4 期，第 37—44 页。
③ 参见周海霞《德国影视作品中的中国和中国人——关于德国喜剧电影〈酸甜邻居〉的跨文化解读》，《德语人文研究》2015 年第 2 期，第 38—50 页；周海霞《德国电影中的华人形象和中国形象——以三篇德语故事片为主的分析》，《华侨华人历史研究》2017 年第 3 期，第 35—43 页；周海霞《"文化飞地"：中餐馆与德国华人题材影像的空间叙事》，《华文文学》2018 年第 3 期，第 56—65 页；周海霞《德国影视作品中的华人影像书写——华人叙事模式与角色类型化分析》，《德国研究》2018 年第 2 期，第 107—122 页。

王异虹与张晓玮等在《德国主流媒体重构的"西藏问题"——德国媒体涉藏报道内容分析》一文中，对2008年3月至2009年3月《世界报》《南德意志报》《法兰克福汇报》《图片报》和《时代》周报中的"西藏问题"报道进行分析，发现德媒对该问题的关注度之高，而且负面报道倾向程度高。从选词方面看，报道多用褒义词指称描述暴乱分子，而使用贬义词指称中国政府。①

沈妍在《德国媒体中的中国形象——以德国〈图片报〉对奥运前后的中国报道为例分析》一文中，对《图片报》在线版和《图片报》纸质版在2008年3月至11月的相关涉华报道进行分析，获取报道中出现的主题。该文得出结论称，奥运会举办前后相关涉华报道的主题选择都以负面居多，而且在信源选择方面，德媒对中国官方信息明显持不信任态度。作者认为，负面中国形象塑造受到思维定式和意识形态的影响。②

周海霞在论文《德国媒体中的中国形象》中，通过分析《时代》周报和《明镜》周刊中有关杯葛奥运的辩论的报道，揭示德媒涉华报道背后隐藏的经济利益与价值观利益之间的动态互动关系。③

熊健在《从媒体报道谈德国对西藏问题的误解》一文中分别从选词和报道视角出发对德媒关于西藏问题的报道进行分析，所获得结论显示，德媒针对中国政府和达赖集团使用不同报道倾向，同时该文也阐述了德媒歪曲西藏问题的多层次原因所在。④

魏艾在《浅谈新闻的涵化作用——以2009年至2010年〈明镜〉周刊涉华报道为例》一文中对《明镜》2009年1月至2010年3月的涉华报道进行分析。结果显示，该刊涉华报道在选题上以负面居多。除此之外，

---

① 参见王异虹、张晓玮、何苏鸣、丁洁、江晓川《德国主流媒体重构的西藏问题——德国媒体涉藏报道内容分析》，《新闻与传播研究》2010年第2期，第32—33页。

② 参见沈妍《德国媒体中的中国形象——以德国〈图片报〉对奥运前后的中国报道为例分析》，《东南传播》2009年第1期，第49—50页。

③ 参见 Zhou Haixia, Chinabilder in deutschen Medien, *Kulturelle Vielfalt deutscher Literatur, Sprache und Medien. Interkulturelle und kulturkontrastive Perspektiven*, Göttingen: Universitätsverlag Göttingen, 2009, pp. 223–238。

④ 参见熊健《从媒体报道谈德国对西藏问题的误解》，《新闻传播》2009年第7期，第42—43页。

报道还通过新闻手段在主题、语言、标题选择、封面等多方面将隐含的关于中国的负面观点传递给读者。①

高小曼等在《德国媒体中的中国形象——以德国主流报刊关于2010上海世博会报道为例》一文中对《南德意志报》《法兰克福汇报》《世界报》《法兰克福评论报》等4份报刊中有关上海世博会的报道进行主题、评价和趋势分析，得出结论认为，德国媒体涉华报道虽包含刻板印象与偏见，但还是相对客观的。②

蔡馥谣在《德国媒体视阈下的"一带一路"解读》中，对《焦点》在线网站中有关"一带一路"的报道进行分析，得到结论称，《焦点》在线网站虽高度重视"一带一路"议题，但是依然对"一带一路"持不信任态度，将之与中国威胁论、中国崩溃论挂钩。③

李智等在《德国媒体中的中国形象建构——以〈明镜周刊〉一带一路报道为例》中，采用内容分析和话语分析方法，对《明镜》周刊在一带一路报道中的中国形象进行高、中、低三个层次的分析，并总结出该刊在政治、经济、社会三个方面所建构出的中国形象。结果显示，中国呈现多面体形象。④

如前文所述，目前国内在德国媒体中的中国形象研究领域仅有一部专著公开出版——《德国媒体中的中国社会形象与文化形象建构——德国主流媒体〈明镜〉周刊和〈时代〉周报涉华报道分析》。该书基于《明镜》周刊和《时代》周报2000—2010年的涉华报道分析，获悉德国媒体中的中国文化形象和社会形象建构，并揭示这种形象建构的主体依赖性及其背后隐藏的德国/西方利益与价值观标准。该专著为本书的姊妹篇，本书所涉及的中国形象涉及经济、科技、军事、体育和国际关系领

---

① 参见魏艾《浅谈新闻的涵化作用——以2009年至2010年〈明镜〉周刊涉华报道为例》，《新闻世界》2011年第1期，第128—129页。

② 参见高小曼、金学宁《德国媒体中的中国形象——以德国主流报刊关于2010上海世博会报道为例》，《扬州教育学院学报》2012年第2期，第27—30页。

③ 参见蔡馥谣《德国媒体视阈下的"一带一路"解读》，《中国文化与传播研究》2017年第2辑，第137—153页。

④ 参见李智、李逸萌《德国媒体中的中国形象建构——以〈明镜周刊〉一带一路报道为例》，《国际传播》2018年第4期，第53—64页。

域,即中国硬实力形象与国际关系形象。本书拟深度挖掘德媒在建构中国形象方面所使用的论证结构,揭示德媒眼中的中国形象并非"真实"的中国形象,而是折射德国利益诉求的媒介建构形象。

第三节 研究目的和研究假设

本书旨在揭示德国媒体涉华报道并非如其宣传的那样是所谓的客观中立的报道,而是德国媒体根据特定规则(包括国家利益、价值观以及媒体系统内部规则等)进行选择操作后得到的结果。德国媒体所塑造的中国形象并非关于中国的真实情况的反映,而是德媒建构的产物,是具有他者特性的,折射出德媒/德国作为观察主体的欲望和诉求。实现该研究目的的具体操作为:通过批评话语分析方法对德媒涉华报道中被视为不容置疑的"自然物"进行"去自然化"操作,从而揭示出德媒涉华报道语言内外言而未明、含而未露的内容,解构并质疑德媒所呈现的中国形象和近年来兴起的中国威胁论。综上所述,本书的研究问题为:德媒主流媒体涉华报道中呈现怎样的中国硬实力形象与国际关系形象(文字现象层面)?这样的中国硬实力形象与国际关系形象是如何形成的(具体操作层面)?德媒所建构的中国硬实力形象与国际关系形象折射出怎样的主体诉求和意志(深层原因层面)?

本书从上述研究问题和研究目的出发,提出如下研究假设:

1. 根据现有研究成果,德媒涉华报道自 20 世纪 90 年代以来主要呈现负面报道倾向,本书提出研究假设:21 世纪头十年继续保持负面倾向主导的情况;且结合本书分析对象,本书提出假设:《明镜》周刊报道倾向较《时代》周报负面程度更高。

2. 现有研究成果表明,自 18 世纪中期以来,中国几乎一直被西方视为停滞的和落后于西方文明的,尤其是鸦片战争之后,德国眼中的中国形象总是在德国文化更为优越的定位中呈现的。[①] 鉴于此,本书提出研究

---

① 参见 Michael Poerner, *Business-Knigge China. Die Darstellung Chinas in interkultureller Ratgeberliteratur*, Frankfurt/Main: Peter Lang, 2009, p.60。

假设：虽然21世纪中国经济和综合国力快速发展，但德媒涉华报道依然是在居高临下的、视自我更为优越的叙事框架中进行的，即中国依然被置于落后于德国的位置上进行观察。

3. 诸多研究成果提出，德媒涉华报道中存在大量关于中国的刻板印象，本书提出研究假设：21世纪头十年德媒所塑造的中国形象中存在众多刻板印象与偏见的烙印，既包括历史形成的，也包括现代形成的刻板印象与偏见。德媒涉华报道深受这些关于中国的固有认识的影响，它们几近成为德媒涉华报道的框架。

4. 随着中国经济发展，中国受关注程度提高，德国媒体中的涉华经济报道数量随之增加；与此同时，中国威胁论的论调在西方国家愈演愈烈。据此，本书提出研究假设：中国经济实力的增长与德媒涉华报道（尤其涉华经济报道）的负面倾向程度，以及报道内容在质量上的负面程度之间存在正相关关系，因此伴随着对中国经济实力增长的肯定，中国威胁论的论调也随之高涨。

5. 与研究假设4相关，本书提出另一研究假设：德媒关于中国科技发展以及中国军事发展的报道与德媒涉华经济报道具有相似之处，即在肯定中国科技与军事实力增长的同时，也渲染中国科技威胁论与中国军事威胁论。而且两种威胁论也随着中国综合国力的增长而愈演愈烈。

6. 现有研究成果提出，德媒建构负面的中国形象与德国国家利益受到挑战有关，[①] 本书据之提出研究假设：德媒塑造负面的中国经济形象与德国经济利益受到挑战有关。在涉华经济报道和对中国经济发展的指责背后，德国/西方的经济利益始终作为重要的衡量标准存在。

7. 与研究假设6相关，本书提出研究假设：在负面中国经济形象的背后也隐藏有德国/西方价值观利益作为衡量标准，因为德媒中充斥着中国经济影响力过渡为国际政治影响力的担忧。

8. 与假设6和7相关，就中国形象背后的德国经济利益与价值观利

---

① 参见贾文键《德国〈明镜〉周刊（2006—2007年）中的中国形象》，《国际论坛》2008年第4期，第65页。

益的关系，本书提出假设：在德媒涉华报道中，德国/西方经济利益和价值观利益一直处于互动关系中，德媒也一直在中国经济发展能够给德国带来的经济利益和德国面对中国所欲取得的价值观利益之间寻找平衡。德媒的基本观点在于希望并主张德国在与中国的关系中兼获双重利益。推广至所有涉及中国国际关系的报道，价值观利益与经济利益始终作为两条主线贯穿其中。

9. 现有研究成果认为，德媒涉华经济报道随着德国政府换届发生一定的变化。鉴于涉华经济报道在很大程度上与德媒观察中德关系的视角和对其的定位密切相关，本书据此提出研究假设：德媒关于中德关系的报道与德国政府的对华政策具有一定的相关性，施罗德执政时期德媒关于中德关系的报道以及德媒对双边关系的定位，与默克尔执政时期具有明显差异。

第四节　本书基本框架

本书主体部分共包括七章，其中第一章为理论基础与研究设计，内容涉及建构主义以及建构主义视角下的传播学、国家形象理论、刻板印象与偏见以及民族中心主义。建构主义是本书的认识论基础，建构主义视角的媒体观主张新闻报道并非对于社会真实的镜像再现，而是媒体系统根据特定的规则主动选择后所建构的媒体现实。国家形象在多个领域具有重要价值，媒体中的国家形象除了具有国家形象的一般性特点之外，也有其独特之处。媒体建构的异国形象同样是媒体主动选择建构的结果，是具有主体依赖性的。此外，本章结合跨文化交流理论的民族中心主义和刻板印象等视角阐述国家形象的特点。基于同样蕴含建构主义理念的批评话语分析方法，本书揭示媒体中的异国形象的形成过程。

第二章至第六章为本书实证分析部分，各章依照所属话语束分析德媒涉华报道，并基于分析结果获得相关领域的中国形象侧面：章节次序为中国经济话语束分析与中国经济形象、中国国际关系话语束与中国国际关系形象、中国科技话语束与中国科技形象、中国军备话语束与中国军事形象、中国体育话语束与中国体育形象。第七章对第二至六章的各话语束的分析结果加以总结，并且叙述中国经济形象、科技形象、军事形象、体育形象作为中国硬实力形象的不同侧面彼此之间的关联，分析在各话语束中横向存在的中国形象侧面，以及德媒涉华报道中呈现的具有典型意义的中国区域形象。最后该章节通过综述各领域呈现的中国形象侧面，以再建构的方式呈现德国媒体所建构的中国形象。

第五节　研究意义

从实践层面看，在国家形象作为国家软实力的重要性越来越大、而德国公众眼中的中国形象却以负面主导的情况下，分析研究德媒眼中的中国形象"是什么"以及中国形象是"怎样形成的"，对于了解德国对华舆论、把握德国对华政策走向、前瞻性地设计对德关系和所持态度，具有十分重要的现实意义。德国媒体所塑造的中国形象在很大程度上是整个西方媒体眼中的中国形象的重要代表，因此研究德国眼中的中国形象也有利于把握整个西方社会的中国形象。了解中国在德国的形象及中国形象形成背后的深刻原因，有利于我国在进行国家形象宣传时提高针对性，消解或削弱某些不利因素，提高和强调突出有利因素。

了解德国媒体对中国形象的塑造，对于中德跨文化交际教学研究领域亦有重要的学术价值。同时也有利于中国公民个体更好地把握自己在德国的活动，更有效、更成功地进行个体层面的跨文化交流。

从理论层面看，国内目前对于外国媒体中的中国形象的研究主要是从国际关系研究和对外传播的视角进行的，且多以现实主义为研究的认识论基础。① 本书从建构主义视角出发，结合传播学理论与跨文化交流理论，研究德国媒体中的中国硬实力形象和国际关系形象，在分析获得德国媒体中的中国形象的同时，重点揭示中国形象作为媒体现实的建构性

---

① 目前从建构主义视角解读媒体中的异国形象的研究都是从温特的国际关系领域的建构主义视角进行的，依然属于国际关系研究领域。

及其形成过程,这点主要通过分析德媒涉华报道的选择性行为实现(如议程设置和论证结构等)。同时,本书也将德媒涉华报道置于政治、经济、跨文化大框架中进行分析,从而探究隐藏在德媒涉华报道背后的、导致中国负面形象形成的决定性因素所在。

第 一 章

理论基础与研究设计[*]

第一节 建构主义与建构主义视角下的传播学

"建构主义"是20世纪20年代早期苏联艺术家和建筑学家新创的词汇,用来描述一种新的艺术潮流。今天建构主义被普遍用来描述一种认识论立场,在内涵上已与苏联的建构主义没有什么相似之处。作为一种社会科学的研究取向,它重视事物乃是通过社会建构而存在,所以得名"建构主义"。[①]

一 建构主义认识论

建构主义认识论对于本体的世界与人所认识的世界之间的关系的理解,与我们所熟知的现实主义认识论有很大的差别。现实主义认识论的核心理念是镜像反映论,即主张人的认知可以镜像反映外在客观世界的真实面貌,客体(认识对象)独立于主体存在,主体能够客观认识客体,主体认识客体的过程只是被动的反映行为。现实主义主张,存在唯一真相,人的认识可以反映这个真相,真相即为衡量主体的认识是否正确和客观的依据。现实主义认识论应用于科学研究的一个重要体现,是将主

---

* 本章内容是以本书的姊妹篇,专著《德国媒体中的中国社会形象与文化形象建构》(中山大学出版社2018年版)第一至第三章为基础,缩减并凝练核心观点而成。

① 参见范菊华《对建构主义的辩证唯物主义思考》,《现代国际关系》2001年第11期,第56页。

体（认识主体）和客体（认识对象）截然分开的二元论。①

建构主义推翻了认识可以镜像反映客观世界的观点，主张人对外在世界的认识并非对其真实原貌的再现，而是认知建构的产物。建构主义认为人的认知没有进入外界客观实在（［德］Realität）的通道，②因此无法获得关于外界实在的客观认识，这点已经在生物学、心理学和哲学等多个自然科学领域的研究成果中得到证实，③因此有学者表示，建构主义将一个真实的世界放在括号外面。④当然，建构主义主张客观世界不可认识，并不等同于否认客观世界的存在：⑤不存在和不可认识是两个概念。与现实主义认识论将认识主体与客体截然分开的二元论不同，建构主义认为，主体所获得的关于客体的认识始终是与主体的建构密不可分的，而不是独立于主体之外单独存在的，主体总是对其所建构的关于客体的认识负责。这构成建构主义的一个重要观点，即建构产物（认识）具有主体依赖性（又称观察者依赖性）。

相应地，建构主义认为并不存在唯一的绝对真相，因为绝对真相不可认识，而是存在因主体而异的多样性现实建构。建构主义虽然放弃了对于真相的追求，但是并没有放弃对于非真相的追求。⑥即建构主义虽然主张现实建构的多样性，但并非承认现实建构是随意的，并非承认任何论断都是正确的。借鉴达尔文的进化论，建构主义提出以"生存力"（［德］Viabilität，指现实建构的可行性与有效性）作为检验现实建构的参

---

① 参见 Siegfried J. Schmidt, *Kalte Faszination. Medien. Kultur. Wissenschaft in der Mediengesellschaft*, Weilerswist: Velbrück Wissenschaft, 2000, p. 21。

② 参见 Gerhard Roth, *Das konstruktive Gehirn: Neurobiologische Grundlagen von Wahrnehmung und Erkenntnis*, *Kognition und Gesellschaft. Der Diskurs des Radikalen Konstruktivismus* 2, Frankfurt/Main: Suhrkamp Verlag, 1992, pp. 321–322。

③ 参见 Bernhard Pörksen, *Die Beobachtung des Beobachters. Eine Erkenntnistheorie der Journalistik*, Konstanz: UVK, 2006, p. 25。

④ 参见 Klaus Beck, *Medien und die soziale Konstruktion von Zeit. Über die Vermittlung von gesellschaftlicher Zeitordnung und sozialem Zeitbewußtsein*, Opladen: VS Verlag für Sozialwissenschaften, 1994, p. 24。

⑤ Ibid. .

⑥ Fritz B. Simon, *Einführung in Systemtheorie und Konstruktivismus*. 3. Auflage, Heidelberg: Carl-Auer Verlag, 2008, p. 71。

照标准，以之表述认识与实在之间的兼容关系。①根据达尔文的进化论，一个生物只要实现了在其所存在的环境中生存下来并且进行繁衍的目的，那么该生物就具有生存力。生存力只是指生物体在一定的条件下克服环境或者"实在"的障碍或阻碍，从而生存下去的能力，而并不规定生物体通过何种方式实现生存目的。②与"适者生存观"相应，建构主义认为，人类社会建构现实的目的和功能在于使自己适应所生存的环境。现实建构是用于解决问题和服务于生存需要的，那些能够保证个体在外部环境中生存下来的现实建构，便是具有生存力的。③据此，建构主义认为，不同社会（文化）的差异性现实建构都具有生存力，因为他们都实现了解决问题和生存需要的功能。

建构主义注重区分"实在"（［德］Realität）和"现实"（［德］Wirklichkeit），这两个概念在认识论上具有关键意义④："实在"是指独立于人的认识之外、不能被认识的、客观存在的外部世界；"现实"是指人可以体验的、认知所建构的现象世界，而非"对于真实的、已经存在的外部世界的镜像反映"。⑤即"现实"是人关于"实在"的认识，是社会的、通过行为制造出来的、是科学能够涉及的现象世界；"实在"是"现实"的彼岸，并不存在于"现实"中，是不可体验的。⑥建构主义关注的不是"实在"，而是以"现实"的建构过程为主要研究对象。即与现实主义认识论相比，建构主义认识论凸显从"是什么（［德］Was-Frage）"到"怎么样（［德］Wie-Frage）"的转变过程，即建构主义不再延续现实主

---

① Fritz B. Simon, *Einführung in Systemtheorie und Konstruktivismus*. 3. Auflage, Heidelberg: Carl-Auer Verlag, 2008, p. 70.

② Ernst Von Glasersfeld, Konstruktion der Wirklichkeit und des Begriffs der Objektivität, *Kursbuch Medienkultur: Die Maßgeblichen Theorien von Brecht bis Baudrillard*, Stuttgart: Deutsche Verlags-Anstalt DVA, 1999, p. 359.

③ Marc Ermer, "Konstruktivismus in der Kommunikationswissenschaft", 1996, http://wwwuser.gwdg.de/~mermer/puk/konstr.htm, p. 8.

④ Ibid., pp. 25–26.

⑤ 参见 Stefan Weber (Hrsg.), *Theorien der Medien: Von der Kulturkritik bis zum Konstruktivismus*, Konstanz: UVK UTB, 2003, p. 185。

⑥ 参见徐斌艳《激进建构主义的认识理论》，《全球教育展望》2001年第10期，第12—13页。

义揭示真相"是什么"的哲学理念，而是"观察和研究现实的产生过程"。①

建构主义认识论的另一个重要概念是"特殊实在"（［德］Realität sui generis），建构主义用此概念解释现实主义眼中的客观实在。法国社会学家迪尔凯姆（Durkheim）说："实际上有些行为方式或者思维方式具有一定的稳定性，使其能从反映这种稳定性的单个现象中孤立出来，于是它们就以一种可被感知的、独有的、特殊方式出现，构成特殊实在。"②也就是说，当现实建构产物具有稳定性、可重复性时，则会给人一种直观印象，认为它们是独立于主体之外既定存在的，认为人的认识就是对这一客观实在的镜像反映。这种稳定的、造成既定存在假象的现实建构产物，因其特别之处，在建构主义中被称为"特殊实在"。从这个意义上说，建构主义的研究主题是研究一个机制（观察者）是怎样制造特殊实在的。③

"盲点"是建构主义引入的另一个重要概念。社会学家鲁曼（Niklas Luhmann）系统论中关于观察系统的理论，经常被学者用来解释现实建构的主体依赖性。根据系统理论，"观察"是根据一个区分而进行的命名和指称行为，亦即选择一个区分，并标记此区分之两边中的一边；所有的观察活动在进行观察的同时无法做自我观察，这导致每一个观察所使用的区分皆是其无法观察到的盲点，必须通过另一个观察（笔者注：观察的观察）才能观察到。④区分既是观察的初始操作，但其自身对于观察者而言又是隐蔽的。也就是说，使用区分机制进行观察操作的观察者在观察过程中是看不到区分机制的，因为区分本身正在被使用，这就是观察

---

① 参见 Bernhard Pörksen, *Die Beobachtung des Beobachters. Eine Erkenntnistheorie der Journalistik*, Konstanz: UVK, 2006, pp. 38, 28。

② 转引自 Peter M. Hejl, Soziale Konstruktion von Wirklichkeit, *Die Wirklichkeit der Medien. Eine Einführung in die Kommunikationswissenschaft*, Opladen: VS Verlag für Sozialwissenschaften, 1994, p. 47。

③ 参见 Stefan Weber (Hrsg.), *Theorien der Medien: Von der Kulturkritik bis zum Konstruktivismus*, Konstanz: UVK UTB, 2003, p. 184。

④ Georg Kneer/Armin Nassehi, *Niklas Luhmanns Theorie sozialer Systeme. Eine Einführung.* 4. unveränderte Auflage, München: UTB für Wissenschaft, 2000, pp. 95 – 96.

系统的盲点。只有通过观察的观察，即对第一次观察进行的观察，才能看到这个盲点。第一次观察被称为一阶观察，对第一次观察的观察则是二阶观察。只有在二阶观察中才能使一阶观察的盲点理性化。①在这个意义上，作为主体的观察者始终都存在于观察中，独立于观察之外的对象是不能被描述的，所以观察结果并非独立于观察者之外既定存在的，而是具有观察者依赖性的。但由于盲点对于观察者的隐蔽性使观察者获得错觉，认为观察结果是独立于自己之外的。基于此，建构主义认为观察者是认识产物的组成部分，并让观察者为该认识产物负责。②

二 建构主义视角下的传播学

20世纪70年代传播学领域引入了建构主义视角："大众传媒对社会现实日复一日的描述，影响着人们头脑中对社会现实的构想；媒体通过选择新闻事实形成媒介议题，使某些事实从无数客观事实中凸显出来，从而参与'社会现实的建构'过程，影响着人们对于现实问题重要性的认识。"③

传播学的很多思想虽然不涉及外显的建构主义，但实际上却与建构主义有很多结合点和互动的可能性，而且传播学的基本定义和概念都是建构的、具有观察者依赖性的，而非以绝对真相为前提。④因此，传播学领域引入建构主义并不意味着颠覆传播学原有的研究成果，而是给予传播学一个解释现实概念的不同视角。⑤

现实主义媒体观的核心观点：媒体报道可以镜像再现实在，该观点

---

① Siegfried J. Schmidt, Kommunikation - Kognition - Wirklichkeit, *Theorien öffentlicher Kommunikation*, München: Ölschläger, 1993, p. 106.

② 参见 Bernhard Pörksen, *Die Beobachtung des Beobachters. Eine Erkenntnistheorie der Journalistik*, Konstanz: UVK, 2006, p. 53。

③ 张咏华、殷玉倩：《框架建构理论透视下的国外主流媒体涉华报道——以英国〈卫报〉2005年关于中国的报道为分析样本》，《新闻记者》2006年第8期，第15页。

④ Klaus Beck, *Medien und die soziale Konstruktion von Zeit. Über die Vermittlung von gesellschaftlicher Zeitordnung und sozialem Zeitbewußtsein*, Opladen: VS Verlag für Sozialwissenschaften, 1994, p. 37.

⑤ Michael Haller, Journalistisches Handeln: Vermittlung der Konstruktion von Wirklichkeit, *Theorien öffentlicher Kommunikation*, München: Ölschläger, 1993, p. 139.

最有力的体现是新闻真实性原则和客观报道模式。很多新闻工作者都认为，媒体原则上可以独立于自然实在或者社会实在进行报道。① 根据现实主义媒体观，认识绝对真相原则上是可能的，即便这点在某些具体的情况下无法实现，但记者依然可以接近这个绝对真相。现实主义媒体观的中心模式是比较，即将媒体外的实在和新闻报道进行比较，具体的依据是实在指标（［德］Realitätsindikator），如统计数据等。② 根据所得到的结果和这两者之间的联系，就可以确定报道是成功的还是扭曲的。③

建构主义媒体观认为，没有独立于记者和受众之外的现实④。新闻报道并非简单地再现外在世界，而是新闻从业者在特定规则下进行主动选择后形成的，因此媒体现实同样具有建构性。建构主义在大众传媒语境中的核心主题是"媒体现实是由记者建构的"。⑤ 放弃绝对真相作为衡量标准的建构主义媒体观认为，一方面媒体既不能"客观地"对外在实在进行报道，也没有"向客观性接近"的可能性；⑥ 另一方面建构主义媒体观认为，试图对新闻和"发生了什么"进行比对，原则上是不可能的。"到底"发生了什么，到底什么才是正确的实在图像，最终只是一个比喻的问题，没有人有能力给出回答。⑦ 因此建构主义媒体观也放弃了所谓的新闻报道"扭曲"事实的说法。

建构主义着重从媒体的选择性来阐释新闻报道的观察者依赖性，并

---

① 参见 Günter Bentele, Wie wirklich ist die Medienwirklichkeit?, *Theorien öffentlicher Kommunikation*, München: Ölschläger, 1993, p. 158。

② 参见 Stefan Weber (Hrsg.), *Theorien der Medien: Von der Kulturkritik bis zum Konstruktivismus*, Konstanz: UVK UTB, 2003, p. 193。

③ Bernhard Pörksen, *Die Beobachtung des Beobachters. Eine Erkenntnistheorie der Journalistik*, Konstanz: UVK, 2006, p. 26。

④ Günter Bentele, Wie wirklich ist die Medienwirklichkeit?, *Theorien öffentlicher Kommunikation*, München: Ölschläger, 1993, p. 158.

⑤ Stefan Weber, *Nachrichtenkonstruktion im Boulevardmedium. Die Wirklichkeit der "Kronen Zeitung"*, Wien: Passagen Verlag, 1995, p. 25.

⑥ 参见 Stefan Weber, *Nachrichtenkonstruktion im Boulevardmedium. Die Wirklichkeit der "Kronen Zeitung"*, Wien: Passagen Verlag, 1995, pp. 26 – 27。

⑦ Günter Bentele, Wie wirklich ist die Medienwirklichkeit?, *Theorien öffentlicher Kommunikation*, München: Ölschläger, 1993, pp. 158 – 159.

揭示媒体实践长期以来奉行的客观报道原则其实只是"策略仪式"①，只是形式上的"客观"，而非镜像反映实在的"客观"。建构主义媒体观否定了传统的"把关人"理论，否认媒体只是被动的信息挑选者和传递者，②认为媒体现实建构的过程并非是信息从外部流向媒体，而是媒体根据自己的内部规则主动对外部信息进行选择，然后再进行报道，从而形成媒体现实。在建构主义视角下，媒体从被动的把关人角色转变成为积极的行为主体。媒体通过信息供给来完成媒体现实建构，而这些信息是媒体系统根据因主题而异的特定要素来选择和加工的，其中心原则是能否引发关注。③媒体根据其系统内部的规则选择新闻事件，并且从具有系统特性的视角对这些事件进行阐释。总之，媒体报道是具有视角性的、选择性的和降低复杂性的，而非从实在视角出发的现实供给。如果将媒体现实建构简化为基于客观性原则的信息传递行为，则忽视了媒体特有的选择性。④建构主义从媒体的选择性角度解读媒体现实的建构性，这点与新闻价值理论具有高度契合性。根据新闻价值理论，一个事件是否能够成为新闻，取决于该事件是否具有新闻价值。新闻价值理论方案的创始人李普曼提炼出特别的事件特征，即所谓的新闻要素，他认为这些新闻要素能够提高发表的可能性。⑤因此，记者在选择新闻事件时，依据特定的事件特征做出决定，即"新闻要素"。⑥其中，在西方新闻实践中负面

---

① 转引自 Siegfried J. Schmidt/Siegfried Weischenberg, Mediengattungen, Berichterstattungsmuster, Darstellungsformen, *Die Wirklichkeit der Medien. Eine Einführung in die Kommunikationswissenschaft*, Opladen：VS Verlag für Sozialwissenschaften, 1994, p. 227。

② 参见 Siegfried Weischenberg, Die Medien und die Köpfe, *Theorien öffentlicher Kommunikation*, München：Ölschläger, 1993, p. 128。

③ 转引自 Simone Kimpeler, Kritische Diskursanalyse der Medienberichterstattung am Beispiel des Ethnizismus, *Systemtheorie und Konstruktivismus in der Kommunikationswissenschaft*, Konstanz：UVK, 2002, p. 197。

④ 参见 Siegfried J. Schmidt, Kommunikation - Kognition - Wirklichkeit, *Theorien öffentlicher Kommunikation*, München：Ölschläger, 1993, p. 116; p. 105。

⑤ 转引自 Heinz Pürer, *Publizistik- und Kommunikationswissenschaft. Ein Handbuch*, Konstanz：UVK UTB, 2003, p. 129。

⑥ Georg Ruhrmann, Ereignis, Nachricht und Rezipient, *Die Wirklichkeit der Medien. Eine Einführung in die Kommunikationswissenschaft*, Opladen：VS Verlag für Sozialwissenschaften, 1994, p. 238.

事件是典型的新闻要素——西方传播学理论中著名的负面报道原则认为"坏消息才是好消息"①。当然,新闻要素并不是媒体选择新闻事件的全部条件。媒体的选择同时受到众多因素的限制和影响,比如信源、内部新闻审查、政治法律框架、经济利益等。

需要强调的是,媒体在新闻生产中的选择性和主体依赖性具有高度的隐蔽性。媒体通过其技术手段和生产方式给受众制造亲身体验的感觉,媒体这种零距离假象中的倾向性服务于隐藏自己的媒体性。②媒体通过隐藏自己的观察者身份将自身置于其所建构的现实之外,造成媒体能够独立于"客观实在"进行报道的假象。媒体的观察者身份只有在二阶观察(对媒体观察的观察)中才能被看到。

将建构主义视角引入传播学,就意味着让记者和媒体为媒体现实建构产物负责,使其脱离客观性的庇护,进而从新的视角解读媒体现实建构的多样性。在这个意义上,媒体实践,尤其是西方媒体宣扬的客观报道模式得到消解。在学界对新闻客观性的质疑声中,非常著名的、被引用频率极高的,是早期建构主义学者之一塔克曼(Tuchmann)于20世纪70年代提出的新闻客观性实为"策略仪式"的观点。塔克曼认为,所谓新闻客观性其实是遵守媒体新闻生产常规路线的形式上的客观性,作为"将西方媒体世界维持在一起的混凝土",客观性也就是新闻生产中的一个形式上的技术。③新闻客观性并非在绝对真相意义上的客观,而是媒体操作形式上的客观,但形式的客观并不等同于结果的客观。④

建构主义视角揭示并摒弃多年来媒体实践视作职业标准和道德的客

---

① Georg Ruhrmann, Ereignis, Nachricht und Rezipient, *Die Wirklichkeit der Medien. Eine Einführung in die Kommunikationswissenschaft*, Opladen: VS Verlag für Sozialwissenschaften, 1994, p. 240.

② 参见 Siegfried J. Schmidt, Die Wirklichkeit des Beobachters, *Die Wirklichkeit der Medien. Eine Einführung in die Kommunikationswissenschaft*, Opladen: VS Verlag für Sozialwissenschaften, 1994, p. 14。

③ 参见 Siegfried J. Schmidt/Siegfried Weischenberg, Mediengattungen, Berichterstattungsmuster, Darstellungsformen, *Die Wirklichkeit der Medien. Eine Einführung in die Kommunikationswissenschaft*, Opladen: VS Verlag für Sozialwissenschaften, 1994, pp. 227 - 228。

④ 参见黄旦《传者图像:新闻专业主义的建构与消解》,复旦大学出版社2005年版,第94页。

观性，这对于本研究的指导作用在于：跳出将新闻报道与所发生的事件进行对比的模式。这也解决了在处理近年来包括德媒在内的西方媒体倾向于从负面报道中国时，我们作为中国人所面临的一个窘境：如果从客观对比模式视角考察德媒涉华报道，那么我们所得到的结论只能是德媒是"客观的"或者"接近客观的"，因为分析表明，我们无法指责以客观报道模式为职业标准的德国媒体中大规模存在不实报道。现实主义的客观报道模式将媒体与新闻供给截然分开，从而去除了媒体作为观察者的责任，因此如果以"客观性"为判断标准，那么尽管德媒涉华报道以负面倾向为主，我们也没有足够的理由和论据可以指责塑造负面中国形象的德国媒体。从建构主义视角出发则可以摆脱这个窘境：不再一味着眼于验证中国形象是否客观，而是着重关注德国媒体作为观察者在涉华报道中的新闻选择行为，及其所选择的报道视角对于媒介中国形象的形成所起到的关键作用，从而揭示德媒眼中的中国形象的形成过程与隐藏其后的原因所在，并最终揭示德媒所塑造的中国形象并不具有现实主义意义上的"客观性"，而是具有强烈的观察者依赖性。

第二节 国家形象

国家形象研究是从战争中孕育出来的，两次世界大战的爆发和传播学的兴起使国家形象问题引发关注，可以说从第一次世界大战直到阿富汗战争，国家形象的问题都备受关注，[1]早在冷战时期，国家形象的研究就开始应用于外交决策过程[2]；"9·11"事件之后，美国的反恐宣传打的依然是国家形象牌。国家形象的重要性自然催生国家形象研究。

一 国家形象的价值与功能

与很多核心概念一样，学界迄今尚没有关于"国家形象"的统一定

---

[1] 参见刘继南、周积华、段鹏等《国际传播与国家形象——国际关系的新视角》，北京广播学院出版社2002年版，第270、275页。
[2] 参见李正国《国家形象构建》，中国传媒大学出版社2006年版，第3页。

义。不过大多定义都具有一定的共同之处，即强调国家形象是主体对一国的认识和评价，而非主张国家形象是一国真实情况的反映。国家形象不是与生俱来的，而是在国际体系中，在与其他行为体之间的长期和持续的互动中获得的，①是国际行为体在交际过程中形成的建构产物。因此有学者表示，应从建构主义视角，而非本体主义视角定义和观察国家形象。②

基于综合考虑，本书倾向于采用孙有中关于国家形象的定义：国家形象是一国内部公众和外部公众对该国政治、经济、社会、文化与地理等方面状况的认识和评价，可分为国内形象和国际形象，两者之间往往存在很大差异。国家形象在根本上取决于国家的综合实力，但不能简单地等同于国家实际状况，它在某种程度上是可以被塑造的。③

随着国际经济一体化的加速，国与国之间交往日趋频繁，国家形象在国际交往中的作用也越来越突出，成为综合国力竞争的法宝。④无论是政界还是学界都已经认识到国家形象的重要价值。一方面，良好的国家形象代表了一定的国际承认，不具备良好形象的国家在某种意义上被所谓的国际主流社会排斥；另一方面，国家形象被视为"软实力"和国家的重要无形资产，与政治、经济、军事等"硬实力"一同构成一国综合实力的重要组成部分。⑤需要指出的是，作为一国对外品牌的国家形象，并非仅仅是抽象的概念，而是某种意义上的权力符号，⑥是一国的国际国内政治事务和经济事务的延伸与反映。⑦在宏观层面上，国家形象具有政治、经济和安全等多重功能。

---

① 参见李正国《国家形象构建》，中国传媒大学出版社2006年版，第25页。
② 参见李智《中国国家形象：全球传播时代建构主义的解读》，新华出版社2011年版，第21页；丁磊：《国家形象及其对国家间行为的影响》，知识产权出版社2010年版，第81页。
③ 参见孙有中《国家形象的内涵及其功能》，《国际论坛》2002年第3期，第16页。
④ 参见刘继南、周积华、段鹏等《国际传播与国家形象——国际关系的新视角》，北京广播学院出版社2002年版，第263页。
⑤ 参见何辉、刘朋等《新传媒环境中国家形象的构建与传播》，外文出版社2008年版，第15—16页。
⑥ 参见李正国《国家形象构建》，中国传媒大学出版社2006年版，第72页。
⑦ 参见张昆《国家形象传播》，复旦大学出版社2005年版，第181页。

政治功能：国家形象对于一国的国际地位及其在国际关系中的行为，都具有非常重要的影响。首先，一国的国际形象会影响国际社会对该国的基本定位，从而影响国际社会与其交往的态度和方式及其在国际互动关系中的地位比重。比如国家形象会影响到主权国家的行为是否能够得到国际舆论的同情和支持；①良好的国家形象能够在国际上给一国提供更多的行动空间和降低行动难度，反之则限制一国的行动可能性和提高行动难度。从这个意义上说，国家形象的好坏甚至影响到一国国家利益的实现程度。②在全球化语境中，一国的国家形象同时也对其他国际行为主体具有影响力、吸引力和威慑力，从而可以在国际交流中置换成一种实利诉求，③因而当前世界各国越来越倾向于通过国家形象来间接地、非强迫性地影响他国的政策和行为，④从而在一定程度上实现本国的利益。

经济功能：作为一个国家对外的品牌，国家形象在经济全球化中是具有"国家品牌效应"的。⑤国家形象一方面影响国家吸引外来投资与对外合作的能力，企业在境外进行投资或其他商业活动时，除了经济利益，也会考虑对象国的整个经济环境如法制、劳动市场等因素。此时国家形象的好坏具有重要的影响作用。另一方面，国家形象也影响本国产品在国际市场的竞争力和品牌价值。因为国家形象代表一种声誉和信用，可以影响外国公众对该国生产的商品或所提供服务的态度，进而影响到该国在全球经济竞争中是否能够建立竞争优势。⑥

安全功能：首先，鉴于国家形象具有政治和经济功能，如果国家形象受到威胁，则会影响该国在国际政治和经济领域的安全。同样，一国形象也会影响其在国际文化交流中的地位，良好的国家形象使一国在国际交流中处于更为强势的地位，倾向于形成顺差，因为文化输出是当下

---

① 参见张昆《国家形象传播》，复旦大学出版社2005年版，第180页。
② 同上。
③ 参见李正国《国家形象构建》，中国传媒大学出版社2006年版，第72页。
④ 参见何辉、刘朋等《新传媒环境中国家形象的构建与传播》，外文出版社2008年版，第16页。
⑤ 参见李正国《国家形象构建》，中国传媒大学出版社2006年版，第72页。
⑥ 参见何辉、刘朋等《新传媒环境中国家形象的构建与传播》，外文出版社2008年版，第16页。

国家形象的一个重要功能①；而呈现负面形象的国家在文化交流中则处于相对弱势地位，倾向于形成逆差，从而导致本国文化安全受到威胁。最后，一国的国家形象参与决定其是否为主流社会所接受或排斥，是否被视为国际社会的不安定因素和威胁。负面的国家形象因其非主流地位，通常与"威胁"联系在一起。而被国际社会视作威胁，对于一国而言本身就意味着国防安全受到威胁。

国家形象除了在宏观层面所具有的这些功能，还具有在跨文化交际语境中为个体提供行为导向和减少复杂性的辅助功能；同时国家形象在一定程度上具有行为限制功能，它在一定程度上强制个体或者民族群体必须相应于该形象采取应对措施和实施行为。②

二 国家形象的特点

国家形象作为国际长期互动中形成的建构产物具有一系列的特点，其中较为突出的是：整体性和多维性③、相对稳定性和动态变迁性④、对内对外的差异性⑤、可塑性⑥、他者特性。

整体性和多维性：国家形象是公众关于一国政治、经济、军事等各不同领域的印象的整合体。各领域的形象要素共同构成国家形象这个完整的体系，而作为组成元素的各领域形象则从不同的侧面向社会公众发出各种不同的信息，从而使国家形象同时呈现整体性和多维性特点。国家形象是从多维的和复杂的要素中提炼出来的，因此具有选择性、高度抽象化、泛化和普遍化的特点。⑦

---

① 参见何辉、刘朋等《新传媒环境中国家形象的构建与传播》，外文出版社2008年版，第74页。

② 参见 Jarochna Dąbrowska, *Stereotype und ihr sprachlicher Ausdruck im Polenbild der deutschen Presse. Eine textlinguistische Untersuchung*, Tübingen: Gunter Narr Verlag, 1999, pp. 80, 82。

③ 张昆：《国家形象传播》，复旦大学出版社2005年版，第187页。

④ 参见 Gerhard Maletzke, *Interkulturelle Kommunikation. Zur Interaktion zwischen Menschen verschiedener Kulturen*, Opladen: VS Verlag für Sozialwissenschaften, 1996, p. 110。

⑤ 张昆：《国家形象传播》，复旦大学出版社2005年版，第189页。

⑥ 参见孙有中《国家形象的内涵及其功能》，《国际论坛》2002年第3期，第16页。

⑦ 参见 Jarochna Dąbrowska, *Stereotype und ihr sprachlicher Ausdruck im Polenbild der deutschen Presse. Eine textlinguistische Untersuchung*, Tübingen: Gunter Narr Verlag, 1999, p. 80。

相对稳定性和动态变迁性：一国公众获得关于他国形象知识的渠道主要有两种，一种为历时渠道，即通过所在国家的媒体进行的时效性报道；另一种为共时渠道，即主体在社会化过程中继承性接受本文化对他国的已有认识。人在社会化过程中形成了关于其他群体、民族和文化的设想，即关于这些陌生人特点的图像以及他们与本群体的差异所在。就后一种渠道而言，国家形象通常很稳定，但稳定性并不意味着静态，形象是会发生变迁的。①个体在社会化过程中又会将历史继承的知识与现有认识相结合，即与媒体报道以及个体经验等其他现有的新认识相结合，从而证实历史继承的知识，或者对其进行或多或少的变更，使国家形象呈现历史稳定性与动态变化并存的特征。总之，一方面，国家形象的变迁通常比较缓慢，因而相对稳定；另一方面，戏剧性的事件可能会导致一国国际形象迅速发生变化，有时候甚至是在极短的时间内发生骤变。②

对内对外的差异性：国家形象具有国内形象与国际形象两面。对于交际过程中的任何主体而言，都存在主体自我建构的"我形象"和他者建构的"他形象"。③国际形象属于他形象，研究表明，一国的国际形象往往与该国的"我形象"之间存在差异。但是虽然存在差异，作为"我形象"的国内形象与作为"他形象"的国际形象并不可截然分开，二者始终处于交互联系中。④产生错位形象的原因是多方面的，包括该国的开放程度、与他国的文化相似性和体制相似性程度、综合国力和国际地位对比、信息获得渠道以及通畅程度、关注焦点差异等多重原因。由于民族中心主义的作用，"使得自我倾向于用本国占统治地位的文化范型去表现异国，用社会固有的观念去解读他者，对相异性进行整合"⑤。

---

① 参见 Gerhard Maletzke, *Interkulturelle Kommunikation. Zur Interaktion zwischen Menschen verschiedener Kulturen*, Opladen: VS Verlag für Sozialwissenschaften, 1996, pp. 108 – 110。

② Gerhard Maletzke, *Interkulturelle Kommunikation. Zur Interaktion zwischen Menschen verschiedener Kulturen*, Opladen: VS Verlag für Sozialwissenschaften, 1996, pp. 108 – 110.

③ 参见 Jürgen Bolten, *Einführung in die Interkulturelle Wirtschaftskommunikation*, Göttingen: UTB, 2007, p. 122。

④ 同上。

⑤ 叶绪民、朱宝荣、王锡明主编：《比较文学理论与实践》，武汉大学出版社2004年版，第156页。

自我使用本文化作为衡量异国的标准，从而导致与对象国的"我形象"具有差异的"他形象"形成。

可塑性与他者特性：国家形象作为建构的产物，具有一切建构产物所具有的建构性和主体依赖性。国家形象作为（以群体为单位的）主体对一国各领域情况的综合感知和总体认识，受制于主体的现实建构模式、主体自身的特性、主体与客体之间的地位对比，也受到形象建构时期主客体所处环境（即国际格局）的影响。国家形象是在长期的国际互动中形成的关于另一国的整体认识，研究一国的国家形象必须结合其所在的国际环境进行。如果忽视国际社会、脱离行为体之间的互动，而单纯研究形象问题，则毫无意义。①除了上述特点，国家形象还具有与建构主义所处理的一般建构产物不同的特点，即国家形象的可塑性。② 基于一国状况的复杂性和国家形象具有降低复杂性的功能，国家形象的建构是具有高度选择性的，即如媒体生产新闻时具有选择性一样。主体在一定程度上可以根据自己的需要对他国形象进行建构和塑造，也就是说，国家形象的塑造具有相对较高程度的主观性。主体可以有意识、有意图性地对他国形象进行塑造，一国也可以有意识地对本国形象进行修复。总之，形象可以被一个民族团体积极地进行建构。因此有学者提出，国家形象具有可以与想象的元素相结合的特点。③虽然在纯粹哲学层面，建构主义认为现实建构是无意识的行为，有目的性的、意图性的建构行为不在建构主义哲学研究之内，但是应用到具体的实践中，人们不得不将人作为认识主体所具有的主观能动性考虑在内。因此，在本书对国家形象建构的考察中，建构主体的意图性是考虑在内的。

与建构主义强调建构产物的主体依赖性高度相似的，是比较文学形象学（以下简称形象学）所主张的异国形象的他者特性。现代形象学的主要代表人物巴柔（D. H. Pageaux）指出："一切形象都源于对自我与'他者'，本土与'异域'关系的自觉意识之中，即使这种意识是十分微

---

① 参见李正国《国家形象构建》，中国传媒大学出版社2006年版，第25页。
② 参见孙有中《国家形象的内涵及其功能》，《国际论坛》2002年第3期，第16页。
③ 参见 Jarochna Dąbrowska, *Stereotype und ihr sprachlicher Ausdruck im Polenbild der deutschen Presse. Eine textlinguistische Untersuchung*, Tübingen: Gunter Narr Verlag, 1999, p. 82。

弱的。"①这种自觉意识就是将自我投射于他者的主观意识，主体以自我和对自我与他者之间关系的认识为出发点，对他者进行描述和评价，将在场的"自我"与不在场的"他者"的主观与客观、情感与思想进行混合，而建构起关于他者的形象。在异国形象中作为研究对象的"他者"是缺席的，只有自我在言说。自我在言说他者的同时也是在言说自己，他者成了自我的延长与补充。②他者形象是自我的镜子，是自我欲望的投射，他者形象反映的更多是自我的情况。简言之，他者特性指：异国形象是建构主体的欲望投射。异国形象更多反映的不是异国的面貌，而是本国的诉求，因此从一国所塑造的异国形象可以解读出该国自身的发展与现状。

三 媒体中的国家形象

如今人们关于世界的图像、形象和态度，有很大一部分都通过使用媒体获得。③可以说，在复杂的现代世界中，媒体是人们获悉自己生活之外的其他相关信息的最重要的渠道，因此个体对媒体具有很大的依赖性。在社会成员获得陌生国家形象的多样化渠道中，媒体同样是最重要的渠道之一，有时甚至是唯一的渠道。④鉴于一国在他国的形象取决于他国公众对该国信息的获取情况，⑤且媒体又是公众获取相关信息的最重要信源，可以认为，一国在他国眼中的国家形象在一定程度上取决于他国媒体所提供的关于该国的信息多少以及提供方式。因此，研究一国媒体（尤其是主流媒体）中的他国形象，对于获悉该国公共舆论眼中的他国形象具有代表性意义。

媒体凭借其独特的传播方式，能够同时使信息流向相当大数量的个

---

① ［法］达尼埃尔－亨利·巴柔：《比较文学意义上的形象学》，孟华译，《中国比较文学》1998 年第 4 期，第 79 页。

② 叶绪民、朱宝荣、王锡明主编：《比较文学理论与实践》，武汉大学出版社 2004 年版，第 150—151 页。

③ Gerhard Maletzke, *Interkulturelle Kommunikation. Zur Interaktion zwischen Menschen verschiedener Kulturen*, Opladen: VS Verlag für Sozialwissenschaften, 1996, p. 121.

④ 参见 Christiane Hilsmann, *Chinabild im Wandel. Die Berichterstattung der deutschen Presse*, Hamburg: Diplomarbeiten Agentur diplom. de, 1997, p. 21.

⑤ 参见刘继南、何辉等《镜像中国：世界主流媒体中的中国形象》，中国传媒大学出版社 2006 年版，第 8 页。

体,因此媒体拥有支配公共话语的权力。媒体既是公共话语形成的平台,又是公共话语的源头,在异国形象方面亦是如此。媒体中的他国形象的特征之一就是引导舆论。①媒体中的国家形象既可代表所在国政府针对另一国家所做的评价,又能以反映公众意愿为由站在民间的角度说话,其影响力颇具征候性。②实证研究表明,媒体关于他国的报道议程不仅能够影响公众议程,也能够影响政策议程,③进而甚至能够影响政府针对他国做出的外交决策。有学者认为,媒体长期关注国际关系的行为,会发展转变成一种实质性介入,最终导致二者密不可分的关系模式的形成④。虽然关于媒体中的国家形象对于社会其他系统(包括政府、精英阶层和普通公众等)眼中的国家形象,到底存在怎样的影响力以及是如何产生影响的,迄今为止学术界没有得出确切的结论。但可以肯定的是,媒体中的异国形象能够通过间接的方式对公众眼中的异国形象产生影响,⑤此方面相关理论中最具影响力的是议程设置理论。

所谓议程设置,指媒介一项包罗广泛、作用突出的功能,即决定人们谈什么,想什么,为公众安排议事日程。⑥媒体通过强调和重复特定的主题,从而在受众处为这些主题建立重要性排序,⑦即媒体有能力影响各种话题在公众议程上的显要性⑧。新闻媒体通过议程设置功能掌握新闻话语权。⑨

---

① 参见郭可《当代对外传播》,复旦大学出版社2003年版,第116页。
② 参见李正国《国家形象构建》,中国传媒大学出版社2006年版,第54页。
③ 参见 Heinz Bonfadelli, *Medienwirkungsforschung I. Grundlagen und theoretische Perspektiven*, 3. Auflage, Konstanz: UvK UTB, 2004, p. 241。
④ 参见刘继南、周积华、段鹏等《国际传播与国家形象——国际关系的新视角》,北京广播学院出版社2002年版,第59页。
⑤ Simone Kimpeler, *Ethnizismus als kommunikative Konstruktion. Operational-konstruktivistische Diskursanalyse von Medienangeboten*, Wiesbaden: Deutscher Universitäts-Verlag, 2000, p. 54。
⑥ 转引自[美]J. 赫伯特·阿特休尔《权力的媒介》,黄煜、裘志康译,华夏出版社1989年版,第224页。
⑦ 参见 Hermann Meyn, *Massenmedien in Deutschland*, Konstanz: UVK, 2004, p. 27。
⑧ 参见[美]马克斯韦尔·麦库姆斯《议程设置:大众媒介与舆论》,郭镇之、徐培喜译,北京大学出版社2008年版,第2页。
⑨ 参见杨欢、刘笑盈《从〈世界新闻报〉的实践看我国国际新闻类报纸的生态环境》,载蔡帼芬、刘笑盈主编《事实与建构:国际新闻的理论与实践》,中国传媒大学出版社2008年版,第100页。

异国每日发生之事不计其数,但是只有一些是引起国际关注的,而另一些则是被忽视的,被大众传媒报道的只是很少的一部分。① 被媒体关注的事件在议程上的重要性排序靠前,而被忽视的则靠后或者根本进入不了议程。媒体在很大程度上决定哪些主题被提上议程,以及这些主题的重要性顺序。② 不仅如此,在成为报道对象的议题上,媒体同样具有议程设置功能:即"如关于报道对象存在一个议程一样,关于每个报道对象的属性也存在一个议程,属性议程是根据各属性的相对重要性排序形成的。媒体选择报道对象的目的在于使该对象受到注意,选择对象的属性则旨在激起关于该对象的反应,这两种选择机制都同样具有重要的议程设置作用"。③ 简言之,议程指媒体报道哪些议题,而二级议程就是议题的哪些方面被报道,即主题的属性(所以又称属性议程)。每个议题在报道中都有各种属性,这些属性和特点构成了议题的总体画面,每个议题都拥有不同的显著性。④ 在媒体关于某个主题的报道中总是有特定的方面、特征和属性被突出,而其他的则退居其后,⑤ 被突出的属性就构成一个主题的二级议程。在这个意义上,二级议程设置进一步表明,媒介不仅可以告诉人们想什么,而且同样也可以告诉人们怎么想。⑥

缘于媒体独特的传播能力和特点,媒体中的国家形象呈现出有别于其他载体中的国家形象的一些特点。第一,鉴于媒体文本的时效性特征以及媒体一直标榜的真实性和客观性报道原则,使得媒体中的异国形象相较于其他渠道的国家形象给社会成员以更"真实"的印象,因而在社会成员处所获得的信任度更高。正因为如此,媒体中的异国形象对于公

---

① 参见刘继南、周积华、段鹏等《国际传播与国家形象——国际关系的新视角》,北京广播学院出版社 2002 年版,第 283 页。

② 参见 Hermann Meyn, *Massenmedien in Deutschland*, Konstanz: UVK, 2004, p. 27。

③ 转引自 Heinz Bonfadelli, *Medienwirkungsforschung I. Grundlagen und theoretische Perspektiven*, 3. Auflage, Konstanz: UvK UTB, 2004, p. 242。

④ 参见 [美] 马克斯韦尔·麦库姆斯《议程设置:大众媒介与舆论》,郭镇之、徐培喜译,北京大学出版社 2008 年版,第 83 页。

⑤ Heinz Bonfadelli, *Medienwirkungsforschung I. Grundlagen und theoretische Perspektiven*, 3. Auflage, Konstanz: UvK UTB, 2004, p. 242。

⑥ 参见黄旦《传者图像:新闻专业主义的建构与消解》,复旦大学出版社 2005 年版,第 219 页。

众眼中的异国形象具有重要的影响力和议程设置作用。第二，鉴于媒体供给能够在较短的时间内同时流向大量的受众，从而使大量个体能够共同分享关于异国的间接经验，在一定程度上造成超个体性的假象，使个体误以为所有成员都分享同样的经验。从这个意义上说，媒体中的国家形象不仅在范围上，而且在深度上，都具有重要的影响力。第三，缘于大众传播的时效性与高影响范围特点，使异国形象发生突变的可能性大大提高。媒体对于他国重大事件进行大规模集中重复报道，从而提高该事件的重要程度和关注度，将其提上国内公众议程。如果媒体事件中所呈现的异国形象与所在国业已形成的关于异国的社会集体想象物并不一致，那么这时异国形象可能发生突变。鉴于媒体的议程设置功能，如果异国原本并不具有重大事件地位的事件被媒体无限放大地集中报道，也有可能使该事件成为媒体事件，进而产生轰动效应。被制造出来的媒体事件同样能够导致异国的国家形象突变。第四，媒体对于异国形象的塑造，受到整个社会的精英阶层话语的影响。精英阶层掌握着知识、管理话语权，对社会的发展和舆论导向具有一定的决定、决策权。[①]精英阶层话语既为媒体进行异国报道提供方向指南，又是媒体的重要信源之一。另外，媒体又是精英言论公共化的重要平台，从而使精英阶层眼中的异国形象进入公共话语。

第三节　刻板印象与偏见、民族中心主义

在国家形象研究领域，刻板印象与偏见、民族中心主义是重要的研究范畴。刻板印象与偏见无论对于传播学、形象学，还是跨文化交流领域而言，都是重要的研究主题。而民族中心主义是人类社会普遍存在的一个现象，尤其在不同文化互相遭遇时，该现象尤显突出。

---

① 参见刘继南、何辉等《中国形象：中国国家形象的国际传播现状与对策》，中国传媒大学出版社2006年版，第58页。

一 刻板印象与偏见

"刻板印象"是国家形象研究的一个核心概念。该词最初来自印刷业,指印刷中所用的一些铅板可以重复使用,[①]后引申为"陈规旧套"之意[②]。率先将"刻板印象"这一概念引入社会学的是李普曼,他将刻板印象定义为"我们头脑中先存的形象",从此刻板印象与形象建立联系,成为一个独立的形象学理论研究范畴。[③]在跨文化研究中,"刻板印象指的是精神范畴,它们能够将关于隶属特定社会群体(比如民族或者国家)的人们的现有知识和对该群体的期待组织起来"[④]。刻板印象分为关于外群体的刻板印象([德]Heterostereotyp)与关于内群体的刻板印象([德]Autostereotyp),[⑤]分别称为他定型和自定型。

刻板印象是以自我文化图式为依据形成的,是对他者与自我之间的无意识的对比和类化。人们总是从自我的视角出发解读他者,因为人们也只能将陌生事物纳入自己所能支配的图式,所以刻板印象的内容折射出刻板印象持有者自身的思想图谱和知识储备。[⑥]这与形象学主张的他者特性是相符的。但由于受到日常现实主义的影响,在社会成员眼中刻板印象具有独立于个体之外的"客观"地位,因而通常不对其提出质疑。所以人们几乎总是将刻板印象视为真实的和正确的,[⑦]并且根本意识不到刻板印象对他们的影响,这点可以从观察系统存在"盲点"的视角得到

---

① 参见姜智芹《傅满洲与陈查理——美国大众文化中的中国形象》,南京大学出版社2007年版,第17页。

② 参见叶绪民、朱宝荣、王锡明主编《比较文学理论与实践》,武汉大学出版社2004年版,第158页。

③ 同上书,第159页。

④ 转引自 Petra Köppel, *Kulturerfassungsansätze und ihre Integration in interkulturelle Trainings*, Trier: Focus Kultur, 2002, p. 48。

⑤ 参见 Gerhard Maletzke, *Interkulturelle Kommunikation. Zur Interaktion zwischen Menschen verschiedener Kulturen*, Opladen: VS Verlag für Sozialwissenschaften, 1996, p. 110。

⑥ Jürgen Bolten, *Einführung in die Interkulturelle Wirtschaftskommunikation*, Göttingen: UTB, 2007, p. 126.

⑦ 参见 Gerhard Maletzke, *Interkulturelle Kommunikation. Zur Interaktion zwischen Menschen verschiedener Kulturen*, Opladen: VS Verlag für Sozialwissenschaften, 1996, p. 110。

解释。

　　刻板印象具有极强的历史渗透性和继承性①，有些刻板印象几乎分毫不改地代代相传。②关于异文化的刻板印象是自我关于他者的社会集体想象物，一旦形成就会融入本民族的集体无意识深处，潜移默化地影响着本族人对异国异族的看法。③而刻板印象之所以传播如此之广并且很难改变，原因在于它具有一系列的积极效应④，比如减复与导向功能：刻板印象能够为社会成员提供便捷快速地感知和评价陌生事物的图式，从而为其提供行为可能性。同时，群体共有的刻板印象则有助于群体的自我认同和社会凝聚，在遭遇异文化时，刻板印象就使自我社会认同得到证实。⑤此外，群体共有的刻板印象还具有将对待异文化群体的方案合法化等功能。

　　刻板印象也具有历史语境性，或者说"生命限度"⑥。某些刻板印象在特定的历史阶段形成并产生影响，但是随着历史境况的变迁，也有可能慢慢淡化而进入长期休眠状态⑦，或者被否定并被新的图式所替代。但是在特定的历史语境下，尤其是当其形成的类似社会条件再次出现时，⑧长期休眠甚至被否定的刻板印象又会被激活，一旦被激活又释放出新的

---

　　①　参见吴家荣主编《比较文学新编》，安徽教育出版社2004年版，第111页。
　　②　Gerhard Maletzke, *Interkulturelle Kommunikation. Zur Interaktion zwischen Menschen verschiedener Kulturen*, Opladen：VS Verlag für Sozialwissenschaften, 1996, p. 110.
　　③　参见姜智芹《傅满洲与陈查理——美国大众文化中的中国形象》，南京大学出版社2007年版，第20页。
　　④　Gabriel Layers, Interkulturelles Identitätsmanagement, *Handbuch Interkulturelle Kommunikation und Kooperation. Band 1: Grundlagen und Praxisfelder*, Göttingen：Vandenhoeck & Ruprecht, 2003, p. 122.
　　⑤　Gerhard Maletzke, *Interkulturelle Kommunikation. Zur Interaktion zwischen Menschen verschiedener Kulturen*, Opladen：VS Verlag für Sozialwissenschaften, 1996, p. 110.
　　⑥　参见叶绪民、朱宝荣、王锡明主编《比较文学理论与实践》，武汉大学出版社2004年版，第160页。
　　⑦　参见姜智芹《傅满洲与陈查理——美国大众文化中的中国形象》，南京大学出版社2007年版，第20页。
　　⑧　参见叶绪民、朱宝荣、王锡明主编《比较文学理论与实践》，武汉大学出版社2004年版，第160页。

能量,①比如"黄祸论"② 在现代的复苏就是如此。

刻板印象的形成概率及其对主体产生影响的概率大小,取决于主体对感知对象所掌握的信息量的大小。③就本文化与异文化而言,通常主体对后者掌握的信息量更小,拥有刻板印象的概率更高,因为人们没有机会详尽地去处理关于世界其他地域的细节,因此在人们脑中形成关于异文化中的人和生活的精简、简化和缩略的图像。④这种态度往往建立在群体同质性原则的基础上,具有夸大群体差异,而忽略个体差异的特点。⑤这也是刻板印象的特点之一,即过分简单化⑥。

偏见与刻板印象在跨文化研究中如同孪生兄弟,几乎总是同时出现并被加以比较。理论上学界依据是否附属价值倾向来区分二者:刻板印象是中性的,更具有认知维度;而偏见则更具有情感维度,附属一定的价值倾向。⑦在跨文化研究中,"偏见"指"对隶属于某特定群体的成员持有拒绝态度或者敌对态度,只是因为此人来自这个特定群体,就对他预设了前提,认为此人身上也一定具有其所隶属群体在主体眼中的那些可争辩、可质疑的特性"⑧。偏见的特征以及产生原因和功能,都与刻板印象相似。但是缘于偏见所具有的负面价值倾向,其发生负面影响的可能性更高。对异群体或者异文化所持有的过度偏见或者极端偏见,极易

---

① 参见姜智芹《傅满洲与陈查理——美国大众文化中的中国形象》,南京大学出版社2007年版,第20页。
② "黄祸论"的源头为德国皇帝威廉二世。他在与俄国皇帝尼古拉二世的通信中大肆宣扬"黄祸论",还画了一张"黄祸图"草图,请画家绘制完成,并下令雕版印刷,广为散发。从此之后,"黄祸论"在西方国家传播开来(参见薛衔天《"黄祸论"或"中国威胁论"的历史与实质》,《百年潮》2007年第1期,第11—12页)。
③ 参见孙英春《跨文化传播学导论》,北京大学出版社2008年版,第205页。
④ Jarochna Dąbrowska, *Stereotype und ihr sprachlicher Ausdruck im Polenbild der deutschen Presse. Eine textlinguistische Untersuchung*, Tübingen: Gunter Narr Verlag, 1999, p. 56.
⑤ 转引自孙英春《跨文化传播学导论》,北京大学出版社2008年版,第205页。
⑥ 参见姜智芹《傅满洲与陈查理——美国大众文化中的中国形象》,南京大学出版社2007年版,第17页。
⑦ 参见 Jarochna Dąbrowska, *Stereotype und ihr sprachlicher Ausdruck im Polenbild der deutschen Presse. Eine textlinguistische Untersuchung*, Tübingen: Gunter Narr Verlag, 1999, p. 77。
⑧ 转引自 Gerhard Maletzke, *Interkulturelle Kommunikation. Zur Interaktion zwischen Menschen verschiedener Kulturen*, Opladen: VS Verlag für Sozialwissenschaften, 1996, p. 116.

导致对异群体与异文化的排斥甚至敌对意识。这种排斥和敌对缘于对于秩序和确定性的需求①。此外,民族中心主义引发的文化优越感,也是推动偏见和刻板印象,甚至排斥和敌对意识形成的重要原因。

二 民族中心主义

民族中心主义是指"一种无意识的倾向,从自我群体的视角来观察其他民族,将本文化的风俗和标准作为进行所有判断操作的标准。我们将我们自己、我们的种族、我们的民族、我们的社会群体置于宇宙的中心,并对其他人进行相应的等级排序。这些群体与我们越相似,我们在这个模式中就将其放在距离我们越近的位置;反之,差异越大,我们就将其放在距离我们越远的位置"②。简言之,民族中心主义以本文化为中心点,视其为放诸四海而皆准的真理,并以之作为衡量与评价包括异文化及其成员在内的一切事物的标准。这是一种近乎无意识的机制,当我们解读形势、评价人员、交际、谈判和选择见解时,我们所有人都自动地和无意识地与自己文化的思维模式接轨。③通常情况下,人们意识不到自己的世界观和行为模式具有文化特性和社会特性④,也意识不到其他文化所具有的不同的价值导向和标准与自己的文化一样,都是人类在认识世界的过程中发展形成的众多有生存力的变体之一。民族中心主义是广泛存在的、深深植根于人们心中的一个基本观念,⑤作为群体的一员,个体是无法完全脱离本土文化的。学者刘易斯说,如果我们活着、健康、有经济能力,就不能没有理由相信我们特有的行为准则,⑥从这个意义上说,在遭遇异文化以及将异文化与本文化进行对比时,每个文化都是具

---

① 转引自 Gerhard Maletzke, *Interkulturelle Kommunikation. Zur Interaktion zwischen Menschen verschiedener Kulturen*, Opladen: VS Verlag für Sozialwissenschaften, 1996, p. 117。

② Ibid., p. 23.

③ 参见 Jean-Claude Usunier/Björn Walliser, *Interkulturelles Marketing. Mehr Erfolg im internationalen Geschäft*, Wiesbaden: Gabler, 1993, p. 74。

④ 参见 Gerhard Maletzke, *Interkulturelle Kommunikation. Zur Interaktion zwischen Menschen verschiedener Kulturen*, Opladen: VS Verlag für Sozialwissenschaften, 1996, p. 23。

⑤ Ibid., p. 26.

⑥ 潘一禾:《文化与国际关系》,浙江大学出版社2005年版,第67页。

有民族中心主义倾向的。①

民族中心主义的集体无意识和等级排序所带来的是关于自我群体和本文化的优越感,②相应的其他文化被贬低。民族中心主义相信自我的行为模式总是正常的、自然的、好的、美丽的或者重要的,③所有偏离自我标准、习俗、价值导向、习惯和行为模式的,都被视为低价值的、应予以质疑的,有时甚至被视为病态的或者不道德的。④因而民族中心主义容易导致对外群体及其文化的蔑视。当感到陌生群体的文化对本文化造成威胁时,民族中心主义容易形成对外群体的敌对意识,尤其是对于规避不确定性程度高的文化(比如德国)而言。

需强调的是,民族中心主义也有积极的一面。首先,民族中心主义保障群体成员在有限的认知水平条件下对本文化和现实建构模式的信任,进而保障文化的稳定性、传承性和群体认同感。其次,无论是在群体、社会、地区、国家还是国际层面上,许多文化都对国际发展和人类文化遗产做出过重大贡献,将自己的文化加以推广,反映了该国人民保存和发扬本民族文化的进取性。⑤

第四节 语料与研究方法

本书以建构主义为认识论基础,结合传播学、跨文化交流、比较文学形象学的相关理论,采用批评话语分析方法,对德国主流媒体《明镜》周刊和《时代》周报 2000—2010 年的涉华报道(抽样选取⑥)进行分析,

---

① 参见 Petra Köppel, *Kulturerfassungsansätze und ihre Integration in interkulturelle Trainings*, Trier: Focus Kultur, 2002, p. 113。

② 参见 Gerhard Maletzke, *Interkulturelle Kommunikation. Zur Interaktion zwischen Menschen verschiedener Kulturen*, Opladen: VS Verlag für Sozialwissenschaften, 1996, p. 23。

③ Marvin Harris, *Kulturanthropologie. Ein Lehrbuch*. (Deutsche Übersetzung von Schomburg-Scherff, Sylvia M.), Frankfurt/New York: Campus Verlag, 1989, p. 22。

④ Gerhard Maletzke, *Interkulturelle Kommunikation. Zur Interaktion zwischen Menschen verschiedener Kulturen*, Opladen: VS Verlag für Sozialwissenschaften, 1996, p. 24。

⑤ 参见潘一禾《文化与国际关系》,浙江大学出版社 2005 年版,第 67 页。

⑥ 具体抽样规则为:从第 2 期开始每隔 3 期选一期,即所选刊号为 2、6、10、14。如遇应选定刊号当期没有涉华报道,则选取或追加选取与当期最近的刊号中的涉华报道,依此推之。

以获悉德国媒体所建构的中国硬实力形象（经济、军事、科技、体育）以及中国国际关系形象，并进而揭示德媒在报道中国时的选择性行为以及其所建构中国形象的主体依赖性所在。

一 语料选取与代表性

本书研究所基于的语料为《明镜》周刊和《时代》周报2000—2010年的涉华报道。所以笔者利用《明镜》周刊全文下载和《时代》周报网页搜索方式搜集所需语料。获得所抽样的期刊全文资源后，笔者使用德文词"China"（中国）、"chinesisch"（中国的）、"Chinese"（中国人）、"Chinesin"[①]（中国人）以及这些词开头共同的四个字母"chin"为关键词进行检索。在所得到的报道中，笔者再逐篇排查确定哪些是重点报道中国和中国人的报道（只是提及中国或者在整篇报道中涉及中国的部分极少的报道不采用），最后形成语料集合。根据本书抽样规则，共获得报道849篇，其中来自《明镜》周刊433篇，《时代》周报416篇。

从语料代表性来看，《明镜》周刊和《时代》周报皆属于德国主流媒体，谈及德国政治周报和周刊时，此二者是必提的。[②]二者堪称德国政治报道领域最具影响力的跨地区平面媒体，尤其会受到政治家们的关注和使用，而且对于德国其他媒体的政治报道记者以及在德国民众中都具有重要影响力，[③]在德国新闻业享有"意见领袖"地位，具有内部议程设置的功能。《明镜》周刊与《时代》周报发行量都很大，两刊发行范围不仅覆盖德国，而且也包括奥地利、瑞士等德语区国家。

[①] 德文中指称人的名词按自然性别区分男性与女性，如Chinese指"中国（男）人"，Chinesin指"中国（女）人"。

[②] 参见Jürgen Bellers, *Politische Ökonomie der Medien*, Münster: Lit Verlag, 2002, p.59；参见Hermann Meyn, *Massenmedien in Deutschland*, Konstanz: UVK, 2004, p.101；参见Christiane Krüger, *Journalistische Berichterstattung im Trend der Zeit. Stilstrategie und Textdesign des Nachrichtenmagazins Focus*, Münster: Lit Verlag, 1995, p.24；参见Ralf Stockmann, *Spiegel und Focus: Eine vergleichende Inhaltsanalyse 1993–1996*, Göttingen: Schmerse Verlag, 1999, p.15。

[③] 参见Susanne Fengler/Bettina Vestring, *Politikjournalismus*, Wiesbaden: VS Verlag für Sozialwissenschaft, 2009, p.94。

(一) 关于《明镜》周刊

《明镜》周刊创刊于 1947 年。《明镜》周刊创建之初所效仿的对象是美国新闻期刊《时代》周刊,作为德国第一份新闻期刊,《明镜》周刊在德国新闻史上堪称前无古人。[①]在很长一段时间中,《明镜》周刊是德国唯一的一家政治周刊,直到 1992 年德国第二家政治周刊《焦点》才诞生,[②]因此也有人直接以"德国新闻期刊"（［德］Das Nachrichtenmagazin Deutschlands[③]）代称《明镜》周刊,[④]可见该刊在德国新闻领域声誉之高。该刊也自评为"德国最重要的和欧洲发行量最大的新闻期刊"[⑤]。《明镜》周刊以深度报道和调查性报道见长,该刊特别关注政界及社会大事的报道。[⑥]《明镜》周刊敢于揭露政界内幕和社会弊端,其为新闻自由所做出的抗争（明镜事件）以及其揭露大量政治丑闻之举（比如巴舍尔事件）,奠定了《明镜》周刊在新闻界的重要地位,该刊在德国内外都具有相当大的影响力。《明镜》周刊自 1989 年以来周平均销售量在百万份左右,其中超过 90% 在德国境内销售,约 8% 销往境外（主要是奥地利和瑞士）,读者遍及 177 个国家。[⑦]从读者群构成看,《明镜》周刊读者受教育程度较高、职业地位较高、经济能力较强,并处在最有活力的年龄段,在德国社会中具有突出的影响力。[⑧]

从政治倾向看,《明镜》周刊迄今以自由倾向和独立自居,号称"不

---

① 参见 Hermann Meyn, *Massenmedien in Deutschland*, Konstanz: UVK, 2004, p. 103。

② Heinz Pürer, *Publizistik-und Kommunikationswissenschaft. Ein Handbuch*, Konstanz: UVK UTB, 2003, p. 295。

③ "Das Nachrichtenmagazin Deutschlands" 一词使用定冠词"das",在德文中取特指之意。如此用词,意指《明镜》周刊是众所周知的那家特定的德国新闻周刊,表明其独一无二的地位。

④ 参见 Ralf Stockmann, *Spiegel und Focus: Eine vergleichende Inhaltsanalyse 1993 – 1996*, Göttingen: Schmerse Verlag, 1999, p. 16。

⑤ Spiegelgruppe, "Politisch unabhängig – niemandem verpflichtet", 2011, http://www.spiegelgruppe.de/spiegelgruppe/home.nsf/0/440FBE98BAF7E2F8C1256FD5004406DD? OpenDocument。

⑥ 参见贾文键《德国〈明镜〉周刊（2006—2007 年）中的中国形象》,《国际论坛》2008 年第 4 期,第 62 页。

⑦ 参见 Spiegelgruppe, "Der Spiegel in Zahlen", 2011, http://www.spiegelgruppe.de/spiegelgruppe/home.nsf/Navigation/C226C5F6118D70E0C12573F700562F49? OpenDocument。

⑧ 贾文键:《德国〈明镜〉周刊（2006—2007 年）中的中国形象》,《国际论坛》2008 年第 4 期,第 62 页。

亲近任何政党或者经济利益集团"①，但实际上很多德国学者则认为《明镜》周刊具有或强或弱的左倾自由倾向，具有亲基民盟/基社盟（CDU/CSU，默克尔所在政党及其姊妹党）的倾向。②

（二）关于《时代》周报

《时代》周报是覆盖全德国"最大众化的"③德语周报，它问世于1946年。《时代》周报基于其高质量的出版水平被评为欧洲最好的报纸之一，同时也被视为德国的意见领袖。④该报读者数量超过200万，面向的全部是接受过高等教育的读者，该报的传统读者群的构成主要为知识分子群体和文化修养较高的其他人群。《时代》周报表示，其读者中有很多人本身就是德国的意见领袖或者重要辩论的引领者。⑤该报每期平均发行量超过50万份，在德国所有同类报纸中名列前茅。⑥在过去的数十年中，《时代》周报的同类报纸或者破产，或者在发行量上被《时代》周报超越。⑦如同《明镜》周刊一样，《时代》周报不仅是德国的意见领袖，给德国全社会提供思想火花和影响社会整体话语，⑧而且《时代》周报在德国媒体界同样具有内部议程设置功能。该报在及早发现报道主题以及提

---

① Spiegelgruppe, " Politisch unabhängig – niemandem verpflichtet ", 2011, http：//www.spiegelgruppe. de/spiegelgruppe/home. nsf/0/440FBE98BAF7E2F8C1256FD5004406DD? OpenDocument.

② 参见 Susanne Fengler/Bettina Vestring, *Politikjounalismus*, Wiesbaden：VS Verlag für Sozialwissenschaft, 2009, p. 95；Heinz Pürer, *Publizistik- und Kommunikationswissenschaft. Ein Handbuch*, Konstanz：UVK UTB, 2003, p. 295。

③ ［德］米歇尔·里德：《日报数：351份///每日发行量：2530万份》，《Magazin-Deutschland. de》2009年第6期，第42页。

④ 参见 Hermann Meyn, *Massenmedien in Deutschland*, Konstanz：UVK, 2004, p. 102。

⑤ 参见 Zeitverlag Gerd Bucerius GmbH & Co. KG, "DIE ZEIT – Das redaktionelle Profil", 2011, http：//www. zeitverlag. de/wp – content/uploads/2009/03/7413_zv_ade_prsspiegel_bropressemappe_online1. pdf。

⑥ 同上。

⑦ 参见 Hans Bohrmann, "Pressewesen, Journalismus. Die Zeit. Geschichte", 2006, http：//scans. hebis. de/13/62/08/13620898_rez. pdf。

⑧ 参见 Hermann Meyn, *Massenmedien in Deutschland*, Konstanz：UVK, 2004, p. 102。

供具有特别质量的报道内容等方面，为其他媒体提供导向功能。①

从政治倾向看，《时代》周报一般被视为自由的主流媒体。②该报的自我定位也是如此，主张在政治观点上兼容并蓄，宽容异己，因此经常发表政治上特别有争议的不同观点。③《时代》周报历任发行人之一（也是德国新闻业的代表人物之一）冬霍夫（Marion Gräfin Dönhoff）表示："宽容异己，只要他们不诉诸暴力；思想自由和保护少数群体，只要他们不试图针对多数群体采取恐怖行动；我们将继续作为各种观点的论坛，我们自己也将笔耕不辍……"④但曾任《时代》周报主编的索马尔（Theo Sommer）认为："《时代》周报是由三份不同的报纸组成的……政治部分走相对居中路线，文化部分是极左的，经济部分则是保守的。"⑤

二 研究方法与具体操作设计

本书所采用的具体分析方法是同样蕴含建构主义理念的批评话语分析方法。话语分析的发轫与西方哲学和社会科学领域出现的"语言学转向"与"批评转向"有关。传统语言学的语言反映论受到挑战，人们开始关注语言与存在、语言与社会的辩证关系。话语分析分为批评话语分析和非批评性话语分析，二者的区别在于：后者重在纯粹描述话语的过程，前者着重于揭示语言中含而不露的内容，尤其是那些人们习以为常、不对之提出质疑的内容，并阐释其在社会条件和权力斗争中的作用。批评话语分析的宗旨在于对语言使用中被人们视为不容置疑的内容进行"去自然化"操作，即消解语言中所存储知识的不容置疑性，进而揭示语言的"权力"以及语言与权力的关系。

批评话语分析方法已被广泛应用于媒体文本研究，原因在于媒体在

---

① 转引自 Axel Schildt, Immer mit der Zeit: Der Weg der Wochenzeitung DIE ZEIT durch die Bonner Republik – eine Skizze, *Die Zeit und die Bonner Republik. Eine meinungsbildende Wochenzeitung zwischen Wiederbewaffnung und Wiedervereinigung*, Göttingen: Wallstein, 2008, p. 12.
② 同上。
③ 参见张征《德国的报业发展与现状》，《新闻与传播研究》1996 年第 2 期，第 83 页。
④ Hermann Meyn, *Massenmedien in Deutschland*, Konstanz: UVK, 2004, p. 101.
⑤ Ibid., p. 102.

现代社会中具有举足轻重的地位，尤其适合作为对公共话语进行研究的基础。但批评话语分析并无统一的分析方法，学者认为批评话语分析方法应是开放的和广泛的，根据研究领域、研究对象和研究需要不同，应适用不同的分析方法。根据研究对象和研究目的需要，本书在设计分析方法时，主要以杜伊斯堡学派针对新闻文本分析所设计的研究方案为参照模式。该学派在德语语言区具有重要影响力，其重要代表人物是耶格（Siegfried Jäger）。杜伊斯堡学派基于福柯的话语理解和文化学家陵克（Jürgen Link）的集体象征理论，从20世纪80年代中期起研究批评话语分析，并将之运用于一系列的研究项目中[1]。

　　杜伊斯堡学派将话语视作在时间中流淌的社会知识储备的河流，这条河流有过去、现在和将来三个维度。该学派的话语观主要基于福柯的话语理解，聚焦话语与权力、知识和真相之间的辩证关系。福柯认为话语是人类科学的知识体系，人类的一切知识都是通过话语而获得的，话语的运作和生产以知识形式固定下来，而事物一旦以知识的形式出现，便被赋予了真相的地位和正确性的评价。真相是不能认识的，所谓的真相并非既定存在的，而只是社会按照特定的真相秩序生产出来的话语效果。获得真相地位的话语具有排斥其他话语的权力，话语行使权力的方式就是知识传播并排斥其他话语。这里说的权力，并非自上而下的统治权，而是无处不在的制度化机制。话语与权力是辩证的同构关系，权力控制话语运动，而真正的权力又通过话语来实现。

　　除了福柯的话语理解之外，杜伊斯堡学派还吸收了文化学家陵克的话语理解及其关于正常化的理论。陵克认为，话语秩序在选择赋予特定话语真相地位的同时，也为个体提供导向功能，形成区分正常/非正常的机制。在具体分析方案中，该学派还吸收了陵克关于集体象征的理论。

　　杜伊斯堡学派根据其多年的实证研究经验，设计出专门针对媒体话语进行批评话语分析的方案，但耶格强调不能机械地使用这一程序[2]。分

---

[1] Margarete Jäger/Siegfried Jäger, *Deutungskämpfe. Theorie und Praxis Kritischer Diskursanalyse*, Wiesbaden: VS Verlag für Sozialwissenschaften, 2007, p. 15.

[2] Siegfried Jäger, *Kritische Diskursanalyse. Eine Einführung.* 2. überarbeitete und erweiterte Auflage, Duisburg: DISS, 1999, p. 186.

析框架的形成应该始终与分析素材相结合,①具体的研究设计一定要根据研究对象进行有的放矢的灵活变更。结合研究目的和研究需要,本书对杜伊斯堡学派的研究方案进行了一定的适用性调整,并将梵·迪克的宏观语义学分析与系统功能语法指导下的"分类"分析融入其中,形成具体操作设计如下。

1. 选择语料

(1) 选择代表性报刊《时代》周报和《明镜》周刊,并说明选择的理由,如报刊的定位和在媒体内外的影响范围等。

(2) 确定分析时段以及选择报道的抽样方式[详见本章章节(三)、《关于语料的选择》]。

2. 编码和排序

(1) 参照杜伊斯堡学派的分析方案,设计本书分析模式(见图1)和编码表。

(2) 以篇章为单位进行编码,区分所属话语束,并确定次级主题或更低等级的主题。

(3) 以话语束为单位对话语片段进行分类整理。

3. 统计和初步分析(类似结构分析)

(1) 根据编码表在各分析层面进行统计工作(包括词汇、主题分布、报道事件和报道行为主体选择、刻板印象与偏见等)。

(2) 基于统计数据对语料进行多方位的和总体性的结构描述,内容包括:①话语在研究时间范围内的总体发展和走势;②关注话语走势是否与德国政府更替及其对华政策改变有明显关联,以及利益与价值观的互动;③是否存在多种话语立场和声音,以及孰弱孰强;④显著的特点、观点(命题)和报道倾向、相关的关键词;⑤描述话语事件及其对话语质量的影响;⑥列举与所研究话语束交织的其他话语束;⑦某子话语束与其他子话语束的交织情况;⑧是否有显著的频繁出现的词汇和陈述;

---

① Anne Waldschmidt, Der Humangenetik-Diskurs der Experten: Erfahrungen mit dem Werkzeugkasten der Diskursanalyse, *Handbuch Sozialwissenschaftliche Diskursanalyse. Band 2: Forschungspraxis.* 2. Auflage, Wiesbaden: VS Verlag für Sozialwissenschaften, 2004, p. 159.

⑨价值观分析（话语立场分析）。结构性描述在后台完成，成为本书实证分析部分的提纲性依据。

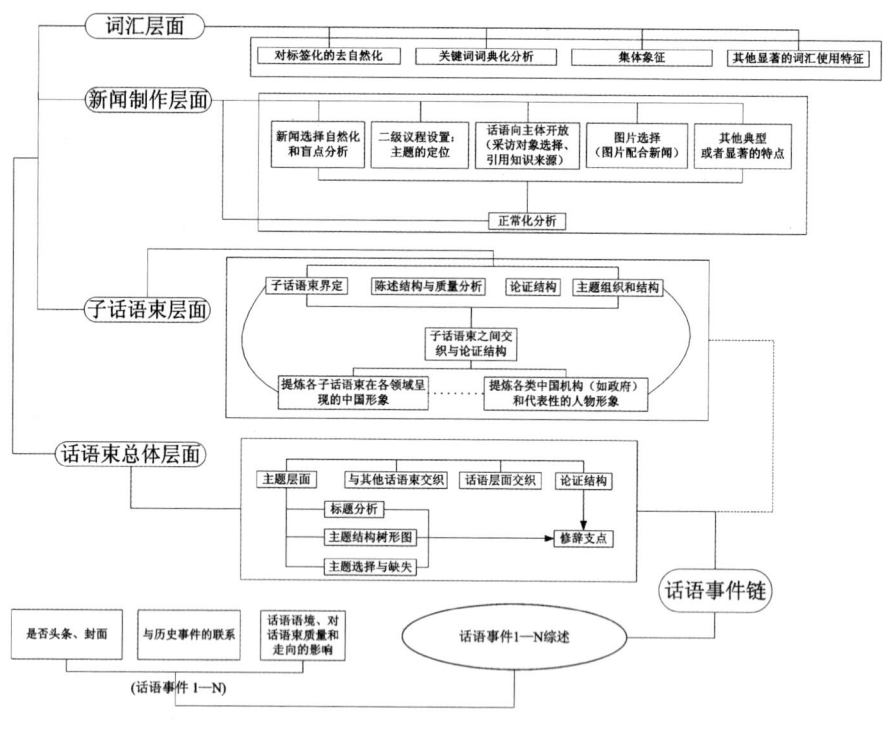

图1—1 分析模式①

4. 细化的分析

与杜伊斯堡学派提出的对典型的话语片段进行分析不同，笔者提出的细化的分析是典型片段分析与结构分析的结合，并不将二者截然分开。杜伊斯堡学派的细致分析旨在将这个话语过程以典型片段的形式再现出来，笔者欲超出单篇篇章分析的模式，从话语整体上呈现话语过程。笔者以后台方式（编码时）完成语篇细致分析，并将之融入结构分析之中，

---

① 关于"图片选择"：由于语料搜集来源不统一，《时代》周报（2000—2005）的报道皆为纯文字版，并无配图可供分析用，所以无法对全部语料进行"图片选择"分析，故在本书分析中"图片选择"不构成重点分析步骤。但因其重要性，并出于保证分析思路完整之目的，笔者依然在分析模式图中将其列出。

从而实现在总体上进行细化的分析，获得总体的细致印象。

（1）词汇层面。

①争议性纵聚合关系语言项的"去自然化"分析：对报道中的争议性纵聚合关系语言项进行分析，尤其是在冲突话语分析中；对报道中的标签，如德媒对中国、中国政府和共产党、干部，以及其他对象的称谓和其他高频出现的相关词汇进行分析。

②词典化分析：考察分析蕴含西方/德国价值观的、以中性词或者既定事实词语形式出现的、作为评价中国的标准被使用的词汇，如人权、民主、国家社会等。

③集体象征：考察报道中集体象征出现情况和所出现领域。

④词汇层面的其他显著特征，如加引号表示对该词的质疑和否定等。

（2）新闻制作层面。

①新闻选择自然化分析和盲点分析：此处与新闻价值理论和新闻要素结合，从新闻选择角度考察媒体现实。考察媒体选择新闻事件的角度及其观察新闻事件的视角，揭示新闻报道中的主题缺失情况和报道所反映出的主体依赖性，并结合话语片段和主题的组织结构来确定话语事件。

②二级议程设置：考察主题的属性层面和使主题获得新闻价值的要素，如冲突、危险等。

③话语对主体开放：采访对象的选择，选择为哪些群体传播声音以及引用哪些声音，如政治界或者专家的观点。

④正常化分析：考察话语是否具有呼吁或者劝服的语言行为；考察话语是否预设什么是正常化的，以及是否通过正常化预设排斥其他话语。

（3）子话语束分析。

①子话语束界定：界定中国形象话语内存在的子话语束，并进行描述。

②陈述结构与质量分析：分析各子话语束内部的宏观结构，从而获悉宏观命题的组织结构。同时确定各子话语束中的刻板印象、偏见、话语立场、哪些命题形成真相诉求等。

③子话语束内部的论证结构特征：主题和论据。考察话语参与者在支持或者拒绝某个特定的视角和评价时使用了哪些论据，包括隐性论据

和显性论据；通过总结支持意见和反对意见所使用的论据，确定论证的趋势。使用论据时的共同点指向或多或少被集体共享的解读，而差异则标识了冲突发源。①最后综合考察论证和命题中隐藏预设的价值观"自然化"。

④考察各子话语束之间的交织情况：子话语束之间的论证结构，话语争论出现在哪些领域、哪些话语事件将众多的子话语束联系在一起。

⑤提炼各子话语束中呈现的中国形象。

⑥提炼各类中国机构（如政府形象）和具有代表性的群体人物形象（如干部形象、民众形象）。

5. 话语束总体分析

（1）主题层面。

①标题分析，考察标题有无特点。新闻标题有时概括主题，但并不等于主题，标题包括在主题层面里，因而可以通过标题补充说明主题。

②主题选择与缺失：描述主题分布和选择倾向，从而得出是否存在主题缺失以及哪些主题缺失；是否有对立的命题，这些不同领域的命题又如何能够联系起来，放到更大的命题中去（比如经济威胁论等）。目的在于初步获悉报刊的主题选择、话语结构和话语立场以及话语对峙（主流话语与反对话语）。

（2）总结各子话语束交织：考察各子话语束之间的交织情况，提炼各子话语束呈现的中国形象侧面以及其交织情况，比如中国政治形象是否与经济形象互相影响。

（3）总结话语层面交织：考察媒体话语与政治经济等层面的话语的交织，关注信源以及所引用知识的来源，这同时也是话语束的共时语境。

（4）论证结构与修辞支点：汇总整个话语束内部的主题组织结构和论证结构，寻找用以支撑关于中国形象的全部行为观点的修辞支点，如用人权观和法治国家（作为普世原则）和国家利益（经济威胁、能源强

---

① 参见 Michael Schwab-Trapp, Methodische Aspekte der Diskursanalyse. Probleme der Analyse diskursiver Auseinandersetzungen am Beispiel der deutschen Diskussion über den Kosovokrieg, *Handbuch Sozialwissenschaftliche Diskursanalyse. Band 2：Forschungspraxis.* 2. Auflage, Wiesbaden：VS Verlag für Sozialwissenschaften, 2004, p. 173。

盗、污染罪魁祸首、工作岗位流失等）作为支点。考察媒体对中国的规训情况，比如声讨哪些行为。

（5）话语事件链分析：该事件是否成为头条或者封面故事？话语事件的语境以及话语事件对话语束的质量和走向的反映。将话语事件连成话语事件链条，进行总结梳理。

6. 总体分析

（1）总结与对比：总结梳理各子话语束的话语结构和所呈现的中国形象侧面，并提炼超越子话语束层面存在的中国形象侧面。

（2）对比并总结两个报刊的涉华报道是否存在差异性。

（3）总体展示德媒对中国形象的解读模式，对中国的期望（类似叙事模式）、话语立场等，考察是否具有明显的意识形态化或者乌托邦化倾向；考察德媒使用何种话语策略捍卫其话语立场，以及捍卫所隶属话语共同体的利益。

7. 补充说明

各分析步骤并非严格按照上述文字所表述的顺序进行的，有些分析是平行进行的，有些分析是结合进行的。分析过程始终采取建构主义的视角，并从跨文化交流理论、传播学理论和国家形象的相关理论等角度进行分析，理论始终贯穿实证分析，时刻关注文化维度差异和中德文化标准对于德媒涉华报道话语立场和话语形成的影响。分析的目的并不在于追求关于中国形象的唯一"真相"，而旨在揭示德媒涉华报道中披着"客观"外衣的中国形象的形成过程，并对之进行"去自然化"操作。

第 二 章

中国经济话语束分析与中国经济形象

中国近年来所取得的巨大经济成就举世瞩目，因此在德媒涉华报道中经济领域的报道占据很大的分量，有分析表明，在世界主流印刷媒体的涉华报道中经济要素普遍受到高度关注。[①]根据本书统计结果，在2000—2010年所选择分析的849篇涉华报道中，经济领域的报道共计166篇（包括以中国经济发展为核心主题或者并列第一主题的报道），占本书语料中全部报道数量的19.6%。笔者将经济领域的报道的集合定义为中国经济话语束。该话语束又可以分为中国经济发展框架、中国资源需求和境外资源保障、中国资本海外投资、人民币汇率、知识产权、中国产品出口六个次级主题。

分析显示，中国经济主题因为与中国经济发展成就密切相关，而呈现出鲜明的以时段为单位的递进式特征，因此笔者以时间为轴，结合上述次级主题对中国经济话语束进行分析。笔者根据分析结果将这11年分为四个阶段：2000—2002年（中国经济发展新迹象）、2003—2004年（中国在亚洲崛起和成为世界工厂）、2005—2007年（中国竞争力提高与中国威胁）、2008—2010年（经济危机与中国自信）。鉴于次级主题中国经济发展框架是中国经济话语束的纲领性次级主题，因此在中国经济话语束分析中，笔者首先以该主题在各阶段的分布为主线进行分析，同时也将其他五个次级主题按其各自的时间分布特征纳入相应时段的分析中（见表2—1和表2—2）。作为补充，笔者还将根据需要，有选择地对其他

---

① 参见何辉《中国国家形象定位分析》，《现代传播》2006年第2期，第113页。

五个次级主题进行历时分析,以获得相关次级主题的时间分布特性和中国经济话语束内部的次级主题交织情况。

表 2—1　　中国经济话语束次级主题时间分布

次级主题 ＊ 年度阶段 交叉列联表

次级主题	年度阶段				合计	百分比（％）
	2000—2002	2003—2004	2005—2007	2008—2010		
境外资源保障	0	2	11	6	19	11.4
人民币汇率	0	3	2	5	10	6.0
知识产权保护	2	0	8	2	12	7.2
中国产品出口	2	2	13	4	21	12.7
中国经济发展框架	15	19	25	24	83	50.0
中国资本海外投资	3	2	8	8	21	12.7
合计	22	28	67	49	166	100
百分比（％）	13.2	16.9	40.4	29.5	100	

表 2—2　　中国经济话语束次级主题报道评价倾向分布[①]

次级主题 ＊ 评价倾向 交叉列联表

次级主题	评价倾向			合计
	负面	正面	中性	
境外资源保障	12	0	7	19
人民币汇率	4	0	6	10
知识产权保护	10	0	2	12
中国产品出口	13	1	7	21
中国经济发展框架	23	7	53	83
中国资本海外投资	9	3	9	21
合计	71	11	84	166
百分比（％）	42.8	6.6	50.6	100

---

① 本书使用"报道评价倾向"作为评价报道的指标,即不仅看所报道的事件是否为负面事件,还着重看报道对事件的评价倾向如何,"事件倾向"与"报道评价倾向"并不一一对等,有时候即使所报道事件为中性事件,但报道评价倾向却为负面的。使用 SPSS 软件统计本书语料所得到的结果显示,"事件倾向"与"报道评价倾向"显著相关。因此使用"报道评价倾向"作为评价报道倾向性的指标具有可行性。(关于"评价倾向"的区分:"正面评价倾向"指在事件的诸多面中只是或者着重突出积极面,"负面评价倾向"指只是或者着重突出事件的消极面,"中性评价倾向"指无特别倾向或者是包含事件的多个面,既有积极面,又有消极面。)

第一节 2000—2002年：落后的穷国显现经济发展新迹象

德媒此阶段关于中国经济发展的一个主要议题是中国经济发展显现新迹象："中国的经济慢慢走上正轨了"①、中国开始向外国投资者开放市场②。而中国于2001年底加入世界贸易组织，则被视为中国经济发展变化的表征性事件，该事件被解读为："从2002年开始，共产主义统治的人民共和国将认可资本主义的社会秩序。"③

相应地，德媒涉华经济报道也着重关注中国出现的各种表征经济变化和发展的新迹象，比如关注中国自1999年进行经济体制结构改革以来，私有企业的状况和业绩。④德媒称，外国人对于中国新兴私企所取得的业绩表示尊敬，称"尽管在政策支持方面存在不稳定性，也存在诸多障碍，但是北京的私有企业主们对于那些早已千疮百孔的国企而言已经构成有力的竞争"⑤。在产业结构变化上，德媒关注的新迹象是中国互联网产业和IT企业的发展，《时代》周报称，"年轻的企业家们通过互联网公司使中国经济实现现代化，共产党为其提供稳定保障"⑥；《明镜》周刊则称，"中国网民数量大增，北京的领导层视IT工业为未来经济增长的主要源泉"⑦。除此之外，德媒表示，新产业的兴起也促使中国证券市场发生改革，这种改革"使得中小企业和私企有机会通过股市筹集资金"⑧，也使得整个中国出现"股市热"⑨。除了中国国内金融市场的变化外，德媒也

---

① Anon., "Riskante Red Chips", *Der Spiegel*, No. 30, 2000, p. 93.
② Ibid..
③ Georg Blume, "Marktwirtschaftler aus Not", *Die Zeit*, No. 38, 2001. （笔者注：语料中来自《时代》周报2000—2005年的报道均来自该报网站，无页码信息。）
④ 参见 Andreas Lorenz, "'Traum vom blauen Himmel'", *Der Spiegel*, No. 26, 2000, pp. 160 - 166。
⑤ 同上。
⑥ Georg Blume/Chikako Yamamoto, "Großer Sprung ins Netz", *Die Zeit*, No. 22, 2000.
⑦ Anon., "Verhängnisvolle Geschenke", *Der Spiegel*, No. 29, 2002, pp. 102 - 103.
⑧ David Dodwell, "Kapitale Revolution", *Die Zeit*, No. 24, 2000.
⑨ Georg Blume, "Chinas neue Utopie", *Die Zeit*, No. 9, 2000.

观察到西方资本开始对中国产生兴趣。报道称,由于日本经济出现不良状况,国际投资在亚洲市场寻找新的目标,"投资基金的经理们越发觉得中国具有吸引力"①。此外,德媒报道了西方企业在中国寻找生产商(华晨为英国企业生产出租车)②、西方技术在华寻找市场(德国高校科研成果被引入中国)③等现象。

在德媒眼中,此时的中国对于西方国家而言,既蕴藏巨大的市场商机,又存在巨大的风险。一方面,德媒在中国经济发展的新迹象中看到了中国成为西方海外市场的巨大潜力,比如中国的电子产品消费潜力:"有些家庭甚至连电话都没有,数百万的农村人口使用的还是算盘,而不是手提电脑"④。可以说,中国此阶段所表现出的经济落后状态恰恰被视为中国潜在的消费能力。不过,中国被视为西方产品的巨大消费市场的定位并非始于此时,而是在中德两国正式建交之后、中国实行改革开放之后,都曾经出现过。另一方面,中国在德媒眼中还不是完全可靠的投资市场,其原因之一在于,中国的经济模式与西方社会所倡导的完全依靠市场力量的模式并不一样,报道强调"北京对经济的政治影响依然很大"⑤,德媒据此认为,在中国投资"风险很大"⑥。

此时德媒中虽然也出现关于"中国是否很快就会晋升成为世界最重要的高科技民族"⑦的思考,甚至在2002年底开始出现"西方几乎每个人都认为中国将成长为21世纪的经济和政治大国"⑧的声音。但是分析显示,此阶段德媒对中国经济发展程度的基本定位,依然是第三世界国家、门槛国家,比如《时代》周报表示,不管是"高科技产业热潮"还是"股市热",都只是"中国的新乌托邦"⑨,中国依然符合"第三世界

---

① Marcus Rohwetter, "Frisches Geld für China", *Die Zeit*, No. 14, 2001.
② 参见 Anon., "Englische Taxis: Exporthit", *Die Zeit*, No. 4, 2002。
③ 参见 Anon., "Pappeln für Peking", *Der Spiegel*, No. 38, 2002, p. 167。
④ Andreas Lorenz, "Siegeszug der Himmelsreiher", *Der Spiegel*, No. 19, 2002, pp. 198–200.
⑤ Anon., "Riskante Red Chips", *Der Spiegel*, No. 30, 2000, p. 93.
⑥ Ibid..
⑦ Andreas Lorenz, "Siegeszug der Himmelsreiher", *Der Spiegel*, No. 19, 2002, pp. 198–200.
⑧ Matthias Nass, "Unter roten Fahnen auf dem kapitalistischen Weg", *Die Zeit*, No. 46, 2002.
⑨ Georg Blume, "Chinas neue Utopie", *Die Zeit*, No. 9, 2000.

国家特征",即中国依然以农业和基础工业为主①。这点从此阶段德媒极少使用诸如"经济大国"等权力标记来指称中国也可以看出。

《时代》特有议题:中国加入世贸组织

两刊涉华报道此阶段在议程上具有较高的相似性。在共同议程之外,《时代》周报特有的议题是对中国加入世贸组织一事的关注。首先,该报认为中国"加入世贸组织是出于实用主义,而非出于信服"②,但同时也表示,"随着加入世贸组织,社会主义中国承认自己是资本主义"③,即认为中国终于被西方纳入自己的轨道、准备遵守西方所制定的游戏规则。也因此该报不仅将加入世贸组织视作中国"自建国以来最大的外交成就之一"④;更称"在西方,虽然几乎每个人都认为中国将成长为21世纪的经济和政治大国,将是美国唯一值得一提的竞争对手,却几乎没有人视中国为威胁。也许原因在于中国决定加入世贸组织,遵守国际体系的规则"⑤。这样的言论具有浓烈的民族中心主义意识和意识形态偏见:很长一段时间里,作为社会主义国家的中国都被西方归为敌对阵营,此时因为看到中国准备认可并遵守长期以来由西方社会主导制定的国际规则,便不再将其排除在本群体之外,所以即使此时中国已呈现强大的发展潜力,也并不被西方视为威胁。其实早在中国实行改革开放政策之初,西方许多报道都乐观地估计,"中国正在走资本主义路线"⑥,人们期待中国接受西方的价值观,成为第一个放弃马克思主义,甚至可能接受资本主义的共产党国家。⑦这种以社会主义/资本主义为区分标准的框架使用,在此后三个阶段的德媒涉华报道中一直存在,该框架的使用一方面反映出德媒对中国存在意识形态偏见,另一方面反映出德媒对中国经济发展的

---

① 参见 Georg Blume/Chikako Yamamoto, "Großer Sprung ins Netz", *Die Zeit*, No. 22, 2000。
② Georg Blume, "Marktwirtschaftler aus Not", *Die Zeit*, No. 38, 2001.
③ Ibid. .
④ Georg Blume, "Krisengewinnler China", *Die Zeit*, No. 39, 2001.
⑤ Matthias Nass, "Unter roten Fahnen auf dem kapitalistischen Weg", *Die Zeit*, No. 46, 2002.
⑥ 周宁:《世纪末的中国形象:莫名的敌意与恐慌》,《书屋》2003 年第 12 期,第 53 页。
⑦ 参见刘明《历史和全球视野下的中国形象》,《对外大传播》2007 年第 8 期,第 23 页。

观察具有政治色彩,因此中国经济话语束与德媒在政治领域的涉华报道交织密切。从根本上说,这是西方对中国的一种权力形态的表述:国际规则由西方制定,而评价所观察对象(中国)是否遵守规则的权力,同样保留在西方手中。遵守西方所制定规则的国家被赋予正常性,反之则被视为不正常。而中国此时不被视为威胁,同样反映出西方对于中国的观察行为具有主体依赖性,其衡量标准和出发点是西方自己的利益。

除了认为在中国加入世贸组织一事上,西方价值观获得胜利之外,《时代》周报也看到,中国加入世贸组织可能会给西方带来的良好商机和巨大利益。该报认为,随着中国加入世贸组织,高额关税和进口壁垒取消,外国产品就可以更好地进入中国市场,①包括纺织业、汽车业和电子工业等领域。类似的预期也存在于《明镜》周刊的报道中。②相应地,对于中国国内经济而言,《时代》周报认为,加入世贸组织会使中国农业经济面临冲击,使"千百万农民将不得不放弃生存基础"③。同样的论断也出现在《明镜》周刊2003年的一篇报道中,文章称因为落后中国的农业和其他工业将面临更加激烈的竞争。④

后来的形势发展表明,德媒的这些利于西方的设想并没有完全朝着他们所期待的方向发展。这样的预期忽略了自由贸易的双向性,不仅中国的市场对外国开放,外国的市场同样也对中国开放。2005年《时代》周报在一篇关于世贸组织成员会议在香港召开的报道中称,"经济自由化不是任何时候都受欢迎,欧洲担心他们的农民,门槛国家担心他们的工业,而所有人都害怕中国人"⑤。此外,《时代》周报也担心中国加入世贸组织后,其他国家的汽车行业进入中国市场,可能会导致大众公司在中国市场的垄断地位受到威胁⑥(德国汽车工业在中国的发展一直是德媒

---

① 参见 David Dodwell, "Spielerisch", *Die Zeit*, No. 52, 2000。

② 参见 Andreas Lorenz, "Siegeszug der Himmelsreiher", *Der Spiegel*, No. 19, 2002, pp. 198 – 200。

③ Georg Blume, "Marktwirtschaftler aus Not", *Die Zeit*, No. 38, 2001。

④ 参见 Andreas Lorenz, "'Mache dein Leben farbiger'", *Der Spiegel*, No. 37, 2003, pp. 122 – 124。

⑤ Anon., "Welthandel – Augen zu und durch", *Die Zeit*, No. 50, 2005。

⑥ 参见 Georg Blume, "Polo für die Massen", *Die Zeit*, No. 51, 2001。

聚焦的一个重要主题,因此几乎在各阶段都备受关注)。

表 2—3　　　　　中国经济话语束 2000—2002 年阶段

时段	基本定位	代表性现象和议题①	次级主题	报道框架
2000—2002 年 报道数量与报道倾向分布 共 22 篇（负/中/正：6/12/4）	落后穷国显现经济发展新迹象，但依然是落后的第三世界国家	私企发展、高科技发展热潮、股市热 《时代》周报议题：中国加入世贸组织	中国经济发展框架	资本主义/社会主义经济秩序（中国承认资本主义）

第二节　2003—2004 年：中国在亚洲崛起和逐渐成为世界工厂

德媒此阶段的涉华经济报道可以分为中国经济成就和经济繁荣的"阴暗面"两大主导议题。一方面,德媒延续并发展 2000—2002 年阶段中国经济发展显现新迹象的议题,报道中国所取得的"光彩熠熠"②的经济成就;另一方面,该阶段德媒大量论及中国经济发展所面临的或者所带来的问题。与这两个主导议题并存的情况相应,该阶段的涉华经济报道中,既存在中国经济威胁论(主要针对亚洲国家),也存在中国经济崩溃论。

一　议题一：中国的经济成就与西方的中国热

这个阶段中国所取得的经济成就,一方面从德媒报道中此时出现关于中国的新指称可以看出:"世界工厂"(同期两刊都有新闻标题使用该词)。分析显示,这个阶段德媒所塑造的中国经济形象完成了从"未来的世界工厂"向"世界工厂"转变的过程:在 2003 年初,虽然已经

---

① "议题"在本书中基本与"主题"同用,指被列入德媒报道议程的主题。
② Georg Blume, "Schwere Zeiten in der Weltwerkstatt", *Die Zeit*, No. 13, 2003.

出现提及中国"廉价产品淹没市场"①的报道，但中国在德媒眼中还只是"未来的世界工厂"②。此时报道表示，中国向世界供应的还只是自行车和鞋子等劳动密集型产品，报道预计，一方面劳动密集型产品的出口还将呈现上升趋势："世界银行预测，2005 年中国出口的纺织业份额将会从 20% 涨到 50%"；另一方面报道预计中国出口产品的技术含量也将增加："很快中国也将能出口半导体和电脑。"③而到了 2004 年，中国形象在德媒中已经完成转变，成为在欧洲引发中国热的"诱人的世界工厂"④。"世界工厂"是指中国在国际经济中的角色变化，而"经济奇迹"一词的出现，则直接表示了中国所取得的经济成就巨大。经过搜索，在 2000—2002 年的语料中，只有《明镜》周刊在非经济领域的报道中使用过该词一次，本阶段"经济奇迹"一词在德媒中频频出现，而且《明镜》周刊甚至已经开始零星地使用"崛起中的大国"⑤这样的方式指称中国。

"中国热"成为表征中国经济成就的另一个关键词。该词在德国接受中国的历史上并非首次出现：18 世纪，耶稣会士的美化报告和西方哲学家眼中的理想中国形象使西方社会掀起"中国热"⑥；第一次世界大战之后，寄希望于利用东方智慧拯救西方的德国文坛也曾掀起"中国热潮"⑦；随着中国实行改革开放政策，20 世纪 80 年代西方再次出现"中国热潮"，并且达到一个高点，这时西方媒体和中国经历"蜜月期"；⑧从 2002 年底

---

① Jürgen Kremb/Wieland Wagner, "Drache contra Tiger", *Der Spiegel*, No. 10, 2003, pp. 78 – 84.

② Georg Blume, "Schwere Zeiten in der Weltwerkstatt", *Die Zeit*, No. 13, 2003.

③ Ibid. .

④ Andreas Lorenz, "Prickelnde Weltfabrik", *Der Spiegel*, No. 18, 2004, pp. 136 – 138.

⑤ Jürgen Kremb/Wieland Wagner, "Drache contra Tiger", *Der Spiegel*, No. 10, 2003, pp. 78 – 84.

⑥ 参见卫茂平、马佳欣、郑霞《异域的召唤：德国作家与中国文化》，宁夏人民出版社 2002 年版，第 26 页；参见 Michael Poerner, *Business-Knigge China. Die Darstellung Chinas in interkultureller Ratgeberliteratur*, Frankfurt/Main：Peter Lang, 2009, p. 58。

⑦ 参见卫茂平、马佳欣、郑霞《异域的召唤：德国作家与中国文化》，宁夏人民出版社 2002 年版，第 77—78 页。

⑧ 参见 Michael Poerner, *Business-Knigge China. Die Darstellung Chinas in interkultureller Ratgeberliteratur*, Frankfurt/Main：Peter Lang, 2009, p. 66；参见 Christiane Hilsmann, *Chinabild im Wandel. Die Berichterstattung der deutschen Presse*, Hamburg：Diplomarbeiten Agentur diplom. de, 1997, p. 17。

开始，德媒涉华报道表示，世界范围内掀起"新一轮的中国热"①。报道称"全世界康采恩集团的总裁们掀起又一次中国热，此次中国热的程度比以往任何时候都更高"②。这样的论断在 2004 年依然一直存在，德媒称"所有人都在谈论中国"③，中国凭借廉价的生产基地区位和成为巨大市场的潜力在欧洲掀起中国热，④中国成为世界企业"不可不进入的市场"，相应地，德国经济界也倾向于中国热。⑤可以说，此阶段中国在获得世界工厂身份的同时，也被视作巨大的销售市场和投资区位。前一阶段中，中国的经济发展被视为西方的巨大机会，这种报道视角在该阶段得到延续。比如报道称，"经过多年的强制性"简朴美德之后，中国人对汽车表现出狂热，中国汽车市场的前景无国可敌，这使"全世界所有的汽车生产商都想要进入中国市场"。⑥

中国也被视为具有吸引力的投资区位。与前一阶段德媒称西方资本开始对中国感兴趣，并预言可能会有"新鲜资本"⑦进入中国不同，此时报道称，"中国吸引大量境外直接投资……这证明很多西方经理人对中国的发展抱有长期信任"⑧。西方对中国经济奇迹的信任还表现为投资公司对中国企业上市具有信心，报道称"中国公司都不用自己做广告，西方投资公司就催促他们上市"。⑨

根据德媒报道，这种与经济挂钩的"中国热"也体现在德国社会学习中文的热情中，一方面报道称，中国在世界舞台上占据重要地位是德国个体学习中文的动机;⑩另一方面报道称，汉学研究在德国更加受到重视，同时德国高校也开始提供中文学习与经济、国情专业相结合的可能

---

① Matthias Nass, "Unter roten Fahnen auf dem kapitalistischen Weg", *Die Zeit*, No. 46, 2002.
② Ibid..
③ Padtberg, "Statt Gespräch", *Die Zeit*, No. 10, 2004.
④ Andreas Lorenz, "Prickelnde Weltfabrik", *Der Spiegel*, No. 18, 2004, pp. 136 – 138.
⑤ Erich Follath/Alexander Jung/Andreas Lorenz/Stefan Simons/Wieland Wagner, "Der Sprung des Drachen", *Der Spiegel*, No. 42, 2004, pp. 110 – 127.
⑥ Andreas Lorenz, "'Mache dein Leben farbiger'", *Der Spiegel*, No. 37, 2003, pp. 122 – 124.
⑦ Marcus Rohwetter, "Frisches Geld für China", *Die Zeit*, No. 14, 2001.
⑧ Georg Blume, "Schwere Zeiten in der Weltwerkstatt", *Die Zeit*, No. 13, 2003.
⑨ Georg Blume, "Staatsbetriebe zu verkaufen", *Die Zeit*, No. 16, 2004.
⑩ Jörg Burger, "Warum lernen die Deutschen Chinesisch?", *Die Zeit*, No. 1, 2004.

性，报道认为这种专业组合方式"前景诱人"①。2005年《时代》周报称，赴华留学的美国学生人数大幅增长，预计留学中国的德国学生人数也会呈现上升势头。报道表示，"（德国）与中国之间的贸易往来越多，德国企业在中国的投资越大，做中国事务专家的未来发展前景就越好"②。《明镜》周刊更表示，"中国热"对美国的保姆市场产生影响，报道称"如今来自中国的保姆在纽约非常抢手：曼哈顿的精英们想要让他们的后代为未来的经济世界做好准备"：不仅"富有的家庭选择中国保姆，让孩子从小就学习中文"，而且"私立学校的外语课也将汉语作为备选课程之一"。③

二 议题二：中国经济繁荣的另一面

"中国经济奇迹的阴暗面"④，这是此阶段德媒涉华报道议程中的另一个重要议题。分析显示，从此阶段开始该议题一直持久存在，而且成为中国经济成就议题的孪生议题，因此中国经济话语束也与德媒在社会生活领域的涉华报道有密切交织。德媒表示，对于外界而言，中国"经济增长数据掩盖了经济奇迹的阴暗面"⑤，有报道称，虽然"（中国）经济增长率达到8%……（但是）需要解决还从未有过的社会问题"⑥。

此时德媒中关注度较高的社会问题，是失业率高和贫富差距急剧增大等与经济发展关联的社会问题。⑦德媒表示，"大量农民工和农村剩余劳动力、城市剩余劳动力（下岗）以及每年的高校毕业生都需要工作"⑧，因此中国"依赖于这样的经济增长速度，以保障大量毕业生、农民工和下岗职工等的就业，从而保障社会稳定"⑨。基于这种中国需要通过经济

---

① Nadja Kirsten, "Ab in die Mitte!", *Die Zeit*, No. 50, 2004.
② Jan-Martin Wiarda, "Auf nach Shanghai!", *Die Zeit*, No. 52, 2005.
③ Frank Hornig, "Globalisierung für Kleine", *Der Spiegel*, No. 52, 2005, p. 91.
④ Ibid..
⑤ Andreas Lorenz, "Prickelnde Weltfabrik", *Der Spiegel*, No. 18, 2004, pp. 136 – 138.
⑥ Uwe Jean Heuser/Georg Blume, "China hebt ab", *Die Zeit*, No. 1, 2004.
⑦ 参见 Georg Blume, "Schwere Zeiten in der Weltwerkstatt" *Die Zeit*, No. 13, 2003。
⑧ 同上。
⑨ Andreas Lorenz, "Prickelnde Weltfabrik", *Der Spiegel*, No. 18, 2004, pp. 136 – 138.

增长保障社会稳定的论断，德媒提出，"如果经济增长中断，中国就会陷入混乱状态"①。该论断在德媒此后的涉华报道中形成稳定的论证结构，不管是在中国经济保持增长势头，还是显现增长缓慢迹象（经济危机时期）的阶段。城乡差距问题在此时也受到高度关注：报道称，"经济奇迹的受惠者主要是大城市居民，而工人和农民群体没有受到经济奇迹恩泽"②。其中尤其是农民群体作为"经济改革中的输家"③特别受关注，德媒表示，在中国的经济繁荣中"城乡差距增大，农民的平均收入在下降"④。

鉴于中国的"世界工厂"身份和西方经济界的中国热，德媒自然也关注对于西方投资者而言中国经济繁荣存在怎样的另一面。德媒认为，投资者在中国面临经济环境充满腐败和法制不确定的境况⑤，其中腐败在德媒罗列中国社会问题时是几乎必提的。德媒指出，中国经济环境的一大问题在于经济系统中占据重要地位的银行系统，报道称，"在经济欣欣向荣的中国，没有第二个行业像银行业那样敏感、不善管理、腐败和受到政治影响"⑥。德媒称，中国"四大国有银行积累大量不良信贷，其实应该早就破产了，但是它们还必须继续存在，以支撑千疮百孔的国企生存下去"⑦。于是中国被称为"不良信贷帝国"⑧，有报道认为"这里隐藏着中国经济奇迹的危险因素"⑨。另外，德媒还提出中国存在"司法不独立"⑩和"法制体系存在矛盾"⑪的问题：报道称，在中国"法律诉求和

---

① Uwe Jean Heuser/Georg Blume, "China hebt ab", *Die Zeit*, No. 1, 2004.

② Ibid..

③ Andreas Lorenz, "Prickelnde Weltfabrik", *Der Spiegel*, No. 18, 2004, pp. 136–138.

④ Uwe Jean Heuser/Georg Blume, "China hebt ab", *Die Zeit*, No. 1, 2004.

⑤ Andreas Lorenz, "Prickelnde Weltfabrik", *Der Spiegel*, No. 18, 2004, pp. 136–138.

⑥ Erich Follath/Alexander Jung/Andreas Lorenz/Stefan Simons/Wieland Wagner, "Der Sprung des Drachen", *Der Spiegel*, No. 42, 2004, pp. 110–127.

⑦ Andreas Lorenz, "Prickelnde Weltfabrik", *Der Spiegel*, No. 18, 2004, pp. 136–138.

⑧ Georg Blume, "Im Reich der faulen Kredite", *Die Zeit*, No. 16, 2004.

⑨ Ibid..

⑩ Uwe Jean Heuser/Georg Blume, "China hebt ab", *Die Zeit*, No. 1, 2004.

⑪ Erich Follath/Alexander Jung/Andreas Lorenz/Stefan Simons/Wieland Wagner, "Der Sprung des Drachen", *Der Spiegel*, No. 42, 2004, pp. 110–127.

法律现实之间差异鲜明",一方面培养司法人员,另一方面却人情关系盛行。①因此在德媒涉华报道中,此时也有许多提醒德国企业应警惕在华投资风险的声音。

在关于中国经济的"阴暗面"的报道中,两刊议程体现出细微的差异性:《时代》周报的视角是:中国虽然经济繁荣,却依然有大量的社会问题需要解决;《明镜》周刊则更多以中国经济快速发展诱发众多社会问题为观察视角。因此《明镜》周刊相比之下有一个突出的议题,即塑造中国经济过热的形象,报道称,中国多年来一直在报告巨大的经济增长数值,但如今脱缰的增长甚至让中国自己都感到害怕②,因此中国政府"要求银行减少信贷"③"抑制房地产经济泡沫增长"④。同时,与德媒将中国经济增长与社会稳定挂钩的论证结构相应,《明镜》周刊认为"中国政府进退两难"⑤,因为既要抑制房地产泡沫增长,却又依赖于这样的经济增长速度来保障社会稳定。

三 话语内部对峙:中国经济崛起论和中国经济崩溃论并存

中国经济繁荣存在"阴暗面"的议题衍生出另一个论断,即德媒认为中国经济中存在的各种问题会危害经济增长。于是随着中国经济增长,悲观预测中国经济发展前景的论断也接踵而至。有报道预测称,"中国过热的经济可能硬着陆,那样世界经济将被拖入深渊"⑥,有报道援引西方经济专家和某些中国专家的说法,以支持中国经济崩溃论:比如"西方经济学家预言中国的经济发展可能很快停滞"⑦;某中国专家称房地产市

---

① Erich Follath/Alexander Jung/Andreas Lorenz/Stefan Simons/Wieland Wagner, "Der Sprung des Drachen", *Der Spiegel*, No. 42, 2004, pp. 110 - 127.

② Andreas Lorenz, "Prickelnde Weltfabrik", *Der Spiegel*, No. 18, 2004, pp. 136 - 138.

③ Andreas Lorenz/Stefan Simons, " 'Wir brauchen Respekt vor dem Recht' ", *Der Spiegel*, No. 42, 2004, pp. 122 - 123.

④ Ibid. .

⑤ Andreas Lorenz, "Prickelnde Weltfabrik", *Der Spiegel*, No. 18, 2004, pp. 136 - 138.

⑥ Erich Follath/Alexander Jung/Andreas Lorenz/Stefan Simons/Wieland Wagner, "Der Sprung des Drachen", *Der Spiegel*, No. 42, 2004, pp. 110 - 127.

⑦ Georg Blume, " 'Chinas Wachstum ist gefährdet' ", *Die Zeit*, No. 50, 2004.

场泡沫将会破裂、中国经济奇迹可能会消失，称这会导致"失业率上升，并将会对世界经济造成严重后果"①。值得一提的是，认可中国经济快速增长和悲观预测中国经济发展前景的声音，并非以对立形态存在于德媒中，而是对峙共生式并存于德媒主流话语中，即主流话语既认可中国经济崛起，同时又预测中国经济发展的悲观前景。单方乐观认为中国经济能够不受社会问题的干扰继续发展、"不可能发生硬着陆"②，或者片面悲观预测"中国经济奇迹可能消失"③ 的观点，并不属于主流话语。这种对峙共生形式的主流话语论证结构是与德国的双重中国情结相应的：一方面想受益于中国这个销售市场和世界工厂，另一方面则又担心强大的中国经济可能会对德国形成威胁，比如担心德国工作岗位流失④。这种只想从中国的发展中受益，却无法忍受中国变得强大的双重情结，成为德媒塑造中国经济形象的一个持久性框架。很显然这是与德国自身的利益诉求紧密相关的：无论是中国经济崛起论，还是中国经济崩溃论，其根本出发点都是德国自身的利益，这也是截然对峙的两个论断能够长期共生的根本原因所在。这反映出德媒涉华报道的视角性和主体依赖性，其涉华报道并非如德媒所宣称的那样客观和中性，而是以德国利益诉求作为参照和评价标准的。

四 意识形态观察框架：社会主义/资本主义框架

德媒此阶段所塑造的中国经济形象的特点之一，是强调中国"处于资本主义框架中"⑤，称中国人是"生活在尚保留着社会主义体制外表的

---

① Andreas Lorenz/Stefan Simons, "'Wir brauchen Respekt vor dem Recht'", *Der Spiegel*, No. 42, 2004, pp. 122 – 123.

② Georg Blume, "'Chinas Wachstum ist gefährdet'", *Die Zeit*, No. 50, 2004.

③ Andreas Lorenz/Stefan Simons, "'Wir brauchen Respekt vor dem Recht'", *Der Spiegel*, No. 42, 2004, pp. 122 – 123.

④ 该阶段媒体中尚未大规模出现担心德国工作岗位流失的声音，这种担忧在德媒中此时更多是以"远虑"，而非"近忧"的形式出现。

⑤ Uwe Jean Heuser/Georg Blume, "China hebt ab", *Die Zeit*, No. 1, 2004.

资本主义社会中的孩子"①。如前文所述,鉴于中西方之间的体制差异,社会主义/资本主义框架成为德媒观察中国的一个基本框架。德媒此时对中国经济的基本定位是:中国已经进入资本主义阶段,不过并非现代西方社会意义上的资本主义经济秩序,而是所谓的"曼彻斯特资本主义"②——落后的原始资本主义。报道称,"以前只能从书本中了解到什么是曼彻斯特资本主义,现在只需要在中国走一圈就知道了"③。与上一阶段《时代》周报认为随着加入世贸组织中国承认自己是资本主义一样,此阶段德媒对中国的这种定位得到延续,"中国接受了资本主义秩序"此时同样被提上议程,只不过德媒认为中国还处于资本主义初级阶段,认为中国是尚保留着社会主义体制外表的资本主义社会。④尽管德媒口中这种"曼彻斯特资本主义"与西方意义上的现代资本主义不一样,但在德媒眼中这种"资本主义"是从属于西方的,是现代资本主义的一种早期形态,因此在这个意义上,中国不被视作对西方构成体制竞争。而到了2007年之后,尤其是世界经历经济危机之后,德媒中则有声音称中国的"资本主义"非西方所认知的资本主义,而是对西方的资本主义形成竞争的所谓"国家资本主义"⑤,中国进而被视为对西方构成体制威胁。这样的变化明显反映出德媒所建构中国形象的主体依赖性,其对中国如何定位完全取决于中国是否愿意接受并遵守由西方制定和主导的游戏规则,当他们发现中国并没有顺应其期待走所谓西方路线的时候,中国威胁论在德媒中便开始甚嚣尘上。

五 其他次级主题:人民币汇率问题与"能源饥渴"

与中国经济实力上升的形象相应,中国在国际经济中的形象在德媒

---

① Erich Follath/Alexander Jung/Andreas Lorenz/Stefan Simons/Wieland Wagner, "Der Sprung des Drachen", *Der Spiegel*, No. 42, 2004, pp. 110 – 127.

② Andreas Lorenz, "Prickelnde Weltfabrik", *Der Spiegel*, No. 18, 2004, pp. 136 – 138.

③ Ibid..

④ Erich Follath/Alexander Jung/Andreas Lorenz/Stefan Simons/Wieland Wagner, "Der Sprung des Drachen", *Der Spiegel*, No. 42, 2004, pp. 110 – 127.

⑤ Wieland Wagner, "Volksfeind Nummer 1", *Der Spiegel*, No. 21, 2009, pp. 70 – 72.

中也发生变化。《时代》周报称，中国"从急于发展的老鼠成为精于贸易之道的大象"①，《明镜》周刊则表示，中国已被西方社会视作"国际舞台上的新玩家"②，而不再只是门槛国家或者第三世界国家。德媒认为，标志中国国际经济影响力提升的一个重要事件是："中国产品淹没世界市场，西方的政策银行和政治家要求人民币增值。"③报道称，"中国第一次重要到让西方的两大货币巨头（欧洲央行与美联储）都对其进行公开批评"④。不过，此时人民币增值还主要被视为美国的诉求，尚未被提上欧洲国家诉求的主要议程："主要是美国要求人民币与美元脱钩，这样美国进口中国的商品就会便宜。"⑤于是德媒也主要报道美国对中国贸易顺差的指责："美国经济学家指责称，中国便宜的货币'威胁全球经济发展'……《商报》警告称，元（人民币）对于大型工业国家而言是'新式黄祸'……美国指责说，中国'人为控制低值'导致美国工作岗位流失"⑥。中美关系此时在德媒涉华经济报道中经常成为被关注的主题或者被频繁提及。从此时起，人民币汇率主题成为中国经济话语束中的一个永恒主题，不过，相对而言此时德媒在人民币汇率问题上塑造的中国形象还不是特别负面。正如德媒所言，此时人民币增值还主要是美国的诉求，对欧洲的利益影响还不是很大。但此后随着欧洲对人民币增值诉求的增长，中国在德媒涉华报道中逐渐呈现通过"操纵货币"导致西方利益受损的形象。德媒对中国在人民币汇率方面的形象建构，随着德国所感知的自身利益影响变化而发生变化，这同样反映出德媒在评价中国时的话语立场是以维护德国利益为根本出发点的。

与人民币汇率问题一样，"能源饥渴"从此时起也成为中国经济形象中的一个恒定主题，这与20世纪90年代时中国在德媒中呈现"饥渴的巨人"形象是一脉相承的。此时，西方对中国"能源饥渴"的担心进一

---

① Georg Blume, "Das Yuan-Syndrom", *Die Zeit*, No. 31, 2003.
② Anon., "Peking bleibt hart", *Der Spiegel*, No. 33, 2003, p. 95.
③ Georg Blume, "Das Yuan-Syndrom", *Die Zeit*, No. 31, 2003.
④ Ibid..
⑤ Anon., "Peking bleibt hart", *Der Spiegel*, No. 33, 2003, p. 95.
⑥ Georg Blume, "Das Yuan-Syndrom", *Die Zeit*, No. 31, 2003.

步增大。首先,德媒表示,"中国的巨大需求导致全世界原料市场价格持续走高"①。报道称,不仅钢铁和石油,而且煤炭的价格也由于中国国内需求上升、中国减少煤炭出口而上涨,②更有报道危言耸听说,"经济奇迹国家中国的巨大消耗使市场逐渐被吸空"③。此时中国对能源的需求增长和扩大资源保障行动,已经被视为对西方构成威胁,德媒所关注的不仅是中国增长的能源需求使世界市场价格上涨,也报道了比如钢铁价格上涨对那些为汽车行业供货的德国中型金属企业所带来的各种"灾难"④。中国被称为"饥渴的龙",中国对能源的需求被称为"贪婪"⑤。从所选择的用词可看出,德媒涉华报道并非如其所宣扬的中立客观,而是具有鲜明的倾向性和视角性。使用"灾难""贪婪"等词表述中国,明确反映出德媒认为中国增长的能源需求撼动了西方的利益,同时也明确反映出德媒相关报道所持的话语立场依然是基于西方利益的。除了用词之外,这种以西方利益为基点的话语立场在德媒相关报道的诸多表述中同样鲜明地反映出来。比如,德媒称,石油和铁矿等能源和原料"迄今为止一直被北美、西欧和日本所拥有"⑥,言下之意,西方国家(和日本)迄今为止独享的、可以自由支配的资源,而现在不得不与中国一起分享了。德媒还表示,"占世界人口五分之一的富有人群不受干扰地、以低于其应有价值的低廉价格支配资源来满足自己需求的时代,一去不复返了"⑦。这是因为中国的加入使世界能源市场不再是买方市场,西方不能继续低价从其他国家购买能源了,这当然会使西方感到自己的利益受到侵犯。但是德媒却并没有反思过,世界能源资源难道理所当然就应该专供这些发达国家支配吗?难道其他国家拥有的资源就理所当然地应该以低廉的价格出售给这些发达国家吗?难道中国不是跟发达国家一样平等享有购

---

① Fritz Vorholz/Georg Blume, "Gier nach Erz und Öl", *Die Zeit*, No. 22, 2004.
② Anon., "China kürzt Koksexport", *Der Spiegel*, No. 9, 2004, p. 75.
③ Anon., "Auf Jahre knapp", *Der Spiegel*, No. 42, 2004, p. 87.
④ Fritz Vorholz/Georg Blume, "Gier nach Erz und Öl", *Die Zeit*, No. 22, 2004.
⑤ Ibid..
⑥ Ibid..
⑦ Ibid..

买和使用能源资源的权利吗？难道资源价格因为需求增加而上涨不正是符合西方国家一直以来奉为经典的市场经济和自由贸易的规则吗？这样的反思之所以不会出现在德媒涉华报道中，是因为他们以自我利益为区分标准，看不到或者不愿意看到这个区分标准的问题所在。如此的逻辑，就像美国指责中国停收"洋垃圾"违反WTO义务一样，荒谬至极。①在中国经济发展停滞和落后的时候，西方国家与中国形成的不平等贸易关系，居然被视作理所当然的正确的关系，还因为中国拒绝保持这样的不平等关系而横加指责，这不是强盗逻辑又是什么？

中国巨大的人口基数则更增加了中国被视为威胁的程度，报道称"除了对钢铁的饥渴需求之外，中国13亿人口的石油饥渴也让西方地缘战略家害怕"②。所以德媒在报道来自中国视角的相关声音时，比如拥有住房和汽车是"中国人'正常'的需求""中国现在需要更大的钢铁世界市场份额和其他资源，是'理所当然的'"③，"正常"和"理所当然"都被打上引号。习惯了自由支配资源市场的西方将这些资源视为己有，因此对他们而言，也只有西方人（和日本）支配使用这些资源才是"正常"的需求。不过需指出的是，《明镜》周刊和《时代》周报虽然将指责中国资源需求影响西方利益提上议程，但两刊对于中国的需求增长是否真的导致世界资源紧缺，发出不同的声音：《时代》周报表示，"其实不必如此动气，更不必因为所谓的因中国需求增长导致的资源短缺大动干戈"④，因为资源存量还有很多，只不过缺少开发资源的技术而已⑤；《明镜》周刊则认为，正是因为能源开发商缺乏开采技术，才导致他们几乎无力供应足够的商品，再加上中国的需求不减，所以原料从长期趋势看越来越稀缺。⑥ "资源能源威胁

---

① 央视网《指责中国不接受"洋垃圾"？外交部：美应立足自身消化危险废物》，2018年，http://news.cctv.com/2018/03/26/ARTIXYiRv2ZPWkRbIkiq1wix180326.shtml。

② Fritz Vorholz/Georg Blume, "Gier nach Erz und Öl", *Die Zeit*, No. 22, 2004.

③ Ibid..

④ Ibid..

⑤ Ibid..

⑥ Anon., "Auf Jahre knapp", *Der Spiegel*, No. 42, 2004, p. 87.

论"①从此时起一直存在于德媒涉华报道中，构成"中国经济威胁论"的一个恒定元素。从前述分析可以看出，德媒对于中国"威胁"形象的建构，同样是基于西方/德国利益的。只要影响到西方/德国利益，中国威胁论就甚嚣尘上，这样的形象建构目的在于剥夺中国发展经济的合法性，进而抑制中国与西方/德国争利。

六 《明镜》周刊议题：中国对亚洲其他国家的影响

从总体议程上看，此阶段两刊的重要差异在于，《时代》周报更侧重于从中国国内情况出发观察中国经济的状况，《明镜》周刊则更侧重于关注中国经济发展对其他国家的影响，包括对亚洲国家和对西方国家的影响。从2003年初开始，《明镜》周刊更多将中国经济实力的提升放在亚洲范围内进行观察，报道称，自从中国加入世贸组织以来，"中国逐渐获得亚洲地区的决定权"②。中国经济实力提升被该刊解读为对亚洲其他国家构成威胁：中国被称为日本公司"最危险的竞争对手"和"最危险的仿制者"③；中国被视为造成东南亚国家工作岗位流失的经济入侵者，报道称，"崛起中大国的攻击性进军，使东南亚国家濒临在政治上和经济上陷入依赖中国的境遇"④。同时，德媒认为中国也对第三世界的其他经济欠发达国家构成威胁，比如在纺织业领域。就2004年底纺织行业进口配额取消一事，《明镜》周刊此阶段预言称，届时中国产品将淹没世界市场，第三世界的生产商"面对中国强劲的市场力量将无能为力"，而"输家明显是第三世界国家的工人们"⑤需要指出的是，《明镜》周刊除了勾勒中国经济崛起对亚洲邻国的"威胁"之外，也有来自经济界的微弱声音表示，"对于亚洲邻国而言，中国既是福音又是威

---

① 刘继南、何辉：《当前国家形象建构的主要问题及对策》，《国际观察》2008年第1期，第31页。

② Erich Follath/Alexander Jung/Andreas Lorenz/Stefan Simons/Wieland Wagner, "Der Sprung des Drachen", *Der Spiegel*, No. 42, 2004, pp. 110 – 127.

③ Jürgen Kremb/Wieland Wagner, "Drache contra Tiger", *Der Spiegel*, No. 10, 2003, pp. 78 – 84.

④ Ibid. .

⑤ Alexander Jung, "Schneider der Welt", *Der Spiegel*, No. 45, 2004, pp. 94 – 98.

胁",因为"亚洲邻国的命运依赖于中国经济发展,如果中国经济停滞,那么日本就会遭遇硬着陆"。①从时间上看,中国经济威胁论从2003年起在《明镜》周刊中成为持久性议题,这与美国和欧盟国家媒体的涉华报道自2003年起发生负面化转折②的大环境,是相应的。

表2—4　　　　　　　中国经济话语束2003—2004年阶段

时段	基本定位	代表性现象和议题	次级主题	报道框架
2003—2004年	中国获得世界工厂身份,但存在诸多可能导致不稳定的社会问题;中国经济崛起对亚洲国家构成经济威胁,导致世界资源市场价格高涨	中国产品出口规模增大、西方国家"中国热"、中国存在诸多社会问题(以农村困苦和投资环境差为代表)	一、中国经济发展框架(《时代》周报:经济发展的同时还面临诸多社会问题 VS《明镜》周刊:经济过热导致诸多社会问题)	一、资本主义/社会主义经济秩序(中国进入资本主义初级阶段)
报道数量与报道倾向分布共28篇(负/中/正:6/20/2)		《明镜》周刊议题:中国发展对亚洲国家构成经济威胁	二、人民币汇率问题(主要是美国诉求) 三、资源饥渴(《时代》周报:资源并不短缺,只是开发技术有限 VS《明镜》周刊:开发技术不足更加剧资源短缺程度)	二、中国经济威胁论与中国经济崩溃论并存

2004年底,《明镜》周刊在勾勒中国经济威胁论时所使用的二级议程发生了变化:从勾勒中国对亚洲国家的威胁,转变成勾勒中国对包括德国在内的西方国家的潜在威胁,比如此时开始出现担心中国经济发展是否会导致德国工作岗位流失的声音。这也是该刊在下一阶段的议程重点。

---

① Andreas Lorenz, "Prickelnde Weltfabrik", *Der Spiegel*, No. 18, 2004, pp. 136 – 138.
② 参见 Stefan Schaaf, "Veranstaltungsbericht. Keine Medienverschwörung", 2010, http://www.boell.de/weltweit/asien/asien – veranstaltungsbericht – studie – china – berichterstattung – 9684.html。

这种二级议程变化的一个重要标志点是该刊的封面报道《龙的飞跃》，中国在此文中已经从亚洲地区大国转变为潜在的未来"世界大国"①。

从两刊总体议程看，此阶段德媒中还没有大张旗鼓地出现中国威胁论，两刊涉华报道的重点依然在于中国经济繁荣的双面性（中国经济在国内）、因中国经济繁荣在世界范围内掀起中国热（中国经济对于西方）。需要指出的是，此时两刊在"资源饥渴"主题上的二级议程已经接近2005—2007年阶段的议程。

第三节 2005—2007年：中国竞争力提高与国际权力转移

此阶段德媒涉华报道的核心要素是中国竞争力提高，中国经济形象此时发生质的变化，正在从"世界工厂"形象向"西方国家的竞争对手"形象转变，甚至更有超越西方的趋势。在2003—2004年阶段德媒主要关注中国经济发展在亚洲地区的影响，关于中国经济发展在西方国家的影响，德媒主要聚焦西方国家掀起的中国热。2004年初有报道称，"在欧洲，几乎没有人认真思考过中国对未来世界的影响。如果有人做这样的思考，也只是将中国视为威胁"②。随着中国经济继续增长和竞争力不断提升，这种情况发生了变化：2004年底德媒称，欧洲也开始认真思考中国经济崛起将会对他们产生怎样的影响了，比如"2004年达沃斯峰会的主题就是中国的经济繁荣及其带来的后果"③。关于中国竞争力上升最具概括性的结论无疑是国际权力转移论，报道中一再出现诸如"世界的中心在向亚洲转移"④"国际权力发生由西向东的转移"⑤等论断。中国的竞

---

① Erich Follath/Alexander Jung/Andreas Lorenz/Stefan Simons/Wieland Wagner, "Der Sprung des Drachen", *Der Spiegel*, No. 42, 2004, pp. 110–127.
② Uwe Jean Heuser/Georg Blume, "China hebt ab", *Die Zeit*, No. 1, 2004.
③ Erich Follath/Alexander Jung/Andreas Lorenz/Stefan Simons/Wieland Wagner, "Der Sprung des Drachen", *Der Spiegel*, No. 42, 2004, pp. 110–127.
④ Gabor Steingart, "Weltkrieg um Wohlstand", *Der Spiegel*, No. 37, 2006, pp. 44–75.
⑤ Wolfgang Köhler, "Lockruf aus Fernost", *Die Zeit*, No. 52, 2007, p. 37.

争力在德媒眼中成为西方国家的威胁,并且这种威胁逐渐被从经济威胁提升至体制威胁。"中国威胁论"通过知识产权问题、中国资源需求和境外资源保障、中国资本海外投资及中国产品出口等次级主题得到支撑和论证。

从两刊对比看,2003—2004年两刊在议程上的差异性得到延续,《明镜》周刊中的中国威胁论声音更高,《明镜》周刊对中国经济发展在国际经济中的影响的评价也更为负面(见表2—5)。该阶段《明镜》周刊分别以指责中国侵犯西方知识产权、中国与西方争夺世界财富、中国与西方争夺资源为主题做了封面报道。鉴于此阶段两刊涉华报道议程差异明显,下面笔者结合次级主题分别对两刊的独特议题和共同议题进行分析。

表2—5　　　　　中国经济话语束2005—2007年两刊报道
主题分布与评价倾向分布

评价倾向 ＊ 次级主题 ＊ 刊名 交叉列联表

刊名			次级主题						合计	百分比(%)
			境外资源保障	人民币汇率	知识产权	中国产品出口	中国经济发展框架	中国资本海外投资		
《明镜》	评价倾向	负面	6	0	4	6	5	0	21	58.3
		中性	3	0	1	1	7	3	15	41.7
	合计		9	0	5	7	12	3	36	100
	百分比(%)		25.0	0	13.9	19.5	33.3	8.3	100	
《时代》	评价倾向	负面	2	1	2	4	4	2	15	48.4
		正面	0	0	0	0	2	1	3	9.7
		中性	0	1	1	2	7	2	13	41.9
	合计		2	2	3	6	13	5	31	100
	百分比(%)		6.5	6.5	9.7	19.4	41.9	16.0	100	

一　中国竞争力提升被视为对西方构成威胁

早在20世纪90年代,西方就意识到中国的未来潜能,[①]在中国身上

---

① 参见 Konrad Seitz, *China im 21. Jahrhundert*, Frankfurt/Main: Piper, 2000, p.32。

西方除了看到巨大的销售市场和原料基地，同时也看到"饥渴的巨人"对西方意味着潜在的威胁，[1]并且"开始担忧中国未来的工业将会对西方构成竞争，更担心中国会成为未来西方在政治权力上的对手"[2]。2005—2007年，这种"中国威胁论"的形式发生了变化，从"潜在的担心"演变成"真实的恐惧"。

（一）《明镜》周刊议题：中国威胁论之财富争夺战和体制竞争

《明镜》周刊此阶段所塑造的中国经济形象是中国竞争力发生巨大提升，报道称"如果中国继续这样增长，两年之后就会超越德国成为世界第二大国民经济体，并且迟早也会超越美国"[3]。德媒表示，中国在国际经济中的影响力相应提高："世界最重要货币的命运不再仅由资本主义超级大国美国决定，而是也由共产主义中国决定。"[4]同时《明镜》周刊提出，中国在国际政治中的影响力也相应提高："美国统治的时代就快结束了，以中国为中心的亚洲世纪已经开始了。"[5]中国国际影响力增强被视为对以美国为代表的西方模式的世界主导地位构成威胁。上文提及，从2004年底开始，《明镜》周刊中逐步显现中国威胁论的声音，进入2005年之后，这种威胁论则得到进一步加强：报道称，随着时间发展，世界此时对中国经济发展的态度发生了变化："先是惊诧，之后是敬佩，现在是恐惧。"[6] 约尔克·贝克（Jörg Becker）也提出，"大约从2005年起中国又变成具有威胁性的、饥饿的巨人。中国的经济崛起被解读为德国的衰退。'黄祸'形象又再度活跃起来，中国被指责需对一系列的经济问题

---

[1] 参见 Christiane Hilsmann, *Chinabild im Wandel. Die Berichterstattung der deutschen Presse*, Hamburg: Diplomarbeiten Agentur diplom. de, 1997, p. 17。

[2] Helmut Schmidt, Geleitwort, *Chinas Jahrhundert. Die Zukunft der nächsten ökonomischen Supermacht hat bereits begonnen. Mit einem Vorwort des chinesischen Ministerpräsidenten Zhu Rongji und einem Geleitwort von Alt-Bundeskanzler Helmut Schmidt.* (Deutsche Übersetzung von Bergfeld, Christiane/Bischoff, Ursula/Bühler, Maria/Csuss, Jacqueline), Weinheim: WILEY – VCH, 2001, p. XI.

[3] Andreas Lorenz/Wieland Wagner, "Die Rotchina AG", *Der Spiegel*, No. 3, 2007, pp. 84 – 99.

[4] Ibid., pp. 84 – 99.

[5] Frank Hornig/Wieland Wagner, "Duell der Giganten", *Der Spiegel*, No. 32, 2005, pp. 74 – 88.

[6] Ibid..

负责任（德国企业迁移、工作岗位流失、能源和原料及食品价格上涨、产品质量下降、德国品牌产品遭仿制）。"①

即如中国被塑造成亚洲其他国家经济的"入侵者"形象一样，此阶段经济更显竞争力的中国在《明镜》周刊中被塑造成西方国家经济的入侵者形象："西方可以继续称亚洲人为竞争者，或者依然以发展中国家相称。但更诚实的说法是，西方应视他们为入侵国家，这也正是他们的主要性质。"② 中国因与西方社会分属不同阵营而被视作对西方社会构成群体外威胁，这样的视角具有典型的民族中心主义色彩和利益导向性。从西方利益视角出发，《明镜》周刊认为中国等亚洲国家发展经济就意味着与西方进行"世界财产争夺战"③，报道称，不仅"越来越多的产品是由经济奇迹国家的廉价工厂生产的，越来越多的工作岗位流失"④，而且中国的加入使"欧洲国家的劳动力遭遇数百万倍的贬值，因为他们的知识被吸收走了"⑤。在这场"战争"中，中国被指责"利用西方自己的武器，即经济，来威胁打击西方。中国用自己的廉价产品以及积累的外汇储备，使竞争对手产生依赖性，并对之进行渗透"⑥。这类论断和论证逻辑，是鲜明的以西方/德国利益为尊的话语立场的体现。过去两百年来形成了由西方发达国家主导和西方发达国家利益优先的旧世界秩序，现如今中国和亚洲国家的经济发展使这个旧秩序不再稳固，于是中国和亚洲国家便被德媒打上"威胁"的烙印。西方国家长期将中国和其他亚洲国家作为自己的廉价生产基地和产品销售市场，并因此节省大量生产成本以及从中获得高额利润，这在德媒眼中就是"正当"与"合法"的，但

---

① Jörg Becker,"Die Berichterstattung über die Tibetkrise（März 2008）und die Olympiade in China（August 2008）in deutschsprachigen Massenmedien", 2009, http：//seniora. org/index. php? option = com_content&task = view&id = 408&Itemid = 41 −.

② Gabor Steingart,"Weltkrieg um Wohlstand", *Der Spiegel*, No. 37, 2006, pp. 44 − 75.

③ Ibid. .

④ Frank Hornig/Wieland Wagner,"Duell der Giganten", *Der Spiegel*, No. 32, 2005, pp. 74 − 88.

⑤ Gabor Steingart,"Weltkrieg um Wohlstand", *Der Spiegel*, No. 37, 2006, pp. 44 − 75.

⑥ Frank Hornig/Wieland Wagner,"Duell der Giganten", *Der Spiegel*, No. 32, 2005, pp. 74 − 88.

是中国此时依托自身劳动力价格成本较低的优势发展劳动密集型产业，对外出口产品，在其眼中就变成了洪水猛兽，成了"窃取"西方工作岗位和财富的入侵者。仅就所谓中国经济发展导致西方/德国工作岗位流失的论断而言，难道西方发达国家的企业不是因为想要从中国劳动力价格低廉获得经济利益，而主动寻求将生产基地转移到中国或者委托中国工厂生产的吗？再者，西方/德国工作岗位流失的根本原因难道不是自身在这方面丧失了国际竞争优势所致吗？中国在该阶段着重发展本国在国际对比中具有绝对优势的劳动密集型产品生产与出口，难道不是符合国际贸易和国际分工的基本规律吗？根据亚当·斯密的经典著作《国富论》，一国某种商品的劳动生产率绝对高于他国，即形成劳动生产率的绝对优势该商品就可以出口，反之就要进口，劳动生产率的绝对优势是国际分工与贸易产生的基础和原因。①西方/德国一方面想要充分利用中国劳动力廉价和人口红利实现自身利益最大化，另一方面却不允许中国依托自身的优势在国际贸易中获得发展，并将自身的某些竞争优势丧失归咎于中国的发展。这是典型的双重标准，是以德国/西方利益为根本出发点的，因此所谓中国是西方国家经济入侵者的论调是完全站不住脚的。

《明镜》周刊此阶段涉华经济报道的一个突出特点是：大量使用军事集体象征，如"战争""武器""攻击"等。战争可谓冲突的最高级别，中国的竞争力上升使该刊如临大敌，从这点可见该刊中的中国威胁论声音之高。《明镜》周刊看到国际权力正发生由西向东的转移，称"事实上这场财富争夺战的赢家和输家的角色发生了转换。亚洲人获得新实力，而西方实力减弱"；"西方主导的时代结束了"，"世界的中心在向亚洲转移"。②在这种力量消长对比中，面对"入侵者"中国，《明镜》周刊疾呼"西方必须起来反击，否则就会被击败"③。

除了担心西方经济利益在全球财富重新分配中受到威胁之外，《明

---

① 参见陈璐《试论亚当·斯密的"论分工"思想与国际分工》，《黑河学刊》2012年第5期，第7—9页。

② Gabor Steingart, "Weltkrieg um Wohlstand", *Der Spiegel*, No. 37, 2006, pp. 44 – 75.

③ Ibid. .

镜》周刊称,"中国快速崛起为经济大国让很多人都觉得恐惧"①,其中另一层原因在于:社会主义国家中国的经济繁荣,对宣扬自由经济模式的资本主义西方形成经济模式上的挑战。报道称,"中国政府干预的市场经济成长为新的'宇宙的主人'([英] Master of the Universe)"②;"与意识形态僵化的工业大国美国不同,中国的红色老总们提供的是实用主义的相反模式"③。以美国为典型代表的西方模式主张:"市场本身的力量就可以推动经济,而国家的任务就在于保障竞争的运转,以及杜绝滥用市场权力。"④ 这种自由贸易与少量国家干预相结合的模式显然长期以来在西方被视为唯一正确的经济模式。中国模式在德媒眼中是"毫无约束的资本主义与专制国家政府的灵活控制相结合的形式"⑤,这种模式不仅不被西方所认知,因为"在任何教科书中都没有写"⑥,而且中国还凭借其取得了西方资本主义世界的政治家们不可企及的成就,⑦于是西方感到被其标榜为唯一正确的西方市场经济模式受到了挑战。陌生的中国模式因表现出竞争力更是被升级认定为"威胁"。

在一定意义上,中国的竞争力提升被视为对西方构成威胁,也是认为资本主义体制必将战胜社会主义制度的冷战思维的延续:中国经济凭借这样的模式崛起,完全出乎西方社会对于社会主义国家的意料和期待,这种情绪可以借用《明镜》周刊的一句话来表达:"难道说共产主义是有效用的?"⑧《明镜》周刊在一则封面报道中表示,"人们原以为市场经济在一个如此专制的系统中是不可能实现繁荣的",所以当"中国用计划经

---

① Andreas Lorenz/Wieland Wagner, "Die Rotchina AG", *Der Spiegel*, No. 3, 2007, pp. 84 - 99.
② Gabor Steingart, "Weltkrieg um Wohlstand", *Der Spiegel*, No. 37, 2006, pp. 44 - 75.
③ Frank Hornig/Wieland Wagner, "Duell der Giganten", *Der Spiegel*, No. 32, 2005, pp. 74 - 88.
④ Andreas Lorenz/Wieland Wagner, "Die Rotchina AG", *Der Spiegel*, No. 3, 2007, pp. 84 - 99.
⑤ Ibid..
⑥ Ibid..
⑦ Ibid..
⑧ Ibid..

济方法打入世界市场，并且其成为经济大国的势头貌似不可阻挡"时，①中国的竞争对手和西方经济学家都感到震惊。②中国的经济崛起对西方而言，不仅仅意味着西方的市场经济理解受到挑战，而且也是对其政治体制的挑战。前文提及，随着中国加入世贸组织，德媒认为中国已经接受资本主义秩序和经济理解并进入资本主义初级阶段，进而认为中国的经济成就是在西方资本主义经济秩序框架中取得的。此阶段德媒的认识则发生了变化：鉴于"西方国家和政府首脑无力对其传统的市场经济进行改革"③，以及中国经济取得西方国家不可企及的巨大成就的现状，《明镜》周刊一方面看到，中国的经济理解并非西方一直以来所以为的西方资本主义经济理解，另一方面也看到市场经济在社会主义国家中实现了繁荣。于是原本西方所宣扬的理念——比如市场经济只能在民主体制中实现繁荣、资本主义优越于社会主义体制等，也受到挑战。对此《明镜》周刊提出，"对于发展中国家而言，有可能在某些方面中国适合做典范模式"④。于是此阶段"中国经济模式"这一概念被提出，而西方一直以来所宣传的自我优越性也因此开始受到质疑，报道称，"人们对西方优越性的信任在过去的几年中遭遇流失，认为西方政治和经济体制具有更大效益的观点，也只是一种需要被重新证明的主观论断而已"⑤。

《明镜》周刊自2004年以来所刊登的涉及中国经济发展及其对西方国家影响的一系列封面报道，以阶段递进的方式，塑造了中国作为西方竞争对手和对西方构成威胁的形象：从担心中国经济发展会导致西方工作岗位流失⑥、担心中国的资源需求会导致西方的资源支配权受到威胁⑦、

---

① Andreas Lorenz/Wieland Wagner, "Die Rotchina AG", *Der Spiegel*, No. 3, 2007, pp. 84–99.
② Ibid..
③ Ibid..
④ Ibid..
⑤ Gabor Steingart, "Weltkrieg um Wohlstand", *Der Spiegel*, No. 37, 2006, pp. 44–75.
⑥ Erich Follath/Alexander Jung/Andreas Lorenz/Stefan Simons/Wieland Wagner, "Der Sprung des Drachen", *Der Spiegel*, No. 42, 2004, pp. 110–127.
⑦ Erich Follath, "Der Treibstoff des Krieges", *Der Spiegel*, No. 13, 2006, pp. 76–88.

到担心西方的工业知识和科技优势流失①、担心中国与西方争夺财富、②直到担心西方所宣扬的唯一具有优越性的西方模式受到挑战③。这一系列的封面报道在塑造中国威胁形象的同时,也勾勒出西方对中国经济增长的恐惧。与上阶段议程相比,此阶段《明镜》周刊中的中国威胁论从视中国对亚洲国家构成威胁,升级为视中国对西方国家构成威胁。根据他者理论,他者是自我的镜子,他者形象折射出自我的欲望与诉求。由此相应可以看出,在此阶段该刊建构对西方国家构成威胁的中国形象,表明西方/德国已经切实感知到中国经济发展对其带来的影响。

(二)《明镜》周刊选词分析与集体象征分析

与《时代》周报相比,《明镜》周刊所塑造的中国经济形象更具有意识形态色彩,更加关注中西方之间的政治体制差异,这在该刊的选词方面也有反映。"红色"作为资本主义国家在冷战时期专门用于指称社会主义国家的词汇,出现在《明镜》周刊的多篇报道中。中国被称为"红色威胁"④,中国国家领导人被称为"红色统治者""红色老板"⑤"红色战略家"⑥"红色规划者"⑦,甚至整个中国都被比喻为"红色中国股份公司"⑧,中国经济发展模式被称为"红色资本主义"⑨。在《明镜》周刊的眼中,毫无疑问东方是红色的。⑩与之相应,相关报道尤其强调中国与西方的社会体制差异,将中国的经济发展和中西方竞争置于资本主义和社

---

① Jürgen Dahlkamp/Marcel Rosenbach/Jörg Schmitt/Holger Stark/Wieland Wagner, "Prinzip Sandkorn", *Der Spiegel*, No. 35, 2007, pp. 19 – 34.

② Gabor Steingart, "Weltkrieg um Wohlstand", *Der Spiegel*, No. 37, 2006, pp. 44 – 75.

③ Andreas Lorenz/Wieland Wagner, "Die Rotchina AG", *Der Spiegel*, No. 3, 2007, pp. 84 – 99.

④ Frank Hornig/Wieland Wagner, "Duell der Giganten" *Der Spiegel*, No. 32, 2005, pp. 74 – 88.

⑤ Ibid..

⑥ Wieland Wagner, "Vom Diener zum Herrn", *Der Spiegel*, No. 43, 2006, pp. 112 – 114.

⑦ Andreas Lorenz/Wieland Wagner, "Die Rotchina AG", *Der Spiegel*, No. 3, 2007, pp. 84 – 99.

⑧ Ibid..

⑨ Frank Hornig/Wieland Wagner, "Duell der Giganten", *Der Spiegel*, No. 32, 2005, pp. 74 – 88.

⑩ 参见 Erich Follath/Alexander Jung/Andreas Lorenz/Stefan Simons/Wieland Wagner, "Der Sprung des Drachen", *Der Spiegel*, No. 42, 2004, pp. 110 – 127。

会主义对峙的框架中进行报道。报道经常使用"共产党"来指称中国政府和领导人，或者在中国和西方国家的国名前分别加上"社会主义"或"资本主义"的字样，比如称，世界最重要货币的命运"不仅由资本主义超级大国美国决定，而是也由共产主义中国决定"①。

《明镜》周刊此阶段涉华报道的另一个特点是：多篇报道中出现了军事集体象征。中国经济竞争力增长被解读为与西方社会之间进行"争夺世界财富的战争"②，报道认为西方受到"来自中国的袭击"③，称中国借助西方自己的武器，即经济，来打击威胁西方；④中国被视为窥视和偷窃西方工业知识的"入侵国家"⑤，报道称，来自中国的"敌人（黑客）"进入柏林政府区了，称"中国安全机构率领一支间谍大军在猎取世界出口大国德国最重要的资源"⑥，称德国要进行最大的"数字保卫战"⑦。通过军事集体象征的使用，《明镜》周刊将中国的竞争对西方带来的"威胁"具体化，并且将之升级到"战争"的高度。通过使用这样的报道语言，媒体为读者设置了特定的"中国形象议程"：中国被塑造为与西方群体进行战争的敌人形象。德媒在这个框架中解读中国，从而使中国的任何进步和举动都在话语上被赋予威胁性，进而制造"来自中国的竞争真的已经达到白热化程度"的假象；制造"中国意欲入侵并夺取西方财富和国际主导权的'攻势'"的假象；制造"所有西方个体都会因中国的经济发展，而面临工作岗位和财富被夺走的危险"的错觉。这种集体象征的重复使用会导致受众恐慌，并进而达到在情感和立场上呼吁受众敌视中国的效果。

---

① Andreas Lorenz/Wieland Wagner, "Die Rotchina AG", *Der Spiegel*, No. 3, 2007, pp. 84 – 99.
② Gabor Steingart, "Weltkrieg um Wohlstand", *Der Spiegel*, No. 37, 2006, pp. 44 – 75.
③ Anon., "Angriff aus China", *Der Spiegel*, No. 51, 2004, p. 79.
④ Frank Hornig/Wieland Wagner, "Duell der Giganten" *Der Spiegel*, No. 32, 2005, pp. 74 – 88.
⑤ Gabor Steingart, "Weltkrieg um Wohlstand", *Der Spiegel*, No. 37, 2006, pp. 44 – 75.
⑥ Jürgen Dahlkamp/Marcel Rosenbach/Jörg Schmitt/Holger Stark/Wieland Wagner, "Prinzip Sandkorn", *Der Spiegel*, No. 35, 2007, pp. 19 – 34.
⑦ Ibid..

(三)《时代》周报议题：利益与竞争的结合体——双重中国情结

《时代》周报此阶段在中国形象的议程上与《明镜》周刊议程的相同之处在于：中国国际地位提高、中国在体制上成为西方的竞争对手、对西方主导世界的地位构成威胁。《时代》周报一方面报道中国经济取得更大的成就，称"中国不再是经济轻量级国家了"①；另一方面《时代》周报也表示，随着中国经济竞争力的增长，中国在国际上的影响力和地位得到提高："新的中国在各个地方显示出力量。……对很多国家而言（亚洲国家、拉美国家、巴西、澳大利亚），现在中国比美国重要，这些国家都帮助中国开采资源。"②

与《明镜》周刊一样，《时代》周报此阶段同样将中国经济发展置于资本主义与社会主义结合的框架下观察。《时代》周报认为，"中国早已不再是很多西方人还一直以为的世界工厂，而是由西方资本家和东方共产党结成的剥削联盟在经营"③。该报表示，中国凭借不同于西方的经济模式，在取得巨大经济成就的同时，也获得更高的国际影响力。对于很多国家而言，不仅在经济上"中国比美国更重要"④，而且中国模式"比西方的现代性更具吸引力"⑤。《时代》周报据此得到结论称，"这是头一次有一个工业社会让西方因其担忧自身的经济和文化主导性地位不稳"⑥。也就是说，中国有别于西方的、独特的经济发展模式，在《时代》周报眼中同样被视为对西方形成竞争和威胁。虽然2004年初《时代》周报中就有报道称，中国领导人相信"中国将会发展形成自己的资本主义，而不是西方国家的那种模式"⑦。但此阶段两刊对于中国模式的思考和对西方模式的反思尚处于初始阶段，德媒虽然一再预测中国将成为未来世界经济大国，但并非真正认可中国模式。只是鉴于中国凭借该模式所取得

---

① Robert Von Heusinger/Thomas Fischermann, "Ab sofort spielt China mit", *Die Zeit*, No. 31, 2005.

② Georg Blume, "Wird die Welt chinesisch?", *Die Zeit*, No. 25, 2005.

③ Ibid..

④ Ibid..

⑤ Jan Ross, "Und der Westen schaut ratlos zu", *Die Zeit*, No. 2, 2006, p. 6.

⑥ Georg Blume, "Wird die Welt chinesisch?", *Die Zeit*, No. 25, 2005.

⑦ Uwe Jean Heuser/Georg Blume, "China hebt ab", *Die Zeit*, No. 1, 2004.

的巨大经济成就，德媒不得不思考中国模式的有效性问题，但同时却又不愿意承认其有效性。所以2003—2004年阶段"中国模式"作为概念在德媒中虽已出现，但不愿相信该模式有效的质疑声更高于认可的声音。直到2005—2007年阶段，德媒主流话语中才开始出现认真思考中国模式的声音。

虽然《时代》周报中也有声音表示中国的崛起使西方不安、担心"世界会中国化"①"害怕被那些能够更为成功地利用现代化，并有能力从中收获更多东西的人夺走现代化"②。但与《明镜》周刊一味勾勒对西方构成威胁的"入侵者"中国形象相比，《时代》周报此时对于中国的判断更倾向于威胁论与机遇论并存。该报表示，"欧洲人对中国和印度经济繁荣的态度是复合型的。有些人将此理解成对西方财富的一种攻击；而企业家们所看到的，主要是市场带来的机遇"③。关注并呈现西方（尤其是欧洲）观察中国的多视角性，是《时代》周报涉华报道的一个重要特点，比如有报道称，"视角竟可以如此迥异。一边看到中国的人口增长，视13亿人为潜在的客户，另一边刻画出一支如今已经用产品淹没世界的廉价劳动力大军；一边看见中国大学毕业生的人数增长，看见一个勤奋的、具有生产力的、想要购买西方产品的中产阶层，另一边想到这些工程师、牙医或者设计师将会夺走西方的部分工资时，便不寒而栗"④。这种威胁与机遇视角并存的状况是典型的双重中国情结，既寄希望于中国经济带来机遇，又担心中国经济对西方构成威胁。《时代》周报认为这种双重情结可以归结到一点上，即"相信中国将晋升为世界最大的经济大国之势不可阻挡"⑤，也就是说，不管机遇论还是威胁论，其出发点都是中国（潜在）的强劲竞争力。总之，《时代》周报所塑造的中国形象不是单纯的威胁和入侵者，而是同时兼为西方带来利益和构成威胁的结合体。

---

① Georg Blume, "Wird die Welt chinesisch?", *Die Zeit*, No. 25, 2005.
② Jan Ross, "Und der Westen schaut ratlos zu", *Die Zeit*, No. 2, 2006, p. 6.
③ Wolfgang Köhler, "Lockruf aus Fernost", *Die Zeit*, No. 52, 2007, p. 37.
④ Georg Blume/Thomas Fischermann, "Keine Angst vor diesem Drachen", *Die Zeit*, No. 44, 2006, p. 23.
⑤ Ibid..

比如《时代》周报并非一味强调中国经济发展导致德国工作岗位流失，而是称"现在中国经济还是能给德国带来工作岗位的，问题是这个趋势能否保持下去"①；《时代》周报在承认中国对西方形成竞争的同时，也同样承认中国经济发展给西方带来利益，报道称，"中国正走在成为世界经济大国的道路上，德国将会从中受益"②，因为"中国发展越快，其产品需求就越大、越多样化。……作为未来的巨人……中国可以给这些德国企业带来多重优势。中国的一个小小的市场空间就足够德国企业生存很多年"③。基于这种兼顾利益与竞争威胁的视角，《时代》周报就西方政治界对中国的反应提出质疑，有报道批评称，"虽然专家认为来自亚洲的竞争不会像担心得那么快到达西方，而且其经济繁荣对所有人都有利，但是政治界却做出截然不同的反应"④，比如"默克尔指责中国实行倾销行为和技术剽窃，甚至想要和美国建立自由贸易联盟，将中国隔离在外"⑤。此外，《时代》周报也表示，"西方的力量还是很显著的。西方决定世界议程的时间也许还能持续10年至20年"⑥，因此该报一再表示来自中国的竞争不会那么快到达，并告诉那些身陷中国威胁论中的人们"不用害怕这条龙"⑦。总的来看，《时代》周报此阶段对中国经济发展的态度更为中性，该报将中国视为利益与竞争结合体的报道视角，在一定程度上起到了相对化中国威胁论的作用。当然，该报认为来自中国的竞争会迟一些到达西方，并不意味着否认中国对西方构成竞争，在2008年之后《时代》周报的涉华报道中，中国威胁论也确实转而占据主导地位。

（四）两刊共同议题：中国社会问题与西方的隐性希望

德媒此阶段依然关注中国存在的各种社会问题，悲观预测中国经济

---

① Martin Spiewak, "Alle Macht geht vom Forscher aus", *Die Zeit*, No. 25, 2005.
② Georg Blume/Thomas Fischermann, "Keine Angst vor diesem Drachen", *Die Zeit*, No. 44, 2006, p. 23.
③ Ibid..
④ Georg Blume, "Liu Yanfang – Der Spielzeugengel", *Die Zeit*, No. 52, 2006, p. 30.
⑤ Georg Blume/Thomas Fischermann, "Keine Angst vor diesem Drachen" *Die Zeit*, No. 44, 2006, p. 23.
⑥ Jan Ross, "Und der Westen schaut ratlos zu", *Die Zeit*, No. 2, 2006, p. 6.
⑦ Georg Blum/Thomas Fischermann, "Keine Angst vor diesem Drachen", *Die Zeit*, No. 44, 2006, p. 23.

发展前景的观点依然伴随着德媒对中国经济成就的认可，或者说德媒中一直存在期待中国经济发展步伐减缓或者停滞不前的"隐性的希望"①。所谓"隐性的希望"，指这种希望是以"担忧"中国发展前景的形式被表达出来的，而非直接以显性的"希望"的形式表达的。②这是典型的他者特性，言说中国这个他者的"问题"的同时，也言说了西方/德国作为自我担心被超越的恐惧和希望他者出现问题的期望。多篇报道在描述中国经济发展成就的同时，也列举中国存在的各种问题，所列举的问题与2003—2004年阶段相似，依然是贫富差距、腐败、环境污染、银行不良信贷、房地产经济过热等。伴随着对中国社会问题的列举，德媒提出问题如"中国的经济泡沫什么时候破灭"③，报道称，"上海和北京的外国商人们下班后在高级酒吧里小酌一杯时总在讨论这个问题，这是他们的持续性议题"④。作为隐性的希望，德媒甚至搬出凡是在达沃斯世界峰会上受到关注的国家必在被提及的两年后陷入经济停滞的荒谬规律，称"虽然（世界）对中国的狂热是巨大的，但是达沃斯的两年期预测专家们已经看到崩盘的情景"⑤。可见，悲观预测中国经济发展前景的观点在西方是具有一定市场的。2007年下半年世界经济危机爆发后，当西方社会中出现寄希望于中国的声音时，德媒也提出社会问题是影响中国经济发展的障碍："中国自身存在社会问题，因此不能指望中国经济拯救世界。"⑥另外，德媒还援引中国内部视角来说明中国所面临的社会问题之严重。报道称，来自中国政府的信息是："停止你们的中国威胁论和所谓的东方新兴世界大国的说法。不要在解决全球化问题方面对我们期望过高……数数我们的烦恼！你们就会知道我们得完成多少任务才能不陷入混乱。"⑦

---

① Gabor Steingart, "Weltkrieg um Wohlstand", *Der Spiegel*, No. 37, 2006, pp. 44 – 75.
② Ibid..
③ Andreas Lorenz/Wieland Wagner, "Die Rotchina AG", *Der Spiegel*, No. 3, 2007, pp. 84 – 99.
④ Ibid..
⑤ Josef Joffe, "60 SEKUNDEN FÜR China", *Die Zeit*, No. 6, 2006, p. 21.
⑥ Thomas Fischermann, "Misstraut den Märklin – Ökonomen!", *Die Zeit*, No. 42, 2007, p. 46.
⑦ Georg Blume, "Wenn Milliarden Zwerge wachsen", *Die Zeit*, No. 13, 2007, p. 27.

德媒涉华经济报道中之所以一直存在"隐性的希望",并一再预言"社会动荡或者生态崩溃会让中国的超级增长刹车"①,一方面缘于中国的经济增长被视为威胁,因而中国经济崩溃论与中国威胁论是挂钩的;另一方面反映出西方无力阻止中国赶超的尴尬处境,报道称,"美国人和欧洲人在同一点上达成一致:他们力量薄弱,不知道应如何成功反击经济大国中国和印度"②。这同样具有鲜明的他者特性,西方在言说中国经济崩溃论的同时,也言说了西方害怕被赶超的恐惧和无能为力。从建构主义视角看,这是主体依赖性的反映。

认为中国的社会问题会导致中国经济增长停滞的观点,虽然作为一种"隐性的希望"一直存在,但是"迄今为止没有实现"③,这是因为它不合理。西方经过这么多年的经济发展,逐渐形成各种稳定的社会配套机制和解决社会问题的固定方式,从而也形成教科书式的思维定式,认为如果社会条件没有达到特定的状态,就会对经济发展造成毁损性的影响。德媒从西方关于经济发展模式的视角出发,认为中国还存在各种社会问题,还没有达到西方所预期的利于经济发展的各种社会状态,因此预测中国的经济发展将会因此减速或者停滞。但是德媒并没有试着换一个视角去看待这个问题,他们并没有看到,西方所关注的中国经济发展中出现的很多问题其实在中国是一直存在的,而且这些问题随着中国经济的发展正在得到逐步的改善和解决。中国虽然存在一些社会问题,但这些问题并非突然出现的,中国经济发展也并非在呈下降状态的环境中进行的;相反,中国的经济发展是在一个呈上升状态的社会环境中进行的,所以这些社会问题的存在并不会对中国经济发展造成损毁性的影响。试想在国内社会问题曾经更加严重的情况下,中国经济发展取得了巨大的成就,那么为什么中国经济在社会问题逐步得到解决的情况下却会停滞呢?即如主张"中国经济不可能发生硬着陆"④的一位中国经济学教授所言,"中国确实有很多问题可能会危及经济增长,但是这种情况在过去

---

① Gabor Steingart, "Weltkrieg um Wohlstand", *Der Spiegel*, No. 37, 2006, pp. 44-75.
② Jan Ross, "Und der Westen schaut ratlos zu", *Die Zeit*, No. 2, 2006, p. 6.
③ Gabor Steingart, "Weltkrieg um Wohlstand", *Der Spiegel*, No. 37, 2006, pp. 44-75.
④ Nadja Kirsten, "Ab in die Mitte!", *Die Zeit*, No. 50, 2004.

的 25 年中也没有什么不同。虽然难以置信，但却是事实：迄今为止我们都做到或多或少将这些问题置于掌控之下"①。可以说德媒只看到社会问题在中国的静态存在，而不关注其动态变化，这也是西方与中国在观察中国社会问题方面所存在的典型的视角差异，西方只看到中国存在问题，却看不到中国所取得的进展；中方则既看到问题所在，更看到进展。

二　其他次级主题

视中国竞争力提高实为对西方构成威胁的话语立场，在其他次级主题中也同样反映出来，2005—2007 年阶段的其他次级主题包括知识产权问题、中国资本海外投资、中国境外资源保障、中国产品出口、中国产品安全问题等。

（一）对中国侵犯西方知识产权的指责

"侵犯知识产权"是德媒所塑造的中国经济形象的一个重要构成元素。从时间分布看，两刊对该主题的关注主要集中在 2005—2007 年。两刊相比，《明镜》周刊中指责中国侵犯知识产权的声音更高，不管是以知识产权保护为核心主题的报道数量（5/3），还是提及该主题的报道数量，《明镜》周刊都高于《时代》周报。在该主题上的负面评价倾向程度（80%/66.7%）方面，也依然是《明镜》周刊更高。该刊在知识产权保护主题上的典型报道是 2007 年第 35 期的封面故事《沙粒原理》，而且《明镜》周刊中以知识产权保护为核心主题的报道除 1 篇之外，全部都集中在 2007 年这一年。

1.《明镜》周刊议题：指责中国经济成就源于侵犯西方知识产权

与 2003—2004 年不同，《明镜》周刊此阶段很少关注中国廉价商品对西方企业所造成的冲击。除了有关纺织品进口配额取消之后，来自中国的廉价商品使德国成衣制造商和东欧国家纺织行业面临困境的报道之外，②在这方面鲜有其他相关报道。相反，报道称，中国纺织品进入世界

---

① Nadja Kirsten, "Ab in die Mitte!", *Die Zeit*, No. 50, 2004.
② Anon., "Düstere Aussicht", *Der Spiegel*, No. 6, 2005, p. 69.

市场之后,"受益最大的是发达国家的消费者们"①。这是因为西方国家与中国的产业结构存在巨大差异,因而中国产品进入世界市场对西方国家的企业并不会造成多大的冲击。与中国廉价产品的冲击力相比,《明镜》周刊更关注中国的竞争力(这也是此阶段德媒涉华经济报道的关键词),更关注"中国欲借助西方科技占领世界市场"②的"威胁",更关注"中国借助德国的顶尖技术可以更快地问鼎世界经济之巅"③的"威胁"。在这种面临"威胁"的恐慌中,《明镜》周刊大肆指责中国剽窃西方工业知识,塑造中国侵犯西方知识产权的形象,从而利用知识产权问题剥夺中国经济发展在话语上的合法性。报道称,中国人将"别人的知识"作为"新的交换货币"引入国际经济关系,以加速自身崛起,④更称"知识产权剽窃是中国经济发展的兴奋剂"⑤。《明镜》周刊以中国"很大一部分技术诀窍来自西方企业或者日本企业"⑥为出发点,提出论点称"中国借助西方的工业知识赶超西方,并日渐成为西方的竞争对手",从而完成指责中国在知识产权问题上对西方构成威胁的论证结构。

其实早在2002年,《明镜》周刊就已开始关注中国企业侵犯知识产权的问题,报道称"当地商家毫无顾忌地剽窃西方的品牌产品。当局机构面对赝品的洪流无能为力"⑦。《明镜》周刊对该主题的大量集中报道于2005—2007年,2007年《明镜》周刊第35期的封面报道《沙粒原理》对中国侵犯西方知识产权的指责达到了无以复加的地步,甚至更指责中国为"骗子共和国"⑧。

---

① Alexander Jung, "Schneider der Welt", *Der Spiegel*, No. 45, 2004, pp. 94–98.
② Frank Hornig/Wieland Wagner, "Duell der Giganten", *Der Spiegel*, No. 32, 2005, pp. 74–88.
③ Jürgen Dahlkamp/Marcel Rosenbach/Jörg Schmitt/Holger Stark/Wieland Wagner, "Prinzip Sandkorn", *Der Spiegel*, No. 35, 2007, pp. 19–34.
④ Gabor Steingart, "Weltkrieg um Wohlstand", *Der Spiegel*, No. 37, 2006, pp. 44–75.
⑤ Jürgen Dahlkamp/Marcel Rosenbach/Jörg Schmitt/Holger Stark/Wieland Wagner, "Prinzip Sandkorn", *Der Spiegel*, No. 35, 2007, pp. 19–34.
⑥ Wieland Wagner, "Hightech-Offensive", *Der Spiegel*, No. 1, 2006, pp. 64–67.
⑦ Andreas Lorenz, "Echte Mutter", *Der Spiegel*, No. 10, 2002, pp. 166–167.
⑧ Jürgen Dahlkamp/Marcel Rosenbach/Jörg Schmitt/Holger Stark/Wieland Wagner, "Prinzip Sandkorn", *Der Spiegel*, No. 35, 2007, pp. 19–34.

《明镜》周刊对中国获取西方工业知识的指责，分为"合法"获取与"非法"获取两大类（在《时代》周报中也同样如此），其中前者指的是外企进入中国的准入条件，经常被列出的有"外国人在进入中国市场之前必须提交建设计划"①"被迫拥有中方合资伙伴"②"必须保证一大部分生产在中国进行"③"西方企业被迫将科研部门转移到中国"④等。从报道用词如"逼迫""被迫"等可以看出，中国获取西方工业诀窍的一些途径虽也被称为"合法"途径，但其实无论哪种方式，在德媒眼中都是不合法的。所以即使中国通过德媒口中的"合法"形式获得西方工业知识，也受到指责。有报道称，"西方企业在中国建设工厂以及获得市场准入都是有条件的，就是必须以他们或大或小的工业秘密为代价"⑤，而《沙粒原理》一文则指责中国"讹诈"⑥那些意欲进入中国市场的西方企业。《明镜》周刊认为，"中国人通过立法手段强制外国人为中国培养未来的竞争力量，从而使西方企业自身在未来变成多余的"⑦。比如报道一再提及，在汽车工业领域，中国企业借助西方企业的知识和人员完成"从仆人成为主人"⑧的转变，报道称"中国人不再满足于和国际伙伴一起制造汽车。现在他们首次在世界市场推广自己的品牌"⑨。更有报道援引经济界人士的话来支撑这种"教会徒弟饿死师傅"的观点，报道称"当西方发达国家的大部分技术诀窍都传递给中国之后，他们的使命也就完成了，也就不再具有价值了。届时来自中国的攻击也就只是时间早晚的问题而

---

① Jürgen Dahlkamp/Marcel Rosenbach/Jörg Schmitt/Holger Stark/Wieland Wagner, "Prinzip Sandkorn", *Der Spiegel*, No. 35, 2007, pp. 19 – 34.

② Ibid..

③ Ibid..

④ Wieland Wagner, "Hightech-Offensive", *Der Spiegel*, No. 1, 2006, pp. 64 – 67.

⑤ Gabor Steingart, "Weltkrieg um Wohlstand", *Der Spiegel*, No. 37, 2006, pp. 44 – 75.

⑥ Jürgen Dahlkamp/Marcel Rosenbach/Jörg Schmitt/Holger Stark/Wieland Wagner, "Prinzip Sandkorn", *Der Spiegel*, No. 35, 2007, pp. 19 – 34.

⑦ Andreas Lorenz/Wieland Wagner, "Die Rotchina AG", *Der Spiegel*, No. 3, 2007, pp. 84 – 99.

⑧ Wieland Wagner, "Vom Diener zum Herrn", *Der Spiegel*, No. 43, 2006, pp. 112 – 114.

⑨ Ibid..

已"①。担心核心工业知识流失会导致德国丧失优势的类似观点，在 20 世纪 90 年代的德媒涉华报道中就一直存在。②

《明镜》周刊除了指责中国通过立法形式强制西方企业以工业秘密为条件交换中国市场准入之外，也指责中国通过"非法的知识传递方式"获得西方的工业知识诀窍；③报道称"如果西方企业不愿意交出知识产权，中国就非法剽窃"④。该刊更指责称，在中国企业非法剽窃西方工业知识的背后，"（中国）国家也间接或者直接地在起作用"⑤，同时该刊还指责中国政府在知识产权保护方面"只承诺不作为"⑥。《沙粒原理》一文更称，"当一切非法或者合法的手段都不管用时，国家安全人员就出手了"⑦。该文指责中国国安部门利用海外中国人/华人"猎取世界出口大国德国最重要的资源——技术诀窍"⑧，并得出结论称："黄色贪婪"已经发展成"德国经济利益的不可忽视的威胁"⑨。需指出的是，《明镜》周刊中也有极微弱的声音表示，中国的威胁其实更多源于其自主科研能力的提升：德国某机构负责人在接受采访时虽然指责中国安全部门窃取德国工业诀窍，同时却也表示，"20 年后中国就没有必要再剽窃知识产权了。从中国青年学者人数的增长来看，将来是德国企业得关注中国人在做什么，而不是反向的。"⑩但是在《明镜》周刊的总体议程中，反对话语的声音极为微弱。

"剽窃手段"之外，中国获得西方工业知识的另一个方式，在《明

---

① Gabor Steingart, "Weltkrieg um Wohlstand", *Der Spiegel*, No. 37, 2006, pp. 44-75.

② 参见 Michael Poerner, *Business-Knigge China. Die Darstellung Chinas in interkultureller Ratgeberliteratur*, Frankfurt/Main: Peter Lang, 2009, p. 67。

③ Gabor Steingart, "Weltkrieg um Wohlstand", *Der Spiegel*, No. 37, 2006, pp. 44-75.

④ Andreas Lorenz/Wieland Wagner, "Die Rotchina AG", *Der Spiegel*, No. 3, 2007, pp. 84-99.

⑤ Gabor Steingart, "Weltkrieg um Wohlstand", *Der Spiegel*, No. 37, 2006, pp. 44-75.

⑥ Jürgen Dahlkamp/Marcel Rosenbach/Jörg Schmitt/Holger Stark/Wieland Wagner, "Prinzip Sandkorn", *Der Spiegel*, No. 35, 2007, pp. 19-34.

⑦ Ibid..

⑧ Ibid..

⑨ Ibid..

⑩ Jürgen Dahlkamp/Marcel Rosenbach, "Besoffen vor Glück", *Der Spiegel*, No. 35, 2007, p. 28.

镜》周刊眼中同样是令人恐慌的,即中国企业在海外并购西方企业。①报道称,中国企业的海外并购行为是"借助西方企业的活的技术来赢得时间"②。其实中国企业在海外并购并非此阶段才开始,有报道提及"中国企业从90年代起就到国外购买品牌和知识诀窍"③,但那时德媒并没有表示出恐慌,直到2004年底中国企业联想并购美国企业IBM的个人电脑部门,该议题才在德媒中引发讨论。虽然《明镜》周刊称,此事"没有在证券市场掀起波澜,因为这家正在崛起的中国企业还远不能对同行业的巨头构成威胁"④,但此举却已被视为"来自中国的攻击"⑤。从2005年初开始,中国企业的海外并购行为被频频报道,《明镜》周刊疾呼"中国人来了"⑥"红色威胁"⑦来了。德媒将中国企业海外并购视为中国政府指导下的国家层面行为,多篇报道中都提到"中国商务部制定海外采购清单"⑧,或者称"中国的康采恩集团在世界范围内进行采购之旅"的"背后是详细的中国扩张计划"⑨,而且报道表示,"中国投资者的名声不太好,因为他们就只对屠宰([德]ausschlachten)感兴趣,而不对企业建设感兴趣"⑩。显然,中国企业海外并购是否被视为威胁,与单个企业的竞争力关系不大,而是与中国所表现出来的整体竞争力有关。《明镜》周刊认为中国用于购买西方企业的资金是通过向西方国家出口廉价产品获得的,因此报道称,"中国借助自己生产的廉价产品以及积累的外汇储

---

① 参见 Jürgen Dahlkamp/Marcel Rosenbach/Jörg Schmitt/Holger Stark/Wieland Wagner, "Prinzip Sandkorn", *Der Spiegel*, No. 35, 2007, pp. 19 - 34。
② Gabor Steingart, "Weltkrieg um Wohlstand", *Der Spiegel*, No. 37, 2006, pp. 44 - 75.
③ Andreas Lorenz/Wieland Wagner, "Die Rotchina AG", *Der Spiegel*, No. 3, 2007, pp. 84 - 99.
④ Anon., "Angriff aus China", *Der Spiegel*, No. 51, 2004, p. 79.
⑤ Ibid..
⑥ Alexander Jung/Wieland Wagner, "Die Chinesen kommen", *Der Spiegel*, No. 1, 2005, pp. 52 - 54.
⑦ Frank Hornig/Wieland Wagner, "Duell der Giganten", *Der Spiegel*, No. 32, 2005, pp. 74 - 88.
⑧ Ibid..
⑨ 参见 Alexander Jung/Wieland Wagner, "Die Chinesen kommen", *Der Spiegel*, No. 1, 2005, pp. 52 - 54。
⑩ 同上。

备使竞争对手产生依赖性,并对之进行渗透"①,称"中国用西方自己的武器,即经济,来威胁打击西方"②。该论证结构与德媒指责中国利用西方的技术击败西方,如出一辙。德媒将中国企业海外并购行为视作威胁的基本出发点,同样是德国/西方的利益。其中,决定中国是否被视为威胁的关键因素,依然是中国的竞争力:虽然此阶段之前中国已经有企业海外并购的行为,但只有在中国显示出可以挑战西方的竞争力时,这种行为才被视为对西方构成威胁。

可见,《明镜》周刊对中国的指责并非只是一般意义上的知识产权侵犯问题,这种指责实际上是与其对德国(西方)经济不能保持技术领先,从而失去竞争能力的担忧紧密相连的。因此任何形式的西方工业知识向中国方向的流动,都成为《明镜》周刊指责中国的论据,不管是中国以市场准入作为条件与西方交换工业知识,还是中国通过并购形式获得西方企业的知识产权。《明镜》周刊将工业知识视为"德国在世界上唯一能够供给的重要资源"和德国的"国民财富"③,报道称中国的行为是"偷窃""讹诈"④。市场和外汇储备同样是中国在国际上能够提供的重要资源和中国的国民财富,而无论是在华投资的德企/西方企业与中国伙伴分享工业知识,还是中国企业通过并购海外企业获得其知识产权,都只是一种资源互换、财富互换的形式,而并非仅是德国/西方工业知识单向流入中国的过程。并且这两种形式都是中外双方以合约形式确定的,是在双方同意的前提下缔结的,德媒却如此谴责中国通过立法强制西方企业交出工业诀窍,或者指责中国投资者名声不佳,称中国并购海外财政状况不好的企业只为获得工业诀窍⑤等,实为无稽之谈。德国/西方企业如果不愿意进行互换,大可不必进入中国市场或者不接受并购。既然接受,

---

① Frank Hornig/Wieland Wagner, "Duell der Giganten", *Der Spiegel*, No. 32, 2005, pp. 74 – 88.

② Ibid..

③ Jürgen Dahlkamp/Marcel Rosenbach/Jörg Schmitt/Holger Stark/Wieland Wagner, "Prinzip Sandkorn", *Der Spiegel*, No. 35, 2007, pp. 19 – 34.

④ Ibid..

⑤ Alexander Jung/Wieland Wagner, "Die Chinesen kommen", *Der Spiegel*, No. 1, 2005, pp. 52 – 54.

势必也是出于利益考量之后做出的决定，势必是因为接受相较于拒绝而言其所能获得的利益更大，即如有报道所言："对很多德国企业而言，中国生意中蕴藏的机遇太大了，大到众企业不会被这些风险吓到，也不会因此止住脚步。"① 这是德媒中存在的典型的双重中国情结，既不想放弃进入中国市场的机会，又抱怨进入市场之后会面临风险。这种情结背后的判断标准显然就是德国/西方的利益：一方面想利用中国作为廉价生产基地和销售市场为自己谋利；另一方面却不愿意付出任何代价和承担风险。不愿意与中国分享工业知识，实质上也是不愿意看到中国企业和经济的进步与发展，这样才能使中国保持廉价生产基地的身份，才能使西方企业保持在销售市场独享的主控地位，因为如果中国企业获得与西方同样的竞争力，那么对于西方而言其在中国的巨大利益就会逐渐消失，不仅不能保持在中国市场上的优势地位（报道称，"中国的增长对外国越来越不友好，将来中国的进口量将会大大落后于期待值"②），而且也会在世界市场上遭遇来自中国方面的竞争。在这样的语境中，任何形式的工业知识向中国方向的转移，都被以知识产权保护的名义予以指责，进而也就在话语上被剥夺了合法性。从这点足见这种批评指责的主体视角性和德媒以德国利益为主导的话语立场。而"妖魔化"中国的威胁论则更加强了这种话语立场，大量批评指责中国"掠夺"③ 西方知识产权的报道重复出现，则起到为受众设置议程的作用，影响受众眼中的中国形象。

2. 《时代》周报议题：多角度解读中国"侵犯西方知识产权"

与《明镜》周刊相比，《时代》周报在知识产权这个主题上突出报道的属性议程具有很大的差异，《时代》周报中关于知识产权问题的话语片段数量明显少于《明镜》周刊。更重要的差异在于，《时代》周报并非一味指责中国侵犯西方知识产权，而是从多个角度对之进行解读。虽然《时代》周报中也存在指责"中国通过立法强制国外企业与当地合资企业

---

① Jürgen Dahlkamp/Marcel Rosenbach, "Besoffen vor Glück", *Der Spiegel*, No. 35, 2007, p. 28.
② Georg Blume, "Wird die Welt chinesisch?", *Die Zeit*, No. 25, 2005.
③ Jürgen Dahlkamp/Marcel Rosenbach/Jörg Schmitt/Holger Stark/Wieland Wagner, "Prinzip Sandkorn", *Der Spiegel*, No. 35, 2007, pp. 19–34.

分享技术诀窍"①的声音,也有指责中国企业"不畏惧做工业间谍"②的声音,但同时该报一方面表示,"还是有700家外国企业决定将科研机构转移到中国",这些外国企业称,"如果我们不去帮助中国实现我们自身也可受益其中的富裕,就会有别人去做";另一方面,《时代》周报看到,"实际上,认为被中国强制进行的技术交流只是单行线的这种观点已经过时了",因为"外国企业一样可以从中国学到东西"③。该报表示,"西方指责中国是最大的专利窃贼,却看不到真正的危险:这个国家已发掘出自己的创新能力"④,"剽窃者正在成为发明家"⑤。另外,《时代》周报还表示,在知识产权问题上西方企业本身也负有责任,该报援引专利法律师的话,称很多西方公司没有及时在中国注册品牌和专利,而"不依据中国法律规定进行注册的公司,当然得不到中国法律保护。遭遇侵权时,他们的做法就是向媒体抱怨盗版问题并指责中国政府"⑥。同时,报道也援引了西门子中国区总裁的观点,他表示"盗版只是一个短期存在的问题,从长远看开拓中国市场是必须要做的事情"⑦;德国某汽车配件公司的中国区负责人则表示,"德国对中国盗版的指责实际上是害怕工作岗位流失。德国在华汽车企业关心的不再是盗版问题,而是激烈的竞争"⑧。最后,《时代》周报还指出,指责中国侵犯知识产权的西方人恰恰是中国盗版产品的热衷消费者:报道称,"谁又能否认,来自中国的盗版设计时尚在西方已经成为日常文化"⑨。《时代》周报从多个角度解读西方对中国侵犯知识产权的指责,该报虽并非否定相关指责,但是却从其偏颇性、盲点以及西方人自身在其中该承担的责任等角度出发,对之进行理性解

---

① Georg Blume/Thomas Fischermann, "Keine Angst vor diesem Drachen", *Die Zeit*, No. 44, 2006, p. 23.

② Ibid..

③ Ibid..

④ Georg Blume, "Der Pirat wird Erfinder", *Die Zeit*, No. 35, 2006, p. 17.

⑤ Ibid..

⑥ Ibid..

⑦ Ibid..

⑧ Ibid..

⑨ Ibid..

读，使一味片面指责中国侵犯知识产权的论断在一定程度上被相对化。不过需要强调的是，中国在《时代》周报眼中依然被视为威胁，只不过换了一种形式：真正被视为威胁的是中国的科研竞争力提高，而非侵犯知识产权的行为。

3. 两刊议程共同点：中国科研能力增强被视为真正的威胁

在知识产权主题上，《明镜》周刊一味指责中国侵犯知识产权对西方构成威胁，《时代》周报则明确表示，中国对西方而言，真正的威胁在于中国企业的自主科研能力增强。但实际上，两刊归根结底都认为中国企业科研能力增强对德国（西方）意味着威胁，当然不管其实现能力增强的渠道是吸收西方的工业知识，还是通过自主研究。分析显示，相比于侵犯知识产权的问题，德媒眼中更大威胁的是中国在科研方面表现出的竞争潜力，德媒不仅担心西方被中国"赶上"，更担心被中国"超越"。

所以，相较于西方工业知识向中国方向转移，更让西方担心的是中国人的学习能力和创新能力。报道称，有些西方人对中国人的这种学习能力的态度是："既有认同，也有愤怒。"① 因此虽然由于中国对钢铁的需求增长，使西方"钢铁行业正在经历前所未有的繁荣"②，但对于"在全世界所占份额还不到1%"的中国"从进口国变成出口国"一事，西方竞争对手的反应还是很负面，报道称"估计是因为中国也开始拥有越来越多的先进设备"③。也就是说，西方真正害怕的是中国在使用和研发先进科技方面表现出来的竞争潜力。习惯了西方在科技领域保持引领地位的德媒，担心"门槛国家不再满足于以低廉价格生产来自欧美实验室的研发成果"④，于是当其看到中国决心"在科技和工业方面奋起直追"⑤时，看到中国致力于建设自己的创新工业和在科研方面扩大资金投入时，德媒称，中国"将来有可能成为西方工业的一个威胁"⑥。鉴于"科研人

---

① Anon., "Die Kür der Nachfolger", *Der Spiegel*, No. 42, 2007, p. 129.

② Ibid..

③ Ibid..

④ Martin Spiewak, "Alle Macht geht vom Forscher aus", *Die Zeit*, No. 25, 2005.

⑤ Anon., "China holt auf", *Der Spiegel*, No. 42, 2005, p. 99.

⑥ Wieland Wagner, "Hightech-Offensive", *Der Spiegel*, No. 1, 2006, pp. 64–67.

员是所有权力的源泉"①，所以一旦中国在科研方面实现了赶超西方，那么西方就将失去其两百多年来凭借科技优势一直拥有的国际领先地位和国际话语权，于是报道称，中国想要从世界工厂转变为具有创新能力的高科技实验室的进取心，"在美国，而且也越来越多地在欧洲引发深度恐惧"②。在这种语境下，表征中国科研发展的各种迹象都受到关注，无论是中国科研经费支出增长③、科研人员数量增长④和专业素质提高、科研成果（比如专利）数量增长，⑤还是高校毕业生数量众多等，都在德媒相关报道中一再被作为论据列出，成为德媒证明中国"对西方构成潜在的威胁"⑥ 的证据。其中，中国科研经费支出增长一项被报道频率尤高，德媒担心欧洲因在科研方面的投入不及中国，而错过成为全球技术领先的经济实体的机会。⑦此外，中国政府在促进科研方面所采取的吸引海外留学人员归国发展的政策也备受关注，德媒称，"中国的聪明人在西方被培养成精英。现在他们将中国装备成 21 世纪的科技大国"⑧。德媒表示中国正在开展"高科技攻势"⑨，并将之解读为中国的野心，称中国"想要和以前的黄金时代接轨"⑩，这里所说的黄金时代是指中国曾经引领世界科研水平的鼎盛时代，报道称"中国的科研在宋朝时期达到顶峰……今天的中国正是要向这个方向发展"⑪。更有报道称，西方的"专家们已经预警（来自中国的）'高科技威胁'"⑫。中国科研发展在西方引发如此的恐惧，同样可以归结为西方"相信中国晋升成为世界最大的经济大国之势

---

① Martin Spiewak, "Alle Macht geht vom Forscher aus", *Die Zeit*, No. 25, 2005.
② Wieland Wagner, "Hightech-Offensive", *Der Spiegel*, No. 1, 2006, pp. 64 – 67.
③ Gabor Steingart, "Weltkrieg um Wohlstand", *Der Spiegel*, No. 37, 2006, pp. 44 – 75.
④ Anon., "China holt auf", *Der Spiegel*, No. 42, 2005, p. 99.
⑤ Andreas Lorenz/Wieland Wagner, "Die Rotchina AG", *Der Spiegel*, No. 3, 2007, pp. 84 – 99.
⑥ Gabor Steingart, "Weltkrieg um Wohlstand", *Der Spiegel*, No. 37, 2006, pp. 44 – 75.
⑦ 参见 Wieland Wagner, "Hightech-Offensive", *Der Spiegel*, No. 1, 2006, pp. 64 – 67.
⑧ Georg Blume, "An die Spitze", *Die Zeit*, No. 25, 2005.
⑨ Wieland Wagner, "Hightech-Offensive", *Der Spiegel*, No. 1, 2006, pp. 64 – 67.
⑩ Ibid..
⑪ Martin Spiewak, "Alle Macht geht vom Forscher aus", *Die Zeit*, No. 25, 2005.
⑫ Ibid..

不可阻挡"①。西方相信，随着经济发展，中国的国力会强大到能够与西方相竞争。致力于推动科研发展的国家数不胜数，但却没有几个国家像中国这样被视为西方的威胁，可以说如果西方不认为中国具有这样的经济竞争力，也不会如此担心被赶超，更不会视之为威胁。反之，这种威胁论也言说了西方对自我的信心不足，就像西方无力对其传统的市场经济进行改革，因而更加羡慕中国经济快速增长一样，②西方对自己是否能够相对于中国保持同样的科研发展速度和保持科研优势也没有信心，因而视中国在科研方面的大幅度进步为威胁。这也表明德媒涉华报道的主体依赖性和德国/西方利益衡量标准，即主体视具有竞争潜力的观察对象（即中国）为威胁，并从这个视角去观察和评价该对象的一切积极发展。

德媒此阶段所提到的证明中国创新能力提升的代表之一，是位于北京的微软公司亚洲研究院，报道称："微软的中国部已经证明其是全球最高效益"③，"微软的北京实验室是世界上最具创新性的软件研究中心。它是中国从廉价世界工厂向全球进步发动机转变的样本"④。如此具有代表性的来自中国的创新成就，不仅让德媒看到"实际上，认为被中国强制进行的技术交流只是单行线的这种观点已经过时了，外国企业一样可以从中国学到东西"⑤；中国的创新成就甚至让德媒担心，将来更好的创意可能会出自大众的中国研究部，而不是出自大众德国本部。⑥

让西方看到切实威胁的另一个代表是汽车工业。汽车工业是德国的"重要战略性产业"⑦，因此无论在哪个时期都会受到关注，德媒在报道中

---

① Georg Blume/Thomas Fischermann, "Keine Angst vor diesem Drachen", *Die Zeit*, No. 44, 2006, p. 23.

② 参见 Andreas Lorenz/Wieland Wagner, "Die Rotchina AG", *Der Spiegel*, No. 3, 2007, pp. 84 – 99。

③ Georg Blume, "Wird die Welt chinesisch?", *Die Zeit*, No. 25, 2005.

④ Gerald Traufetter, "Draußen China, innen Amerika", *Der Spiegel*, No. 45, 2004, pp. 168 – 171.

⑤ Georg Blume/Thomas Fischermann, "Keine Angst vor diesem Drachen", *Die Zeit*, No. 44, 2006, p. 23.

⑥ 参见 Georg Blume, "Wird die Welt chinesisch?", *Die Zeit*, No. 25, 2005。

⑦ Andreas Lorenz/Wieland Wagner, "Die Rotchina AG", *Der Spiegel*, No. 3, 2007, pp. 84 – 99.

多次提及德国汽车工业在中国面临本地后起之秀对其构成竞争的境况。报道称,"中国人不再满足于和国际伙伴一起制造汽车。现在他们首次在世界市场推广自己的品牌"①,称中国汽车企业用与西方企业合资赚得的钱购买西方的科技,并进而"对自己的师傅(即与中国企业合资的西方企业)发起攻势"②,因此"中国竞争对手对于西方的汽车配件供应商和在中国有合资伙伴的西方汽车制造商来说,都构成威胁"③。所谓的"威胁"也就是指中国汽车制造商给西方汽车制造商带来的激烈竞争。向来宣扬自由贸易、要求中国开放市场的西方社会,面对来自中国的竞争却大呼"威胁"到来。可见,其实他们要求的只是有利于西方的自由贸易,而非真正的自由贸易。这点从《明镜》周刊的报道中亦可看出:"中国的崛起证明国民经济学理论并不正确,并非所有的参与方都能够获益于自由贸易。"④

在中国科研能力增强被视为威胁这个主题上,《明镜》周刊中威胁论的声音更高于《时代》周报:《明镜》周刊的主流话语高度一致地强调中国科研能力增强所带来的威胁,而《时代》周报中则存在微弱的反对话语的声音。该报表示,西方经济界存在少量声音认为"来自亚洲的竞争不会像担心得那么快到达西方"⑤,或者认为"中国的进步比人们经常所说的要慢很多,中国迄今为止没有自主的工业高科技,高校毕业大军中也只有10%的工程师达到西方的标准"⑥,因此"不必惊慌"⑦。《时代》周报中也有报道援引西方专家的话,称中国高科技威胁论过于夸张,或者认为提出该论调为时过早,论据是"中国对高科技进口的依赖性及其

---

① Wieland Wagner, "Vom Diener zum Herrn", *Der Spiegel*, No. 43, 2006, pp. 112 – 114.
② Ibid..
③ Georg Blume, "Wird die Welt chinesisch?", *Die Zeit*, No. 25, 2005.
④ Frank Hornig/Wieland Wagner, "Duell der Giganten", *Der Spiegel*, No. 32, 2005, pp. 74 – 88.
⑤ Anon., "Im Osten wachsen China und Indien-im Westen wächst die Angst", *Die Zeit*, No. 52, 2006, p. 32.
⑥ Georg Blume/Thomas Fischermann, "Keine Angst vor diesem Drachen", *Die Zeit*, No. 44, 2006, p. 23.
⑦ Ibid..

出口产品的低科技含量"①。

需要强调的是，一方面反对话语的声音并不构成德媒的主要观点，而只是出于观点多样化的原因，作为一种与主流话语共存的现象被提出来，因此其与主流话语的地位不可同日而语；另一方面反对话语的出发点是认为目前中国的竞争力不强，因此尚不会对西方构成威胁，但其背后隐含的观点依然是，如果中国竞争力足够强，就会对西方构成威胁。因此可以说，"中国威胁论"在西方根深蒂固，一旦中国表现出强大，就会被视为西方的威胁。所以可以预测的是，中国威胁论会一直伴随着中国的发展进行下去，并且会随着中国国力的增强而增强。

表2—6　　　　　　中国资本海外投资报道阶段分布

次级主题 ＊ 年度阶段 交叉列联表

次级主题	年度阶段				合计
	2000—2002	2003—2004	2005—2007	2008—2010	
中国资本海外投资	3	2	8	8	21
百分比（％）	14.3	9.5	38.1	38.1	100

（二）中国资本海外投资

此阶段以中国②资本海外投资为主题的报道开始增多，有学者称，此阶段中国经济威胁论从"中国贸易威胁论"进阶至"中国资本威胁论"。③在这个主题的二级议程上，德媒突出的属性是：大量中国资本进入海外市场引发西方恐慌。从两刊报道对比看，《明镜》周刊此阶段在该主题上的报道评价倾向更为负面，《时代》周报主张应区别对待中国私企资本的海外投资（机遇）和中国投资公司的海外投资（威胁），而《明镜》

---

① Georg Blume, "An die Spitze", *Die Zeit*, No. 25, 2005.
② 其中有4篇关于或部分涉及香港商人李嘉诚及其所属公司海外投资和并购的报道，此处不纳入分析，而是放在香港特区话语束中处理，因为这些报道并没有将香港企业与中国内地企业归为同类，即来自社会主义中国的后起之秀。
③ 参见王钰《"中国经济威胁论"及其国家形象悖论》，《国际观察》2007年第3期，第54页。

周刊则全盘视中国资本为威胁。

1.《明镜》周刊议题与话语立场:红色威胁与双重中国情结

在中国资本进入海外市场方面,尤其受到关注的是中国企业在美国的并购行为,尤其是2005年之后,多家中国企业的共同行动被定位为由中国政府系统推进的海外并购行为。这让西方看到中国的竞争力,《明镜》周刊称之为"红色威胁",称"当中国人有意向并购美国家庭主妇的偶像企业——家电制造商美泰克公司(Maytag),并且想吞并美国最大的能源康采恩集团时,整个美国都被红色威胁震惊了"①。此时在众多的中国企业海外并购案中,有一项未成功的案例在德媒中的关注度却远远高于其他成功案例:中国石油企业并购美国石油企业的议案在美国遭到政治拒绝,报道称美国方面出于"国家战略利益"阻止了这次并购行动。②此事之所以一再被提出,就是为了配合德媒关于中国企业海外并购对西方国家构成威胁这一议题。《明镜》周刊表示,"中国有的是钱可以在海外进行并购,中国通过常年贸易顺差积累了大量的外汇储备"③,并称之为:"中国用西方自己的武器,即经济,来威胁打击西方。中国用自己生产的廉价产品以及积累的外汇储备使竞争对手产生依赖性"④。

在中国资本海外投资主题上,《明镜》周刊报道的另一次级主题是德国城市吸引中国投资,报道称"在德国城市中爆发了争夺中国投资方的激烈竞争"⑤,甚至有德国城市规划建立中国城,目的是将"一部分中国活力"引入城市经济⑥。"中国资本威胁论"与德国城市吸引中国投资议题并存于德媒涉华经济报道中,这与德媒中存在的双重中国情结是相应的:"有些(德国)人已经看到日益强大的中国所带来的不断增大的经济威胁;另一些(德国)人还想着从不停步的中国繁荣中受益"⑦,报道

---

① Frank Hornig/Wieland Wagner, "Duell der Giganten", Der Spiegel, No. 32, 2005, pp. 74 – 88.
② 参见 Erich Follath, "Der Treibstoff des Krieges", Der Spiegel, No. 13, 2006, pp. 76 – 88。
③ Alexander Jung/Wieland Wagner, "Die Chinesen kommen", Der Spiegel, No. 1, 2005, pp. 52 – 54.
④ Frank Hornig/Wieland Wagner, "Duell der Giganten", Der Spiegel, No. 32, 2005, pp. 74 – 88.
⑤ Wieland Wagner, "Ab durchs Reich der Mitte", Der Spiegel, No. 37, 2006, pp. 132 – 134.
⑥ Jan Pfaff, "Fernost, ganz nah", Die Zeit, No. 18, 2007, p. 3.
⑦ Wieland Wagner, "Ab durchs Reich der Mitte", Der Spiegel, No. 37, 2006, pp. 132 – 134.

称,"世界抱着一种混合以希望和恐惧的心态观察中国"①,因为不知道如何与中国相处、不能确定该"拒绝(与中国合作),还是应视之为巨大的机会"②。这种将自我的立场作为全世界的立场公布,或者说以全世界的代表自居的论断形式,在德媒涉华报道中频频出现,似乎除了中国,剩下的全世界都是匀质的、与德国/西方无差别的。这既是典型的民族中心主义思维方式,也是西方霸权话语的表现。从《明镜》周刊的整体涉华报道来看,在威胁论和机遇论的对峙中,前者的声音更为响亮。

2. 《时代》周报议题:中国私企海外投资是德国的机遇

《时代》周报也提出,"很多欧洲人担心中国资本的大规模进入会对欧洲市场造成威胁"③,而中国石油企业并购美国能源集团遭美国政治家阻止而失败的案例,同样也受到关注④。不过,与《明镜》周刊将中国企业海外投资视为中国国家系统推进的集体行动相比,《时代》周报更多以中国企业的个体行为作为报道对象,并试图通过塑造(欲)在海外投资发展的中国企业家的个体形象,减弱很多欧洲人认为中国资本大规模进入欧洲市场势必造成威胁的担忧,也试图让中国企业家们就"中国在品牌和专利保护方面形象很差,中国的商人有着不诚实的名声"等方面,发出自己的声音:"中国已经进入新的阶段,新一代商人是遵循国际规则的。"⑤此外需指出的是,《时代》周报塑造的中国商人形象具有一个突出的特点:"资本主义与共产主义的结合体",即外表是共产党形象,内里是资本主义的。⑥使用资本主义/社会主义框架观察中国,一方面体现出德媒涉华报道一直强调中西方的体制差异;另一方面也在一定意义上形成中国企业家们在遵循游戏规则方面其实与西方颇为接近的印象。

与《明镜》周刊相比,《时代》周报在该议题上更多倾向于减弱中国资本进入海外市场带来的恐慌,不过这也仅是就中国私有资本而言。对

---

① Markus Feldenkirchen, "Der lange Marsch", *Der Spiegel*, No. 5, 2008, pp. 62 – 66.
② Wieland Wagner, "Ab durchs Reich der Mitte", *Der Spiegel*, No. 37, 2006, pp. 132 – 134.
③ Georg Blume, "Sie wollen hier investieren", *Die Zeit*, No. 46, 2007, p. 36.
④ Jörg Burger, "Pin Ni bezwingt Amerika", *Die Zeit*, No. 10, 2006, pp. 28 – 29.
⑤ 参见 Georg Blume, "Sie wollen hier investieren", *Die Zeit*, No. 46, 2007, p. 36。
⑥ 参见 Jörg Burger, "Pin Ni bezwingt Amerika", *Die Zeit*, No. 10, 2006, pp. 28 – 29。

于进入海外市场的另一种中国资本形式,即中国投资公司,《时代》周报的态度截然不同。报道称,专家表示应将政治控制的国家投资基金与私人企业投资分开,后者是德国经济的机遇。①

3. 两刊议程共同点:中国投资公司海外投资被视为威胁

在中国资本海外投资主题上,中国投资公司的海外投资行为此阶段受到两刊共同关注,其中受关注度最高的是中投公司购买美国企业黑石公司的股份一事。与两刊对中国私有资本进入海外的差异性解读不同,中投公司海外投资并购行为在两刊中都被视作具有威胁性的国家行为。《明镜》周刊贬称中投公司为"证券市场上的蝗虫"②,该刊表示,中国人的想法非常实用主义,意欲利用其巨大的外汇储备获得更高的收益。③《时代》周报也一改对中国私有资本海外投资的正面态度,称"中国领导层购买黑石股份,是为了能够在全球资本主义中获得发言权"④,称中投有可能改变"资本主义的规则"⑤。也就是说,中投公司在某种意义上被解读为中西体制竞争的一个元素,中国在国际经济中的影响力提升,使西方担心自己的国际经济主导权受到威胁,即如中国的资源需求增长给西方带来的恐慌一样。造成这种恐慌的一个重要因素,是中国巨大的外汇储备和中西经济发展走势的差异:"中国有的是钱可以在海外进行收购"⑥,而"欧洲在这场新游戏中的装备不够精良"⑦。视中国企业海外投资行为,尤其是中投的海外投资为威胁的论调,同样体现出德媒涉华报道的主体依赖性,这背后是德国/西方对于中国经济竞争力的畏惧。引发西方恐慌的另一个重要因素是中西体制差异,德媒担心中国的介入使西方国家在金融业中的主导话语权受到威胁。这点在2008—2010年的相关报道中更为突出:在2008年的报道中,中投公司与俄罗斯国家投资基金

---

① 参见 Georg Blume,"Sie wollen hier investieren",*Die Zeit*,No. 46,2007,p. 36。

② 参见 MAK,"Fußtritte, Schläge",*Die Zeit*,No. 22,2007,p. 12。

③ 同上。

④ Robert Von Heusinger,"Neue Regeln im Casino",*Die Zeit*,No. 22,2007,p. 35.

⑤ Ibid..

⑥ Alexander Jung/Wieland Wagner,"Die Chinesen kommen",*Der Spiegel*,No. 1,2005,pp. 52-54.

⑦ Robert Von Heusinger,"Neue Regeln im Casino",*Die Zeit*,No. 22,2007,p. 35.

经常作为同类被一并提及，二者都被视为在欧洲引发恐慌。这种恐慌所反映出的主体依赖性，与德媒的意识形态偏见密不可分。

(三) 中国境外资源保障

中国境外资源保障主题是此阶段两刊涉华报道重点之一。与2003—2004年德媒塑造中国"能源饥渴"和"入侵者"形象的议程相比，此阶段德媒中表示担心中国加入世界资源分配会导致价格走高和资源短缺的论调依然存在；不同之处则一方面在于，德媒此阶段将中国资源需求对西方国家形成的"威胁"具体化和真实化，报道不仅局限于关注世界资源价格上涨和预言中国能源需求将导致世界资源短缺，更上升到对中国在境外与其他国家争夺资源支配权的具体指责；此阶段的不同之处另一方面在于，德媒此时聚焦中国在非洲的存在，并使用人权和民主作为支点，试图在话语上剥夺中国境外资源保障的合法性。两刊相比，此时《明镜》周刊中以中国境外资源保障为核心主题的报道更多，而且该主题还成为《明镜》周刊的封面报道主题。

1. 《明镜》周刊议题：使用民主和人权作为支点指责中国的非洲存在

《明镜》周刊的报道延续了前一阶段认为中国的巨大资源需求导致世界能源价格上涨的论断，这是德媒指责中国能源需求对世界造成威胁的一个重要论据。该刊在2006年第13期的封面报道《战争的催化剂》中称，"世界需要颤抖吗？需要担心今后汽油和暖气都会昂贵到负担不起吗？这种焦虑在经济情况相对不错的德国也蔓延开来"[①]。甚至连德国南部越来越多出现井盖丢失的现象，在《明镜》周刊中都被荒谬地归咎于中国的经济繁荣和钢铁需求增加，[②]可见该刊对于中国资源需求增大的指责声之高。

《明镜》周刊此时依然将中国塑造成侵犯西方利益的入侵者形象。《明镜》周刊认为中国的加入导致发达国家现有的资源支配权力受到威

---

① Erich Follath, "Der Treibstoff des Krieges", *Der Spiegel*, No. 13, 2006, pp. 76-88.
② Matthias Bartsch, "Absturz in die Unterwelt", *Der Spiegel*, No. 48, 2005, p. 76.

胁，报道指责中国与美国"争夺非洲的地质资源"①；指责中国"试图在特别能戳痛美国的地方保障自己的资源"②；指责"中国与日本争夺海洋天然气储备"③；提出俄罗斯允诺向中国输送天然气一事"在西欧引发担忧，因为担心留给柏林和巴黎的能源太少了"④ 等。《明镜》周刊甚至将中国加入资源市场上升到战争的高度，称之为"资源分配的血腥战役"⑤。此处军事集体象征的使用，反映出该刊对于中国加入世界资源分配的抵触情绪之大，以及认为中国对德国/西方造成的威胁程度之高。

《明镜》周刊在论证中国的"资源饥渴"对西方构成威胁的结构中，除了使用"导致世界能源价格高涨"和"与其他国家争夺资源"这两条直接指责作为论据之外，还将民主和人权作为支点引入论证结构：中国被指责为了保障能源"和非民主政府合作……并不担心违反人权"⑥。也就是说，《明镜》周刊借助政治论据指责中国的"能源政策具有攻击性"⑦，从而在话语上剥夺中国在境外保障资源的合法性，有学者称之为"能源合作的'泛政治化'"⑧。对中国的指责中最具代表性的、报道频率最高的，是中国在非洲的资源保障行为。《明镜》周刊称，中国在与美国争夺非洲资源方面"显然是不择手段的"⑨，更称中国"在资源保障方面甚至不惜踩着尸体前行"⑩，所谓"踩着尸体"指的是中国对达尔富尔事件的态度。多篇报道都提及，"中国反对联合国因为达尔富尔种族谋杀对苏丹做出的制裁决议"⑪，显然此事构成中国在非洲保障资源主题的话语

---

① Thilo Thielke, "Pilgerfahrt nach Peking", Der Spiegel, No. 42, 2005, pp. 100 – 104.
② Erich Follath, "Der Treibstoff des Krieges", Der Spiegel, No. 13, 2006, pp. 76 – 88.
③ Ibid..
④ Ibid..
⑤ Ibid..
⑥ Andreas Lorenz/Thilo Thielke, "Im Zeitalter des Drachen", Der Spiegel, No. 18, 2007, pp. 138 – 144.
⑦ Erich Follath, "Der Treibstoff des Krieges", Der Spiegel, No. 13, 2006, pp. 76 – 88.
⑧ 罗艳华：《中国外交战略调整中的"人权问题"》，《国际政治研究》2001年第1期，第45页。
⑨ Thilo Thielke, "Pilgerfahrt nach Peking", Der Spiegel, No. 42, 2005, pp. 100 – 104.
⑩ Erich Follath, "Der Treibstoff des Krieges", Der Spiegel, No. 13, 2006, pp. 76 – 88.
⑪ Ibid..

事件。《明镜》周刊指责中国以"达尔富尔问题属于内政"①为借口投反对票，指责中国"向苏丹提供武器用于镇压达尔富尔的起义或者解决东部的问题"②，并称中国投反对票的"唯一的解释就是石油供给"③。双边合作是中国和苏丹双方基于各自国家利益和优势互补基础上的理性选择，④但德媒却通过泛政治化策略，将苏丹内部问题与中国外交和中国经济发展联系在一起，这种话语策略贯穿整个中非关系主题。实际上，中国方面在达尔富尔问题上一直发挥着积极和建设性的作用。中国是第一个承诺和派兵参与达尔富尔地区维和行动的国家。⑤只不过中国政府一直主张维护苏丹的主权和领土完整，通过对话和平等协商推动达尔富尔问题的政治解决，主张通过谈判早日实现达尔富尔的和平、稳定与经济重建；而并不赞同西方国家动辄以制裁相威胁的做法，因为国际社会有责任帮助苏丹解决达尔富尔问题，而不是制造新的问题，激化矛盾，使问题更加复杂。⑥《明镜》周刊却不仅不反思西方动辄以制裁威胁的做法，反而对于中国在达尔富尔问题上的做法横加指责，更将之与中国和苏丹的经贸合作关联在一起，这种泛政治化策略的目的在于在话语上剥夺中国在非存在的合法性，其背后隐藏的同样是德国/西方的利益（既包括经济利益，也包括价值观输出方面的利益）。

如上所述，泛政治化话语策略贯穿整个中非关系主题。《明镜》周刊指责称，中国的非洲政策所带来的政治影响"主要是负面的"⑦，称中国"不仅没有促进（非洲的）民主和透明，而且北京的'保护主权原则'正中那些被西方制裁的非洲领袖的下怀"，指责中国"使

---

① Thilo Thielke, "Pilgerfahrt nach Peking", *Der Spiegel*, No. 42, 2005, pp. 100 – 104.
② Ibid..
③ Erich Follath, "Der Treibstoff des Krieges", *Der Spiegel*, No. 13, 2006, pp. 76 – 88.
④ Ibid..
⑤ 参见中国新闻网《外交部就苏丹达尔富尔问题、中越关系等答问》，2008 年，http://news.cri.cn/gb/18824/2008/01/24/2225@1925703.htm。
⑥ 参见新华社《中方愿意为妥善解决达尔富尔问题发挥建设性作用》，2007 年，http://www.gov.cn/jrzg/2007-04/30/content_602782.htm。
⑦ Andreas Lorenz/Thilo Thielke, "Im Zeitalter des Drachen", *Der Spiegel*, No. 18, 2007, pp. 138 – 144.

欧洲希望通过支付发展援助促进独裁政权民主化的期望付之东流"。①《明镜》周刊认为，中国的非洲存在的"最大受益者是非洲的独裁者们"，甚至称非洲国家"与中国当权者的生意有可能很快就发展成与魔鬼的交易"。②相比之下，同样具有巨大的能源需求，但是与西方有着相同政治体制的印度则被认为优于中国，《明镜》周刊称，"从长期看，还是印度的民主结构比中国的市场列宁主义更具优势：他们为投资者创造法律安全，而且首先为当地民众打开各层面选举的闸门，从而能够纠正畸形发展"③。

实际上中国和非洲之间一直存在各种合作，中国在非洲一直有投资行为，但此前并没有引发如此的关注，也未受到这般具有意识形态色彩的指责。这一方面与此阶段中国加强在非洲的存在有关，另一方面说明西方重新"发现"和"重视"非洲，随着非洲经济重要性增加，欧美国家加大"重返"非洲的力度，于是中国就成了强劲的对手。德媒指责中国的背后存在更深刻的原因，即中国在非洲的投入影响到了西方的利益，西方无法再独享非洲的资源。媒体负面评价中国的非洲存在，背后的意图在于遏制中国影响力在非洲的快速发展。④ 德媒塑造为了保障资源不惜与独裁政府合作的负面中国形象，只是指责中国侵犯西方资源独享权力的一个支点。德媒在政治上指责中国非洲政策的根本目的，依然在于维护西方的经济利益。《明镜》周刊通过这个支点来剥夺中国在非洲保障资源行为的合法性，从而引导公共舆论反对中国在非洲的投入和资源保障行为，进而捍卫西方在非洲的资源支配权力。其实欧美在非洲的投入同样以获得资源为目的，西方国家同样与他们口中的非洲独裁政府合作，但这些《明镜》周刊并不提及。相反，西方的非洲投入在报道中被赋予意在促进非洲民主的美丽外衣，这种话语策略的实质在于为西方

---

① 参见 Thilo Thielke, "Pilgerfahrt nach Peking", *Der Spiegel*, No. 42, 2005, pp. 100 - 104。

② 同上。

③ Erich Follath, "Der Treibstoff des Krieges", *Der Spiegel*, No. 13, 2006, pp. 76 - 88.

④ 参见肖丽丽《中国国家形象在非洲面临的挑战及舆论应对》，《对外传播》2011 年第 8 期，第 48 页。

的非洲存在制造话语上的合法性。该刊甚至将西方国家在非洲的殖民史与如今中国的非洲存在进行对比,报道借非洲反对党人士之口称,"相比于中国,西方的剥削就有田园色彩了。西方至少还披着人皮,中国就只有赤裸裸的剥削",中国被指责是非洲的"新殖民者"和"邪恶帝国"[①]。

同时,该刊片面强调中国与独裁政府合作,而不关注中国对非洲提供的经济支援以及对非洲经济发展所做出的贡献。通过这样的选择性报道,《明镜》周刊为受众设置议程,使之形成错觉,似乎欧洲/西方在非洲的投入是单纯出于帮助非洲进步的目的,而中国在非洲的投入则是自私的、对非洲国家有害的,因为根据《明镜》周刊的观点,中国在非洲投入的主要受益者只有非洲独裁者和中国自己。事实上,西方在非洲的投入除了具有获得地质资源的目的之外,其所谓的推进民主的实质,是打着援助的旗号向非洲推广输出西方自己的政治体制和价值观,从而扩大西方的影响力和控制范围。所以说,西方在非洲的投入并不像德媒所宣传的那样无私和高尚,而是服务于西方自己的利益的,包括经济利益和政治利益。用所谓的民主来指责中国在非洲的投入,实质上同样是为了捍卫西方在非洲的利益,民主只是一个冠冕堂皇的遮羞布。从这一点上也可看出,德媒所塑造的中国形象并非所谓的对客观的中国的镜像反映,而是具有很强的利益导向性和主体视角性。中国在德媒中呈现的形象同样也反映出德国/西方在特定方面的意志和诉求,以及中国媒介形象形成过程中所使用的衡量标准。

《明镜》周刊此阶段除了关注中国在非洲的资源保障行为之外,也关注中国在其他国家和地区的能源开采行为,德媒以指责中国与独裁政权合作作为支点的策略,同样也贯穿各相关报道中。比如《明镜》周刊表示,缅甸不将开采权交给印度,而是给其竞争对手中国,是因为"中国在安理会上否决了要求缅甸进行民主改革的决议,缅甸投桃报李"[②];比

---

① 参见 Andreas Lorenz/Thilo Thielke, "Im Zeitalter des Drachen", *Der Spiegel*, No. 18, 2007, pp. 138 – 144。

② Anon., "Gewiefte Generäle", *Der Spiegel*, No. 6, 2007, p. 113.

如称在尼日尔开采矿藏的中国人"资助尼总统购买战斗机,而这是用来镇压人民的"①;报道关注"在德黑兰政权([德]Regime)的帮助下委内瑞拉欲扩大向中国出口石油,以降低对出口美国的依赖性"②;报道称"巴基斯坦向中国输送石油和天然气"③,而作为交换,"中国向巴基斯坦出售武器和核技术"④。

此外,气候保护成为《明镜》周刊指责中国能源需求给世界带来威胁的另一个论据,中国被指责是导致世界气候变迁的"罪人"。一方面,报道一再抛出诸如"中国 2007 年底取代美国成为世界最大的温室气体排放国"⑤的论断;另一方面,报道也一再指责中国在气候保护问题上并非负责任的行为体,比如报道称,"中国在签署《京都议定书》时还被当作发展中国家看待,这样就丝毫不用关心气候保护问题,这点是最荒诞的"⑥。世界气候变迁并不是在中国经济快速发展的近几十年时间里才发生的,而实际上在过去的一百多年里大量的温室气体是西方发达国家排放的,因此本着"谁污染","谁治理"的原则,西方国家必须承担相应的责任,而不是将责任推给中国。而且中国虽然整体温室气体排放量居高,但是人均排碳量在世界上仍然处于较低水平,反而是西方发达国家的人均排碳量居高不下。因此,要求中国与西方发达国家履行同等减排义务,是不合理的;指责中国是导致世界气候变迁的罪魁祸首,更是荒诞不经的。指责中国为不负责任的国际行为体,同样服务于在话语上剥夺中国保障资源行为的合法性,进而达到捍卫西方国家在国际上的资源支配权的目的。

2.《时代》周报议程重点:塑造中国是非洲的"新殖民者"形象

与《明镜》周刊相比,此阶段《时代》周报中以中国境外资源保障为核心主题的报道很少,只有两篇关于中国在非洲的存在的。虽

---

① Anon., "Kampf ums Uran", *Der Spiegel*, No. 30, 2007, p. 89.
② Anon., "Öl für Chinas Raffinerien", *Der Spiegel*, No. 6, 2005, p. 91.
③ Rüdiger Falksohn, "Diskret auf Horchposten", *Der Spiegel*, No. 52, 2007, pp. 111–112.
④ Ibid..
⑤ Gerald Traufetter, "Menetekel am Ozeangrund", *Der Spiegel*, No. 50, 2007, pp. 144–146.
⑥ Ibid..

然报道数量不多，但在"中国在非洲的存在"这一主题上，两刊的议程高度相似，同样是以民主和人权作为支点妖魔化中国在非洲的存在。《时代》周报同样指责中国为了资源与非洲独裁政权合作，报道称"中国占领非洲的目的是石油和地下资源。只要是生意上的伙伴，哪怕是独裁者中国也同样欢迎"①。《时代》周报也同样将自己置于道德制高点上俯视并指责中国，称"中国的非洲政策引发巨大的不安。中国忽视苏丹或者安哥拉的人权状况和腐败问题，这是一个很大的问题"②，中国被指责为非洲的"新殖民者"，被指责"打着合作伙伴的旗号侵占非洲的资源"。③将中国向非洲国家提供的经济援助视为殖民主义，其实是"中国威胁论"的一个"变种"。④

如前文所述，在这个以民主和人权为支点的论证结构背后，隐藏的其实是西方利益的考量，这在《时代》周报中同样体现出来。该报在指责中国在非洲制造旧的世界秩序的同时，考虑的其实更多是德国自身的利益，于是报道称，"德国很多企业在非洲投资太少，这是一个昂贵的错误。在世界市场上，中国和其他竞争对手的速度更快"⑤。

（四）中国产品出口

从时间分布看，在关于中国产品出口的主题报道中，此阶段的报道数量是最多的（见表2—7）。中国产品出口主题可以分为两个更低等级的主题，一是中国纺织品出口和中欧贸易中的纺织品配额问题；二是中国出口产品质量和安全问题。其实，担心中国产品的质量问题危害德国消费者的观点，在德媒90年的涉华报道中已经存在。⑥

---

① Jan-Martin Wiarda, "Die Lotsen-Michael Zhengmeng Hou. 42, China-Beauftragter an der TU Clausthal", *Die Zeit*, No. 38, 2006, p. 71.

② Helmut Asche, "Boom ohne die Deutschen", *Die Zeit*, No. 6, 2007, p. 30.

③ 参见 Jan-Martin Wiarda, "Die Lotsen – Michael Zhengmeng Hou. 42, China-Beauftragter an der TU Clausthal", *Die Zeit*, No. 38, 2006, p. 71。

④ 参见刘继南、何辉《当前国家形象建构的主要问题及对策》，《国际观察》2008年第1期，第30页。

⑤ Helmut Asche, "Boom ohne die Deutschen", *Die Zeit*, No. 6, 2007, p. 30.

⑥ 参见 Michael Poerner, *Business-Knigge China. Die Darstellung Chinas in interkultureller Ratgeberliteratur*, Frankfurt/Main: Peter Lang, 2009, pp. 67 – 68。

表 2—7　　中国经济话语束次级主题中国产品出口
报道时段分布和评价倾向分布

评价倾向 * 年度阶段 * 次级主题 交叉列联表

次级主题	评价倾向	年度阶段				合计	百分比（%）
		2000—2002	2003—2004	2005—2007	2008—2010		
中国产品出口	负面	1	0	10	2	13	61.9
	正面	1	0	0	0	1	4.8
	中性	0	2	3	2	7	33.3
	合计	2	2	13	4	21	100
	百分比（%）	9.5	9.5	61.9	19.0	100	

中国纺织品出口和中欧贸易中的纺织品配额问题。与中国纺织品出口和纺织品配额问题有关的报道主要出现于 2005 年，因为根据世贸组织的规定，欧盟于 2005 年初对中国实行纺织品贸易自由化，①而同年 6 月却又再次对中国设置纺织品配额，②因此该次级主题具有很强的时间特性。

1.《明镜》周刊议题：欧盟采取贸易保护主义应对来自中国的"威胁"

《明镜》周刊 2003—2004 年表示，随着纺织品配额取消，中国纺织品出口对第三世界国家生产商构成威胁。③此阶段《明镜》周刊关注的依然是中国纺织品带来的威胁。不过此时该刊所关注的受威胁对象是欧洲国家（尤其是东欧和南欧）的纺织品生产商。报道称，中国的"成衣洪水"④导致南欧国家"遭受数万个工作岗位流失的损失"⑤；称"对于远东廉价竞争对手的恐惧甚至蔓延到法国，人们认为会有数千个工作岗位流失"⑥。在这个意义上，《明镜》周刊为欧洲再次设置配额的贸易保护主义行为制造合法性依据。

---

① 参见 Anon., "Bekleidung: Verhandelt", *Die Zeit*, No. 37, 2005。
② Julia Bonstein, "Hosen aus", *Der Spiegel*, No. 33, 2005, pp. 74 – 75.
③ 参见 Alexander Jung, "Schneider der Welt", *Der Spiegel*, No. 45, 2004, pp. 94 – 98.
④ "洪水"（［德］Flut）是德媒在描述中国产品出口时高频使用的集体象征，与之同时出现的动词是"淹没"（［德］überschwemmen/überfluten）。
⑤ Julia Bonstein, "Hosen aus", *Der Spiegel*, No. 33, 2005, pp. 74 – 75.
⑥ Ibid..

前文提及，此阶段德媒眼中的中国威胁不再来自廉价优势，而主要来自中国科研能力的增强和经济竞争力的增长。在纺织品这样非知识密集型产业中，中国虽也被视为"威胁"，但是很明显这种"威胁"程度相比之下要低很多。虽有报道提及，面对来自中国的竞争德国成衣制造商"前景堪忧"①，但同时也有报道表示，受到中国纺织品行业威胁的主要局限于东欧和南欧国家，因为"在南欧和东欧需要保障的工作岗位在德国早就没有了，德国早已将这些工作岗位转移到东欧或者亚洲了"②。

2.《时代》周报议题：中国妥协应对西方贸易保护主义

与《明镜》周刊以中国纺织品出口对欧洲国家构成威胁为由，为欧盟贸易保护主义行为进行辩护的态度不同，《时代》周报选择关注中国面对贸易保护主义的妥协态度。《时代》周报表示，中方之所以接受欧盟的决定，原因很可能是他们可以从欧盟方面"获得回报"，报道称，"有人估计，中国希望在取消对华武器禁运方面获得支持"。③而就此前因为"美国和欧盟对中国纺织品进口大幅增长提出抗议"④，中国方面"出乎意料地大幅提高74种纺织品的出口税"一事，《时代》周报称，"中国纺织品工业协会表示，此举是为了缓和与贸易伙伴之间的紧张气氛"⑤。两刊在中国纺织品出口议题上的不同议程设置表明：《明镜》周刊更侧重于报道中国带来的威胁，欧盟针对中国采取的贸易保护主义在某种程度上被视为正当诉求；而《时代》周报则以贸易保护主义不具合法地位为出发点，探求中国采取妥协态度的原因。

（五）中国出口产品质量和产品安全问题

此阶段中国产品出口主题下的另一个次级主题，是中国产品安全问题（这也是中国产品形象的组成元素之一），其中尤以2007年的相关报道居多。在该次级主题下，中国产品形象极为负面，《时代》周报

---

① Anon., "Düstere Aussicht", *Der Spiegel*, No. 6, 2005, p. 69.
② Julia Bonstein, "Hosen aus", *Der Spiegel*, No. 33, 2005, pp. 74-75.
③ 参见 Anon., "Bekleidung: Verhandelt", *Die Zeit*, No. 37, 2005。
④ Redaktion, "China macht Zugeständnisse", *Die Zeit*, No. 21, 2005.
⑤ Ibid..

称:"食品、医药、化妆品:中国的出口产品在全世界范围内成为丑闻"①;《明镜》周刊称:中国产品安全丑闻在德国媒体中成为"头条新闻",并且"在德国消费者中引发恐慌"。②报道表示,"在欧洲几乎每天都会出现中国生产的有毒汽车模型和玩偶"③,也有"越来越多的危险玩具和电器从远东来到德国"④。在德媒所报道的产品安全丑闻中,以"美国众多企业包括美泰公司(Mattel)召回儿童产品"⑤一事,具有话语事件的质量,该事件在报道中被频频提及。从议程设置看,德媒在报道召回事件时只片面选择强调中国生产方的责任,却绝口不提实际上产品质量问题的一个重要原因在于美国进口商的设计缺陷。所以,同年9月美泰公司与中国负责产品安全的官员会晤,并因为美方设计缺陷问题就夏季召回中国产玩具向中方致歉一事,⑥在德媒中并没有任何报道。德媒通过选择报道某一方面和不报道其他方面,形成关于事件报道的二级议程,进而在新闻事件的各方面为受众进行重要性排序。在该事件中,德媒选择突出中国生产方的责任,而忽略美国进口商的设计缺陷,使中国产品存在安全问题的负面形象尤为突出。

分析显示,两刊在中国产品安全问题主题下的议程呈现出一定的差别:《明镜》周刊探究中国产品问题的责任该由谁承担,而《时代》周报则关注中国国内与产品安全问题相关联的社会因素。

1.《明镜》周刊议题:探究中国产品安全问题的多方责任所在

《明镜》周刊2007年第35期的封面报道《贪婪利益的结果》指出,中国"产品丑闻存在多个责任方"⑦,该文称,中国出口产品安全问题的

---

① Georg Blume, "Geld oder Leben", *Die Zeit*, No. 30, 2007, p. 24.
② 参见 Anon., "Für Freiheit und Demokratie werben", *Der Spiegel*, No. 38, 2007, p. 21。
③ Anon., "Härter durchgreifen", *Der Spiegel*, No. 34, 2007, p. 17.
④ Michael Fröhlingsdorf/René Pfister, "Stoffhunde im Giftschrank", *Der Spiegel*, No. 38, 2007, p. 48.
⑤ Ibid..
⑥ 参见梁相斌《中西方新闻战》,新华出版社2008年版,第26页。
⑦ Michael Fröhlingsdorf/Frank Hornig/Wieland Wagner, "Ergebnis der Profitgier", *Der Spiegel*, No. 35, 2007, pp. 32–33.

根源在于"对利益的贪婪"①，此处既指向中国企业，又包括委托中国企业生产的西方进口商。报道称，一方面"中国处于早期资本主义时期，工厂主只想挣钱，对产品安全的概念与我们（西方）完全不一样"②，因此"中国人出于自己的利益而提高产品质量的希望很渺茫"③；另一方面报道称，中国产品质量问题也与进口中国产品的国际康采恩集团的利益贪婪有关，正是因为"西方康采恩集团在中国生产商处压价"，导致"中国工厂为了节约成本，在玩具里添加有毒的化学物质"④。此外，《明镜》周刊表示，西方消费者在这个产品安全丑闻链条中也起到推波助澜的作用，因为他们"要求越来越便宜的玩具"⑤。《明镜》周刊也表示，有安全问题的产品流入德国市场与德国质检机构工作效率低有关。报道表示，由于德国质检机构缺少资金和人员，以及"德国和欧洲的检测机构和相关负责当局之间协调不好，且效率不高"⑥，所以不可以指望"技术安全局能够将更多的威胁生命安全的廉价商品清出商品流通"⑦。

产品安全问题的根源显然主要是利益问题，在这个链条上的所有终端，不管是中国生产商、西方进口商还是西方消费者，都希望以尽可能低的成本得到最大的利益。在产品安全问题上，西方进口商和中国生产商至少应负同样的责任，但《明镜》周刊在此问题上对中国生产商的指责却远远大于对西方进口商的指责。这种选择性指责反映的是德媒报道的选择性视角与议程设置功能。

在这样的议程设置下，中国作为原产地的形象异常负面。一方面，中国企业被指责剥削工人和不实行劳工保护，报道称，在中国工厂里

---

① Michael Fröhlingsdorf/Frank Hornig/Wieland Wagner, "Ergebnis der Profitgier", *Der Spiegel*, No. 35, 2007, pp. 32 – 33.
② Anon., "Härter durchgreifen", *Der Spiegel*, No. 34, 2007, p. 17.
③ Ibid..
④ Ibid..
⑤ Ibid..
⑥ Michael Fröhlingsdorf/RenéPfister, "Stoffhunde im Giftschrank", *Der Spiegel*, No. 38, 2007, p. 48.
⑦ Ibid..

"劳工保护和质量监控通常没有任何效果"①,称"工人们不知道他们置身怎样的危险之中,他们双手直接接触这些有毒物质"②。另一方面,中国政府被指责在产品安全问题上不作为,报道称,西方"多次与中国政府谈到产品安全问题,他们表示理解,但直到现在都没有付诸行动"③,即如中国政府在知识产权保护和人民币汇率问题上被指责不作为一样。《明镜》周刊对中国政府的指责还包括:中国质量检测机构利用媒体宣传否认中国产品具有安全问题;中国以抵制进口外国"所谓的有质量问题的"产品等形式,对西方采取报复措施④。《明镜》周刊据此得出结论称,"中国丝毫没有表现出准备遵守欧洲安全标准的意思"⑤。

2. 《时代》周报议题:是否控制产品安全问题使中国政府进退两难

《时代》周报关于中国产品安全问题的报道数量较少,报道力度也相对较轻。除了塑造"中国尚需多年才能形成一个良好的监控体系。因此还会出现其他的产品安全丑闻"⑥的形象外,《时代》周报认为中国产品安全问题也具有其社会困境的一面。报道称,中国政府要解决产品安全问题就必须加强控制,"控制意味着标准化,而标准化是很多小型企业不能承受的"⑦,如果实施标准化,"将会危及数百万计的农民和小企业主",并进而危及社会稳定,因此报道称中国政府"陷于两难境地"⑧。

3. 两刊共同议题:中国产汽车质量问题

在中国出口产品主题下,两刊此阶段都将中国产汽车出口欧洲一事提上议程。相关报道时间基本集中在2005—2006年,这与中国产汽车出口德国的时间有关。两刊报道重点都在于中国汽车的质量问题,其基本

---

① Michael Fröhlingsdorf/Frank Hornig/Wieland Wagner, "Ergebnis der Profitgier", *Der Spiegel*, No. 35, 2007, pp. 32 – 33.

② Ibid..

③ Anon., "Härter durchgreifen", *Der Spiegel*, No. 34, 2007, p. 17.

④ Michael Fröhlingsdorf/Frank Hornig/Wieland Wagner, "Ergebnis der Profitgier", *Der Spiegel*, No. 35, 2007, pp. 32 – 33.

⑤ Anon., "Härter durchgreifen", *Der Spiegel*, No. 34, 2007, p. 17.

⑥ Georg Blume, "Geld oder Leben", *Die Zeit*, No. 30, 2007, p. 24.

⑦ Ibid..

⑧ Ibid..

态度为:"当第一批采用西方技术生产的中国车抵达欧洲时,欧洲应该穿暖和些。"① 中国汽车中首批出口欧洲的国产车江铃陆风备受关注,原因在于:"全德汽车俱乐部(简称 ADAC)称,在其 20 年的碰撞测试历史上,江铃的成绩是最差的。"② 德媒对中国欲凭借其"占领欧洲汽车市场"③ 的中华汽车,同样表示出极度不信任,原因同样在于该车的 ADAC 碰撞测试成绩很差。④ 可以说在德媒眼中,中国出口欧洲的汽车形象是非常负面的,是中国廉价产品"价格便宜但是质量不高"⑤ 的刻板印象的又一个例证。

表 2—8　　　　　　　中国经济话语束 2005—2007 年阶段

时段	基本定位	代表性现象和议题	次级主题	报道框架
2005—2007 年 报道数量与报道倾向分布 共 67 篇 (负/中/正: 36/28/3)	中国经济实力发生质的飞跃,升级成为西方国家的竞争对手;西方"震惊"于社会主义国家的经济发展能力,中国的崛起被视为对西方主导地位形成挑战,尤其是经济发展模式	中国企业侵犯知识产权、中国出口产品安全问题、中国的非洲存在、中国资本海外投资、中美之间发生权力转移、中国存在诸多社会问题	一、中国经济发展框架(《时代》周报:中国对西方主导地位形成挑战,但欧洲存在双重中国情结 VS《明镜》周刊:中国对西方形成威胁,与西方展开财富争夺战、资源争夺战) 二、知识产权问题(《时代》周报:知识产权并非单向流入中国 VS《明镜》周刊:指责中国盗窃德国核心工业知识;两刊:真正的威胁在于中国科技竞争力提升) 三、中国资本海外投资(《时代》周报:中国私人资本为机遇、中投资本危及国家利益 VS《明镜》周刊:中国资本对德国工业构成威胁) 四、中国境外资源保障(中国违反人权和民主原则,是非洲的"新殖民者") 五、中国产品安全问题	一、资本主义/社会主义经济秩序 (西方震惊于社会主义经济秩序的成效,中国经济模式开始被视为对西方模式形成挑战) 二、中国经济威胁论与中国经济崩溃论并存 三、双重中国情结(中国发展是威胁还是机遇?)

---

① Nils Klawitter, "Hünchen mit Bambus", *Der Spiegel*, No. 48, 2006, pp. 91 - 92.
② Anon., "Geschichten, die das Leben schrieb", *Die Zeit*, No. 42, 2005.
③ Nils Klawitter, "Hünchen mit Bambus", *Der Spiegel*, No. 48, 2006, pp. 91 - 92.
④ 参见 Anon., "Geschichten, die das Leben schrieb", *Die Zeit*, No. 42, 2005。
⑤ Burkhard Strassmann, "Wind aus Fernost", *Die Zeit*, No. 34, 2005.

与此阶段德媒担心中国竞争力提升成为议程重点相应,德媒中除了嘲笑中国产汽车质量不过硬的声音之外,报道中也有微弱的声音提醒德国人,中国在汽车生产方面也具有竞争力提升的可能性:《明镜》周刊提醒称,ADAC虽然"已经证实,第一辆进口的中国产越野车虽然价格便宜,但是质量肯定不好",但是大家不要忘记,"韩国车推上国际市场的时候也有如此的反应,但现在已经没有人再嘲笑韩国车了"①。

第四节　2008—2010 年:经济危机与中国自信膨胀论调

经济危机构成德媒涉华经济报道此阶段的重要语境。笔者以经济危机在中国的发展情况为主线,将本阶段再细分为经济危机前夕、危机过程中和中国走出危机后三个时段进行分析。在经济危机业已爆发但尚未到达中国之时,中国经济威胁论在德媒中继续存在;在经济危机袭击中国后,随着中国应对危机的成效发展,中国形象经历了经济崩溃论、西方机遇论、中国经济威胁论与崩溃论并存的变化;在中国率先走出经济危机后,中国威胁论再次升级,中国经济发展被指责有损于世界他国利益,同时被指责自信膨胀。相较于其他三个阶段,该阶段两刊在报道倾向上更为接近(负/中/正:《时代》周报 12/14/1;《明镜》周刊 12/10/0)。

一　经济危机前夕:中国威胁论被继续言说

2008 年底之前世界经济危机虽已爆发,但是尚未到达中国,中国的经济发展势头依然强劲。因此,此时德媒涉华经济报道依然聚焦中国经济实力增长的趋势,中国经济增长对西方构成威胁的论断在德媒中也相应继续存在。德媒眼中的中国经济此时不仅保持增长势头,而且正在实现转型的过程中,《时代》周报称"中国经济发展速度之快令人窒息"②,

---

① 参见 Wieland Wagner, "Vom Diener zum Herrn", *Der Spiegel*, No. 43, 2006, pp. 112–114。
② Thomas Fischermann, "Misstraut den Märklin-Ökonomen!", *Die Zeit*, No. 42, 2007, p. 46.

并且"已经不再像人们所以为的那样依赖出口"①。《明镜》周刊也表示，此时"中国不愿再继续做世界的廉价工厂了"②，中国正计划实现"成为高科技国民经济体"③的转型。

鉴于中国经济发展依然保持增长的情况，2007年后期当国际经济危机呈现势头时，报道称"西方希望这个门槛国家能够拯救世界经济发展"④。虽然德媒认为这种观点过于乐观，认为中国经济本身存在问题，所以不能拯救世界经济（中国经济存在问题是德媒塑造中国经济形象的一个持久性议题），但也不得不承认"中国经济现在看不出有停滞的迹象"。⑤ 2008年奥运前夕，德媒一再指责中国欲通过奥运会展示自己的强大，这也说明西方看到中国的经济实力，看到"中国已在短时期内成为一个强大的财政和经济国家"⑥。到2008年后期，德媒依然称，"在华盛顿的世界峰会上中国是美国最大的对手，全世界都得跟着走"⑦。虽然此时德媒预期经济危机也会到达中国，但是鉴于中国经济发展势头依然强劲，报道表示，"中国人的境遇比西方要好。经济危机会到达中国，但并不会对其造成根本性的打击"⑧。

在经济危机尚未到达中国之前，原本就让西方觉得成就"不可企及"⑨的中国经济，与因为经济危机袭击雪上加霜的西方经济之间的差距越来越大，于是德媒称，"来自资本主义国家的金融集团欲借助社会主义中国的帮助走出困境"⑩。可以说，中国经济的竞争力此时在中西方经济走势差异中更加凸显出来，于是中国经济威胁论在德媒涉华经济报道中

---

① Thomas Fischermann, "Misstraut den Märklin-Ökonomen!", *Die Zeit*, No. 42, 2007, p. 46.
② Alexander Jung/Wieland Wagner, "Die Krawane zieht weiter", *Der Spiegel*, No. 20, 2008, pp. 84–88.
③ Ibid..
④ Thomas Fischermann, "Misstraut den Märklin-Ökonomen!", *Die Zeit*, No. 42, 2007, p. 46.
⑤ Ibid..
⑥ Matthias Nass, "Was auf dem Spiel steht", *Die Zeit*, No. 4, 2008, p. 4.
⑦ Frank Sieren, "Peking trumpft auf", *Die Zeit*, No. 46, 2008, p. 26.
⑧ Ibid..
⑨ Andreas Lorenz/Wieland Wagner, "Die Rotchina AG", *Der Spiegel*, No. 3, 2007, pp. 84–99.
⑩ Matthias Nass, "Was auf dem Spiel steht", *Die Zeit*, No. 4, 2008, p. 4.

依然被继续言说。需特别强调的是，与前面三个阶段中《时代》周报较之《明镜》周刊更倾向于相对化解读中国威胁论不同，此时《时代》周报的议程不仅更接近《明镜》周刊，而且该报中的中国威胁论的声音甚至更有高过《明镜》周刊之势。笔者认为《时代》周报涉华报道发生转变的一个重要原因，可能在于此时该报的驻华记者发生变更①。

（一）《时代》周报议题：中国经济模式对西方经济模式形成挑战和竞争

在《时代》周报2008年的涉华经济报道中，只有两篇提及经济危机波及中国国内经济，一篇发表于2008年初，报道内容涉及中国金融业陷入美国次贷危机、股市大跌，②另一篇发表于年底，报道标题为"建摩天大楼应对经济危机"③。除此之外，所选语料中该年度的其他报道都不曾提到中国受到经济危机困扰。

《时代》周报此时关于中国经济发展框架的报道，与《明镜》周刊2005—2007年阶段的议程非常接近。中国经济成就和中国的大国力量依然得到肯定，报道称"中国在短时期内成为一个强大的财政和经济国家"④，称"在华盛顿的世界峰会上中国是美国最大的对手，全世界都得跟着走"⑤。关于国际权力由西向东转移的论断此时也继续存在，报道称"世界经济的重心始终在向东方转移"⑥。这种权力转移显然并非西方所乐见，因为西方担心，中国在国际经济中的话语权增大会威胁西方国家的主导地位，所以尽管中国目前在国际金融机构中所拥有的话语权与中国

---

① 2008年底担任该报驻京记者职务多年的花久志（Georg Blume）结束驻京任务改派印度，从2009年起由弗朗克·西伦（Frank Sieren）和奎科理茨（Angela Köckritz）继任，从2011年起该报涉华报道主要来自奎科理茨。此三人的报道风格差别甚大，其中花久志对中国的态度相比而言更为正面，他的涉华报道整体而言具有尝试从多角度解读中国和建构中国形象的特点；而2009年之后开始较多报道中国的奎科理茨的报道则呈现片面的负面倾向，弗朗克·西伦的报道以中性居多。

② 参见 Georg Blume, "Im globalen Takt", *Die Zeit*, No. 5, 2008, p. 20。
③ FRS, "China: Wolkenkratzer gegen die Krise", *Die Zeit*, No. 50, 2008, p. 37.
④ Matthias Nass, "Was auf dem Spiel steht", *Die Zeit*, No. 4, 2008, p. 4.
⑤ Frank Sieren, "Peking trumpft auf", *Die Zeit*, No. 46, 2008, p. 26.
⑥ Ibid..

的国民经济实力远远不符,①但"西方国家并不同意在世界银行给中国更多的(与中国国民经济实力相当的)投票权"②。与《明镜》周刊一样,《时代》周报也表示,西方原本认为社会主义国家不足以对其构成威胁,认为社会主义不可能实现经济繁荣,所以一直预期"中国和俄罗斯会沿用西方模式"③,在这种情况下,"多年来中国都不得不忍受对经济干预太多的指责之声"④。而现在走中国特色路线的社会主义中国经济保持长期快速发展,这使西方意识到,不仅希望中国沿用西方模式的期待落空了,而且中国还形成了自己独特的、有竞争力的模式,报道称之为"一个繁荣的专制政权,这是一个新的挑战"⑤。此阶段"中国模式"在德媒中已经作为一个基本被认可的、具有实际内涵的词汇出现。《时代》周报认为,西方经济模式与中国经济模式的差异和竞争,"不再是社会主义与资本主义之间的竞争,而是自由资本主义和独裁资本主义之间的竞争"⑥。

此时《时代》周报关于中投公司海外投资的报道也反映出这种体制挑战论调。该报一直秉承视中投公司为西方威胁的视角关注其海外投资行为。⑦ 2007年中投公司收购黑石公司股份时,该报就称,中国此举的目的在于获得在全球资本主义中的发言权。⑧ 2008年中投公司依然以威胁的形象出现在《时代》周报的报道中,报道称,西方怀疑中投公司以及中国国有企业的海外投资并非单纯出于经济利益考虑,而是"具有战略性和地缘政治性目标"⑨。有报道引用某专家关于中国在境外推行"扩张主权的工业政策"⑩的质疑,来支撑其主张中投公司"政治目的更高于经济

---

① 参见 Frank Sieren, "Peking trumpft auf", *Die Zeit*, No. 46, 2008, p. 26。
② TF, "Von Peking nach Washington", *Die Zeit*, No. 10, 2008, p. 29.
③ Matthias Nass, "Was auf dem Spiel steht", *Die Zeit*, No. 4, 2008, p. 4.
④ Frank Sieren, "Peking trumpft auf", *Die Zeit*, No. 46, 2008, p. 26.
⑤ Matthias Nass, "Was auf dem Spiel steht", *Die Zeit*, No. 4, 2008, p. 4.
⑥ Ibid. .
⑦ 参见 Georg Blume, "Sie wollen hier investieren", *Die Zeit*, No. 46, 2007, p. 36。
⑧ 参见 Robert Von Heusinger, "Neue Regeln im Casino", *Die Zeit*, No. 22, 2007, p. 35。
⑨ Thomas Fischermann/Mark Schieritz, "Der Marxwirtschaftler", *Die Zeit*, No. 10, 2008, p. 29.
⑩ TF, "Chinas Staatsfonds: Neue Zweifel", *Die Zeit*, No. 26, 2008, p. 29.

利益"① 的观点。《时代》周报表示，西方对中投公司的政治意图的猜忌，使中投公司与俄罗斯国家投资基金一并"在西方发达国家引发对于有政治意图的企业并购的恐慌"②。在德国亦是如此，"德国人害怕中投公司的钱"③，德国甚至专门制定新的外贸法律，以赋予政府拒绝外国投资者的权力。报道称，"虽未明说，但该法主要针对的是中国和俄罗斯的国家投资机构，因为他们的政治目的更高于经济利益"④。相对于主张中投公司具有政治意图、威胁西方国家利益的主流话语观点，《时代》周报中只有微弱的反对话语的声音称，"美国企业咨询公司进行的大规模调研认为这种政治战略恐慌没有依据"⑤。

　　对中投公司海外投资行为的恐慌，乃至对于所有来自中国的投资的恐慌，实质上是对中国竞争力增长的恐慌，担心西方/德国重要工业被中国掌控。而这种担心显然具有意识形态化的特点，是冷战思想的延续，这从中国投资公司与俄罗斯国投基金被归为与西方对峙的同类足以见得。就是因为中国（和俄罗斯）与西方的政治体制不一样，所以中投公司被质疑具有政治意图。这与经济危机之后出现的言论极其相似，如"接受中国投资的国家都陷入两难。中国的经济权力会过渡为政治影响吗？"⑥ 实质就是担心中国通过参与西方经济进而获得影响西方政治的权力。总之，对中国投资资本的恐惧归根结底还是对中国经济竞争力增强的恐惧，以及担心国力强大的中国对西方造成体制上的威胁。

　　西方因为感到自我模式的国际主导地位受到挑战而产生恐慌。中国模式表现出的竞争力在西方/德国究竟引发了怎样的恐慌，可以从德国基民盟/基社盟（CDU/CSU）议会党团 2007 年 10 月制定的"亚洲战略"窥见一斑："中国的崛起使一个非民主的、非自由的国家进入世界经济和政

---

① BRO, "Chinesen wollen die Deutsche Bahn", *Die Zeit*, No. 37, 2008, p. 35.
② STO, "Staatsfonds erwerben Mehrheitsanteile", *Die Zeit*, No. 25, 2008, p. 31.
③ BRO, "Chinesen wollen die Deutsche Bahn", *Die Zeit*, No. 37, 2008, p. 35.
④ Ibid..
⑤ STO, "Staatsfonds erwerben Mehrheitsanteile", *Die Zeit*, No. 25, 2008, p. 31.
⑥ Thomas Fischermann/Angela Köckritz/Frank Sieren, "China übernimmt", *Die Zeit*, No. 29, 2010, pp. 19 – 20.

治等级体系，这样一个国家以自己独特的政治体制模式为其他国家提供了与西方不一样的模式，从而对西方模式构成竞争"①。"亚洲战略"中有这样一句话："我们必须阻止一点，即亚洲（主要指中国）的'崛起'（［德］Aufstieg）意味着德国的'衰退'（［德］Abstieg）。"②可见，中国经济竞争力提升被视为威胁一事，既是与德国利益相关的，也是与中西方政治体制差异密切相关的。美国的经济竞争力远胜于中国却不被视为威胁，而中国被视为威胁则缘于其在西方眼中的群体外成员身份。也正是出于这个原因，中国经济话语束呈现的一个重要特征是政治中心主义，即德媒涉华经济报道与政治报道交织密切，并且中国经济话语束中大量存在来自政治层面的话语。可以说，2008年时德媒借西藏事件声讨中国、贬低中国火炬传递之旅，以及指责中国意欲借奥运会展示国力强大的一面而隐藏阴暗面等议程设置，并非就事论事，而是必须结合整个大语境背景进行解读的。其中，中国国力增长使西方感觉受到威胁就是重要语境之一。德媒借事指责声讨中国只是伺机爆发而已，是对大语境做出的反应。

（二）《明镜》周刊议题：中国经济发展多种现象：转型与增长、过热与通货膨胀

相比之下，《明镜》周刊关于中国经济发展框架的报道中，此时少了高亢的中国威胁论的声音，而是更为关注中国经济发展的具体现象。《明镜》周刊对中国经济发展的定位也是认为中国经济处于增长状态和转型期，报道称"中国不愿再继续做世界的廉价工厂了……中国政府想要实现转型，成为高科技国民经济体"③。《明镜》周刊也提出，此时随着中国经济竞争力提升，中国在国际经济中的权力也有所增长，比如该刊对中投公司收购澳大利亚英国矿藏集团股份一事的解读："红色战略家……

---

① Matthias Nass, "Was auf dem Spiel steht", *Die Zeit*, No. 4, 2008, p. 4.

② 参见 Thomas Heberer, Pluralisierungstendenzen im Ein-Partei-Regime *Neue Gesellschaft*, 2008, No. 4, p. 26。

③ Alexander Jung/Wieland Wagner, "Die Krawane zieht weiter", *Der Spiegel*, No. 20, 2008, pp. 84 – 88.

自信地在国外玩弄增长的经济权力"①。此时《明镜》周刊所报道的中国经济发展的另一个现象是，"过热的经济增长导致通货膨胀高涨"以及"迅速致富的梦想使数百万计的中国人变成股民，并将股市越抬越高"②。需指出的是，《明镜》周刊关于股市的报道，恰恰与《时代》周报在2008年初发表的一篇报道南辕北辙。该报道称，"与全球经济同步"，中国股市大跌。③

二 经济危机过程中——几度变幻的中国经济形象

（一）经济危机过程之一：经济危机来袭，中国经济崩溃论再次涌现（两刊议程共同点）

2008年底至2009年初经济危机到达中国，德媒的报道重点从中国竞争力增长以及国际权力由西向东转移，转变为经济危机对中国经济造成的打击。此时中国经济崩溃论在德媒中再度兴起，在此点上两刊议程具有高度一致性。经济危机初抵中国时，德媒报道主要聚焦以广东为代表的中国沿海地区的出口型企业倒闭和农民工集体失业，报道大肆描绘"工人闹事索要亏欠工资"和农民工们由于没有了工作"集体返乡"的场景，④并据之得出结论称，中国"多年的经济繁荣快速中断"⑤；抑或称"中国经济发展已经进入停滞甚至是萎缩的状态"⑥。报道称"全球经济危机严重袭击中国"⑦，德媒认为，西方国家尤其是美国的"新的节约简朴"⑧导致以出口加工为主业的"很多（中国）工厂破产"⑨。中国经济崩溃论在德媒此时的涉华经济报道中占据绝对主流话语地位，语料中的报道全部以经济崩溃论为基调。

---

① Wieland Wagner, "Unter Obhut der Partei", *Der Spiegel*, No. 8, 2008, p. 94.
② Wieland Wagner, "Chinesisches Roulett", *Der Spiegel*, No. 1, 2008, pp. 64 - 65.
③ 参见 Georg Blume, "Im globalen Takt", *Die Zeit*, No. 5, 2008, p. 20。
④ Wieland Wagner, "Kollektiv im Heimaturlaub", *Der Spiegel*, No. 2, 2009, pp. 62 - 64.
⑤ Ibid. .
⑥ Georg Blume, "China im freien Fall", *Die Zeit*, No. 6, 2009, p. 22.
⑦ Wieland Wagner, "Verschlossene Werkstore", *Der Spiegel*, No. 49, 2008, pp. 98 - 100.
⑧ Heike Buchter/Frank Sieren, "Aus der Balance geraten", *Die Zeit*, No. 6, 2009, p. 22.
⑨ Wieland Wagner, "Verschlossene Werkstore", *Der Spiegel*, No. 49, 2008, pp. 98 - 100.

2003—2004年，德媒中就存在"中国需保持经济增长来维持社会稳定"的论断，经济危机到来之后，德媒再次将中国经济崩溃论与中国社会问题提上共同议程，再次预言"中国经济停滞将会带来连锁反应，最终导致社会动荡后果"。此时德媒报道中再次出现类似论断，如8%的经济增长率是"保障中国社会稳定，并相应的保障共产党统治的魔力底线"①，或者称8%是"保障这个巨大的帝国国内一再提倡的和谐社会的底线"② 等。德媒基于该论证结构和其所主张的中国经济崩溃论，在报道中言之凿凿，俨然已将中国产生社会动荡视作定局。作为支持其关于"中国将出现社会动荡"这一论断的论据，德媒描述经济危机爆发后"共产党担心经济形势明显走坏会带来社会动荡"③ 的状态，称中国政府因"害怕出现混乱"④，而"不愿意承认经济不景气的事实"⑤。德媒此时所塑造的中国形象可谓岌岌可危：因受到经济危机重创而经济停滞，不仅多年的经济繁荣戛然而止，并且随之社会动荡将会接踵而来。这样的中国不再具有竞争力，于是中国威胁论的声音此时在德媒中也随之销声匿迹。笔者认为，这样岌岌可危的中国形象与西方对中国一直抱有的"隐性的希望"⑥ 有一脉相承之处，即认为"社会动荡或者生态崩溃会导致中国的超级增长刹车"⑦。不管是希望中国社会问题导致经济停滞，还是预言中国经济停滞将导致社会动荡，无非都是想通过中国的经济失败来继续证明西方迄今为止所呈现出的优越性，进而捍卫西方的主导地位。

1.《明镜》周刊议题：农民工群体形象与中国促进农村消费应对经济危机

在两刊共同的议程之外，《明镜》周刊此阶段涉华经济报道的突出议题包括塑造经济危机中的农民工群体形象、关注中国促进农村消费以拉

---

① Wieland Wagner, "Verschlossene Werkstore", *Der Spiegel*, No. 49, 2008, pp. 98 – 100.
② Wieland Wagner, "Volksfeind Nummer 1", *Der Spiegel*, No. 21, 2009, pp. 70 – 72.
③ Georg Blume, "China im freien Fall", *Die Zeit*, No. 6, 2009, p. 22.
④ Matthias Nass, " 'Amerika wird sich durchbeißen' ", *Die Zeit*, No. 2, 2009, p. 9.
⑤ Georg Blume, "China im freien Fall", *Die Zeit*, No. 6, 2009, p. 22.
⑥ Gabor Steingart, "Weltkrieg um Wohlstand", *Der Spiegel*, No. 37, 2006, pp. 44 – 75.
⑦ Ibid. .

动内需的措施。

（1）经济危机中农民工群体的命运

《明镜》周刊在报道经济危机初抵中国时，以农民工群体的命运作为观察中国经济危机的切入点。早在2008年初，《明镜》周刊称，中国因要实现向高科技转型，所采取的相关措施导致珠江三角洲地区很多工厂关闭，报道关注的措施之一就是新劳动法实施使中国的农民工群体得到更好的劳工保护，进而也导致中国劳动力成本提高；[1] 2008年底，《明镜》周刊依然以农民工群体的命运为切入点观察"全球经济危机重创中国"，报道称"现在劳动奴隶公开露面了。很多工厂都破产，他们没有工作了"[2]。2009年初《明镜》周刊称，"中国这个世界工厂成本低廉并高效率地解雇了他们的劳动奴隶"[3]，于是中国的农民工群体在春节到来之际踏上"集体返乡之旅"[4]。

《明镜》周刊此时所塑造的中国农民工群体形象，与一直以来德媒中的农民工群体的形象没有什么差别，依然是"在低于人类尊严的条件下工作和生活"的"劳动奴隶"形象。[5] 《明镜》周刊对农民工群体的描述，依然符合德媒中一贯呈现的工资低、工作时间长、工作和居住条件恶劣、没有权益保护等形象特点。即使是在中国颁布新《劳动法》，从业者受到更好保护时，《明镜》周报看到的依然是，"在很多工厂里劳动条件还是没有得到明显改善。雇主发的工资只够果腹而已，加班时间不予计算，工人的健康被毁掉"[6] 等。通过描述农民工群体在经济危机时期遭遇集体失业的命运，《明镜》周刊一方面欲表明中国受到经济危机重创，

---

[1] 参见 Alexander Jung/Wieland Wagner, "Die Krawane zieht weiter", *Der Spiegel*, No. 20, 2008, pp. 84 – 88。

[2] Wieland Wagner, "Verschlossene Werkstore", *Der Spiegel*, No. 49, 2008, pp. 98 – 100.

[3] Wieland Wagner, "Kollektiv im Heimaturlaub", *Der Spiegel*, No. 2, 2009, pp. 62 – 64.

[4] Ibid..

[5] 参见 Andreas Lorenz/Wieland Wagner, "Billig, willig, ausgebeutet", *Der Spiegel*, No. 22, 2005, pp. 80 – 90; Anon., "Ausbeutung war gestern", *Die Zeit*, No. 45, 2004。

[6] Alexander Jung/Wieland Wagner, "Die Krawane zieht weiter", *Der Spiegel*, No. 20, 2008, pp. 84 – 88.

表明"中国生产、世界其他国家消费的模式，是过时的"①；另一方面也服务于论证中国经济崩溃论和中国将面临社会动荡的观点，因为在德媒眼中，农民工群体（尤其是就业不足的农民工群体）一直都是中国社会的不稳定因素。

(2) 中国应对经济危机措施：促进农村消费和拉动内需

《明镜》周刊中此时的另一个突出议题在于：关注中国为了应对经济危机所采取的促进农村人口消费以拉动内需的措施。《明镜》周刊表示，"西方打算节俭度日，所以世界工厂必须在自己国家中寻找新的顾客"②，而新的消费者群体中颇受关注的则是农民群体，报道称，中国需要"迄今为止主要被视为廉价农民工储备大军"③ 的 "8亿农民作为世界工厂的新的消费群体"④。《明镜》周刊所关注的中国促进农村消费的举措之一就是：中国政府"将进行新的土地改革"⑤，农民"将可以更加自由地支配使用土地"⑥。

（二）经济危机过程之二：中国形象转折，拥有巨大外汇储备的中国被视为西方的希望（两刊议程共同点）

2009年上半年，德媒涉华经济报道出现了转折性变化。此时悲观预测中国经济停滞和社会动荡的论断消失，取而代之以乐观预测中国经济发展前景的声音为主，中国更被视为西方走出经济危机的希望，这与中国尚未遭遇经济危机时"西方希望门槛国家能够拯救世界经济发展"⑦ 有相似之处。中国经济发展出现转机，于是再次成为西方走出危机的希望。

《明镜》周刊称，"欧洲央行行长表示，'德国经济低迷的情况似乎有停止的迹象'……这一点点乐观主义迄今为止主要是因为中国引起的，西方希望中国方面又有更多的购买机器、商品和技术诀窍的兴趣"⑧。让

---

① Wieland Wagner, "Verschlossene Werkstore", *Der Spiegel*, No. 49, 2008, pp. 98 – 100.
② Wieland Wagner, "Der Geist von Xiaogang", *Der Spiegel*, No. 45, 2008, pp. 130 – 132.
③ Ibid..
④ Wieland Wagner, "Volksfeind Nummer 1", *Der Spiegel*, No. 21, 2009, pp. 70 – 72.
⑤ Wieland Wagner, "Der Geist von Xiaogang", *Der Spiegel*, No. 45, 2008, pp. 130 – 132.
⑥ Wieland Wagner, "Verschlossene Werkstore", *Der Spiegel*, No. 49, 2008, pp. 98 – 100.
⑦ Thomas Fischermann, "Misstraut den Märklin-Ökonomen!", *Die Zeit*, No. 42, 2007, p. 46.
⑧ Wieland Wagner, "Volksfeind Nummer 1", *Der Spiegel*, No. 21, 2009, pp. 70 – 72.

西方抱有这种乐观主义态度的原因是中国巨大的外汇储备,报道称,"凭借中国的货币储备,中央帝国（[德] Reich der Mitte,这是德语中对中国的另一种指称方式）成为货币帝国（[德] Reich der Mittel）,而这些国家扶持资金最终也是有益于西方的"①。《时代》周报也表示,不仅"中国几乎没有债务"②,而且"尽管处于危机时期,中国的外汇储备还在增长……近2兆美元的储备使中国不但有能力处理失业率上升的问题以及减轻社会紧张局势,而且还有余力稳定世界经济"③,因此"中国的大量外汇储备在经济危机期间吸引了各个国家和国际组织"④。中国巨大的外汇储备能够为西方带来利益,这正是此时中国形象发生转变的根本原因所在,这又一次体现出德媒所建构的中国形象的主体依赖性。

德媒对于中国巨大外汇储备所寄予的希望,同样也表现在其对中国经济刺激计划的认可上。对于中国"投入约4500亿欧元"用于刺激经济发展,《明镜》周刊称,"几乎没有一个国家在经济中投入如此多的资金,也没有一个国家对经济的干预如此之深",报道表示,中国投入的资金"相当于德国计划投入经济资金的八倍之多"⑤。《明镜》周刊强调"这些国家扶持资金最终也是有益于西方的"⑥。《时代》周报在经济刺激计划一事上虽然指责中国自私,称"2008年11月中国向世界发出信号,他们考虑的首先是他们自己:为自己的国家实施经济刺激计划"⑦,但该报同样也认为西方企业最终将受益于中国拉动内需的举措。比如德国支柱产业汽车工业是中国经济刺激计划的直接受益者,报道称,"尽管中国政府很注意不让西方制造商太过占据市场主导地位,但德国汽车制造商还是觉得自己在中国市场很有优势",因为中国是德国汽车工业的"希望所在"⑧。无论在什么时期,德国汽车工业在华的发展情况都受到德媒高度

---

① Wieland Wagner, "Volksfeind Nummer 1", *Der Spiegel*, No. 21, 2009, pp. 70-72.
② Frank Sieren, "China muss bezahlen", *Die Zeit*, No. 9, 2009, p. 27.
③ Ibid..
④ Frank Sieren, "Zeitenwechsel", *Die Zeit*, No. 18, 2009, p. 30.
⑤ 参见 Wieland Wagner, "Volksfeind Nummer 1", *Der Spiegel*, No. 21, 2009, pp. 70-72.
⑥ 同上。
⑦ Frank Sieren, "China muss bezahlen", *Die Zeit*, No. 9, 2009, p. 27.
⑧ 参见 Frank Sieren, "Hoffnung China", *Die Zeit*, No. 18, 2009, p. 28。

关注，这与汽车产业在德国工业中的重要支柱地位有关，也因此在2005—2007年阶段德媒高度关注中国汽车产业的竞争力提高这一议题，并将之视为威胁。

中国积累了大量外汇储备一事在2005—2007年也频频被报道，但彼时中国拥有大量外汇储备在德媒眼中却是对西方构成威胁的一个重要因素，报道称，"中国用自己生产的廉价产品以及积累的外汇储备使竞争对手产生依赖性，并对之进行渗透"①。同样，中投公司凭借中国积累的外汇储备在境外并购投资也被视为对西方构成威胁。而此时德媒观察中国积累大量外汇储备一事的视角，与2005—2007年相比则是截然相反：此时德媒的报道视角不再是视中国基于大量外汇储备而具有的强大购买力为威胁，而是视之为西方的希望所在，因而选择报道西方"希望中国又有更多的兴趣购买机器、商品和技术诀窍"②。此时德媒也不再一味担心并指责中国购买技术诀窍导致西方竞争力下降。与之前指责中国贸易顺差导致世界贸易不平衡、指责中国对美国次贷危机负有连带责任不同，此时德媒表示，"只有中国政府继续资助美国人的举债冒险，世界经济才有救"③。

德媒对中国拥有巨大外汇储备一事在不同时期的不同态度，反映出德媒涉华报道及其所建构中国形象具有鲜明的视角性和主体依赖性，其背后隐藏的观察和评价标准是德国/西方的利益。此时中国成为西方走出经济危机的希望所在，于是中国威胁论似乎有骤然偃旗息鼓之势；并且中国经济崩溃论在德媒中也暂时销声匿迹。这种现象同样反映出作为衡量标准存在的西方/德国的诉求和意志：经济崩溃论反映出西方国家想要证实其关于社会主义国家无法实现经济繁荣的既有认识，以及不愿看到西方被中国赶超的意愿；而此时经济崩溃论绝迹，则又反映出西方迫切希望借助中国走出经济危机的诉求。

需强调的是，德媒中也并非完全没有质疑中国是否有能力拯救世界

---

① Frank Hornig/Wieland Wagner, "Duell der Giganten", *Der Spiegel*, No. 32, 2005, pp. 74 - 88.
② 参见 Wieland Wagner, "Volksfeind Nummer 1", *Der Spiegel*, No. 21, 2009, pp. 70 - 72。
③ 同上。

走出经济危机的声音，不过这样的反对话语的声音非常弱。质疑者所提出的论据依然是认为中国存在诸多经济和社会问题，如贫富差距、社会福利体系缺失、经济泡沫、依赖出口等。①

（三）经济危机过程之三：外汇储备发挥作用，中国国际影响力提高，中国模式再次受到关注（两刊议程共同点）

德媒在关注中国的外汇储备给西方带来希望的同时，也特别关注此时中国国际影响力提高。这与经济危机之前西方寄希望于中国时德媒的关注点和议程设置相似。此时，德媒同样一方面寄希望于中国，另一方面表示担心中国在国际经济中的话语权增大会威胁西方国家主导的地位。

《时代》周报表示，中国积累的大量外汇储备在经济危机期间吸引了各个国家以及国际组织，中国由此获得更多国际影响力，比如报道称，中国通过向阿根廷提供贷款获得更多的权力；另外，《时代》周报认为，在原本由西方国家掌控的国际经济组织中，中国已成为"权力因子"②。2008年德媒还援引所谓"内部人士"的言论称，中国官员林毅夫进入世界银行任职，其实是西方国家应对中国要求在国际金融机构中获得更多权力的"玩笑式的安抚手段"③；此时德媒看到"时代发生了变化"，报道称"发达国家的代表们原先将中国的发言当作耳旁风，现在他们没有能力这样了"④，现在"不管世界是否愿意，国际货币基金组织都必须让中国发言了"⑤。《明镜》周刊此时也同样对中国获取更多经济权力予以关注，报道称"中国利用经济危机，以彰显自己作为美国的替代选择和未来超级大国的身份"⑥。

在经济危机时期，虽然中国因为积累了大量外汇储备而成为西方的希望所在，但中国因此获得更多国际话语权，却并非西方所乐见。其实中国在国际经济中获得更多权力，一直以来都是西方不愿意看见的。在

---

① Wieland Wagner, "Volksfeind Nummer 1", *Der Spiegel*, No. 21, 2009, pp. 70 – 72.
② 参见 Frank Sieren, "Zeitenwechsel", *Die Zeit*, No. 18, 2009, p. 30。
③ TF, "Von Peking nach Washington", *Die Zeit*, No. 10, 2008, p. 29.
④ Frank Sieren, "Zeitenwechsel", *Die Zeit*, No. 18, 2009, p. 30.
⑤ TF, "Von Peking nach Washington", *Die Zeit*, No. 10, 2008, p. 29.
⑥ Wieland Wagner, "Volksfeind Nummer 1", *Der Spiegel*, No. 21, 2009, pp. 70 – 72.

经济危机前夕也同样如此,这是因为西方担心自己的国际经济主导话语权受到威胁,因为"中国与目前这些国际机构掌控者有着完全不同的设想"①。于是随着中国在国际经济中的话语权增加,此前貌似偃旗息鼓的中国威胁论又开始抬头,只不过因为西方此时尚寄希望于依赖中国走出经济危机,所以德媒中暂时并没有明确表示中国对西方构成威胁的言论,但从字里行间已经隐约可以看出中国威胁论的影子。这种情况在经济危机后期发生改变,尤其是2010年德国经济复苏后,字里行间隐含的中国威胁论又变成白纸黑字的中国威胁论,德媒报道又明确表示经济危机中的赢家中国对德国构成威胁。很明显,这种变化的背后隐藏的同样是关于西方/德国的利益考量。

2005—2007年面对中国经济竞争力增强的事实,德媒虽不愿承认,但却不得不考虑中国模式的有效性;而此时在中西两种经济模式都遭遇经济危机的情况下,中国率先显现出走出经济危机的能力,并成为西方走出经济危机的希望所在,在这种情况下西方不得不再次考虑中国模式的有效性问题。德媒称中国"多年来不得不忍受对经济干预太多的指责之声"②,如今则"满足地看着西方也采用国家资本主义方案"③。比如对于中国汽车市场在经济危机时期依然红火的情况,德媒援引奥迪公司董事会主席的话表示,"中国拥有一个强大的政府,因此能够比民主国家更加快速地做出反应"④。此时德媒中虽然只有零星的关于中国模式的论断,但可以看出,中国模式在德媒中得到的认可程度已经有所提高,尽管这种认可有时是以中国威胁论的形式呈现出来的:有报道提出问题,西方"是否会遭遇西方的民主政治与自由市场经济和东方的市场经济与独裁政治之间的矛盾?"⑤ 中国模式因表现出胜过西方的危机应对能力,再度引发德媒有关中国会对西方构成体制竞争和威胁的担心。这与德媒中一直以来担心中国的强大导致西方主导权受威胁的话语立场是相应的。

---

① TF, "Von Peking nach Washington", *Die Zeit*, No. 10, 2008, p. 29.
② Frank Sieren, "Peking trumpft auf", *Die Zeit*, No. 46, 2008, p. 26.
③ Wieland Wagner, "Volksfeind Nummer 1", *Der Spiegel*, No. 21, 2009, pp. 70 – 72.
④ Frank Sieren, "Hoffnung China", *Die Zeit*, No. 18, 2009, p. 28.
⑤ Matthias Nass, "'Amerika wird sich durchbeißen'", *Die Zeit*, No. 2, 2009, p. 9.

三 中国经济危机之后：率先走出经济危机的中国经济保持速度增长，中国威胁论再次升级

从 2009 年后期开始，随着"中国第三季度经济增长率达到 9%"①，而"西方国民经济体艰难前行"②的国际经济新格局的出现，德媒对中国经济的态度又发生了转折性变化。虽然此时德媒主流话语依然认为"世界依赖中国"③，但是在议程中占据主导地位的声音，不再是视中国为拯救西方走出经济危机的希望，取而代之的是：担心对于中国的依赖会给西方带来负面影响、担心中国因此获得更多国际权力，以及担心西方的国际主导地位因此受损。于是德媒再次报道德国企业（西门子）面对中国企业（华为）入驻德国表现出"对中国人的恐惧"④，中国威胁论又迅速兴起，中国再次被视为对西方构成体制竞争。两刊在 2009 年奥巴马访华时所做的关于中美关系的报道，是德媒涉华报道出现转折的重要标志，《明镜》周刊称中国对于美国而言是"有悖意志的伙伴"⑤；《时代》周报则将中美关系定位为"社会主义的债权国掌控了资本主义的债务国"⑥。鉴于美国一直以来被视为西方国家的典型代表，德媒对于中美关系的定位在一定意义上能够代表德媒对于中西关系的定位。

（一）中美关系与东西方权力转移

中美关系主题其实贯穿整个经济危机时期的德媒涉华经济报道。在经济危机初期，德媒关注的是中美之间的经贸关系模式与经济危机之间的关系。一方面德媒认为，中美经贸关系已经"失去平衡"⑦，是引发美

---

① Gabor Steingart/Wieland Wagner, "Partner wilder Willen", *Der Spiegel*, No. 46, 2009, pp. 74 – 78.
② Ibid..
③ Thomas Fischermann/Angela Köckritz/Frank Sieren, "China übernimmt", *Die Zeit*, No. 29, 2010, pp. 19 – 20.
④ Anon., "Angst vor Chinesen", *Der Spiegel*, No. 50, 2009, p. 20.
⑤ Gabor Steingart/Wieland Wagner, "Partner wilder Willen", *Der Spiegel*, No. 46, 2009, pp. 74 – 78.
⑥ Martin Klingst/Frank Sieren, "Das Ballett der Riesen", *Die Zeit*, No. 46, 2009, p. 7.
⑦ Heike Buchter/Frank Sieren, "Aus der Balance geraten", *Die Zeit*, No. 6, 2009, p. 22.

国次贷危机的一个重要原因,即认为中国人对美国次贷危机负有连带责任①,报道称"中国负责生产和出口,美国消费。两个大国之间这种奇怪的经济合作关系已经不起作用了"②;另一方面德媒也表示,危机发生后,中美之间的经贸关系必须继续维持下去,因为"中国和美国实际上在一条船上"③,是"非自愿的命运共同体"④,所以报道称"中国除了继续购买美国国债之外,几乎没有其他选择"⑤,同时德媒也表示,"只有中国政府继续资助美国人的举债冒险,世界经济才有救"⑥。

当中国因巨大外汇储备和经济回暖成为西方的希望,并率先走出经济危机之后,中、美两国被视为命运共同体的论断在德媒中依然存在,但是此时中美关系主题下的主导议题转变为:"崛起的帝国和衰退的帝国"⑦之间的政治权力转移。德媒称,"两国建交30年,天平向中国倾斜"⑧:在经济上美国依赖中国,报道称,"中国经济刺激计划在华盛顿受欢迎。如果没有这样的经济刺激计划,世界经济可能就濒临崩溃了"⑨,因此"奥巴马欲鼓励中国继续做世界经济的发动机"⑩;在外交上,美国对中国经济的依赖使美国在两国关系的天平上也失去分量,德媒称此时美国政府"向中国服软"⑪,其具体表现如奥巴马访华时"谨慎谈及或者压根不提会使两国拉开距离的话题,如伊朗或者人权问题"⑫,报道称

---

① Frank Sieren, "Peking trumpft auf", *Die Zeit*, No. 46, 2008, p. 26.
② Heike Buchter/Frank Sieren, "Aus der Balance geraten", *Die Zeit*, No. 6, 2009, p. 22.
③ Wieland Wagner, "Volksfeind Nummer 1", *Der Spiegel*, No. 21, 2009, pp. 70 – 72.
④ Gabor Steingart/Wieland Wagner, "Partner wilder Willen", *Der Spiegel*, No. 46, 2009, pp. 74 – 78.
⑤ Wieland Wagner, "Volksfeind Nummer 1", *Der Spiegel*, No. 21, 2009, pp. 70 – 72.
⑥ Frank Sieren, "China muss bezahlen", *Die Zeit*, No. 9, 2009, p. 27.
⑦ Martin Klingst/Frank Sieren, "Das Ballett der Riesen", *Die Zeit*, No. 46, 2009, p. 7.
⑧ Ibid..
⑨ Gabor Steingart/Wieland Wagner, "Partner wilder Willen", *Der Spiegel*, No. 46, 2009, pp. 74 – 78.
⑩ Ibid..
⑪ Martin Klingst/Frank Sieren, "Das Ballett der Riesen", *Die Zeit*, No. 46, 2009, p. 7.
⑫ Ibid..

"美国的语调从未如此柔和"①,因为"美国被削弱了,并且更加依赖正在崛起的亚洲竞争对手(中国)的情绪"②。

虽然德媒表示,美国因在经济上依赖中国而对华态度温和,但同时也表示,"尽管中美互相依赖并建立新型合作伙伴关系,但他们依然是对手"③,并预言中美之间的权力转移可能会引发冲突,报道称"崛起的帝国和没落的帝国之间的更迭从来不是和平的,略有小事就有可能引发巨大冲突"④。因此无论经济危机初抵中国之时,还是中国走出经济危机后,都有报道预言中美之间不排除发生贸易战的可能。⑤这样的论断隐含的观点是视中国的国力增长为威胁,似乎中国的力量增长是世界的不稳定因素,在这个意义上,德媒在话语上剥夺了中国经济发展和力量增长的合法性。而视中国为世界不稳定因素的根本出发点,是德国/西方的利益和国际主导地位。德媒视现有的由西方国家制定规则和掌握主导话语权的秩序为"正常的""具有合法性的",不愿看到中国国际影响力提升导致现有秩序发生变化,从而影响西方的地位和利益,因而试图在话语上剥夺中国国际地位提升的合法性。

(二)欧洲对中国资本的态度变化

德媒此时对于欧洲在经济危机时期对中国经济的依赖性,做出了类似中美关系的解读。此时中欧关系的代表性反映,是欧洲国家对中国资本的态度变化,报道称"中投公司三年前成立的时候,欧洲人还是很害怕的"⑥,当时中投公司在境外遭到政治抵制,比如"默克尔要求保护本国战略性工业产业不落入外国投资者手中"⑦。而此时(2010年)的形势

---

① Gabor Steingart/Wieland Wagner, "Partner wilder Willen", *Der Spiegel*, No. 46, 2009, pp. 74 – 78.

② Ibid..

③ Ibid..

④ Martin Klingst/Frank Sieren, "Das Ballett der Riesen", *Die Zeit*, No. 46, 2009, p. 7.

⑤ 参见 Heike Buchter/Frank Sieren, "Aus der Balance geraten", *Die Zeit*, No. 6, 2009, p. 22; Gabor Steingart/Wieland Wagner, "Partner wilder Willen", *Der Spiegel*, No. 46, 2009, pp. 74 – 78。

⑥ Wieland Wagner, "Hilfe mit Hintergedanken", *Der Spiegel*, No. 50, 2010, pp. 72 – 74.

⑦ Thomas Fischermann/Angela Köckritz/Frank Sieren, "China übernimmt", *Die Zeit*, No. 29, 2010, pp. 19 – 20.

是:"时代发生了变化,如今中国人很少遇到抵制……(甚至)在欧洲的其他地方中国人非常受欢迎"①,"现在默克尔去北京时也为欧洲争取投资"②。与德媒主张美国对中国的经济依赖导致其在政治上"向中国服软"的观点相应,德媒表示担心"欧盟国家对中国的财政依赖越深,他们面对中国的处境就越像美国现在的处境"③,担心"中国的经济权力会转化为政治影响"④。相应地,中国对欧盟国家尤其是欧猪五国(PIIGS)的财政支援,被德媒指责"首先是出于中国自身利益的考量"和"别有用心"。⑤

德媒表示"接受中国投资的(欧洲)国家都陷入两难境地"⑥,即西方既想依靠中国走出经济危机,又担心因为对中国经济上的依赖而受制于中国。可以说,从西方的视角看,最佳的状态是:中国无私地利用自己拥有巨大外汇储备的优势,帮助西方走出经济危机;但又不在国际上提出任何增加自己影响力和话语权的诉求。德媒指责中国对欧洲国家的财政援助"别有用心",所隐含的预设就是认为中国应该无条件地帮助西方国家走出经济危机。这种要求和西方希望中国保持低等级,但是成熟的经济发展水平,从而既能够为西方提供巨大的市场,又不至于对西方的主导地位和财富构成竞争一样,完全是基于西方利益的考量。与一直以来德媒主张西方可以在中国获得经济利益的同时,也推行自己的价值观,从而兼获价值观利益的信念不同,这时德媒意识到,在经济危机时期是否能够实现既从中国获得经济援助,又保障西方不损失任何政治利益的希望,已经超出西方的掌控。因此鉴于西方在经济危机时期虽不愿

---

① Wieland Wagner, "Hilfe mit Hintergedanken", *Der Spiegel*, No. 50, 2010, pp. 72 – 74.

② Thomas Fischermann/Angela Köckritz/Frank Sieren, "China übernimmt", *Die Zeit*, No. 29, 2010, pp. 19 – 20.

③ Wieland Wagner, "Hilfe mit Hintergedanken", *Der Spiegel*, No. 50, 2010, pp. 72 – 74.

④ Thomas Fischermann/Angela Köckritz/Frank Sieren, "China übernimmt", *Die Zeit*, No. 29, 2010, pp. 19 – 20.

⑤ 参见 Wieland Wagner, "Hilfe mit Hintergedanken", *Der Spiegel*, No. 50, 2010, pp. 72 – 74。

⑥ Thomas Fischermann/Angela Köckritz/Frank Sieren, "China übernimmt", *Die Zeit*, No. 29, 2010, pp. 19 – 20.

意,却又不得不在经济上依赖于中国,从而使国际话语权在中西之间发生倾向中国的流动的境况,中国威胁论的声音在德媒主流话语中再次出现,并且越来越高。中国威胁论在不同时期或以隐性或以显性状态存在于德媒中,其背后隐藏的衡量标准是西方的利益,包括经济利益与价值观利益。随着中国经济快速发展和国际影响力提高,中国始终被视为威胁,只是在西方寄希望于依赖中国走出经济危机时,威胁论的声音便以隐性形式存在,因为危机时期对于现实利益的追求占据上风,暂时超过了对西方未来所面临威胁的担心。

(三)中国模式与中西体制竞争

随着中国在经济危机中保持增长以及西方对中国的经济依赖,德国媒体中认可中国模式的声音较之前更高,同时关于中西体制竞争的声音也相应变高。一直以来西方社会宣扬西方经济模式是唯一正确的模式,在西方的理解中,以中国为代表的社会主义国家也必然终将采取西方经济模式,所以西方在与中国的交往中一直致力于向中国输出西方模式,报道称,"西方一直认为市场经济和自由是一个铜板不可分割的两面,西方曾经认为财富的增加势必会带动中国的自由增长,曾经想当然地认为西方是中国应仿效的模板"[1]。可以说,西方一直以来希望以贸易促中国政治变迁,是建立在认为西方模式是唯一正确模式的自我理解之上的,西方认为自己的经济模式才是正确的,想当然认为自己有指责和纠正中国模式的权力。而也正因为西方的这种民族中心主义式的自我理解和长期以来西方在世界居于主导地位并拥有话语权,使"中国多年来都不得不忍受对经济干预太多的指责"[2]。

但是随着中国先于西方走出经济危机并保持9%的经济增长率,以及西方国家依赖于中国走出危机,德媒中开始出现质疑西方模式优越性和有用性的声音。德媒看到,作为西方典型代表的美国模式"正在经受最严峻的考验"[3],看到采取这种模式的西方国家不仅在经济危机中步履维

---

[1] Matthias Nass,"Chinas Vorbild: China", *Die Zeit*, No. 29, 2010, p. 6.
[2] Frank Sieren,"Peking trumpft auf", *Die Zeit*, No. 46, 2008, p. 26.
[3] Gabor Steingart/Wieland Wagner,"Partner wilder Willen", *Der Spiegel*, No. 46, 2009, pp. 74 - 78.

艰，而且这种长期以来被宣扬为"富有与和平的唯一火车头"①的模式，正逐渐在拉美等区域丧失吸引力②。相反，原本被视为必将发生西化的中国经济模式不仅取得更高的经济成就，而且在发展中国家受到欢迎，比如在拉美、非洲和阿拉伯国家，报道称"有人猜测，中国的市场经济和列宁主义的结合，经济多样性和严格的一党专政的结合，会越来越多地被发展中国家视为能够替代民主的、具有诱惑力的选择"③。不仅如此，"中国的经济理解现在甚至在西方也受到政府和银行系统的追捧，中国在政治上的影响范围也得到扩展"④。于是德媒得出结论称，不仅西方模式没有像预期的那样成为中国所效仿的模式，而且中国模式"对西方而言越发成为政治和智慧上的挑战，经济上就更不用说了"⑤。也正是从此阶段开始，中国的经济发展方式被正式作为中国模式提出，这说明中国模式的有效性已经得到相当高程度的认可，不过这种认可在德媒中更多是以被视作威胁的方式呈现出来的。

2007年《明镜》周刊就表示惊讶于市场经济能够在社会主义国家实现繁荣，报道称，"人们原本以为，市场经济在这样一个体制中是不可能繁荣的，但是情况却恰恰相反"⑥。在中国率先走出经济危机之后，《时代》周报提出同样的问题："怎么可能恰恰在中国这样一个共产主义一党专政体制中……实现经济繁荣呢？"⑦虽然中国所取得的经济成就和应对经济危机的能力得到认可，但德媒此时依然不愿承认中国模式的有效性，不愿看到中国在国际上获得更多话语权。德媒不再惊讶于中国模式能够取得经济成就（因为中国率先走出经济危机又一次给出证明），而是试图

---

① Gabor Steingart/Wieland Wagner,"Partner wilder Willen", *Der Spiegel*, No. 46, 2009, pp. 74-78.

② 参见 Carlos D. Mesa Gisbert,"Brasilianisches Solo", *Die Zeit*, No. 2, 2010, p. 11。

③ Erich Follath,"Die Umarmung des Drachen", *Der Spiegel*, No. 30, 2010, pp. 92-93.

④ Gabor Steingart/Wieland Wagner,"Partner wilder Willen", *Der Spiegel*, No. 46, 2009, pp. 74-78.

⑤ Matthias Nass,"Chinas Vorbild: China", *Die Zeit*, No. 29, 2010, p. 6.

⑥ Andreas Lorenz/Wieland Wagner,"Die Rotchina AG", *Der Spiegel*, No. 3, 2007, pp. 84-99.

⑦ Matthias Nass,"Chinas Vorbild: China", *Die Zeit*, No. 29, 2010, p. 6.

从质疑中国政治模式的角度去否认中国经济模式的合法性地位，并进而从话语上剥夺中国获得更多国际话语权的正当性：德媒质疑道："中国一条腿在21世纪，另一条腿还在中世纪，这样的国家有权利发言吗？"①基于这种理解，德媒一方面对中国模式的可持续性能力表示质疑，报道称，"很多国家只是将中国当成过渡性的财富积累模式，都认为中国最终还是会走向民主的"；另一方面德媒依然坚持宣称西方模式的优越性："我们德国对很多第三世界国家而言是榜样，他们需要石油，但他们更需要我们关于民主的设想，需要歌德学院。"②但面对中西双方在经济危机时期的差异表现，德媒也不得不反思其一直以来所主张和宣称的西方模式具有唯一优越性这一论断。德媒提出一系列的问题："西方模式是否还具有示范作用"③，"是否存在能够与西方模式竞争的模式"④，以及中西两种经济模式"哪种更社会化"⑤。

此时中国被视为对西方构成体制上的挑战和威胁，其症结还是在于中国的竞争力增强。作为社会主义国家，作为西方社会的群体外成员，中国凭借不一样的经济模式获得高于西方模式的经济成就；而西方一直视自己的模式为具有优越性的、唯一正确的、应该被效仿的示范模式，此时却对一直被俯视和否定的他者体制（中国）的经济产生依赖性。并且这种他者体制还具有可输出性，在世界其他国家产生影响力，动摇了西方模式一贯的国际主导性地位，因此德媒在反思西方模式优越性的同时，也视中国的经济模式所表现出经济能力及其在国际上的可效仿能力为威胁。

（四）中国被指责自私：人民币汇率政策

与德媒不愿承认中国模式具有竞争力的态度相应，此时德媒试图在话语上剥夺率先走出经济危机的中国所取得的经济成就的合法性：中国

---

① Martin Klingst/Frank Sieren, "Das Ballett der Riesen", *Die Zeit*, No. 46, 2009, p. 7.
② 参见 Erich Follath, "Die Umarmung des Drachen", *Der Spiegel*, No. 30, 2010, pp. 92 – 93。
③ Martin Klingst/Frank Sieren, "Das Ballett der Riesen", *Die Zeit*, No. 46, 2009, p. 7.
④ Matthias Nass, "Chinas Vorbild: China", *Die Zeit*, No. 29, 2010, p. 6.
⑤ Martin Klingst/Frank Sieren, "Das Ballett der Riesen", *Die Zeit*, No. 46, 2009, p. 7.

在经济危机时期保持增长，被指责是"以牺牲他国利益为代价"①实现的，这种指责的关键词是人民币汇率。报道称，中国的经济增长是通过重新"将人民币与美元挂钩"实现的，称"人为控制的低汇率就是中国政府保障其众多出口企业免遭崩盘命运的手段"②。德媒指责中国"操纵货币"③，指责中国的汇率政策"颇具攻击性"④，称"这个政策不仅导致全球经济不平衡更为加剧，同时也对中国自身有害"⑤。德媒将中国在经济危机时期所取得的经济成就归因于被其打上自私烙印的人民币汇率政策，也就是将中国的经济发展打上了自私的烙印。中国在经济危机时期表现出的经济竞争力和取得的经济成就，也就相应被德媒在话语上剥夺了合法性，如同2005—2007年，中国经济表现出的竞争力被德媒大肆指责为源自剽窃西方国家的工业知识，从而使中国经济发展在话语上被剥夺合法性一样。

对中国的类似指责2005年在德媒中就出现过，当时报道称"中国快速经济发展依赖人民币保持低汇率。专家认为中国货币低于应有价值40%"⑥。这种指责背后隐藏的标准是西方利益，德媒认为西方利益因为人民币汇率受损，于是对中国加以指责。这种指责在经济危机时期再次出现，同样是具有西方利益视角性的，同时也表明"西方不愿承认中国的经济成就"⑦。德媒指责称"中国经济发展损害世界其他国家利益"⑧、"危害世界经济稳定"⑨，并宣称"世界必须准备好接受新一轮'中国制造'廉价产品的洪流袭击"⑩，疾呼"北京的经济政策有损世界，世界应该抵制"⑪。除了从经济视角指责中国之外，德媒甚至更指责人民币汇率

---

① Wieland Wagner, "Auf Kosten der anderen", *Der Spiegel*, No. 2, 2010, pp. 76 – 77.
② Ibid..
③ Angela Köckritz, "Kurs aus dem Politbüro", *Die Zeit*, No. 26, 2010, pp. 26 – 27.
④ Wieland Wagner, "Auf Kosten der anderen", *Der Spiegel*, No. 2, 2010, pp. 76 – 77.
⑤ Ibid..
⑥ Redaktion, "Yuan fast frei", *Die Zeit*, No. 30, 2005.
⑦ Georg Blume, "Das Yuan-Syndrom", *Die Zeit*, No. 31, 2003.
⑧ Mark Schieritz, "So nicht, China", *Die Zeit*, No. 2, 2010, p. 19.
⑨ Ibid..
⑩ Wieland Wagner, "Auf Kosten der anderen", *Der Spiegel*, No. 2, 2010, pp. 76 – 77.
⑪ Mark Schieritz, "So nicht, China", *Die Zeit*, No. 2, 2010, p. 19.

政策是中国的"政治工具"①，称中国利用货币政策"在各大洲推行战争"，称中国"利用针对西方的攻击性贸易政策以及向非洲和拉美提供低息贷款"，成功地"占领世界"。②

德媒在痛斥中国通过保持人民币低值而实现的经济发展有害于世界经济稳定的同时，还一再强调"人为控制低汇率对中国也是有害的"③，强调人民币增值"是符合中国人利益的"④。德媒列举的相关益处包括"提高出口价格"⑤"拉动内需"⑥"降低对出口的依赖"⑦ 等。强调人民币增值不仅利于西方同时也利于中国自身，是人民币汇率主题下德媒使用的固定论证结构之一。

两刊此时关于人民币汇率主题的报道充分体现出新闻的选择性和媒体的议程设置功能。德媒在报道中片面强调人民币保持低值，导致"加剧世界贸易不平衡"⑧ 或者"损害世界其他国家利益"⑨，抑或强调人民币增值对于中国的益处所在。这样的议程设置所传递的信息是：人民币保持低值不仅损害中国以外的所有国家的利益，甚至"也对中国有害"⑩，可谓"有百害而无一益"；相反，提高人民币汇率则似乎不仅能够立竿见影消除世界贸易不平衡，帮助其他国家走出经济危机，而且对中国自身也是有益的，可谓"有百益而无一害"。显而易见，这样的议程设置是有特定倾向选择性的：德媒基本避而不提中国的廉价产品给西方的消费者所带来的益处，不提西方企业从中国廉价出口产品中获得的经济利益，也几乎不提及人民币增值将会给中国的出口企业和中国经济带来什么样的后果。德媒如此的议程设置显然是以西方国家的利益为出发点的，不

---

① Angela Köckritz, "Kurs aus dem Politbüro", *Die Zeit*, No. 26, 2010, pp. 26 – 27.
② 参见 Erich Follath, "Die Umarmung des Drachen", *Der Spiegel*, No. 30, 2010, pp. 92 – 93。
③ Wieland Wagner, "Auf Kosten der anderen", *Der Spiegel*, No. 2, 2010, pp. 76 – 77.
④ Anon., "'Übertriebene Erwartungen'", *Der Spiegel*, No. 42, 2010, p. 90.
⑤ Angela Köckritz, "Kurs aus dem Politbüro", *Die Zeit*, No. 26, 2010, pp. 26 – 27.
⑥ Wieland Wagner, "Auf Kosten der anderen", *Der Spiegel*, No. 2, 2010, pp. 76 – 77.
⑦ Mark Schieritz, "So nicht, China", *Die Zeit*, No. 2, 2010, p. 19.
⑧ Anon., "'Übertriebene Erwartungen'", *Der Spiegel*, No. 42, 2010, p. 90.
⑨ Mark Schieritz, "So nicht, China", *Die Zeit*, No. 2, 2010, p. 19.
⑩ Wieland Wagner, "Auf Kosten der anderen", *Der Spiegel*, No. 2, 2010, pp. 76 – 77.

管指责中国汇率政策加剧世界经济不平衡,还是貌似为中国利益着想称人民币增值也有益于中国自身的说法,其实都是为了给西方要求人民币增值的诉求制造话语上的合法性。

通过这样缺失性的议程设置,德媒将原本就被视作对引发世界金融危机负有连带责任的中国,塑造成导致西方国家在经济危机时期无力走出困境的罪魁祸首形象。这在某种意义上也达到转移其国内矛盾和问题的目的。在此阶段所选择分析的全部报道中,只有一篇报道提醒说,不要对人民币增值抱有"夸张的希望",该报道表示,"(人民币增值)几乎不会对消除全球不平衡起到什么作用",因为"美元走弱并不能自动使美国人有能力出口更多的商品"。[①]但是这样的提醒之声,依然是以认为人民币保持低值导致世界贸易不平衡加剧,并且要求人民币增值为前提的。

(五)在国际上获得更多话语权的中国被指责自信膨胀

经济危机之后,中国在国际金融机构中继续获得更多权力,报道称,"中国的中央银行在经济危机前很少被关注,现在却是什么活动都少不了中国央行"[②]。前文提及,西方并不乐见中国在国际经济中获得更多话语权,与之相应,此时德媒除了指责中国对西方形成体制竞争和威胁之外,还指责中国自信膨胀。报道称,"经济危机使中国自信提高",而且"已经膨胀到无以复加的程度"[③];称"现在中国自信满满,新的世界大国中国自视为经济危机中的赢家"[④]。中国此时在国际上的很多行为都被德媒与中国自信膨胀这一主题联系在一起,在德国公共舆论中"中国自信"也成为一个重要主题,比如阿登那基金会召开关于"中国全新自信"的讨论会。[⑤]

德媒所塑造的中国自信膨胀的形象同样体现出主体依赖性,这种形象的形成不仅与中国的影响力增大有关,同时也反映出西方对自己在中

---

① 参见 Anon., "'Übertriebene Erwartungen'", *Der Spiegel*, No. 42, 2010, p. 90。
② Matthias Nass, "Chinas Vorbild: China", *Die Zeit*, No. 29, 2010, p. 6.
③ Ibid..
④ Gabor Steingart/Wieland Wagner, "Partner wilder Willen", *Der Spiegel*, No. 46, 2009, pp. 74–78.
⑤ 参见 Matthias Nass, "Chinas Vorbild: China", *Die Zeit*, No. 29, 2010, p. 6。

西关系中的力量对比的感知,即看到西方在中国以及在国际上作为典范/榜样的权威丧失。原本西方"曾经想当然认为西方是中国效仿的示范模式"①,但此时中国不仅获得更多的国际话语权,而且西方在中国国内也失去了其典范地位,无论是在高校教育还是在经济领域,西方的主导形象都极度受损。②于是,无论在国际上,还是在国内都获得更多影响力的中国,因为危及西方的权威和主导地位被指责为自信膨胀。

(六) 悲观预测中国经济前景的"隐性的希望"再次涌现

如同2005—2007年,当中国在经济和科研等方面表现出强劲的竞争力时,中国经济崩溃论高频率出现一样,此时鉴于中国先于西方走出经济危机所表现出的竞争力,悲观预测中国经济发展前景的"隐性的希望"再次涌现。中国竞争力增强在德媒中引发的中国威胁论与中国经济崩溃论同时出现,乍看之下这两种论调似乎互相矛盾,因为前者是基于中国经济强劲发展做出的判断,而后者则是基于中国经济出现问题而导致经济停滞的预设所做出的判断。但仔细分析便可看出其实二者并不矛盾,德媒看到中国经济发展的强劲势头,所以担心西方被超越,于是中国威胁论产生;而正是因为担心被中国超越,所以不希望中国经济保持强劲的发展势头,而是希望中国经济停滞不前,因此德媒在承认中国经济发展成就的同时,又在积极寻找有可能阻止中国经济继续前进的各种因素,所以德媒中一直存在"隐性的希望",一直宣扬中国经济崩溃论。纵观经济危机时期德媒关于中国经济的报道,只有在同样处于经济危机中的中国被视为西方走出经济危机的希望时,德媒中的中国经济崩溃论才暂时消失。笔者认为,其原因一方面在于此时中国也受到经济危机影响,因而经济在一定程度上被削弱,"威胁"程度减小;另一方面,也是最主要的原因,中国的发展此时确实有利于西方走出经济危机,是西方所能看到的帮助自己走出经济危机的唯一希望所在,即此时中国的发展对西方而言,绝对利益大于潜在的威胁。而此时如果再继续提出中国经济崩溃论,那么也就意味着西方的经济没有希望了,因此,在德媒此时的议程

---

① 参见 Matthias Nass, "Chinas Vorbild: China", *Die Zeit*, No. 29, 2010, p. 6。
② 同上。

中，中国经济崩溃论消失了，有的只是担心中国经济发展的力量不足以拯救世界的声音。

此时德媒论证中国经济崩溃论所使用的论证结构，同2003—2004年、2005—2007年一样，依然是以"中国存在社会矛盾"为出发点，推导出中国经济增长停滞论，称"总有一天这个国家的矛盾会导致其经济增长中断，或者至少会使其增长缓慢下来"，并断言中国"这辆快速前进的火车"随时可能脱轨。①德媒表示，虽然中国经济增长速度又达到9%，"但是决计不能保障中国前进的道路能够像现在一样，如此不可限量地往上坡方向走。可能导致（中国经济）倒退的因素的清单很长，经济学家在最新的经济发展中看到'中国泡沫'"②，有报道援引某经济学家的话，称"中国的房地产市场将崩溃，将会给中国带来致命影响，将导致一系列银行倒闭"③。

在经济崩溃论之外，德媒更进一步悲观预测中国经济停滞将导致的社会后果，预言中国经济增长速度如果不能保持一定的速度，就会导致社会矛盾爆发。在经济危机初抵中国时，德媒在相关报道中也提出类似预测，认为因经济危机出现的大量农民工失业现象会导致社会矛盾集中爆发。此时德媒再次做出类似预测，将中国保持经济增长速度与社会稳定联系在一起，称"如果中国的经济不能以每年7%—9%的速度增长，中国如何有能力处理其经济困难和社会福利差距问题"④。德媒将这一硬性增长指标与共产党的执政地位联系在一起，称"中国共产党视这个数字为保障其政权的底线"⑤。甚至中国在境外的资源保障也被与这个论断联系在一起，报道称"中国的内部稳定所需原料之多是非常惊人的"⑥，其逻辑就是资源

---

① 参见 Matthias Nass, "Chinas Vorbild: China", *Die Zeit*, No. 29, 2010, p. 6。
② Gabor Steingart/Wieland Wagner, "Partner wilder Willen", *Der Spiegel*, No. 46, 2009, pp. 74–78.
③ Thomas Fischermann/Angela Köckritz/Frank Sieren, "China übernimmt", *Die Zeit*, No. 29, 2010, pp. 19–20.
④ Martin Klingst/Frank Sieren, "Das Ballett der Riesen", *Die Zeit*, No. 46, 2009, p. 7.
⑤ Gabor Steingart/Wieland Wagner, "Partner wilder Willen", *Der Spiegel*, No. 46, 2009, pp. 74–78.
⑥ Frank Sieren, "Krallen zeigen", *Die Zeit*, No. 34, 2009, p. 17.

不足会导致经济繁荣不再,从而导致社会矛盾爆发。①悲观预言中国社会矛盾爆发的实质,同样是"隐性的希望",表面上看是对中国存在问题的担忧,但其实同样反映出西方视竞争力增强的中国为威胁的态度,正因为如此,西方才希望被视为潜在威胁的中国出于各种原因而崩溃。

四 经济危机时期其他子话语束分析

在经济危机时期,除了中国经济发展框架外,突出的议题之一为中国资源需求和中国境外资源保障,中国被指责利用西方国家的危机时刻为自己保障资源。另外,《明镜》周刊此阶段依然关注中国出口产品的安全问题,该刊主要关注来自中国的非法药品进入德国这一议题。

(一)中国资源需求与中国境外资源保障

中国资源需求和中国境外资源保障,也是2008年之后德媒所塑造的中国经济形象的一个组成部分。

一方面,德媒继续言说中国的"资源饥渴":《明镜》周刊表示,"中国在世界范围内并购矿业,正在崛起的大国要保证其急缺的资源储备"②,报道称,"现在中国到处购买原料一事妇孺皆知,中国也是世界最大的铜消费国"③;《时代》周报表示,"经济危机不能阻挡中国的崛起。关键是必须得有足够的原料"④,中国被称为"饥渴的巨人"⑤。报道将中国的能源需求与中国社会稳定联系在一起,称"中国的内部稳定所需原料之多,是非常惊人的"⑥,据此德媒认为,"只要与原料有关,中国就一定会果断出手"⑦。

另一方面,德媒也继续使用民主和人权作为支点,指责中国的境外资源保障行为。其论证结构依然是指责中国为了保障资源与独裁政权合作,

---

① Frank Sieren, "Krallen zeigen", *Die Zeit*, No. 34, 2009, p. 17.
② Wieland Wagner, "Unter Obhut der Partei", *Der Spiegel*, No. 8, 2008, p. 94.
③ Christian Neef, "Der Traum von Aynak", *Der Spiegel*, No. 52, 2009, pp. 120-122.
④ Frank Sieren, "Krallen zeigen", *Die Zeit*, No. 34, 2009, p. 17.
⑤ Frank Sieren, "Die Macht des hungrigen Riesen", *Die Zeit*, No. 29, 2010, p. 20.
⑥ Frank Sieren, "Krallen zeigen", *Die Zeit*, No. 34, 2009, p. 17.
⑦ Frank Sieren, "Die Macht des hungrigen Riesen", *Die Zeit*, No. 29, 2010, p. 20.

《时代》周报称,"中国在建立国际关系方面也以能源获得为标准:这些国家或者自己拥有原料,或者是原料运输的必经国"①,其所指的是中国与非洲和伊朗等国的关系;《明镜》周刊指责中国为了获得能源与缅甸、苏丹等西方眼中的所谓的"失败的政权"②合作。其中对于中国在阿富汗开采铜矿的行为,德媒提出种种质疑,《明镜》周刊将中国的资源保障与阿富汗政府的腐败提上共同议程③,《时代》周报则指责中国在阿富汗坐享北约组织维持当地治安的劳动果实,报道称"谁承想,北约竟为中国的原料保驾护航"④。

延续2005—2007年的议程,中国的资源保障行为此时也被指责对世界他国利益造成损害,比如德媒指责中国的行为导致世界资源短缺和市场价格高涨,报道称"中国的增长妄想症使他们变得非常自私。中国到处保障原料通道,留给其他国家的所剩无几"⑤;称"凡是涉及原材料的储存基地或者开采权,中国人都愿意多花钱;中国这样在价格上损害世界其他国家,最后也会导致中国自己受到损害"⑥。不仅是工业生产用的资源储备,甚至中国的粮食需求都被打上威胁的烙印:《明镜》周刊称"印度和中国进口大米和大豆的数量越来越大,巨大的需求导致价格高涨",报道指责中印两国"有攻击性地收购其他国家的粮食"⑦。此外,报道还表示,为了迎合中印两国的粮食需求,很多地方砍伐森林改种大豆,最终导致形成极其危险的单一种植文化,报道称之为"死亡的文化"⑧。"中国粮食威胁论"20世纪90年代时就存在于西方媒体中,媒体鼓吹中国因为人口众多、农业潜力有限,所以需要大量进口粮食,最终会给世

---

① Frank Sieren, "Krallen zeigen", *Die Zeit*, No. 34, 2009, p. 17.
② Erich Follath, "Die Umarmung des Drachen", *Der Spiegel*, No. 30, 2010, pp. 92 – 93.
③ 参见 Christian Neef, "Der Traum von Aynak", *Der Spiegel*, No. 52, 2009, pp. 120 – 122。
④ Matthias Nass, "Chinas Vorbild: China", *Die Zeit*, No. 29, 2010, p. 6.
⑤ Ibid..
⑥ Thomas Fischermann/Angela Köckritz/Frank Sieren, "China übernimmt", *Die Zeit*, No. 29, 2010, pp. 19 – 20.
⑦ 参见 Rüdiger Falksohn/Jens Glüsing/Horand Knaup/Padma Rao/Thilo Thielke/Wieland Wagner, "Kultur des Todes", *Der Spiegel*, No. 18, 2008, pp. 118 – 121。
⑧ Ibid..

界粮食供应造成威胁,"预示着全球性灾难的来临"。①

除了上述延续性议程之外,中国境外资源保障主题在经济危机语境下的特点在于:德媒将该主题与视中国在危机中显示出的竞争力为威胁的论断结合在一起。《时代》周报表示,中国利用西方国家在经济危机中境况艰难之机为自己保障资源,报道称"西方危机对于中国而言是一个重大时刻。中国人在经济危机时购入大量原料和积累资本"②。中国积累的巨大外汇储备在德媒眼中,除了一度成为西方走出危机的希望之外,也被视为对西方构成威胁。相应地,在购买境外资源方面,《时代》周报称"中国突然增强的购买力令很多国家感到震惊"③。在担心中国经济权力会转化为政治权力的体制威胁论语境下,《时代》周报将中国国有集团中国铝业公司计划进驻英国/澳大利亚合资的原料巨头力拓公司一事,解读为来自中国的威胁,报道称"境外投资者在澳大利亚投资原料集团并非新现象……但是中国人引发恐惧,旧时的偏见又被激活"④。与此前德媒报道中国企业欲购买美国石油企业股份遭到政治抵制时一样,《时代》周报此时同样也提及澳大利政府将会"考察此项投资是否危及'国家利益'"⑤。《时代》周报将中国基于经济实力增长所获得的资源支配能力,泛化为西方国家普遍面临的"国家利益"问题。于是该报提出这样的问题:"很多国家都面临这个问题。如果中国来敲门,我们应该如何应答呢?"⑥这反映出德媒所塑造的中国形象具有意识形态偏见。因为中国与西方国家之间存在政治体制差异,德媒对中国经济发展的评价总是与政治交织在一起,因此中国参与支配世界资源的经济行为被视为对西方国家利益构成威胁。

除了论及中国的资源需求和在境外保障资源外,2010年起该主题下又多了一个全新二级议题,即中国减少稀土出口。德媒称,"迄今为止中

---

① 参见沙奇光《对西方媒体散布"中国威胁论"的评析》,《国际政治研究》2000年第3期,第117页。

② Thomas Fischermann/Angela Köckritz/Frank Sieren, "China übernimmt", *Die Zeit*, No. 29, 2010, pp. 19–20.

③ Ibid..

④ Ibid..

⑤ Ibid..

⑥ Ibid..

国满足世界稀土供应的97%。但是最近中国突然大幅减少稀土出口,减幅大约为40%。这让工业国家的所有客户震惊"①。此外,德媒还表示,"中国甚至试图控制世界上仅有的其他几个地方的稀土开采权"②。西方因为长期以来能够自由支配世界资源,于是想当然地视这些资源为己有,因而中国的加入被视为来自"入侵者"的威胁;基于同样的逻辑,因为西方国家迄今为止所用稀土资源一直由中国供应,中国出口稀土满足西方的资源需求就被视为理所应当,于是德媒指责中国限制稀土出口的行为"比大多数全球化合作者都更加贸易保护主义"③;于是时任德国驻华大使施明贤也称:"联邦政府希望中国尽快加入世贸组织政府采购协定。同时也非常有必要针对稀土或其他原料出口制定公平的规则。"④德媒指责中国欲利用稀土作为"21世纪的经济武器"⑤,实现控制西方的政治目的,报道称,"如果有可能的话,中国会像欧佩克组织曾经做过的那样,利用稀土控制西方"⑥。但实际上据德国《商报》的一篇报道,所谓稀土紧缺只是危言耸听。中国虽然是世界上稀土储备量最大的国家,但是也只占目前全世界已发现稀土储备总量的30%左右。多种稀土和稀有金属在许多国家都有蕴藏,在地质上也并非如其名称那样稀有,只是因为成本原因没有被开采或者不再被开采而已。⑦同样是拒绝出售本国地质资源,同属西方话语共同体的澳大利亚或者美国拒绝中国并购其资源集团的股份,就被称为出于"国家利益"的考虑。而中国仅是减少稀土出口就被指责为"贸易保护主义"⑧,就被指责"欲利用稀土控制西方"⑨。可见,

---

① Alexander Jung, "Wettlauf der Trüffelschweine", *Der Spiegel*, No. 46, 2010, pp. 94 – 95.
② Frank Sieren, "Die Macht des hungrigen Riesen", *Die Zeit*, No. 29, 2010, p. 20.
③ Erich Follath, "Die Umarmung des Drachen", *Der Spiegel*, No. 30, 2010, pp. 92 – 93.
④ [德]施明贤:《龙腾虎跃之地——未来对华经济关系的挑战和机遇》,2012 年(http://www.china.diplo.de/Vertretung/china/zh/__pr/2012/reden - bo - 2012/120329 - k_C3_B6ln - ps.html)。
⑤ Erich Follath, "Die Umarmung des Drachen", *Der Spiegel*, No. 30, 2010, pp. 92 – 93.
⑥ Frank Sieren, "Die Macht des hungrigen Riesen", *Die Zeit*, No. 29, 2010, p. 20.
⑦ 参见 HB FRANKFURT, "Übertriebene Panikmacher um Seltene Erden", 2011, http://www.handelsblatt.com/finanzen/rohstoffe - devisen/rohstoffe/kein - engpass - uebertriebene - panikmache - um - seltene - erden/3821232.html。
⑧ Erich Follath, "Die Umarmung des Drachen", *Der Spiegel*, No. 30, 2010, pp. 92 – 93.
⑨ Frank Sieren, "Die Macht des hungrigen Riesen", *Die Zeit*, No. 29, 2010, p. 20.

德媒在资源保障方面既要求中国向西方出口资源以保障西方需求，同时又主张限制中国在境外保障资源的行动，这两种要求皆意在为西方保留资源储备。也就是说，这两种要求都服务于西方国家的利益，德媒想当然地将西方利益置于中国利益之上，想当然地认为只有西方的资源需求是正当需求，于是影响其利益的他者需求就被赋予了"不正当"的定位，即如德媒中一再出现的诸如"如果中国人都开车，汽油从哪里来""如果中国人都开车，地球会窒息"等言论一样。这样的话语立场不仅具有民族中心主义色彩，更是自私的。德媒在话语上剥夺中国支配资源的合法性，最终目的在于为西方限制中国资源支配制造话语合法性。

（二）《明镜》周刊议题：中国出口产品安全问题

2005—2007年阶段的议题"中国产品安全问题"，本阶段在《明镜》周刊中继续存在。该刊关注的主要是中国生产的问题药品流入欧洲市场，报道称："先是玩具，然后是家电，之后是工具机器。现在这个巨大的帝国用药品淹没欧洲市场"[1]，这里指的是非法药物，报道称"来自中国的假药有适得其反的副作用"[2]。《明镜》周刊表示，流入市场的非法药品数量巨大——"是一个大生意"[3]，报道称，德国海关所查获的"问题药品的数量达到新的纪录"[4]，但是"德国相关机构只能无力地看着"[5]。报道援引德国刑侦人员的话，称"一旦有证据表明出现第一例有德国人因为服用来自中国的药品而死亡的事故，德国的态度就会发生转变了"[6]。

---

[1] Udo Ludwig/Caroline Schmidt, "Warten auf die ersten Toten", *Der Spiegel*, No. 34, 2008, pp. 30-31.

[2] Anon., "Plagiatpillen lassen Bizeps schwinden", *Der Spiegel*, No. 42, 2009, p. 20.

[3] Udo Ludwig/Caroline Schmidt, "Warten auf die ersten Toten", *Der Spiegel*, No. 34, 2008, pp. 30-31.

[4] Anon., "Plagiatpillen lassen Bizeps schwinden", *Der Spiegel*, No. 42, 2009, p. 20.

[5] Udo Ludwig/Caroline Schmidt, "Warten auf die ersten Toten", *Der Spiegel*, No. 34, 2008, pp. 30-31.

[6] Ibid..

表 2—9　　　　　　　中国经济话语束 2008—2010 年阶段

时段	基本定位	代表性现象和议题	次级主题	报道框架
2008—2010 年	中国经济在世界经济危机中表现出强于西方的危机应对能力、在国际经济中获得更多话语权、中国经济模式在发展中国家获得影响力，因此中西方权力转移继续被主题化，西方担心中国经济权力转化为政治权力，中国经济威胁论升级为体制威胁论，中国被指责自信膨胀。	中国经济刺激计划、中国外汇储备赢得国际经济组织和其他国家关注、德国经济依赖于中国经济发展、中国支援欧洲债务危机、中国减少稀土出口、中国社会问题 《明镜》周刊：农民工群体形象与中国促进农村消费； 《明镜》周刊：中国出口产品安全问题（问题药品）	一、中国经济发展框架（中国国力提升，对西方构成经济和政治威胁） 二、能源需求和资源保障（中国利用经济危机保障资源、中国减少稀土出口） 三、中国资本海外投资（一方面希望中国更多投资，另一方面指责中国资本援助欧洲别有用心） 四、人民币汇率问题（指责中国汇率政策加剧世界经济不平衡，使他国利益受损）	一、资本主义/社会主义经济秩序（中国模式为国家资本主义模式） 二、中国经济威胁论与中国经济崩溃论并存 三、双重中国情结（中国是不得不爱的敌人）
报道数量与报道倾向分布 共 49 篇（负/中/正：23/24/2）				

第五节　中国经济话语束的词汇层面分析

本节从标签的"去自然化"、集体象征分析、关键词"攻击性"的去自然化三个方面进行中国经济话语束的词汇层面分析。

一　标签的"去自然化"

德媒在中国经济话语束中所使用的标记词汇主要分为三类，第一类是标记关于中国的刻板印象的词汇，包括与历史有关的"中央帝国"（［德］Reich der Mitte）与中国地域广阔有关的如"巨大的国家或者巨大的帝国"（［德］Riesenland 或者 Riesenreich）；第二类是标记中国经济发展程度的词汇，如"第三世界国家""世界工厂""崛起中的大国""经济奇迹国家""世界大国"等；第三类词汇是标记中国政治体制以及西方对中国存有政治偏见的词汇，如"共产主义中国""社会主义统治的中国""专制""共产主义的巨大帝国"等。

其中，第二类标记词汇是随着时间的变化而发生变化的。2000—2001年阶段的涉华经济报道中，以标记中国经济发展在国际上处于落后地位的词汇居多，如"第三世界国家"[①] 和"门槛国家"[②]，之后这样的标记词汇出现频率越来越低。从2003年起德媒中集中出现标记中国经济崛起的词汇，2005年前后则出现了明确否定中国具有发展中国家身份的声音，相应地，此后越来越多地出现标记中国即将取得大国地位的词汇。这种关键词在报道中的变化使用，显然是与中国这些年的经济发展成就密切相关的，比如在2000—2001年阶段中国只是被视为显现经济好转迹象的穷国，所以标记中国为发展中国家身份的词汇使用居多，而此阶段的报道内容也以中国经济发展中出现的炒股热、互联网行业兴起、吸引大量外资进入中国等经济新迹象为主。2002年之后，标记中国经济崛起的词汇开始出现，如"崛起中的大国"[③]"世界工厂""经济奇迹""超级大国""经济大国"等指称方式以及相关变体形式如"潜在的世界大国""未来的超级大国"等。随着中国在德媒眼中从"第三世界国家"变成"明日的经济超级大国"，中国的经济形象在德媒涉华报道中发生了质的变化。

标记中国刻板印象的第一类词汇则稳定存在于德媒涉华报道中，这是与此类词汇的刻板印象标记特征紧密相关的。这类词汇所标记的刻板印象具有高度的稳定性，比如"中央帝国"和"巨大的帝国"等指称多次出现在新闻标题中。"中央帝国"这一指称方式在德媒中还衍生出众多其他变体形式，比如"盗版产品和品牌的帝国"（［德］Reich der

---

① Georg Blume/Chikako Yamamoto, "Großer Sprung ins Netz", *Die Zeit*, No. 22, 2000.
② Marcus Rohwetter, "Frisches Geld für China", *Die Zeit*, No. 14, 2001.
③ Jürgen Kremb/Wieland Wagner, "Drache contra Tiger", *Der Spiegel*, No. 10, 2003, pp. 78–84.

Produkt-und Markenpiraten)①、"货币帝国"（［德］Reich der Mittel)②、"廉价人民币帝国"（［德］Reich des billigen Yuan)③、"矛盾的帝国"（［德］Reich der Widersprüche)④、"不良信贷帝国"（［德］Reich der faulen Kredite)⑤。此外，"远东"作为关于中国的刻板印象词汇在德媒中出现频率也极高。

标记中国政治体制及西方对中国的政治偏见的第三类词汇，同样稳定存在于涉华报道中，这一方面表明，冷战时期遗存的意识形态攻势还一直存在于德媒涉华报道中，德媒对中国经济发展的观察依然没有脱离这个大语境背景；另一方面则显示经济话语束与涉华政治报道之间的交织。子话语束层面的分析显示，中国经济发展越显竞争力，涉华报道中的意识形态烙印越深，因为西方不相信社会主义制度下能够实现经济繁荣。经济上显现竞争力的中国使德媒主流话语看到中西方之间的经济模式竞争和体制竞争。

二 集体象征分析

集体象征是话语的一个重要手段，是"文化刻板印象的集体传承和使用"⑥。本节分析对象为中国经济话语束中的三类出现频率较高的集体象征："洪水"与"淹没""火车头""龙"。

（一）"洪水"与"淹没"

中国经济话语束中频繁出现"中国廉价产品淹没世界市场"⑦的论断，该论断中的集体象征是与中国廉价生产基地形象联系在一起的。"淹没"⑧一词及这个集体象征场中的其他相关词汇如"洪水"等，在语料

---

① Georg Blume, "Der Pirat wird Erfinder", *Die Zeit*, No. 35, 2006, p. 17.
② Wieland Wagner, "Volksfeind Nummer 1", *Der Spiegel*, No. 21, 2009, pp. 70 – 72.
③ Wieland Wagner, "Auf Kosten der anderen", *Der Spiegel*, No. 2, 2010, pp. 76 – 77.
④ Andreas Lorenz/Wieland Wagner, "Die Rotchina AG", *Der Spiegel*, No. 3, 2007, pp. 84 – 99.
⑤ Georg Blume, "Im Reich der faulen Kredite", *Die Zeit*, No. 16, 2004.
⑥ 转引自 Margarete Jäger/Siegfried Jäger, *Deutungskämpfe. Theorie und Praxis Kritischer Diskursanalyse*, Wiesbaden: VS Verlag für Sozialwissenschaften, 2007, p. 36。
⑦ Georg Blume, "Das Yuan-Syndrom", *Die Zeit*, No. 31, 2003.
⑧ "淹没"在德文中有"überschwemmen"或者"überfluten"等多种表示方式。

中从2003年开始出现，一直到2010年底依然存在："中国多年来用其廉价商品淹没世界市场。"① 德媒多次用"洪水"（[德] Flut）描述来自中国的产品，以表示其数量之多形同泛滥，如"来自远东的成衣洪流"②、"中国制造的廉价商品的洪水"③ 等。根据陵克关于集体象征的理论，洪水作为集体象征的意义，是将指称对象视为对自我领地和自我利益具有侵略性的外来侵犯，从而具有区分我群体和他群体的功能。中国产品被视为洪水的意义，就是中国产品被视为来自"我群体"以外的威胁，中国产品被视为对"我群体"的安全和稳定构成威胁。比如有报道将遭遇中印两国廉价商品的西方塑造成"被洪水威胁的岛屿"④。岛屿具有标志自我群体和家园的集体象征功能，而洪水则是外来侵略和威胁的标记，这是报道中明显的用岛屿与洪水区分我群体和他群体的例子。将中国产品视为洪水的这种集体象征的使用，能够在受众处唤起外来入侵的印象，从而具有呼吁受众排斥中国产品的功能。

子话语束层面的分析也确实显示，德媒所塑造的中国产品形象极其负面，德媒一方面主题化中国产品安全问题，比如报道称来自中国的假药"淹没欧洲市场"⑤；另一方面中国廉价产品被视为中国攻击西方经济以及其他国家的工具和手段：报道称中国廉价产品对西方构成威胁，比如导致西方"越来越多的工作岗位流失"，称"中国用自己的廉价产品以及积累的外汇储备使竞争对手产生依赖性"，从而达到"用西方自己的武器，即经济，来威胁打击西方"之目的。⑥在经济危机时期，中国廉价产品更被视作导致世界经济不平衡和美国次贷危机的罪魁祸首之一，报道称"邻国和欧美都采取措施抵制中国廉价商品的洪水"⑦。中国产品同样

---

① Alexander Jung, "Wettlauf der Trüffelschweine", *Der Spiegel*, No. 46, 2010, pp. 94 – 95.
② Julia Bonstein, "Hosen aus", *Der Spiegel*, No. 33, 2005, pp. 74 – 75.
③ Wieland Wagner, "Auf Kosten der anderen", *Der Spiegel*, No. 2, 2010, pp. 76 – 77.
④ Jan Ross, "Und der Westen schaut ratlos zu", *Die Zeit*, No. 2, 2006, p. 6.
⑤ Udo Ludwig/Caroline Schmidt, "Warten auf die ersten Toten", *Der Spiegel*, No. 34, 2008, pp. 30 – 31.
⑥ 参见 Frank Hornig/Wieland Wagner, "Duell der Giganten", *Der Spiegel*, No. 32, 2005, pp. 74 – 88。
⑦ Wieland Wagner, "Auf Kosten der anderen", *Der Spiegel*, No. 2, 2010, pp. 76 – 77.

被塑造成对西方之外的其他国家构成威胁的形象，比如德媒称，中国的廉价产品淹没非洲市场致使非洲当地企业破产，报道称之为"屠宰当地企业"①；称中国廉价产品出口比如纺织品行业所带来的竞争，使第三世界的生产商濒临破产②。

（二）"火车头"象征场

德媒在涉华经济报道使用的另一个集体形象是中国作为火车头的形象，中国被称为"亚洲增长的火车头"③和"推动世界经济前进的火车头"④。在经济危机到来之后，报道称美国总统奥巴马鼓励中国"继续做世界经济的火车头"⑤。火车头作为集体形象代表的是进步和先进的力量，中国被视作拉动经济发展的力量，与德媒涉华报道中中国经济快速发展及竞争力提升的形象是相应的。与火车头相关的象征场中还有"火车""轨道"等集体象征。比如中国经济被视作"火车"⑥，中国经济发展道路被视作"轨道"⑦。火车头作为集体象征在涉华经济报道中经常被用于指称美国，尤其是在论及中西模式竞争时，《时代》周报表示"美国不再是世界经济繁荣的唯一火车头，当美国的蒸汽动力殆尽之后，还有一台备用火车头"⑧，《明镜》周刊称"美国宣扬自己的市场经济模式是富有与和平的唯一火车头，现在美国模式正在经受最严峻的考验"⑨。

德媒使用火车头集体象征指称中国的频率（5次），远远低于其使用洪水等指称中国产品的频率，这与德媒中中国经济同时也被视为对西方构成威胁有关，因此中国作为火车头的集体象征也更多出现在2005年之

---

① Bartholomäus Grill, "Die neuen Kolonialherren", *Die Zeit*, No. 38, 2006, p. 32.
② 参见 Alexander Jung, "Schneider der Welt", *Der Spiegel*, No. 45, 2004, pp. 94 - 98。
③ Marcus Rohwetter, "Frisches Geld für China", *Die Zeit*, No. 14, 2001.
④ Erich Follath/Alexander Jung/Andreas Lorenz/Stefan Simons/Wieland Wagner, "Der Sprung des Drachen", *Der Spiegel*, No. 42, 2004, pp. 110 - 127.
⑤ Gabor Steingart/Wieland Wagner, "Partner wilder Willen", *Der Spiegel*, No. 46, 2009, pp. 74 - 78.
⑥ Matthias Nass, "Chinas Vorbild: China", *Die Zeit*, No. 29, 2010, p. 6.
⑦ Anon., "Riskante Red Chips", *Der Spiegel*, No. 30, 2000, p. 93.
⑧ Thomas Fischermann, "Misstraut den Märklin-Ökonomen!", *Die Zeit*, No. 42, 2007, p. 46.
⑨ Gabor Steingart/Wieland Wagner, "Partner wilder Willen", *Der Spiegel*, No. 46, 2009, pp. 74 - 78.

前的报道中,那时中国威胁论还没有绝对性压倒中国机遇论。前文提到,中国经济竞争力提高以及中国经济模式发挥效用都并非西方所乐见,更被视为对西方构成威胁,因此德媒中一直存在代表"隐性的希望"的中国经济崩溃论:"这辆火车继续快速前行,它可能随时脱轨。"①

（三）"龙"的形象

"龙"作为中国关于自我的形象标记在德媒中也一再出现,而且大多出现在中国经济话语束中（全部话语束中/经济话语束中:23/16）,其中又以《明镜》周刊的使用频率远远高于《时代》周报（《明镜》周刊18/《时代》周报5）,而且《明镜》周刊还多次在新闻标题中使用"龙"(《明镜》周刊8/《时代》周报1）。一方面,"龙"的形象的使用表明中国在德媒眼中呈现有力的、巨人形象,在这点上中西方文化中的"龙"的形象是相同的;另一方面,与中国龙形象大相径庭,龙在西方文化中是邪恶势力的象征（比如西方神话中总是有正义勇士战胜恶龙的模式）。鉴于"龙"这个形象在中西方文化中的巨大差异,德媒使用"龙"来指称中国,在受众处唤起的第一联想,应是与西方文化中的"龙"相关的负面形象,即给受众提供妖魔化中国的负面心理暗示。②分析也显示,德媒在使用"龙"指称中国时大多都有意识地表达出西方"龙"的负面社会附加意义:涉华报道中"龙"基本都出现在具有负面评价倾向的报道中（23篇报道中有17篇是负面报道倾向,只有在非政治经济领域的极少数的话语片段中,"龙"作为中国的形象指称才没有被赋予特定的负面附加意义）。总之,在德媒涉华报道中出现的中国"龙"的形象,基本都是被视为具有"引发恐惧的力量"③ 的、具有威胁性的西方龙形象,而非中国人眼中的龙的正气和神圣形象。中国这条龙在德媒中呈现的形象是:对东南亚国家进行"经济入侵"④ 的龙;导致德国工作岗位流失、对德国

---

① Matthias Nass, "Chinas Vorbild: China", *Die Zeit*, No. 29, 2010, p. 6.
② 参见关世杰《跨文化传播学视角中"龙"与"dragon"的互译问题与中国国家形象的关系》,《对外大传播》2007年第10期,第33页。
③ Sven Behrisch, "An der großen Mauer schnuppern", *Die Zeit*, No. 14, 2008, p. 53.
④ Jürgen Kremb/Wieland Wagner, "Drache contra Tiger", *Der Spiegel*, No. 10, 2003, pp. 78–84.

企业而言危机四伏的龙，报道称德国企业"置身于龙口中"①；与世界大国美国竞争、被视为"红色威胁"的"红色的龙"②；与西方竞争资源储备的"资源饥渴的龙"③，报道称"中国龙永远不知饱，就像一个瘾君子一样不停地吞噬石油、天然气和煤炭，现在还不停地要求更多的资源"④；在非洲成为"新殖民者"、被称为"邪恶帝国"⑤的龙，报道称非洲"处于龙的时代"⑥；意欲依靠经济和文化软权力侵占世界的龙，报道称"谁要是不注意的话，就有可能在中国的拥抱中窒息"⑦；在西藏"发起攻击"⑧的龙的形象；因为经济繁荣而"咆哮"⑨的龙的形象。两刊在报道中也使用图片形式展示中国作为"龙"的形象，其中《明镜》周刊有两期以中国崛起为主题的封面都使用了张牙舞爪的龙的图片，⑩《时代》周报中也有中国龙的报道配图⑪。

为中国龙在西方的负面形象做出辩解的，只有《时代》周报的一篇题为《不用害怕这条龙》⑫的报道。就经济崛起的中国被视为威胁的论调，该报道认为："中国正在走向成为世界经济大国的路上，德国将会从中受益。"⑬

---

① Jürgen Kremb/Wieland Wagner, "Drache contra Tiger", *Der Spiegel*, No. 10, 2003, pp. 78 – 84.

② Frank Hornig/Wieland Wagner, "Duell der Giganten", *Der Spiegel*, No. 32, 2005, pp. 74 – 88.

③ Fritz Vorholz/Georg Blume, "Gier nach Erz und Öl", *Die Zeit*, No. 22, 2004.

④ Erich Follath, "Der Treibstoff des Krieges", *Der Spiegel*, No. 13, 2006, pp. 76 – 88.

⑤ Andreas Lorenz/Thilo Thielke, "Im Zeitalter des Drachen", *Der Spiegel*, No. 18, 2007, pp. 138 – 144.

⑥ Ibid..

⑦ Frank Dohmen/Katrin Elger/Dietmar Hawranek/Ralf Neukirch/René Pfister/Christian Reiermann/Michael Sauga/Wieland Wagner, "Geliebter Feind", *Der Spiegel*, No. 34, 2010, pp. 60 – 71.

⑧ Sven Behrisch, "An der großen Mauer schnuppern", *Die Zeit*, No. 14, 2008, p. 53.

⑨ Ibid..

⑩ 参见 Anon., "Auf Jahre knapp", *Der Spiegel*, No. 42, 2004, p. 87；参见 Gerhard Pfeil/Wieland Wagner, "Das Phänomen aus Shanghai", *Der Spiegel*, No. 3, 2005, pp. 140 – 142。

⑪ 参见 Georg Blume, "Gnadenlos pragmatisch", *Die Zeit*, No. 18, 2006, p. 24。

⑫ Georg Blume/Thomas Fischermann, "Keine Angst vor diesem Drachen", *Die Zeit*, No. 44, 2006, p. 23.

⑬ Ibid..

三 关键词去自然化分析:"攻击性"

德媒在塑造中国经济形象时多次提到中国经济具有"攻击性"（[德]aggressiv），21世纪初中国经济在亚洲的崛起也被称为:"崛起中的大国攻击性地入侵，使东南亚国家濒临在政治上和经济上陷入对中国的依赖"①；经济危机发生后，报道称"中国促进出口的手段是具有攻击性的汇率政策"②；称"中国颇具攻击性的汇率政策导致世界贸易不平衡加剧"③；称中国的经济发展模式具有攻击性④。在资源保障方面，报道称"无疑北京的资源保障在全世界是最具攻击性的"⑤；称"胡锦涛的外交政策具有攻击性:寻找与资源丰富的供应国之间的战略伙伴关系，以满足中国增长机器的需求。……目的是解决农民问题"⑥；甚至关于中印两国的粮食需求，德媒都指责两国"如此有攻击性地收购其他国家的粮食"⑦。德媒将中国经济具有"攻击性"作为普遍有效的"真相"进行陈述，但实际上德媒并非真的基于没有任何倾向的中性标准，就"中国是否具有'攻击性'"做出判断，而是以西方国家的利益为出发点得到此结论的。只因为中国的汇率政策和资源保障政策不符合并影响到西方的利益，所以被视为具有攻击性，"攻击"一词在德媒涉华报道所使用的新闻标题中也出现，如《明镜》周刊报道联想并购IBM的个人电脑部门一事时使用标题《来自中国的攻击》⑧；《明镜》周刊2006年第37期的封面图片标题为《来自远东的攻击》。但是德媒以全世界代表的身份自居，将

---

① Jürgen Kremb/Wieland Wagner, "Drache contra Tiger", *Der Spiegel*, No. 10, 2003, pp. 78 – 84.

② Marc Brost/Thomas Fischermann/Anna Marohn/Mark Schieritz, "Schöner leben nach dem Crash", *Die Zeit*, No. 14, 2008, p. 21.

③ Wieland Wagner, "Auf Kosten der anderen", *Der Spiegel*, No. 2, 2010, pp. 76 – 77.

④ Thomas Fischermann/Mark Schieritz, "Der Marxwirtschaftler", *Die Zeit*, No. 10, 2008, p. 29.

⑤ Erich Follath, "Der Treibstoff des Krieges", *Der Spiegel*, No. 13, 2006, pp. 76 – 88.

⑥ Georg Blume, "Kleiner Mao", *Die Zeit*, No. 46, 2005.

⑦ Rüdiger Falksohn/Jens Glüsing/Horand Knaup/Padma Rao/Thilo Thielke/Wieland Wagner, "Kultur des Todes", *Der Spiegel*, No. 18, 2008, pp. 118 – 121.

⑧ Anon., "Angriff aus China", *Der Spiegel*, No. 51, 2004, p. 79.

"中国具有攻击性"作为"真相"、作为对全世界的影响，而非仅作为对西方国家的影响提出，从而使这种评价标准的西方利益视角被隐蔽了，也使这种评价被自然化，获得貌似客观的地位。

第六节 中国经济话语束小结

本节对中国经济话语束中呈现的递进式"中国经济威胁论"以及两刊涉华经济报道差异进行总结梳理。除此之外，本节对中国经济话语束中呈现的重要群体形象和中国经济形象侧面进行提炼分析。

一 递进式"中国经济威胁论"

在本书语料分析时段内，德媒所塑造的中国经济形象是：中国保持快速发展、经济竞争力呈阶段式递进增长。中国从经济刚刚步入正轨的第三世界国家（2000—2002年）成为世界工厂（2003—2004年），到未来的经济大国（2005—2007年），再到对西方形成体制竞争（2008—2010年）。而且随着中国经济实力的上升，德媒中中国威胁论的声音也呈阶梯式增高。2000—2002年德媒主要关注正在脱贫的中国经济发展中的各种新迹象；2003—2004年西方出现"中国热"，中国获得"世界工厂"身份。德媒关注西方投资向中国转移，同时也关注中国投资环境。但德媒在报道中国经济发展新迹象的同时，也主题化"中国经济崩溃论"。此时，德媒所塑造的中国经济形象已显露中国经济威胁论的迹象，中国被视为对亚洲其他国家构成经济威胁。2005—2007年中国经济威胁论升级，中国形象也从"世界工厂"上升为"潜在的经济大国"。中国此阶段被指责导致西方工作岗位流失、侵犯西方知识产权、与西方争夺财富、与西方争夺资源。中国资本在海外的投资也被视作"红色威胁"。德媒不仅认为中国对西方构成经济威胁，而且德媒对中国经济发展的定位发生了实质性变化，《明镜》周刊惊讶地表示"难道共产主义是行之有效的？"[①]

---

① Andreas Lorenz/Wieland Wagner, "Die Rotchina AG", *Der Spiegel*, No. 3, 2007, pp. 84 – 99.

《时代》周报称"头一次形成一个让西方为其经济和文化主导性担忧的工业社会"①。可以说,此时中国被视为对西方构成体制威胁的论调在德媒中已经显露苗头。世界经济危机爆发之后,德媒所塑造的中国经济形象几度变幻。在经济危机尚未到达中国之前,中国经济威胁论继续被主题化;2008 年底至 2009 年初经济危机初抵中国时,德媒预言中国经济停滞,并认为这将最终导致中国社会动荡;当中国经济刺激计划初显成效时,德媒将中国视为西方走出危机的希望,因此中国经济崩溃论在涉华报道中一度消失;当中国率先走出经济危机并保持经济快速增长时,德媒中再度出现中国经济威胁论和体制威胁论,而且程度更胜于 2008 年之前。德媒主题化中国经济威胁所使用的论据中,此时最为突出的是德媒对中国汇率政策的指责,德媒指责中国的经济发展是基于汇率操纵实现的,指责中国导致他国利益遭受损失。

"中国经济威胁论"的递进式发展②,从中国经济话语束的次级主题在不同阶段的分布亦可看出,2003—2004 年,德媒开始关注人民币汇率问题与中国的资源需求问题,但此时以这两个次级主题为核心主题的报道数量还很少,比如人民币升值主要被视为美国的诉求。而到了 2005—2007 年,中国资源需求主题就受到更多关注,中国不仅被指责与西方争夺能源资源,而且德媒以人权和民主为支点塑造中国在非洲的"新殖民者"形象。同时,知识产权问题、中国资本海外投资、中国产品安全问题等此阶段也受到集中关注,而且中国在这四个次级主题中都以对西方构成威胁的形象出现:在知识产权问题上德媒指责中国窃取德国的国民财富;关于中国资本海外投资,德媒视中投公司的境外投资行为对德国的工业命脉构成威胁。经济危机爆发之后,德媒集中关注的次级主题转移到人民币汇率问题上,因为该次级主题与经济危机时期中国最吸引西方注意的巨大外汇储备关系密切,率先走出经济危机的中国被指责依靠损害他国利益的汇率政策,才得以保持经济发展。

---

① Georg Blume, "Wird die Welt chinesisch?", *Die Zeit*, No. 25, 2005.
② 王钰:《"中国经济威胁论"及其国家形象悖论》,《国际观察》2007 年第 3 期,第 53 页。

从议程设置视角看，德媒涉华经济报道着眼于主题化中国经济发展对世界经济和中国国内带来何种负面影响以及中国应负的责任。德媒指责中国导致西方工业诀窍流失、导致其他国家工作岗位流失、导致资源供应紧张和价格高涨、加剧世界经济不平衡等，因此从"中国经济威胁论"衍生出"资源能源威胁论""汇率操纵论""贸易威胁论""生态环境威胁论"等。[①] 关于中国国内，德媒也一再塑造中国经济存在问题的形象，包括经济环境问题和各种社会问题等，而相对较少主题化中国经济奇迹的发展过程、中国经济发展对世界经济的益处、对国内民众生活质量提高的贡献等。这样的议程设置体现在中国经济话语束与其他话语束的交织中：中国经济话语束中共有29篇报道以中国经济发展和中国国际关系为并列主题；10篇报道以中国经济发展和中国社会问题为并列主题。

德媒涉华经济报道中存在典型的双重中国情结框架，即既想受益于中国经济发展，又担心中国经济发展对德国/西方形成竞争，因此中国在德媒中呈现出取得巨大经济成就、西方的廉价生产基地、巨大消费市场的形象侧面的同时，也呈现出在众多方面对西方经济和社会带来负面后果和形成威胁的另一形象侧面。在中国经济显现竞争力的阶段（尤其是2005年以后），德媒一再试图通过塑造中国经济发展对西方构成威胁的形象，以剥夺中国经济成就在话语上的合法性，比如指责中国侵犯知识产权和指责中国操纵人民币汇率。这也是为何中国威胁论与中国经济崩溃论并存于德媒涉华经济报道中的原因所在。也正是基于此原因，德媒中一再出现斟酌中国经济发展给德国带来的是威胁还是机遇的思考。因此，2003—2004年阶段德媒报道西方投资基金信任中国经济时，也主题化中国投资环境中存在的各种问题，报道中也出现中国经济崩溃论。2005—2007年阶段，德媒一方面认为中国经济竞争力增强，从而在科技优势、资源支配、资本能力等诸多方面对西方构成威胁；另一方面也主题化中国社会问题，进而表达中国经济会因此停滞的"隐性的希望"。经济危机爆发之后，只有在中国被视作西方走出危机的希望时，中国经济崩溃论才暂时消失，其他时候依然是中国经济威胁论与崩溃论并存，尤其是在

---

① 参见孙英春《中国国家形象的文化建构》，《教学与研究》2010年第11期，第35页。

中国国际经济话语权增强的情况下。

德媒涉华经济报道使用的另一个框架是基于中西之间的政治体制差异产生的，德媒一直将中国置于资本主义/社会主义对峙和并存的框架中进行观察，并考察中国经济发展走向是"姓资还是姓社"，从开始德媒认为中国已经完全接受资本主义模式——只不过是所谓的曼彻斯特资本主义形式[1]；到后来德媒得出结论认为中国形成自己特有的中国模式，德媒称之为"国家资本主义方案"[2]。德媒看到中国模式在经济危机中较西方经济模式更具危机处理能力，并且在一定范围内成为西方模式的替代选择。由此，在被视作经济威胁之外，中国又被认为对西方构成体制竞争。

在德媒塑造中国经济形象的过程中，德国/西方的利益始终是德媒观察和评价中国的一个根本标准，这个标准或以外显或以内隐的方式存在。这表明德媒塑造的中国经济形象具有很强的观察者依赖性（亦称为主体依赖性），无论是双重中国情结，还是基于中西体制差异的资本主义/社会主义框架，抑或是中国威胁论和中国经济崩溃论，无不以德国/西方的利益（包括经济利益和价值观利益）作为衡量标准。通过批评话语分析的方式，德媒对中国做出评价所使用的区分标准在二阶观察过程中显露出来，相应地，德媒涉华报道代表德国/西方利益的话语立场、德媒所塑造中国形象的主体依赖性和德国/西方利益相关性也就显性化了。

纵观整个经济危机时期的德媒涉华经济报道可以看出，当中国经济发展能给西方带来益处时，德媒就期望中国经济发展；一旦中国表现出强大的竞争力，德媒中又开始出现质疑中国经济长期发展能力的论调，又隐性地希望中国失去经济发展潜力，从而不再对西方构成威胁。德国/西方的自我诉求在其所塑造的中国形象中清晰可见。

二 两刊涉华经济报道差异梳理

从两刊报道评价倾向分布看，中国经济话语束整体倾向中性，两刊各自的报道倾向分布也以中性居多。《明镜》周刊的评价倾向分布分别

---

[1] 参见 Andreas Lorenz, "Prickelnde Weltfabrik", *Der Spiegel*, No. 18, 2004, pp. 136–138。
[2] Wieland Wagner, "Volksfeind Nummer 1", *Der Spiegel*, No. 21, 2009, pp. 70–72。

为：48.2%（负面）50.6%（中性）1.2%（正面）；《时代》周报的评价倾向分布分别为：37.3%（负面）50.6%（中性）12.1%（正面）。从数据上看，《明镜》周刊的负面评价倾向高于《时代》周报，而且其正面报道倾向远远低于后者，也就是说从总体看，《明镜》周刊所塑造的中国形象负面程度高于《时代》周报。批评话语分析结果也显示，前者所塑造的中国经济形象明显更为负面，而且从议程设置上看，《明镜》周刊在涉华经济报道上偏向单一的威胁论议程，而《时代》周报相比之下更倾向于从不同的视角观察中国经济发展带来的影响。

两刊所塑造的中国经济发展形象都包含对中国经济发展的认可；在提出中国经济发展背后存在社会问题、勾勒中国经济发展给西方带来的市场机遇的同时，也塑造中国经济发展对西方构成的威胁；同时，两刊在具体的议程上也存在一定的差异。相比之下，《时代》周报议程的特别之处在于：中国经济虽然繁荣，但是还存在诸多社会问题有待解决。在2002 年中国政府换届时，这样的议程设置尤其突出，报道称"中国经济繁荣——尽管如此，新政府依然面临巨大问题"[1]。基于该议程，《时代》周报认为，西方普遍存在的中国威胁论、处处视中国为未来世界大国的论调，有些危言耸听，该报试图从多角度观察中国经济，同时该报中也有为中国经济发展辩解的声音，报道称"中国正在走向成为世界经济大国的路上，德国将会从中受益"[2]。

《明镜》周刊的议程则着重从中国经济快速发展所带来的后果出发，论证中国威胁形象。一方面，《明镜》周刊将中国的社会问题作为经济过热所导致的后果进行观察，而非经济发展之余尚需解决的问题；另一方面，《明镜》周刊虽然也讨论中国经济发展对德国而言是机遇还是威胁，讨论"到底是德国的工作岗位在向这个十多亿人口的帝国流失？抑或这个销售市场是我们最后的机会"[3]，但该刊的主要出发点依然是将中国视

---

[1] Georg Blume, "Schwere Zeiten in der Weltwerkstatt", *Die Zeit*, No. 13, 2003.

[2] Georg Blume/Thomas Fischermann, "Keine Angst vor diesem Drachen", *Die Zeit*, No. 44, 2006, p. 23.

[3] Erich Follath/Alexander Jung/Andreas Lorenz/Stefan Simons/Wieland Wagner, "Der Sprung des Drachen", *Der Spiegel*, No. 42, 2004, pp. 110 – 127.

为西方的威胁。尤其是从 2005 年开始，中国被打上"红色威胁"的烙印，中国被指责与美国"争夺工作岗位、市场、资源和全球统治权"①，中国被指责与西方社会争夺长期以来主要由西方所支配的资源和财富。报道据此得出结论称，"西方必须起来反击，否则就会失败"②。中国还被视为剽窃西方知识产权的"黄色间谍"③。从 2004 年到 2007 年四年间，《明镜》周刊中每年都有以中国经济发展对西方构成威胁为主题的封面报道。

前文提及，《明镜》周刊对中国经济发展的评价更为负面，中国威胁论的声音更高，而《时代》周报相比之下对中国经济发展的评价倾向相对中性。但是自 2008 年以来，即世界经济危机爆发之后，《时代》周报的涉华报道发生明显的负面倾向转变，中国威胁论的声音更高，因此这个阶段两刊的互文性和议程接近程度也相对更高。

从次级主题层面看，在人民币汇率问题上，《时代》周报的报道数量更多，报道中有从不同的视角观察人民币增值问题的声音，而《明镜》周刊的议程相对单一，且更具政治中心化特点；在中国资源需求和境外资源保障问题上，《明镜》周刊的关注更多，指责中国资源保障政策具有攻击性的声音也更高。不过，在中国的非洲存在这一更低等级的主题上，两刊议程一致性程度却很高；在中国产品安全问题上，同样以《明镜》周刊的关注度更高，指责中国的声音也更高，《时代》周报则在指责中国产品安全问题的同时，也关注其背后的社会因素；在知识产权主题上，依然是《明镜》周刊的指责声更高，《时代》周报在指责中国侵犯知识产权的同时，也更多强调，对于西方而言真正的危险在于中国人已发掘出创新能力。并且《时代》周报提出，西方国家也应对中国的知识产权侵犯问题负有责任：西方企业在中国不依法注册品牌和专利，而西方消费者习惯于消费来自中国的盗版名牌产品；在中国资本海外投资这一主题

---

① Frank Hornig/Wieland Wagner, "Duell der Giganten", *Der Spiegel*, No. 32, 2005, pp. 74 – 88.
② Gabor Steingart, "Weltkrieg um Wohlstand", *Der Spiegel*, No. 37, 2006, pp. 44 – 75.
③ Jürgen Dahlkamp/Marcel Rosenbach/Jörg Schmitt/Holger Stark/Wieland Wagner, "Prinzip Sandkorn", *Der Spiegel*, No. 35, 2007, pp. 19 – 34.

上,《明镜》周刊对于中国资本采取全盘视作威胁的态度,《时代》周报则区别对待中国国有资本和私企资本,认为前者是威胁,而后者是德国的机遇。

三 中国经济话语束中提炼的相关形象

分析显示,中国经济话语束中呈现出中国经济的特定形象侧面,主要包括中国产品及产品生产者形象、"能源饥渴"形象、"货币操纵国"形象、"侵犯知识产权"形象等。

(一)"中国制造"负面形象

中国产品的形象侧面之一是廉价,因此中国又被称为"世界廉价工厂"或者"廉价生产基地"等。德媒表示,中国产品的廉价形象在西方社会已经根深蒂固,报道称,欧美国家的消费者不仅喜欢购买中国廉价产品①,甚至西方社会已对中国廉价产品产生巨大的依赖性②。德媒认为,这种依赖性使"中国不再惧怕来自美国贸易联盟或者欧洲消费者的抵制"③。

与中国产品廉价相关的另一个产品形象是意味着外来威胁的集体象征"洪水",德媒一再称"中国产品淹没世界市场"④。这一方面表明中国产品在世界市场上的数量极大,比如报道称,"先是玩具,然后是家电,之后是工具机器。现在这个巨大的帝国用药品淹没欧洲市场"⑤。另一方面也反映出中国产品被视为威胁的负面形象。

"低质"是与中国产品廉价形象密切相关的又一个形象侧面,该侧面中具有代表性的是中国产品安全问题。报道称"食品、医药、化妆品:中国出口的产品在全世界范围内成为丑闻"⑥,也有报道称,"关于中国产

---

① 参见 Wolfgang Köhler, "Lockruf aus Fernost", *Die Zeit*, No. 52, 2007, p. 37。
② 参见 Georg Blume, "Der größte Feind der Partei", *Die Zeit*, No. 50, 2007, p. 37。
③ 同上。
④ Marc Brost/Thomas Fischermann/Anna Marohn/Mark Schieritz, "Schöner leben nach dem Crash", *Die Zeit*, No. 14, 2008, p. 21.
⑤ Udo Ludwig/Caroline Schmidt, "Warten auf die ersten Toten", *Der Spiegel*, No. 34, 2008, pp. 30 – 31.
⑥ Georg Blume, "Geld oder Leben", *Die Zeit*, No. 30, 2007, p. 24.

充电器引发火灾危险和玩具含铅量过高的头条新闻,给德国消费者造成了惊吓"①。两刊关于出口欧洲的中国产汽车质量不高的报道,也是中国产品廉价低质的刻板印象的反映。产品安全问题不仅对"中国制造"的形象造成严重损害,同时也对中国作为源产地的形象造成负面影响。

  需要强调的是,关于中国廉价产品的质量,也存在极少量反对话语的声音,认为中国的廉价产品也能达到高质量水准。报道表示,尤其是在高科技市场上中国人越来越具有竞争对手的水平②,其中具有代表性的是中国太阳能工业的发展。《明镜》周刊在2010年的封面故事《不得不爱的敌人》中称,德国质量监测机构的报告证明:"中国的太阳能产品价格比德国产品便宜,而且质量丝毫不逊色。"③ 此外德媒表示,中国在其他高科技领域的产品也越发具有市场竞争力,比如联想和长虹从"提供廉价但高品质产品"④的供应商,转变成有能力并购西方同行(IBM和Thomson)的企业。时任德国驻华大使施明贤在2012年科隆经济论坛的开幕致词中也表示,在中德经济关系中"太阳能产业就是一个让德国企业担忧的现实例子"⑤。

  与中国廉价产品相关的另一个产品形象是盗版问题。德媒关于盗版的议程重点在于报道遭遇知识产权侵犯的对象所遭受的损失,报道称,"成千上万的外来投资者一再成为造假者的牺牲品。他们以低价销售赝品,从而影响正品商家的声誉"⑥。从形式上看,廉价产品与盗版这两个主题在德媒中并没有被直接提上共同议程,但实际上二者是相关的,因

---

① Michael Fröhlingsdorf/René Pfister, "Stoffhunde im Giftschrank", *Der Spiegel*, No. 38, 2007, p. 48.

② 参见 Frank Dohmen/Katrin Elger/Dietmar Hawranek/Ralf Neukirch/René Pfister/Christian Reiermann/Michael Sauga/Wieland Wagner, "Geliebter Feind", *Der Spiegel*, No. 34, 2010, pp. 60 – 71。

③ 同上。

④ Alexander Jung/Wieland Wagner, "Die Chinesen kommen", *Der Spiegel*, No. 1, 2005, pp. 52 – 54.

⑤ [德]施明贤:《龙腾虎跃之地——未来对华经济关系的挑战和机遇》,2012年,http://www.china.diplo.de/Vertretung/china/zh/__pr/2012/reden – bo – 2012/120329 – k_C3_B6ln – ps.html。

⑥ Andreas Lorenz, "Echte Mutter", *Der Spiegel*, No. 10, 2002, pp. 166 – 167.

为盗版相对于正品的价格低廉正是吸引消费者购买的最重要原因,这点从中国在德媒中成为盗版名牌产品发源地的刻板印象就可以看出:"对很多人而言,中国如今还是盗版产品和品牌的帝国"①、"中国是盗版产品的来源国"②;不仅如此,对于西方人而言,"来自中国的盗版设计时尚已经成为西方日常文化"③。

德媒在塑造"中国制造"的负面形象方面存在明显的主题缺失,中国廉价产品给西方尤其是西方消费者带来的益处极少被主题化。其中《时代》周报 2000 年刊登的一篇由经济界专业人士撰写的文章表示,"从像中国这样的低工资国家进口商品,使得(西方人的)净收入的购买能力较以前增强很多"④。另外,《明镜》周刊也曾提及,纺织品配额取消后中国纺织品大量出口,"从中受益最大的是发达国家的消费者们"⑤。但是德媒主流话语更多视中国廉价产品为洪水猛兽,比如 2004 年《时代》周报中另一则提及廉价产品益处的报道(由德国经济学家撰写)表示,"中国给德国带来的工资压力和就业压力,比价格低廉带来的好处大得多"⑥。这样的主题缺失显然服务于支持德媒话语所塑造的中国产品负面形象。

(二)农民工群体形象

与中国产品廉价形象密切相关的是产品生产者的形象,即农民工群体的形象。德媒一再提出打工者"在低于人类尊严的条件下工作和生活"⑦,他们被称为"劳动奴隶"⑧。"劳动奴隶"一词在《明镜》周刊中的出现频率相对于《时代》周报更高。德媒描述了这个群体在廉价工厂

---

① Georg Blume, "Der Pirat wird Erfinder", *Die Zeit*, No. 35, 2006, p. 17.
② Gabor Steingart, "Weltkrieg um Wohlstand", *Der Spiegel*, No. 37, 2006, pp. 44 – 75.
③ Georg Blume, "Der Pirat wird Erfinder", *Die Zeit*, No. 35, 2006, p. 17.
④ David Dodwell, "Spielerisch", *Die Zeit*, No. 52, 2000.
⑤ Alexander Jung, "Schneider der Welt", *Der Spiegel*, No. 45, 2004, pp. 94 – 98.
⑥ Thomas Fischermann, " 'Wir brauchen Schutz' ", *Die Zeit*, No. 44, 2006, p. 24.
⑦ Andreas Lorenz/Wieland Wagner, "Billig, willig, ausgebeutet", *Der Spiegel*, No. 22, 2005, pp. 80 – 90; Anon., "Ausbeutung war gestern" *Die Zeit*, No. 45, 2004.
⑧ Andreas Lorenz/Wieland Wagner, "Billig, willig, ausgebeutet", *Der Spiegel*, No. 22, 2005, pp. 80 – 90.

中工资低、工作条件差、居住条件差、没有社会保障的境况。在以中国出口产品安全问题为主题的报道中，打工者工作条件差，不受劳动保护的形象同样反映出来。农民工群体形象的另一个侧面是群体对于被剥削没有自觉意识，报道称，打工者"对现在的工资是满意的，对他们解释说工资太低没有用"①，称"她们不觉得自己是牺牲品，如果不是有人极力劝说她们，向她们灌输这样的观念，她们自己是绝不会有这样的想法的"②，报道惊讶于"'劳动奴隶'这个词让她（笔者注：打工者）很意外，她觉得怎么会有人有如此疯狂的想法"③。直到近两年，打工者对剥削无自觉意识的形象在德媒中才开始发生变化，比如《明镜》周刊在2009年初报道打工者因经济危机来临企业倒闭而集体索要亏欠工资时，称"现在劳动奴隶公开出现了"④，《时代》周报称，"中国农民工为涨工资抗争"⑤，称"工资增长的成功表明这是自信的新一代农民工"⑥。德媒所提出的认为农民工群体面对剥削没有自觉意识和反抗意识的论断，具有典型的民族中心主义色彩。德媒将自己的论断，即定义农民工群体为受剥削、在低于人类尊严条件下工作和生活的劳动奴隶，视为既定存在的真相，所以农民工群体的成员因为并不认同德媒的相关论断，而被评价为没有自觉意识。这种错位理解与中西方对于人权的不同理解其实如出一辙，正如西方不理解也不认可将生存权和发展权置于优先地位的中国人权观一样，德媒也并不理解中国的打工者们满足于能够通过打工的方式脱离贫苦生活，并依靠这份工资改变自己以及家庭未来的命运，因为这份工资至少让他们获得了基本的生存权和追求发展的权利；相反，德媒基于强调个体权利的西方人权理解，只一味以西方人权观为标准去衡量打工者的个体权益是否受到侵害，并得出结论称，农民工群体的工作条件都是"低于人类尊严的"，称他们是"劳动奴隶"。此外，德媒在

---

① Georg Blume, "Liu Yanfang – Der Spielzeugengel", *Die Zeit*, No. 52, 2006, p. 30.
② Stefan Willeke, "'Müntefering soll mal herkommen'", *Die Zeit*, No. 25, 2005.
③ Ullrich Fichtner, "Die Stadt der Mädchen", *Der Spiegel*, No. 6, 2005, pp. 60 – 66.
④ Wieland Wagner, "Verschlossene Werkstore", *Der Spiegel*, No. 49, 2008, pp. 98 – 100.
⑤ Angela Köckritz, "Herr Wang rebelliert", *Die Zeit*, No. 42, 2010, pp. 23 – 24.
⑥ Ibid..

塑造农民工群体"劳动奴隶"形象时，同样存在主题缺失，即德媒极少主题化西方企业在农民工所置身的所谓"低于人类尊严的条件"中所饰演的剥削方角色。

产品生产者形象既与中国产品形象密切相关，也可以说是产品形象的附加形象，因此"中国制造"的形象因为"劳动奴隶"而更加负面。

（三）中国"能源饥渴"和资源市场"入侵者"形象

"能源饥渴"是德媒塑造的中国经济形象的一个重要组成因素。从时间分布看，两刊对中国的资源需求问题的关注都是从2004年开始的。这个时期正是中国经济发展在欧洲掀起中国热、中国逐渐获得世界工厂身份的时候。德媒指责中国的巨大需求"导致世界原料市场价格持续走高"[1]，指责中国"吸空市场"[2]，中国被塑造成"饥渴的龙"[3]的形象。此时西方首次感到中国在世界资源市场的影响力，认为中国的加入使得"占世界人口五分之一的富有人群不受干扰地、以低于其应有价值的低廉价格支配资源以满足需求的时代，一去不返了"[4]，于是中国被塑造成"入侵者"形象。

2005—2007年阶段德媒关于中国资源需求问题的报道数量最多，两刊相比又以《明镜》周刊的报道数量居多，该刊还专门以中国境外资源保障为主题做了封面报道。此阶段德媒除了指责中国加入世界资源分配导致价格走高和资源短缺之外，一个重要的议题是关注中国在非洲的存在。德媒用民主和人权做支点，指责中国与非洲独裁政权合作，称中国为非洲的"新殖民者"[5]。德媒指责称，中国的非洲政策所带来的政治影响"主要是负面的"[6]，称中国在非洲存在的"最大受益者是非洲的独裁者们"[7]。此外，德媒使用同样的论证结构，指责中国出于保障资源之目

---

[1] Fritz Vorholz/Georg Blume, "Gier nach Erz und Öl", *Die Zeit*, No. 22, 2004.
[2] Anon., "Auf Jahre knapp", *Der Spiegel*, No. 42, 2004, p. 87.
[3] Fritz Vorholz/Georg Blume, "Gier nach Erz und Öl", *Die Zeit*, No. 22, 2004.
[4] Ibid..
[5] Bartholomäus Grill, "Die neuen Kolonialherren", *Die Zeit*, No. 38, 2006, p. 32.
[6] Andreas Lorenz/Thilo Thielke, "Im Zeitalter des Drachen", *Der Spiegel*, No. 18, 2007, pp. 138 – 144.
[7] Thilo Thielke, "Pilgerfahrt nach Peking", *Der Spiegel*, No. 42, 2005, pp. 100 – 104.

的与伊朗等其他独裁国家合作。

在世界经济危机到来之后,德媒在中国资源需求这一主题上的议程设置,依然还以描述中国的"能源饥渴"和指责中国与独裁国家合作为主,报道称,"中国现在到处购买原料是妇孺皆知的"[1],称中国的"国际关系以获得能源为准则"[2]。此外,德媒延续其视中国为资源市场"入侵者"的报道视角,此时继续主题化中国增强的购买力在资源市场上对西方国家的"国家利益"可能带来的威胁。

在德媒关于中国资源需求的报道中,除了非洲国家和那些被德媒称为独裁国家的实体经常作为报道对象与中国同时出现之外,印度也经常作为另一个能源消耗大国被与中国提上共同议程。德媒一方面观察中印两国共同具有的"资源饥渴",另一方面关注中印两国在资源保障方面的相互竞争关系,尤其是在亚洲境内的资源竞争。进入德媒视线的报道对象,自然也包括原本可以"不受干扰地、以低于其应有价值的低廉价格支配资源以满足需求"的"占世界人口五分之一的富有人群"[3],即美国、欧洲、日本等发达国家,他们是作为遭遇中国"入侵"威胁的对象的身份出现在报道中的。

在德媒指责中国政府为了资源与独裁政府合作的议程中,显然也存在主题缺失:德媒极少报道的是:西方同样为了获得资源与他们眼中的所谓"失败的政权"[4](比如与非洲国家)合作。即使偶尔提及,也不强调西方国家的合作者是腐败的、蔑视人权的政府,而只一味强调比如中国与西方国家(比如美国)在这些国家争夺地质资源,强调中国对西方构成威胁。

德媒在其报道中不仅选择忽略不提西方的合作对象的性质,而且更一再强调中国在非洲的投入破坏了西方通过提供发展中援助促进非洲民主进程的成果,甚至欲通过证明中国作为"新殖民者"在非洲居民眼中远远不如西方老牌殖民国家,来支撑其论断。德媒通过这种议程设置将

---

[1] Christian Neef, "Der Traum von Aynak", *Der Spiegel*, No. 52, 2009, pp. 120–122.
[2] Frank Sieren, "Krallen zeigen", *Die Zeit*, No. 34, 2009, p. 17.
[3] Fritz Vorholz/Georg Blume, "Gier nach Erz und Öl", *Die Zeit*, No. 22, 2004.
[4] Erich Follath, "Die Umarmung des Drachen", *Der Spiegel*, No. 30, 2010, pp. 92–93.

西方置于道德高点上，道貌岸然地对中国进行宣判，这与其使用人权和民主作为支点，在话语上剥夺中国境外资源保障行为的合法性一样，是服务于西方自身的利益的。

（四）中国"货币操纵国"形象

"货币操纵国"① 是中国经济形象中的一个重要侧面。两刊对人民币汇率的关注是从 2003 年开始的，此时人民币汇率问题受到关注一事被解读为中国在国际经济中的重要性提高的标志，报道称，"中国第一次重要到让西方的两大货币巨头（欧洲央行与美联储）都对其进行公开批评"②，称中国在美国眼中成为"国际舞台的新玩家"③。与德媒对中国资源需求的关注一样，人民币汇率问题开始受到关注同样是源于对中国经济成就的认可。德媒中不仅有一定数量的以人民币汇率问题为核心主题的报道，在众多其他报道中人民币汇率问题也多次被提及。

也是从 2003 年开始，德媒中开始出现指责中国"人为操控货币低值"的议题，德媒一再表示，尽管欧美（尤其是美国）要求人民币增值，④但"中国政府坚决拒绝"⑤。虽然根据中国政府对人民币增值的态度变化，德媒中也有关于人民币与美元脱钩增值的报道，但指责中国"人为操控货币低值"的声音始终占据主流话语地位，而且当人民币重新与美元挂钩时，指责之声更高。随着德媒眼中中国经济竞争力的上升，中国在人民币汇率问题上的负面形象程度也加剧，德媒中要求人民币增值的声音也越来越高。其基本的论证结构之一，是将被视为对西方构成威胁的中国经济增长归因为"人为保持低汇率"⑥：2005 年时关于经济崛起

---

① Robert Von Heusinger/Thomas Fischermann, "Ab sofort spielt China mit", *Die Zeit*, No. 31, 2005; Gabor Steingart/Wieland Wagner, "Partner wilder Willen", *Der Spiegel*, No. 46, 2009, pp. 74 - 78.

② Georg Blume, "Das Yuan-Syndrom", *Die Zeit*, No. 31, 2003.

③ Anon., "Peking bleibt hart", *Der Spiegel*, No. 33, 2003, p. 95.

④ 参见 Georg Blume, "Das Yuan-Syndrom", *Die Zeit*, No. 31, 2003。

⑤ Anon., "Peking bleibt hart", *Der Spiegel*, No. 33, 2003, p. 95.

⑥ Frank Hornig/Wieland Wagner, "Duell der Giganten", *Der Spiegel*, No. 32, 2005, pp. 74 - 88.

的中国，报道称"中国快速经济发展依赖人民币保持低汇率"①；2010年时关于在经济危机中保持增长的中国，报道同样称，"人为控制的低汇率就是中国保障众多出口企业免于崩溃的手段"②，称中国的经济增长是通过重新"将人民币与美元挂钩"实现的，更称这种方式"以牺牲他国利益为代价"③。

德媒指责中国汇率政策所使用的另一个论据是：指责中国出口型经济导致世界贸易不平衡。在2005年人民币增值时，有报道引用西方专家的话，称"人民币增值是使世界经济走向平衡的重要的一小步"④，是"正确方向的第一步"⑤。于是，中国有竞争力的经济增长和中国的汇率政策在一定意义上都被剥夺了合法性。德媒提出的另一个论据是：人民币增值对中国同样有利。报道提出，人民币增值"有利于出口经济"⑥和中国经济的"均衡发展"⑦。

在主张人民币增值的框架中，《时代》周报中有从不同的视角观察人民币增值的声音，关于2005年人民币增值一事，该报称，"美国年复一年地要求亚洲人使其货币增值。现在北京方面让步了，但是输者的名字可能叫美国"⑧。关于人民币增值欧洲是否受益，该报的意见并不一致，有声音称，"人民币与美元脱钩，这利于欧元不利于美元。专家认为，德国经济将会从中受益"⑨；也有声音称，"欧元受损，增值压力集中，与美元挂钩的亚洲货币对欧元也在贬值"⑩。从总体看，2005—2007年阶段人

---

① Redaktion,"Yuan fast frei", *Die Zeit*, No. 30, 2005.

② Wieland Wagner, "Auf Kosten der anderen", *Der Spiegel*, No. 2, 2010, pp. 76 – 77.

③ Ibid..

④ Robert Von Heusinger/Thomas Fischermann, "Ab sofort spielt China mit", *Die Zeit*, No. 31, 2005.

⑤ Redaktion, "Yuan fast frei", *Die Zeit*, No. 30, 2005.

⑥ Anon., "Angst vor dem Crash", *Der Spiegel*, No. 22, 2005, p. 86.

⑦ Redaktion, "Yuan fast frei", *Die Zeit*, No. 30, 2005.

⑧ Robert Von Heusinger/Thomas Fischermann, "Ab sofort spielt China mit", *Die Zeit*, No. 31, 2005.

⑨ Redaktion, "Yuan fast frei", *Die Zeit*, No. 30, 2005.

⑩ Robert Von Heusinger/Thomas Fischermann, "Ab sofort spielt China mit", *Die Zeit*, No. 31, 2005.

民币汇率问题还主要被视为中美贸易关系中的一个重要问题，并没有出现指责人民币汇率政策对欧洲国家利益构成威胁的报道。经济危机爆发后，《时代》周报同样在指责中国汇率政策具有攻击性和指责其加剧世界经济不平衡的框架中观察人民币再次增值问题，该报称"人民币近年确实增值近20%，但是这依然无法阻挡中美之间的货物流量。美国从中国进口的数量反而增加了"①。

在人民币汇率主题上，《明镜》周刊一直坚持主张人民币增值是西方的正当要求，该刊将2008年人民币增值解读为中国向美国和欧盟"屈服"②。经济危机爆发后，该刊虽依然坚持指责人民币汇率政策的攻击性，但却出现了鲜见的、表示世界不应对人民币增值在消除全球经济不平衡方面报以"夸张的希望"的声音：报道援引西方专家的话，称"人民币对美元在2005年到2008年逐步升值达到20%，但是这对世界市场上的美国企业并没有明显的帮助"③。

纵观德媒涉华经济报道，2008—2010年阶段是人民币汇率问题关注度最高的时段，也是中国"人为控制货币低值"形象最负面的阶段。两刊一致指责中国汇率政策有损他国利益、加剧世界经济不平衡，塑造自私的、对世界经济稳定构成威胁的中国经济形象。德媒此时之所以大肆指责中国的汇率政策，是因为此时德媒认为人民币汇率问题不再只是主要涉及美国利益，而已经涉及欧洲国家的切身利益。《时代》周报称，"现在美国人节约了，中国的廉价出口就将竞争带入其他国家"④，《明镜》周刊也警告说，"世界必须准备好接受新一轮'中国制造'的廉价产品的洪流袭击"⑤。德媒担心中国廉价产品的竞争力使德国工业受到威胁，报道称"很快其他国家就没有东西可以生产了，这也包括出口大国德国在内"⑥，这种论调与同期报道中经常出现的论断"中国取代德国成为世

---

① Heike Buchter/Frank Sieren, "Aus der Balance geraten", *Die Zeit*, No. 6, 2009, p. 22.
② Anon., "Rote Planer lenken ein", *Der Spiegel*, No. 2, 2008, p. 73.
③ Anon., "'Übertriebene Erwartungen'", *Der Spiegel*, No. 42, 2010, p. 90.
④ Mark Schieritz, "So nicht, China", *Die Zeit*, No. 2, 2010, p. 19.
⑤ Wieland Wagner, "Auf Kosten der anderen", *Der Spiegel*, No. 2, 2010, pp. 76-77.
⑥ Mark Schieritz, "So nicht, China", *Die Zeit*, No. 2, 2010, p. 19.

界出口冠军"① 是相应地。德媒一再预测和证实该论断，颇有暗示"中国的崛起意味着德国的衰退"之意，依赖出口经济的德国世界出口第一大国的位置被中国取代，这必然在一定程度上又激活德媒中的中国经济威胁论。

需要强调的是，人民币汇率问题这一议题贯穿中美关系话语束，不仅涉及中美经贸关系，而且还与中美外交关系主题交织。《明镜》周刊将人民币汇率问题视为中美关系走向的重要表征，2008年初，人民币增值被解读为中国将向美国"屈服"的"清晰的政治信号"②；经济危机时期，美国在人民币汇率问题上不公开指责中国的态度被视为美国对中国服软："美国现在不敢公开将'货币操纵国'钉上耻辱柱"③；而之后美国再次公开要求人民币汇率增值，则被解读为"美国（对华政策）倾向转变的一个明确信号"④。

在德媒指控中国为"货币操纵国"的议程中，同样存在主题缺失现象，德媒一再强调人民币低值危及世界经济平衡和他国利益，强调人民币增值也有利于中国自身，从而制造人民币增值是正常化的话语效果。但是德媒从不论及人民币低值给西方国家的进口行业带来的益处，也不言说人民币低值与中国成为西方企业的廉价生产基地之间的联系，而西方经济界和西方国家经济显然是受益于后者的。这种选择性议程设置显然也是以西方利益为出发点的，而且人民币汇率对德国利益的撼动越大，德媒中指责中国操纵汇率的声音就越高。相应的，德媒所塑造的中国"货币操纵国"形象作为建构产物的主体依赖性也就越明显。

（五）中国"侵犯知识产权"形象

"侵犯知识产权"是德媒所建构的中国经济形象的一个重要组成元素。虽然德媒中有声音表示，中国对西方真正构成威胁的是"这个国家发掘了自己的创新能力"⑤，分析结果也显示，德媒真正视为威胁的是中国科研竞

---

① Wieland Wagner, "Auf Kosten der anderen", *Der Spiegel*, No. 2, 2010, pp. 76 - 77.
② Anon., "Rote Planer lenken ein", *Der Spiegel*, No. 2, 2008, p. 73.
③ Gabor Steingart/Wieland Wagner, "Partner wilder Willen", *Der Spiegel*, No. 46, 2009, pp. 74 - 78.
④ Anon., "Machtspiele unter Grossmächten", *Der Spiegel*, No. 6, 2010, pp. 96 - 97.
⑤ Georg Blume, "Der Pirat wird Erfinder", *Die Zeit*, No. 35, 2006, p. 17.

争力增强,对中国侵犯知识产权的指责背后,所隐藏的也正是担心德国相对于中国丧失科技优势的焦虑。但是中国在德媒中呈现的诸如"除印度之外的最大的专利窃贼"①"职业盗版商"② 的负面形象,并没有因此受到任何动摇。德媒主流话语将知识产权问题视为德国企业来华投资所面临的一个普遍商业环境问题,同时中国政府也被指责对该问题不作为,③甚至更被指责为隐藏于中国企业侵犯知识产权行为幕后的指使者。另外,知识产权保护主题与中德关系话语束有一定的交织,同时也与来自政治层面的话语有一定的交织。德媒多次提及德国总理默克尔指责中国侵犯知识产权,2006 年时报道称,"盗版问题使中德之间良好的经济关系笼罩阴影。默克尔说中国是一个不遵守规则的国家,指的就是缺少知识产权保护"④;2010 年默克尔访华时,报道称"她鼓励德国经济界的领袖们说出在知识产权剽窃和强制参股方面的愤怒,此举获得成功"⑤。

(六) 中国政治界在经济中的快速决断能力形象

中国政治界在经济发展中的快速决断能力是中国经济形象的一个侧面。分析语料中虽并无以此为核心主题的报道,德媒也没有大费笔墨着重进行报道,但却是中国经济在德媒眼中区别于西方国家经济的一个重要特点。《明镜》周刊表示,"中国领导人的决断能力令陷入无止境的改革讨论中的西方政治家们羡慕不已"⑥,称"西方经理们羡慕远东官员能够闪电般快速实施投资,不用顾及公共舆论、环境保护或者法律规定。……在德国需要讨论 3 周的事情,在中国 30 秒内就可以决定。"⑦两刊在关于柏林附近的一个小城招商引资兴建中国城的报道中,都提及中国商人无法理解为什么德国审批项目的周期如此漫长。《时代》周报称,寻找投资的德国建筑师"不得不一再向潜在的(中国)投资商解释,在

---

① Anon., "Vorstoss gegen Millionenhilfe", *Der Spiegel*, No. 13, 2006, p. 18.
② Stefanie Schramm, "Saubermänner", *Die Zeit*, No. 38, 2010, p. 39.
③ 参见 Gabor Steingart, "Weltkrieg um Wohlstand", *Der Spiegel*, No. 37, 2006, pp. 44 – 75。
④ Georg Blume, "Der Pirat wird Erfinder", *Die Zeit*, No. 35, 2006, p. 17.
⑤ Frank Dohmen/Katrin Elger/Dietmar Hawranek/Ralf Neukirch/René Pfister/Christian Reiermann/Michael Sauga/Wieland Wagner, "Geliebter Feind", *Der Spiegel*, No. 34, 2010, pp. 60 – 71.
⑥ Andreas Lorenz, "Prickelnde Weltfabrik", *Der Spiegel*, No. 18, 2004, pp. 136 – 138.
⑦ Ibid..

德国审批过程可能会需要好几年的时间"①；《明镜》周刊将之解读为"发展中的集权政权与民主之间的差异：在中国这样的项目三个月就会批下来，而这个项目在德国已经持续三年了（还尚未审批）"②。中国经济决断周期短，显然在德媒中并不被视为优点，报道称，中国的经济决断"不用顾及公共舆论、环境保护或者法律规定"③。相反，对于德国长周期的决断时间，报道称，"民主要求人们有耐心，虽然民主程序所得到的结果很少是宏伟的，但却经常是稳固可靠的。虽然让很多人参与发言考验人的耐心，但是它能够杜绝少数人的任意统治"④。可以说，中国经济快速决断能力形象其实是德媒眼中中国经济模式的缩影，中西方在经济决断方面的差别也正是德媒眼中中西模式的差异，即所谓"发展中的集权政权与民主之间的差异"⑤。

---

① Jan Pfaff, "Fernost, ganz nah", *Die Zeit*, No. 18, 2007, p. 3.
② Markus Feldenkirchen, "Der lange Marsch", *Der Spiegel*, No. 5, 2008, pp. 62–66.
③ Caroline Schmidt, "Hoheitlicher Akt", *Der Spiegel*, No. 14, 2004, p. 60.
④ Markus Feldenkirchen, "Der lange Marsch", *Der Spiegel*, No. 5, 2008, pp. 62–66.
⑤ Ibid..

第 三 章

中国国际关系话语束分析与中国国际形象

本章分析对象为德国媒体关于中国国际关系的报道，这里所说的国际关系既包括中国与其他国家之间的外交关系，也包括经贸关系。从报道对象看，中国国际关系话语束中的报道又可以分为中国与发达国家的关系、中国与亚洲邻国和俄罗斯的关系、中国与西方眼中的独裁国家的关系三大类。

语料中以中德关系为主题的报道数量最多（98篇），占该话语束报道数量的58.3%。作为德国的媒体，两刊在报道中国的国际关系方面自然最为关注中国与德国的关系。在中国与其他发达国家的关系中，德媒关注较多的是中美关系，这与美国的超级大国地位是分不开的。在中国与亚洲国家的关系中，关注度最高的是中日关系与中朝关系，中日关系受到关注一方面是因为中日关系具有历史遗留问题，另一方面与日本曾经在亚洲的经济领先地位有关；而中朝关系受到关注则主要是由于国际社会对于朝鲜问题的关注和朝鲜作为中国的社会主义邻国的身份。在这些重要的次级主题之外，德媒中也有关于中国与其他国家关系的零星报道，比如中国和伊朗的关系、中俄关系、中印关系、中国与巴基斯坦的关系等。从整体上看，德媒对中国与这些国家关系的关注，又可以分为中国与邻国的关系、中国与西方眼中的所谓"独裁国家"的关系两类。

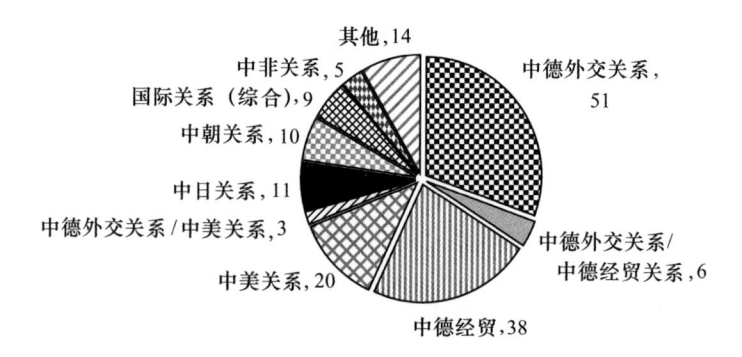

其他,14
中非关系,5
国际关系（综合）,9
中朝关系,10
中日关系,11
中德外交关系/中美关系,3
中美关系,20
中德经贸,38
中德外交关系/中德经贸关系,6
中德外交关系,51

图3—1　中国国际关系话语束次级主题分布①

第一节　中德关系的报道

从报道涉及的领域看，德媒关于中德关系的报道可以分为中德经贸关系和中德外交关系两个次级主题。在德媒关于中德关系的报道中，人权和中德经济往来这两个主题是无法回避的，这也是德媒看中国以及中德关系的两个支柱性出发点，在中德关系话语束中经常会同时出现这两个出发点。2000—2010年共有施罗德和默克尔两位总理执政（2005年10月德国政府换届），他们的对华政策存在很大的差异，德媒关于中德关系的报道在施罗德执政时期和默克尔执政时期也呈现出一定的差异性：施罗德时期，德媒相关报道中以中德经贸关系为主题的报道数量相对较多（见表3—1），而且突出议题在于：指责施罗德对华政策过分关注两国经贸关系和不批评中国人权问题，施罗德被称为"商人的总理"②；默克尔执政时期，德媒所关注的更多是两国外交关系。相比于施罗德的对华政策，德媒主流话语对默克尔的对华政策持肯定与支持的态度，此时德媒主流话语更为坚定地主张德国可以在中德关系中兼获价值观与经济双重利益。此阶段相关报道的一个突出特点是：中德关系报道与关于德国内

---

①　"其他"部分包括：中国伊朗关系、中印关系、中俄关系、中国与拉美国家等的关系。另外，"中德外交/中美"等表示同时涉及两个主题的报道。

②　Ralf Beste/Konstantin Von Hammerstein/Horand Knaup/Andreas Lorenz/Hartmut Palmer/Gabor Steingart, "Kanzler der Kaufleute", *Der Spiegel*, No.51, 2004, pp.24–29.

政事务的报道交织密切。其中,典型的例子是关于默克尔接见达赖喇嘛事件引发德国总理府与外交部矛盾的报道;默克尔执政时期中德关系主题报道的另一个特点是:随着中国经济威胁论甚嚣尘上,对中国侵犯德国知识产权的指责,以及"中国黑客威胁论""中国资本威胁论"等声音也越来越高,这与德媒涉华报道的总体基调是相应的。

表3—1　中国国际关系话语束中德关系次级主题报道时段分布①

评价倾向 ＊ 次级主题 ＊ 年度阶段 交叉列联表

评价倾向		次级主题				合计/评价倾向百分比
		中德外交关系		中德经贸关系		
		2000—2005年	2006—2010年	2000—2005年	2006—2010年	
负面	计数	17	20	8	11	56
	年度阶段中的百分比(%)	45.9	54.1	42.1	57.9	53.8
正面	计数	1	1	3	1	6
	年度阶段中的百分比(%)	50.0	50.0	75.0	25.0	5.8
中性	计数	11	10	14	7	42
	年度阶段中的百分比(%)	52.4	47.6	66.7	33.3	40.4
合计	计数	29	31	25	19	104
	年度阶段中的百分比(%)	48.3	51.7	56.8	43.2	100

一　中德经贸关系的报道

中德经贸关系在中德关系话语束中占据重要地位,报道时间覆盖2000—2010年的全部时段。德媒对双边经贸关系的关注,主要包括德国企业在华经营活动、德国企业在华投资面临的风险以及经济危机时期的两国经贸关系。以中国企业在德国展开经贸活动为主题的报道数量很少,

---

① 此表数据为重复计算同时涉及"中德外交关系"与"中德经贸关系"两个次级主题的6篇报道所得,因此得到的报道总数为104篇,多于"中德关系"主题下的实际报道总数(98篇)。

并且此类报道主要是在中国资本威胁论框架下出现的,此处不予赘述(详见第二章中国经济话语束之次级主题"中国资本海外投资"分析)。

(一)德国企业在中国的经营活动

在关于中德两国经贸关系的报道中,德国企业是主要行为主体。德国企业在华经营活动中,德媒关注较多的是磁悬浮项目和德国工业中具有支柱产业地位的德国汽车企业的在华商业行为。

1. 中国引进磁悬浮项目

磁悬浮项目是德媒关于德国企业在华经营活动的报道中很重要的一个次级主题,以磁悬浮项目为核心主题的报道基本集中于2000—2004年(这与此后中国决定不再使用磁悬浮技术有关)。磁悬浮一事在2004年之后关于德国企业在华经营投资的报道中并非没有提及,只是不再以核心主题的形式出现。分析显示,2004年以后该主题在德媒指责中国侵犯德国企业知识产权的报道中出现频率最高。两刊相比,又以《明镜》周刊中以磁悬浮为核心主题的报道数量更多(《明镜》周刊6篇,《时代》周报2篇),因此下文分析基本为《明镜》周刊的相关议程分析。

分析显示,2004年之前德媒关于磁悬浮的报道的核心议题为:德国期待获得磁悬浮测试段之外的更大订单。此阶段几乎所有的报道都提及该话题,并且从报道中可以看出,德媒对此事的态度随着时间的推移而发生变化:从最初满怀信心地期待订单到质疑获得订单的可能性,到最后彻底放弃希望。2001年初,在中德双方签订磁悬浮测试段项目协议之后,两刊均表示出强烈的信心,并预期该项目能够在全世界范围内为磁悬浮技术吸引更多投资。《时代》周报表示,"磁悬浮的象征性作用远远高于其实际价值"①,所谓"象征性作用",指的是磁悬浮测试段所显示的实际可用性可能带来更多的订单②;《明镜》周刊也称,"在与上海签订协议之后,世界各地都对磁悬浮表示出兴趣"③,该刊同时还表示,"磁悬浮向上海的成功输出,可以为磁悬浮项目在德国上马的可行性提供支

---

① Georg Blume, "Das rasende Denkmal", *Die Zeit*, No. 5, 2001.
② Ibid..
③ Dinah Deckstein, "Im Tiefflug ans Ziel", *Der Spiegel*, No. 5, 2001, p. 112 – 113.

撑"①。在国际社会对磁悬浮项目的关注热潮过去之后,德媒在磁悬浮议题上的关注主要集中在德方是否能够从中国获得下一个更大的订单,但是2001年底《明镜》周刊就已经提出,中德双方在技术共享方面的意见不统一可能会影响德方获得订单,报道称,"蒂森克虏伯坚持以获得下一个订单作为与中国同行分享技术诀窍的条件"②,对此时任总理朱镕基表示,"如果德国人继续这样固执的话,那么他们绝对得不到下一个订单"③,同时报道还称,"一名中国外交官说,在京沪之间建立磁悬浮轨道的可能性原本就不大,'因为我们根本没有那么多钱'"④。2003年时,即在磁悬浮列车启用之后,《明镜》周刊依然聚焦德方是否能够获得下一个订单,并且此时该刊对德方能获得订单的质疑态度较2001年底时更为强烈,报道称,"施罗德是否真的能够为高利润的后续订单铺路还不确定:朱镕基身边的磁悬浮赞成者与铁道部中的高铁赞成者之间在斗争"⑤。同时报道表示,双方关于技术共享的争执依然是一个决定性因素:"中国人是否决定使用磁悬浮,也取决于德国是否愿意与中国分享技术诀窍。"⑥不过在提出质疑的同时,德媒认为还存在一定的希望,有报道称,"虽然京沪段使用高铁技术已成定局,但德国人还在期待沪杭段和京津段的铁路会使用磁悬浮"⑦;也有报道援引时任西门子总裁冯必乐的话作为支持这种希望的论据:"中国政府依然有兴趣在300公里长的京津段和180公里长的沪杭段使用磁悬浮"⑧。德媒对德国是否能获得更大订单一事持质疑和希望并存的态度,这点在2004年依然保持不变。当"中国最终决定在京沪段放弃使用磁悬浮"的消息传播开来时,《明镜》周刊称,此事"比(上海磁悬浮)乘客稀少更让人担心"⑨,但报道同时表示,德方依

---

① Dinah Deckstein, "Im Tiefflug ans Ziel", *Der Spiegel*, No. 5, 2001, pp. 112 – 113.
② Anon., "Angst vor Ideenklau", *Der Spiegel*, No. 50, 2001, p. 77.
③ Ibid..
④ Ibid..
⑤ Anon., "Schröder schwebt für den Aufschwung", *Der Spiegel*, No. 1, 2003, p. 77.
⑥ Ibid..
⑦ Ibid..
⑧ Anon., "'Unausgereifte Ideen'", *Der Spiegel*, No. 30, 2003, p. 54.
⑨ Andreas Lorenz, "Die Zeit eilt", *Der Spiegel*, No. 6, 2004, p. 119.

然"寄希望于沪杭段或者沪宁段采用磁悬浮技术"①。

德方这种在一个希望破灭之后,又寄希望于另一个铁路段能够使用磁悬浮技术的态度,在报道中被称为"基于希望的生意视角"②。2004年之前,德媒关于磁悬浮的报道都是以这种基于希望的视角为主基调的,而在这种希望彻底幻灭之后,相关报道的基调也随之发生变化。2004年之后,磁悬浮项目多作为德国企业在华遭受知识产权侵犯的例证出现在报道中。其实早在2001年底,《明镜》周刊就报道了德方"对知识产权被剽窃的担心"③,报道称,"(德方)担心中国人感兴趣的不是磁悬浮本身,而是其技术诀窍,是为了以后能够设计制造自己的磁悬浮列车"④。只不过那时知识产权问题还没有成为媒体报道的关注点,德媒更多关心的是德方能否获得下一个订单。

磁悬浮主题的一个重要特点是交织以政治层面的话语,德媒在报道中多次提及时任中国总理朱镕基对该项目的态度,比如2000年有报道称,朱镕基决定不采用日本的高铁技术,因此磁悬浮项目不会受到来自日本的竞争干扰⑤;2001年报道称,"朱镕基要求德国政府提供25亿马克的资助,才愿意签订磁悬浮的购买合同"⑥。2003年初德媒也报道了时任德国总理施罗德赴中国为磁悬浮运营剪彩一事⑦,报道称,"北京和柏林之间的良好关系将会在新的一年里给德国经济带来强有力的销售额上涨"⑧。在关于磁悬浮的报道中密切交织来自政治层面的话语,而且德媒选择报道两国领导人对此项目的态度,这反映出此阶段经贸关系在中德两国关系中的重要地位,也反映出此阶段德媒关于中德关系的报道重点很大程度上在于双边经贸关系,正如德媒所言,"德国人对良好中德关系的关注

---

① Andreas Lorenz, "Die Zeit eilt", *Der Spiegel*, No. 6, 2004, p. 119.
② Ibid..
③ Anon., "Angst vor Ideenklau", *Der Spiegel*, No. 50, 2001, p. 77.
④ Ibid..
⑤ 参见 Anon., "Zug ohne Konkurrenz", *Die Zeit*, No. 42, 2000。
⑥ Dinah Deckstein, "Im Tiefflug ans Ziel", *Der Spiegel*, No. 5, 2001, pp. 112 - 113.
⑦ Anon., "Schröder schwebt für den Aufschwung", *Der Spiegel*, No. 1, 2003, p. 77.
⑧ Ibid..

重点在于获得新的经济订单"①。可以说，政治层面的话语与经济层面的话语密切交织，是施罗德执政时期德媒关于中德关系报道的一个重要特点，这一方面与施罗德政府的对华政策注重双边经贸关系有关，另一方面与德媒一再诟病施罗德对华政策过于侧重双边经贸关系有关。

  对中国经济话语束的分析显示，2004年之前德媒对中国经济发展的定位是：新兴的发展中国家呈现经济发展势头，并逐渐成为亚洲地区大国。与这种定位相应，此时以磁悬浮为主题的报道中尚未显示出视中国为威胁的视角，而是将中国视为潜在的巨大市场，期望中国能够为德国带来更多的订单和经济利益。此时的中国依然被视为经济实力不及德国等发达国家的贫穷的新兴发展中国家，因此报道称，"高科技火车在富裕的德国都被认为是昂贵的。所以如果没有德国的资助，这个面子工程几乎是不可能实现的"②，又比如有报道表示怀疑中国建设磁悬浮测试段的目的在于获得技术，而非项目本身，该文援引一名中国高级外交官员的话称"我们（中国）根本没有建设1300公里长的磁悬浮轨道的经济能力"③。需要指出的是，报道此时只是表示担心中国感兴趣的是磁悬浮技术，并未像2005—2007年阶段时那样大肆指责中国剽窃知识产权，此时报道中也尚未出现2005—2007年阶段频繁出现的诸如预言中国如果获得该技术将会对德国企业构成威胁的论断。中国此时尚未被视为威胁，亦可从德媒此时对中国的国际政治地位的定位看出：中国在政治上被定位为需要依靠德国或者努力争取德国支持的角色。报道称，中方维护良好中德关系"是具有政治意图的。他们视德国为欧洲的一个重要国家，德国将来可以对美国的全球野心产生更多的影响"④，称"德国是欧盟内部的政治重量级国家……朱镕基甚至期待德国能够在对抗美国计划实施的

---

  ① Anon., "Schröder schwebt für den Aufschwung", *Der Spiegel*, No.1, 2003, p.77.
  ② Andreas Lorenz/Achim Rust, "Fußball mit beweglichem Tor", *Der Spiegel* No.26, 2000, pp.158 – 160.
  ③ Anon., "Angst vor Ideenklau", *Der Spiegel*, No.50, 2001, p.77.
  ④ Anon., "Schröder schwebt für den Aufschwung", *Der Spiegel*, No.1, 2003, p.77.

国家导弹防御系统（NMD）方面（为中国）提供保护性支持"①。如此在政治上有求于德国的中国，自然尚未被视为威胁。

如上文所述，从 2005 年起德媒关于磁悬浮的报道基调发生转变，该主题往往与知识产权侵权一同被提上议程，比如《明镜》周刊 2007 年第 35 期的封面报道《沙粒原理》一文称，"2004 年时有中国工程师夜里溜进大厅拍摄在那里停靠的德国磁悬浮列车，目的是获取测量数据。据说几个月之后中国的磁悬浮列车就可以投入使用了"②；《明镜》周刊在 2010 年第 34 期的封面故事《不得不爱的敌人》中再次提出，中国一直没有兑现建立更多磁悬浮路段的承诺，并称"德国人怀疑中国引进磁悬浮就是为了剽窃技术"③。需要指出的是，虽然《明镜》周刊一再将"录像显示中国工程师夜里秘密进入安装大厅测试磁悬浮部件"④ 用作推测中国侵犯德方知识产权的依据，但同时报道也承认，"迄今也没有找到所谓的技术剽窃的证据"⑤。也就是说，虽然该刊明知没有确凿证据，却一再将磁悬浮项目作为中国侵犯德国知识产权的证据提出，这与该刊封面故事《沙粒原理》一文明知无确凿证据，却一再指责在德华人涉嫌窃取德国企业和研究机构的机密如出一辙。

此处需要强调的是，从报道数量分布看，不仅《明镜》周刊对磁悬浮事件更为关注（语料中以磁悬浮为主题的报道中，来自《时代》周报的报道只有 2000 年和 2001 年各一篇，其他报道都来自《明镜》周刊），而且所有以磁悬浮为依据指责中国侵犯知识产权的报道也都来自《明镜》周刊。这与中国经济话语束的分析结果在某种意义上是相符的，即相较于《时代》周报而言，《明镜》周刊在知识产权问题上所塑造的中国形象更为负面，报道数量更多，对中国的谴责言辞更为激烈。

---

① Andreas Lorenz/Achim Rust, "Fußball mit beweglichem Tor", *Der Spiegel* No. 26, 2000, pp. 158 - 160.

② Jürgen Dahlkamp/Marcel Rosenbach/Jörg Schmitt/Holger Stark/Wieland Wagner, "Prinzip Sandkorn", *Der Spiegel*, No. 35, 2007, pp. 19 - 34.

③ Frank Dohmen/Katrin Elger/Dietmar Hawranek/Ralf Neukirch/René Pfister/Christian Reiermann/Michael Sauga/Wieland Wagner, "Geliebter Feind", *Der Spiegel*, No. 34, 2010, pp. 60 - 71.

④ Ibid..

⑤ Ibid..

2.《时代》周报议题：德国汽车企业在中国

在涉及德国企业在华具体商业行为的 20 篇报道中，有 6 篇是关于德国汽车企业的。[1]所有 6 篇报道全部来自《时代》周报（该报中共有 10 篇关于德国在华企业的报道，其中关于汽车企业的报道超过 1/2）。汽车产业是德国经济的支柱性工业，因此才会备受关注，其中又以大众公司受关注程度最高，因为在德国汽车企业中，大众公司进入中国市场的时间最长、所占市场份额也最大。从时间分布看，语料中除了一篇报道内容涉及大众公司前任经理著书描述大众公司在中国的创业过程之外，其余 5 篇中有 4 篇是在 2000—2004 年的，另一篇发表于 2010 年经济危机时期。分析显示，这样的报道时间分布与德国汽车企业在中国的存在状态有一定关联性，2000—2004 年是德国汽车企业（尤其是大众公司）从在中国汽车市场占据垄断地位向面临国际竞争的状态转变的阶段，而 2010 年的状况则是德国经济整体受到经济危机打击，但德国汽车业却因为中国市场的缘故依然红火。2000—2004 年的相关报道一方面体现出中国汽车市场的增长势头，另一方面德媒也一再提醒德国企业，不可忽视中国市场投资环境中存在的风险，这与此阶段德媒对中国经济发展的定位是相应的：虽然呈现强劲势头和新兴迹象，但同时投资环境问题众多。德媒表示，此阶段"中国汽车市场红火"[2]，因为随着中国经济发展和人民生活水平提高，"中国进入集体机动化的阶段。汽车经济在全国各地兴起"[3]。《时代》周报对此时中国汽车市场红火状况的描述和定位，与此阶段德媒对整个中国市场大环境的定位是相似的，中国主要被定位为以农业和基础工业为主、开始显现发展势头的第三世界国家[4]，而此时中国的落后在德媒眼中也正意味着巨大的市场潜力：《时代》周报 2001 年时称，"平均

---

[1] 《明镜》中有一篇（Andreas Lorenz, "'Mache dein Leben farbiger'", *Der Spiegel*, No. 37, 2003, pp. 122 – 124.）以中国汽车经济热潮为报道对象，但该报道只是提及德国汽车企业在中国的存在，而非以之为核心主题。

[2] Anon., "VW: Von China lernen", *Die Zeit*, No. 9, 2003.

[3] Georg Blume, "Xiali – oder das Geheimnis der drei Schachteln", *Die Zeit*, No. 26, 2004.

[4] 参见 Georg Blume/Chikako Yamamoto, "Großer Sprung ins Netz", *Die Zeit*, No. 22, 2000。

每一百个中国人才拥有一辆汽车"①。另外《明镜》周刊有一篇以中国汽车经济热潮为报道对象的文章,也提及德国汽车企业在中国的存在,报道称,"经过多年的强制性"简朴美德之后,中国人对汽车表现出狂热,中国汽车市场的前景无国可敌②,所以此时"全世界的汽车生产商都想要打入中国市场"③。与其他境外汽车企业一样,大众公司此阶段也着力开拓中国市场。2001年《时代》周报称,此时实际上已经垄断中国汽车市场的大众公司打算将中国从"自行车王国变成汽车王国"④;2004年《明镜》周刊称,"中国已经成为大众公司最重要的市场,(大众公司在中国市场)比在德国市场出售的汽车还要多"⑤。此阶段德媒中尚未出现关于中国汽车消费将会对世界环境构成威胁的论断,此阶段在德媒眼中,中国人的汽车消费只意味着德国汽车企业(尤其是大众公司)的市场和业绩。但当大众公司不能继续保持其在中国市场的垄断地位、西方汽车企业因为中国本土汽车产业的兴起不能再主导中国汽车市场时,德媒中便开始出现预言中国人的汽车保有量增长会让世界窒息的"中国消费威胁论"。这点再次表明德媒涉华报道并非真的如其所宣扬的那样客观和中立,而是以其国家自身的利益为出发点进行报道的。当中国经济发展和消费增长符合德国/西方利益时,德媒选择报道中国经济发展的积极意义,当中国经济发展和消费增长影响到德国/西方利益时,德媒便会着重选择报道中国经济发展的"负面效果"。其区分积极与负面的标准就是德国/西方的利益。

  德媒一方面描述中国汽车市场的商机和德国汽车企业在华所面临的机遇;另一方面相关报道也表示此时中国市场环境发生变化,并预警德国汽车企业在华投资生产面临竞争和风险,报道称,随着中国加入世贸组织,外国汽车企业进入中国,导致一方面大众公司在中国汽车市场的

---

① Georg Blume, "Polo für die Massen", *Die Zeit*, No. 51, 2001.
② Andreas Lorenz, "'Mache dein Leben farbiger'", *Der Spiegel*, No. 37, 2003, pp. 122 - 124.
③ Ibid..
④ Georg Blume, "Polo für die Massen", *Die Zeit*, No. 51, 2001.
⑤ Alexander Jung, "Sprung auf den Drachen", *Der Spiegel*, No. 34, 2004, pp. 66 - 68.

垄断地位受到威胁①；另一方面中国汽车市场从卖方市场转变为买方市场，于是大众公司在市场垄断地位下所建立的企业结构此时不再适应市场需求，从而导致企业在某些方面失利②。与此阶段德媒关于中国经济发展的报道议程相应，《时代》周报在报道中一再提醒德国经济界不可无视这个门槛国家的市场存在的风险，报道称，"因为汽车价格居高，迄今为止中国被汽车企业视为黄金国度，所以很多公司欲扩大产能。现在专家警告称必须要警醒了"③，所谓的警醒警告，指的是专家们基于中国汽车市场出现价格战的现象，提醒经济界不可盲目相信中国经济奇迹。

在经济危机时期，《时代》周报也同样延续了其对中国汽车市场以及在华德国汽车企业的关注。此时中国实行的经济刺激计划和拉动汽车消费的措施，使在华外国汽车企业同样受益，报道称，"德国汽车企业经历突然的复兴。很大的一个因素是来自门槛国家的增长需求，尤其是中国。"④但是该报并非完全从正面对这种现象进行解读，而是在机遇论与威胁论之间摇摆：《时代》周报在报道该现象时同样不忘表示："对中国的依赖性增加，自然意味着威胁。高度依赖（中国）会带来风险，比如北京的政治干预。"⑤这与此阶段德媒既希望德国经济能够受益于中国的经济增长，从而走出经济危机，同时又担心德国经济过于依赖中国而受制于中国的话语立场是相应的。

此处需要提及的是，除了《时代》周报着重关注德国汽车企业的在华存在之外，《明镜》周刊在2000—2004年阶段也关注德国其他重要企业赴华投资的事宜，比如"德国邮政投资数十亿进入巨大的中国市场"⑥；由德国汉莎和中国国航合资的北京飞机工程维修有限公司（Ameco）在华合同到期，施罗德访华时试图拯救Ameco的在华业务⑦；法兰克福机场想

---

① 参见 Georg Blume, "Polo für die Massen", *Die Zeit*, No. 51, 2001。
② Georg Blume, "Xiali – oder das Geheimnis der drei Schachteln", *Die Zeit*, No. 26, 2004.
③ Anon., "Geschenke für China", *Die Zeit*, No. 27, 2004.
④ Dietmar H. Lamparter, "Der China-Faktor", *Die Zeit*, No. 45, 2010, p. 37.
⑤ Ibid..
⑥ Frank Dohmen, "Gelbe Offensive", *Der Spiegel*, No. 18, 2002, p. 122.
⑦ 参见 Anon., "Poker in Peking", *Der Spiegel*, No. 18, 2004, p. 124.

要在华扩张业务①等。德媒在2000—2004年阶段关注德国企业进入中国市场和在华投资行为,这与该阶段欧洲掀起中国热的大环境以及德媒视中国为西方的巨大市场的定位是相应的。

(二)德企在华投资风险

与德媒主张中国经济环境存在问题的定位相应,德媒(主要是《明镜》周刊)描述并提醒德国企业在华投资有风险。2000—2004年阶段,德媒主要议及中国投资环境中存在的一般性问题,2005—2007年阶段则主要议及知识产权问题。这与德媒对中国经济发展的定位具有一定的相应性。

1. 德企在华投资的风险之一:投资环境安全问题(主要为《明镜》周刊议题)

投资环境安全问题被德媒作为在中国系统性存在的投资风险和"经济奇迹国家的另一面"②提出,该议题在中国经济话语束中也存在,尤其是在2000—2004年阶段,德媒在涉华经济报道中一再表示中国投资环境存在安全问题。以德国企业在华投资的环境安全问题为核心主题的报道大多来自《明镜》周刊。这里所说的投资环境安全问题包括诸多方面,其中出现频率较高的是"法律情况不明晰、公务员腐败和官僚主义障碍"③。《明镜》周刊表示一方面中国普遍存在这类投资安全问题,另一方面该刊表示中国还存在商业诈骗行为,报道称,"很多德国投资商抱怨这个东亚巨大帝国的商业环境不好,腐败的公务员、欺骗性的合作伙伴和不明晰的法律,而这些都是针对外国人的"④。所以2002年对于德国邮政欲进驻中国市场一事,报道称,"专家们警告称,这个有着12亿消费者的市场不仅蕴藏巨大的机遇,也存在风险"⑤,报道称,在中国"投资

---

① 参见 Anon., "Fraport auf China-Trip", *Der Spiegel*, No. 26, 2004, p. 71。
② Wieland Wagner, "Hilflos in Shanghai", *Der Spiegel*, No. 22, 2010, pp. 73 – 74.
③ Alexander Jung, "Sprung auf den Drachen", *Der Spiegel*, No. 34, 2004, pp. 66 – 68.
④ Andreas Lorenz/Achim Rust, "Fußball mit beweglichem Tor", *Der Spiegel* No. 26, 2000, pp. 158 – 160.
⑤ Frank Dohmen, "Gelbe Offensive", *Der Spiegel*, No. 18, 2002, p. 122.

框架条件绝对是不安全的"①。分析显示，2004年之前，《明镜》周刊的报道议程重点在于向欲进驻中国市场的德国企业提出风险预警，而从2005年开始报道议程发生改变，《明镜》周刊一再报道德国企业或者商人因为商业环境问题在华遭受损失的案例，进而以现身说法的方式证实中国投资环境确实存在风险。报道提醒德企，要看到"中国绝对不是一个很快就能赚到钱的地方"②。报道称，"谁梦想着大宗的亚洲生意，就会轻易掉入中国陷阱"③。报道表示，一方面，"德国企业家们总是接到来自中国的订单询价。不过这背后经常隐藏着诈骗团伙，他们的眼睛只盯着钱和礼物"④；另一方面，这些企业在遭受诈骗之后"向当局机构和警察求助无果"⑤，导致"诈骗方无所顾忌"⑥，而受害者却得不到法律保护。以中国投资环境安全问题为核心主题的报道数量相对较少的《时代》周报中，也有一篇报道讲述了某德国企业家在中国因为"法治混乱和官僚专制"被"海关控告"，而经历牢狱之灾的"悲惨遭遇"。⑦

从总体看，这类报道虽然数量不多，但为数不多的具体例证却因其现身说法的特点，具有相当的说服力。德媒一方面提醒德企，尤其是中小型企业，不要盲目追随中国热，但同时德媒也表示，"尽管如此，几乎没有一家企业放弃在华业务，因为中国提供的机会太诱人了"⑧，报道称，"当中国晋升成为世界经济大国的时候，所有人都想要及时出现在那里"⑨，称"没有一家企业能够忽视中央帝国"⑩。这与德媒涉华经济报道中的典型的双重中国情结是相应的，既看到不可不抓住的机遇，又一再抱怨机遇中暗藏风险。

---

① Frank Dohmen, "Gelbe Offensive", *Der Spiegel*, No. 18, 2002, p. 122.
② Alexander Jung, "Sprung auf den Drachen", *Der Spiegel*, No. 34, 2004, pp. 66 – 68.
③ Beat Balzli, "Verlockende Aufträge", *Der Spiegel*, No. 38, 2006, p. 114.
④ Ibid..
⑤ Wieland Wagner, "Hilflos in Shanghai", *Der Spiegel*, No. 22, 2010, pp. 73 – 74.
⑥ Ibid..
⑦ 参见 Frank Sieren, "Haft eines Handlungsreisenden", *Die Zeit*, No. 42, 2008, p. 25.
⑧ Alexander Jung, "Sprung auf den Drachen", *Der Spiegel*, No. 34, 2004, pp. 66 – 68.
⑨ Ibid..
⑩ Ibid..

2. 德企在华投资风险之二：知识产权问题（《明镜》周刊议题）

知识产权问题是中国经济话语束中的一个重要的主题，分析显示，该主题下的报道基本集中出现在 2005—2007 年阶段。在关于德国企业在华商业行为的报道中，知识产权问题同样也构成一个重要议题，中国被指责"有损德国企业的利益，因为这个巨大的帝国（［德］Riesenreich）是'除印度之外的最大的知识产权盗贼'"①，而且报道集中出现的时间段也是 2004 年后期至 2008 年前期。与中国经济话语束分析结果相同，中德经贸关系话语束中同样以《明镜》周刊在知识产权这一主题下的报道数量占绝对多数，此处语料中收入的 5 篇报道皆来自《明镜》周刊。需要指出的是，指责中国侵犯知识产权的言论并非只来自《明镜》周刊，《时代》周报同样也存在类似指责。只是《时代》周报很少报道在华德企遭受知识产权侵犯的具体案例。

《明镜》周刊表示，"德国企业在中国面临诸多问题"②，其所指的问题之一就是知识产权问题。报道称，"盗版现象在中国非常普遍，专利权得不到尊重"③。该刊列举出多项具体数据用以证明盗版现象在中国之普遍，报道称，"每年全球贸易额的 9% 都来自赝品交易，专家估计全球 2/3 的假货来自中国"④。具体到德国企业，报道称"在中国做生意的德国企业中有超过 1/3 成为知识产权剽窃的牺牲品"⑤，其中"情况最严重是环保技术、消费品、汽车工业和建筑工业等领域的企业"⑥。在关于知识产权问题的报道中交织多个来自经济话语层面的话语片段，《明镜》周刊多次援引德国经济界人士的观点，或者采访经济界人士，或者直接刊登由经济界人士撰写的相关文章。报道中有德国建筑师表示中国的盗版现象具有文化和历史原因，称"（在中国）个体权利显然并无重要价值……因

---

① Anon., "Vorstoss gegen Millionenhilfe", *Der Spiegel*, No. 13, 2006, p. 18.
② Alexander Jung, "Sprung auf den Drachen", *Der Spiegel*, No. 34, 2004, pp. 66 – 68.
③ Ibid..
④ Hauke Goos, "Die Spur der Säge", *Der Spiegel*, No. 2, 2007, pp. 46 – 50.
⑤ Anon., "Schutzlos gegen Kopierer", *Der Spiegel*, No. 29, 2007, p. 56.
⑥ Ibid..

此在那儿知识产权几乎得不到严肃对待，也是符合逻辑的"①。也有人称，"在集体生产的中国，西方关于知识产权的设想、个体或小群体的成就几乎没有什么价值"②，甚至还有德国企业家称，盗版现象"是符合儒家思想的，被剽窃说明大师受到尊重"③。

《明镜》周刊除了指责中国盗版现象普遍存在，以及指责剽窃具有根深蒂固的历史文化原因之外，该刊在知识产权这个主题下所设置的另一个议题是德企在中国艰难抵制盗版的境况。《明镜》周刊表示，一方面"大部分德国企业没有依据中国法律进行注册"，因此德国企业"面对盗版商不受任何保护"。④报道表示，虽然有少数德国企业采取在技术上对中国员工设防和雇用私人侦探追踪盗版来源等反盗版措施，但是反盗版难度依然很大，报道称，"中国的造假者们不仅移动能力强，而且速度非常快"⑤。在反盗版方面，《明镜》周刊和《时代》周报都一致主张：当中国企业自身具有反盗版需求的时候，德企在中国境内的反盗版行动就可以卓有成效了。《明镜》周刊称，"德国企业只要能坚持到中国公司自己的专利被剽窃就行。如果中国企业自身也担心被盗版，那么中国政府就会针对盗版行为采取更加严厉的手段"⑥；《时代》周报中也有类似论断："作为世界工厂，这个问题（盗版）迟早会危及中国自身的利益。"⑦

《明镜》周刊称，"反盗版是第一世界与第三世界之间的斗争"⑧，所以当中国"从第三世界变成第一世界"⑨ 的时候，德国企业在反盗版方面就有希望了。但是中国经济话语束分析显示，德媒并不真的希望中国跻身第一世界的行列，最起码在科研能力方面，德媒不希望甚至害怕中国取得与德国等发达国家同等的水平。因此这里所说的希望中国成为"第

---

① Christoph Ingenhoven, "Ich baue nicht in China", *Der Spiegel*, No. 1, 2008, pp. 128 – 130.
② Anon., "Es tut sehr weh", *Der Spiegel*, No. 26, 2008, pp. 144 – 145.
③ Alexander Jung, "Sprung auf den Drachen", *Der Spiegel*, No. 34, 2004, pp. 66 – 68.
④ 参照 Anon., "Schutzlos gegen Kopierer", *Der Spiegel*, No. 29, 2007, p. 56。
⑤ Hauke Goos, "Die Spur der Säge", *Der Spiegel*, No. 2, 2007, pp. 46 – 50.
⑥ Ibid..
⑦ Josef Joffe, "Super macht sinnlich" *Die Zeit*, No. 36, 2007, p. 1.
⑧ Hauke Goos, "Die Spur der Säge", *Der Spiegel*, No. 2, 2007, pp. 46 – 50.
⑨ Ibid..

一世界",也仅限于知识产权保护方面,只是出于希望本国企业的权益在中国能够得到更好的法律保护的立场。如德媒既希望中国保持"第三世界"的经济发展水平,即世界工厂身份;但同时又希望中国提供"第一世界"水平的成熟投资环境,以保障外国企业在中国的利益一样,都是要为了保障西方国家的利益。对中国经济话语束的分析显示,德媒指责中国侵犯知识产权,实际反映的是担心中国科研竞争力增长对德国构成竞争和威胁,与之相应,《明镜》周刊关于德国在华企业遭受知识产权侵权的报道也反映出同样的担心。报道表示,担心"中国不会再长时间满足于当世界工厂了"①,担心中国发展自主科研。德媒之所以有这样的担心,原因是认为德国大型企业和中型企业来华投资导致德国"工作岗位流失",认为"只有在德国还拥有技术优势的情况下,德国区位才能得到保障……如果我们(德国企业)将技术诀窍也交出去,那么我们很快就会沦为第三世界"②。中国威胁论之声随着中国经济发展成就的增加而提高,正如德媒所言,"自从中国经济以10%的速度增长,这个国家就构成了威胁"③。德媒担心的是德国被中国超越而失去技术优势,因此相比于本国企业技术诀窍流失,更让德媒担心的是中国自主研发能力的增强,比如报道称,"更严重的后果是:西门子 CF62 手机不仅是在中国生产的,而且也是在那里研发出来的"④。

需指出的是,《明镜》周刊虽一再指责德国在华企业遭受盗版侵权,但同时该刊也表示,尽管德企在华面临盗版困境,却依然纷纷来华。报道称,这是因为"在全球竞争中德国公司没有别的选择,中国的工资成本还不到德国工资成本的 1/10"⑤。因为"当中国晋升成为世界经济大国的时候,所有人都想要及时出现在那里。……没有谁能够忽视中央帝国"⑥,所以不仅德国大型康采恩集团来华,"中型企业大军也纷纷追随众

---

① Hauke Goos, "Die Spur der Säge", *Der Spiegel*, No. 2, 2007, pp. 46 – 50.
② Alexander Jung, "Sprung auf den Drachen", *Der Spiegel*, No. 34, 2004, pp. 66 – 68.
③ Hauke Goos, "Die Spur der Säge", *Der Spiegel*, No. 2, 2007, pp. 46 – 50.
④ Alexander Jung, "Sprung auf den Drachen", *Der Spiegel*, No. 34, 2004, pp. 66 – 68.
⑤ Hauke Goos, "Die Spur der Säge", *Der Spiegel*, No. 2, 2007, pp. 46 – 50.
⑥ Alexander Jung, "Sprung auf den Drachen", *Der Spiegel*, No. 34, 2004, pp. 66 – 68.

康采恩集团前往中国"①。这与德媒涉华报道中典型的双重中国情结是完全吻合的——既想从中国经济中获益，又视日益强大的中国经济为威胁，这种情结可以用《明镜》周刊的论断来总结："德国人依赖这个给他们带来威胁的国家。"②

此外，奥运前夕，《明镜》周刊中有两篇报道的内容为德国建筑设计师现身说法讲述其企业在华遭受侵权的案例③，这两篇报道与知识产权主题下的其他报道在视角选择上稍有差异。这两篇报道更多地将知识产权侵权问题与人权联系在一起，而不像其他报道那样将之与中国经济威胁论和中国科技威胁论联系在一起。这与这两篇报道刊登时间的特殊性密切相关——中国主办奥运前夕。也就是说，这两篇报道之所以偏离德媒一贯的轨迹，而强调知识产权问题与人权之间的关系，是为了配合报刊试图在话语上剥夺中国主办奥运的合法性的总体议程。这种旨在配合总体议程的选择性报道视角，从2008年初的这两篇报道中已经出现"形象建筑的政治性"④议题亦可看出：接受采访的建筑师称，"人们经常说，希望好的建筑项目能够使流氓国家人性化，这种期待应该是一个幻想"⑤。而在2008年德国社会的"奥运辩论"中，是否应为中国设计形象建筑正是重要议题之一。

（三）经济危机时期的中德经贸关系

经济危机时期中国凭借经济刺激计划拉动国内经济，率先走出经济危机并保持经济增长速度。在这个大语境下，《时代》周报关注德国汽车企业如何受益于中国经济刺激计划下被拉动的汽车消费：2009年报道称，"中国政府很注意不让西方制造商太过占据主导地位。尽管如此，德国汽车制造商还是觉得在中国市场得到好处"⑥，报道称中国成为德国汽车工

---

① Alexander Jung, "Sprung auf den Drachen", *Der Spiegel*, No. 34, 2004, pp. 66 – 68.
② Hauke Goos, "Die Spur der Säge", *Der Spiegel*, No. 2, 2007, pp. 46 – 50.
③ 参见 Anon., "Es tut sehr weh", *Der Spiegel*, No. 26, 2008, pp. 144 – 145; Christoph Ingenhoven, "Ich baue nicht in China", *Der Spiegel*, No. 1, 2008, pp. 128 – 130。
④ Christoph Ingenhoven, "Ich baue nicht in China", *Der Spiegel*, No. 1, 2008, pp. 128 – 130.
⑤ Ibid..
⑥ Frank Sieren, "Hoffnung China", *Die Zeit*, No. 18, 2009, p. 28.

业的"希望所在"①;2010 年时报道称,"德国汽车企业突然经历复兴。很大的一个因素是来自门槛国家的需求增长,尤其是中国"②,报道将之称为"中国因素"③,但与此时德媒对于中德经贸关系的总体定位相应,该报也表示,"对中国的依赖程度的增加,自然意味着威胁"④。《时代》周报对德国汽车业与中国经济之间的关系定位,与《明镜》周刊对整个德国工业界的发展与中国经济之间的关系定位是相应的:一方面报道称,"德国从中国经济刺激计划中受益匪浅"⑤,称"与中国之间的贸易是现在德国出现经济繁荣的最重要的推动力量"⑥,而且德媒认为,除了与中国合作之外,德国企业别无选择:"在美国经济下行、欧洲一再上马新节约项目的时期,大大小小的公司都不得不面对一个简单选择:选择中国或者选择死亡"⑦;另一方面报道称,"有些远东专家认为:德国与中国的联系从长期上看可能会使一些德国本土工业的地标企业([德] Industrie-Ikone)走向衰败:谁要是不注意的话,就有可能会在中国的拥抱中窒息"⑧。这依然是德媒中的双重中国情结的体现——既要受益于中国经济,又担心因为依赖中国经济而受制于中国。

二 中德外交关系的报道

中德外交关系主题的一个特点是:关于两国高层互访尤其是德国高层访华的内容在话语束中构成非常重要的组成部分;该主题报道的另一个特点是:既与中德经贸关系主题交织,又与涉华政治报道密切交织,其中交织频率最高的是在人权主题上。体现这种交织关系的典型话语片段以关于德国高层访华的报道为主:一方面,在施罗德执政时期,德媒

---

① Frank Sieren, "Hoffnung China", *Die Zeit*, No. 18, 2009, p. 28.
② Dietmar H. Lamparter, "Der China-Faktor", *Die Zeit*, No. 45, 2010, p. 37.
③ Ibid..
④ Ibid..
⑤ Frank Dohmen/Katrin Elger/Dietmar Hawranek/Ralf Neukirch/René Pfister/Christian Reiermann/Michael Sauga/ Wieland Wagner, "Geliebter Feind", *Der Spiegel*, No. 34, 2010, pp. 60 – 71.
⑥ Ibid..
⑦ Ibid..
⑧ Ibid..

批评德国政府对华政策过度注重双边经贸关系；而在默克尔执政时期，德媒则一再强调，即使批评中国，也一样可以保持与中国的良好经贸关系，因此中德外交关系主题始终是与中德经贸关系主题交织的。另一方面，德国政治家访华时是否批评中国的人权状况成为德媒必然提及的话题，德媒多年以来一直乐此不疲地将之设为议题，无论是关于施罗德访华还是默克尔访华，抑或是德国总统访华的报道中，都不会少了这个议题。德媒主流话语在该议题上的话语立场和话语质量保持高度一致：批评中国人权状况的德国首脑受到褒扬，避免批评或者批评声音较弱的则得到负面的评价，因为在德媒眼中，对中国人权状况进行批评，是德国政治家们访华时的职责义务所在。①德媒主流话语的这种态度和话语立场，与其多年来在人权问题上塑造的极为负面的中国形象是相应的。多年来德媒一直批评中国的人权状况，并否认中国在人权方面取得实质性的改善，其中具有代表性的是：2008 年 3 月以后，德媒一再以中国人权状况没有发生好转为由，呼吁抵制奥运。

（一）施罗德执政时期的中德关系

施罗德执政时期，德媒对其注重双边经贸关系，并且不大声批评中国人权状况的对华政策，颇有微词，施罗德被认为"更多是中国经济腾飞的敬佩者，而非具有前瞻性目光的外交政治家"②。报道称，"（施罗德）总理的外交政策越来越被视为没有原则的经济促进政策"③，或者称"施罗德在访华过程中倒不像一个政府首脑，而更像德国股份公司的董事会主席"④。德媒对施罗德对华政策的这种不满，不仅只表现在关于施罗德访华的报道中，在德媒关于中德法治国家对话机制以及施罗德致力于取消对华武器禁运等事件的态度中，也同样体现出来。

---

① 参见 Jürgen Dahlkamp/Marcel Rosenbach/Jörg Schmitt/Holger Stark/Wieland Wagner, "Prinzip Sandkorn", *Der Spiegel*, No. 35, 2007, pp. 19 – 34。

② Georg Blume, "Wieder im Spiel: Die chinesische Karte", *Die Zeit*, No. 50, 2004.

③ Ralf Beste/Konstantin Von Hammerstein/Horand Knaup/Andreas Lorenz/Hartmut Palmer/Gabor Steingart, "Kanzler der Kaufleute", *Der Spiegel*, No. 51, 2004, pp. 24 – 29.

④ Konstantin Von Hammerstein/Dietmar Hawranek/Andreas Lorenz, "Im Maul des Drachen", *Der Spiegel*, No. 50, 2003, pp. 86 – 88.

1. 施罗德政府建立中德法治国家对话机制遭批评

德媒指责施罗德为了维护与中国之间的良好经贸关系，放弃作为德国领导人必尽的批评中国人权状况的职责义务，而设立中德法治国家对话机制也成为德媒指责施罗德的依据之一。德媒认为，施罗德建立法治国家对话机制的目的，在于避免履行或者只是间接履行其批评中国人权问题的职责义务。报道称，施罗德在公开场合都避而不谈人权问题，[①]而是"将这个问题交给司法部部长"[②]。德媒表示，施罗德坚持中德法治国家对话，一方面是因为通过这种机制可以"避免用丑陋的'人权字眼'来挑衅中国……这不会让任何人难受、可以让所有人都舒服"[③]；另一方面则是因为通过这种方式可以在德国"避免让人觉得他与北京的统治者打交道的方式太过柔和"[④]。关于中德法治国家对话机制本身的作用，在德媒中以及在德国也是存在争议的，有报道表示这个对话机制并无实质性作用，称"批评者认为，这是德国政治家的一块遮羞布，他们因为顾及经济合同不敢指责北京存在的人权问题"[⑤]，也有报道质疑道，"这个对话机制似乎也是为了安抚德国国内反对在经济上与中国紧密合作的声音"[⑥]，甚至更质疑"中国滥用与法学专家的会晤作为安抚外国批评者的掩饰"[⑦]。赞成中德法治国家对话的人则认为，该机制能够使"中国国内想要贯彻更多法治国家和主张采取更为平和的方式对待持不同政见者的力量得到加强"[⑧]，报道称，"虽然默克尔不害怕在记者招待会上公开说明这些问题，但是寂静的法治国家对话作为对华政策的一种手段，还是保

---

① Konstantin Von Hammerstein/Dietmar Hawranek/Andreas Lorenz, "Im Maul des Drachen", *Der Spiegel*, No. 50, 2003, pp. 86 – 88.
② Matthias Nass, "Sonnenkanzler", *Die Zeit*, No. 50, 2003.
③ Jochen Buchsteiner, "Eisige Eleganz", *Die Zeit*, No. 38, 2000.
④ Andreas Lorenz/Achim Rust, "Fußball mit beweglichem Tor", *Der Spiegel* No. 26, 2000, pp. 158 – 160.
⑤ Ralf Beste/Andreas Lorenz, "Kritik auf leisen Sohlen", *Der Spiegel*, No. 5, 2009, pp. 28 – 29.
⑥ Anon., "'China wandelt sich'", *Der Spiegel*, No. 31, 2001, p. 19.
⑦ Ibid..
⑧ Ralf Beste/Andreas Lorenz, "Kritik auf leisen Sohlen", *Der Spiegel*, No. 5, 2009, pp. 28 – 29.

留了其意义。德国的政治家们在访问北京时，不再非得对中国人权状况进行指责了，这个可以交给对话机制"①。当然即便是认可中德法治国家对话具有"寂静的批评"价值的声音，也认为一方面"法治国家对话的成就非常有限"②，因为他们觉得中国在人权方面的进步不如预期的那么大。另一方面德媒认为，中西方人权观的不一致也影响法治国家对话的效果，报道称，"中国官员对人权的理解主要是生存权和发展权。与西方谈不到一处"③。此外，法治国家对话机制的支持者还强调，"法治国家对话只具有补充性的功能，不能替代政治"④。总之，德媒对于法治国家对话机制的态度更多的是质疑与否定，这点《明镜》周刊在相关报道中明确表示出来，报道称德媒"质疑德国政策"，称"（德国）媒体总体上认为法治国家对话是失败的"。⑤

德媒指责施罗德在中国人权问题上不作为的论断，总是与其对施罗德对华政策过于关注经济合作⑥的指责结合在一起，因此在施罗德执政时期，德媒关于双边经贸关系的报道中一再交织政治层面的话语。有报道指责称，在道德和市场之间，施罗德显然选择了后者。⑦这种指责不仅想当然地从本群体的价值观角度出发，认为批评中国人权问题是正确的做法，而且还将之上升到道德层面，认为施罗德对待该问题的方式背弃了道德。德媒将自我价值观标准自然化，并给基于这种标准得出的判断和行为方式披上"正义"的外衣，将本话语共同体之外的意见群体置于道德低下的位置，这是典型的民族中心主义的表现。施罗德因其对华政策强调双边经贸合作被《明镜》周刊戏称为"商人的总理"⑧，报道指责施

---

① Ralf Beste/Andreas Lorenz, "Kritik auf leisen Sohlen", *Der Spiegel*, No. 5, 2009, pp. 28 – 29.

② Ibid..

③ Ibid..

④ Ibid..

⑤ Ibid..

⑥ 参见 Georg Blume, "Raus Pekinger Predigt", *Die Zeit*, No. 38, 2003。

⑦ Ralf Beste/Konstantin Von Hammerstein/Horand Knaup/Andreas Lorenz/Hartmut Palmer/Gabor Steingart, "Kanzler der Kaufleute", *Der Spiegel*, No. 51, 2004, pp. 24 – 29.

⑧ Ibid..

罗德"为了促进德国的生意……只挑中国人爱听的说"①。《时代》周报虽然承认，施罗德为德国企业争取订单、促进中德经贸关系发展是"符合德国利益的"②，但同样对施罗德在批评中国人权问题上的处理方式表示不满，报道称"施罗德每次访华之后都有一些余味"③。现有研究成果表明，德国其他主流媒体，如《法兰克福汇报》和《南德意志报》两家日报，也主要对施罗德"片面中国友好的政策持批判态度"④。

鉴于中德法治国家对话机制主题与政治密切相关，因此媒体话语中交织了来自政治层面的话语。正如德媒所言，德国政界也"紧张地关注施罗德（访华期间）是否谈及人权问题"⑤，因此，一方面可以说，德媒在报道中德关系时一再将人权问题提上议程，与德国的政治大环境是分不开的；另一方面分析显示，媒体所援引的来自政治话语层面的信源基本都是与德媒主流话语的话语立场一致的，都是批评施罗德对华政策的。比如报道称，"红绿联盟中发出响动：总理的外交政策越来越被视为没有原则的经济促进政策"⑥，或者援引时任德国议会党团主席卡特琳·戈林—埃克哈特（Katrin Goering Eckardt）的话称，"积极的人权政策'最终还是能够服务于经济的'"⑦。总之，德媒主流话语对施罗德对华政策持批评态度是顺应德国政界大环境的，与之相应，德媒也援引来自政治界的相同声音论证和支持自己的观点。

2. 施罗德致力于取消对华武器禁运遭批评

德媒指责施罗德对待中国人权问题的方式有悖德国价值观的论断，

---

① Konstantin Von Hammerstein/Dietmar Hawranek/Andreas Lorenz, "Im Maul des Drachen", *Der Spiegel*, No. 50, 2003, pp. 86 – 88.

② Matthias Nass, "Sonnenkanzler", *Die Zeit*, No. 50, 2003.

③ Ibid. .

④ Alexander Seibt, *Von der Idealisierung bis zur Verteufelung. Das Bild Chinas im Wandel? Eine Medienanalyse der Kommentare zu China in der deutschen überregionalen Presse* (Arbeitspapiere zur internationalen Politik und Außenpolitik. 2010, Nr. 3), Köln: Lehrstuhl Internationale Politik Universität zu Köln, 2010, p. 59.

⑤ Ralf Beste/Konstantin Von Hammerstein/Horand Knaup/Andreas Lorenz/Hartmut Palmer/Gabor Steingart, "Kanzler der Kaufleute", *Der Spiegel*, No. 51, 2004, pp. 24 – 29.

⑥ Ibid. .

⑦ Ibid. .

在取消对华武器禁运主题中同样体现出来。从报道时间分布看，以武器禁运为主题的话语片段多出现在施罗德执政时期（除1篇外都集中在2004年至2005年3月底之前）。德媒对施罗德建立中德法治国家对话机制虽然主要持批评态度，但其对于该机制的意义则持争议态度，而施罗德主张取消对华武器禁运，则完全成为德媒指责施罗德不批评中国人权问题的重要论据，从而也构成德媒诟病施罗德对华政策的一个重要论据。语料中所有相关话语片段都表示反对施罗德致力于取消对华武器禁运的主张，可见德媒主流话语在该议题上呈现高度匀质状态。在此议题上德媒同样也援引与自己话语立场相同的、来自政治话语层面的信源，或者说德媒在该议题上的态度与德国政界的态度是相应的，都对"施罗德向中国允诺，他将为取消欧盟对华武器禁运而努力"一事①，持反对意见和批评态度。

需提及的是，与指责施罗德致力于取消对华武器禁运的论断经常一同出现的，是指责施罗德承诺"向中国出售哈瑙（Hanau）核工厂"②。虽然哈瑙核工厂其实并非军工产业，而是西门子公司生产核电工业所用核燃料棒的工厂，但是该议题却多次与取消对华武器禁运主题同时出现，这与德国国内质疑中国是出于军用目的购买该工厂有关，同时也表明德媒主流话语是认可这种质疑的。向中国出口哈瑙核工厂一事在德国政界曾引发重大争议，最后以要求中国"以合同形式保证（该工厂）不用于军事用途"③为条件同意向中国出口。与德国政界质疑中国购买哈瑙工厂动机不纯的政治气氛相应，德媒主流话语也对此事持质疑和反对的态度。相比之下，媒体中反对话语的声音极其微弱，只有零星的报道斥责称，"对中国购买哈瑙工厂的种种阴暗意图的猜测实为无稽之谈"④。

德媒表示，"施罗德以哈瑙核工厂和取消欧盟对华武器禁运为代价"⑤

---

① Matthias Nass, "Sonnenkanzler", *Die Zeit*, No. 50, 2003.
② Anon., "China-Pläne scheitern", *Der Spiegel*, No. 28, 2004, p. 17.
③ Ralf Beste/Petra Bornhöft/Gerd Rosenkranz, "'Bittere Entscheidung'", *Der Spiegel*, No. 50, 2003, pp. 48–50.
④ V. Randow, "Unsere nationale Marotte", *Die Zeit*, No. 52, 2003.
⑤ Georg Blume, "Der weiche Schritt des Elefanten", *Die Zeit*, No. 52, 2003.

与中国建立伙伴关系,是"不受欢迎的行为"①。报道多次表示施罗德在这两件事上招致德国政界的反对,其中包括联邦议院和议会党团、绿党、也包括社民党(SPD)的多数人士。《明镜》周刊更称,据该刊调查,德国人大多都对此事持反对意见:"51% 的人认为,不应该为了改善与中国之间的贸易关系和政治关系而重新向中国出售武器,39% 的人表示赞成。"② 可以说,德媒在相关报道中将施罗德与德国的公共舆论对峙起来,报道一方面突出德国各界的反对声音,另一方面突出施罗德在此事上坚持己见。报道称,"施罗德不顾联邦议院的决定和议会党团的反对"③,称施罗德表示,"即使联邦议会不同意也会继续推动取消武器禁运政策"④。《时代》周报称,"即使是议会党团的左右两翼都不同意,也不能动摇注重结果的实干家——总理施罗德"⑤,《明镜》周刊表示,"施罗德觉得有法国总统的支持就可以了"⑥。德媒对施罗德坚持己见表示不满,称"施罗德声称必要时会违背联邦议院的意志贯彻实施取消武器禁运,对此各党派都予以批评"⑦。

鉴于武器禁运主题具有与人权有关的历史背景,因此在有关施罗德主张取消武器禁运的报道中都少不了对中国人权状况的评价。德媒一方面以中国的人权状况不佳为据,作为反对施罗德取消对华武器禁运政策的论证;⑧另一方面德媒大量援引来自政治话语层面的信源支持这种论证,所援引的信源也都以"中国存在人权问题"为论据反对施罗德的主张:比如绿党主席洛特(Roth)称,"中国当然有变化,但是死刑依然存在、人权和少数民族权益依然还受到侵害"⑨;绿党议会党团副主席施托伯勒

---

① Georg Blume, "Der weiche Schritt des Elefanten", *Die Zeit*, No. 52, 2003.
② Ralf Beste/Konstantin Von Hammerstein/Horand Knaup/Andreas Lorenz/Hartmut Palmer/Gabor Steingart, "Kanzler der Kaufleute", *Der Spiegel*, No. 51, 2004, pp. 24-29.
③ Horand Knaup/Christoph Schmitz, "Robustes Mandat", *Der Spiegel*, No. 14, 2005, p. 28.
④ Constanze Stelzenmüller, "Waffen für China", *Die Zeit*, No. 51, 2004.
⑤ Redaktion, "Aufforderung zum Umdenken", *Die Zeit*, No. 14, 2005.
⑥ Horand Knau/Christoph Schmitz, "Robustes Mandat", *Der Spiegel*, No. 14, 2005, p. 28.
⑦ Anon., "'Durchprügeln geht gar nicht'", *Die Zeit*, No. 14, 2005.
⑧ 参见 Constanze Stelzenmüller, "Waffen für China", *Die Zeit*, No. 51, 2004。
⑨ Redaktion, "Aufforderung zum Umdenken", *Die Zeit*, No. 14, 2005.

(Stroebele)称,"不知道施罗德从何处得知中国的人权状况有所改善"①。

除了质疑中国人权状况没有改善之外,德媒提出的另一个论据是:认为欧盟取消对华武器禁运"是违背欧洲利益的"②。一方面,德媒从欧盟的经济利益出发,提出观点:"中国购买武器的目的在于仿造武器……因此欧洲国家出售武器并不真的能够赢得利润"③,或称取消对华武器禁运是"毫无必要的谄媚,因为中欧贸易即使没有武器生意也会一样繁荣"④;另一方面,德媒从欧盟的外交利益出发,提出观点:取消对华武器禁运会影响欧盟在欧美关系中的利益。《明镜》周刊表示美国坚决反对取消对华武器禁运,称美国"向欧盟施加很大的压力,要求其保持现状"⑤,甚至"以贸易战威胁欧盟"⑥,因此该刊得出结论表示,武器禁运话题是导致欧盟与美国关系分裂的隐患⑦。《时代》周报认为,虽然"欧洲实际上已经在向中国出售武器,但是在形式上取消武器禁运一事所具有的力量,是不可低估的"⑧,报道称,那样"整个亚洲都会认为,欧盟是囿于北京方面的强力而服务于中国对抗美国的平衡政策,这对北京有利,可是对欧洲又有什么益处呢?"⑨ 因此该报表示,欧盟如果取消对华武器禁运不仅对欧洲无益,而且还会"白白浪费欧美和解的机会"⑩。在默克尔政府执政初期,施罗德致力于取消对华武器禁运一事依然还出现在德媒的议程上,但此时的报道重在强调,"新政府不再继续执行颇具争议的取消欧盟对华武器禁运的政策"⑪。对比默克尔政府与施罗德政府的对华政策,褒扬前者并批评后者,是德媒的基本话语立场。

---

① Anon., "'Durchprügeln geht gar nicht'", *Die Zeit*, No. 14, 2005.
② Matthias Nass, "Gerüstet zum Kotau", *Die Zeit*, No. 12, 2005.
③ Josef Joffe, "Wenn der Profit blendet", *Die Zeit*, No. 10, 2005.
④ Matthias Nass, "Gerüstet zum Kotau", *Die Zeit*, No. 12, 2005.
⑤ Horand Knaup/Christoph Schmitz, "Robustes Mandat", *Der Spiegel*, No. 14, 2005, p. 28.
⑥ Ralf Beste/Georg Mascolo, "Neuer Streit mit Washington", *Der Spiegel*, No. 10, 2005, pp. 48 – 49.
⑦ Ibid..
⑧ Josef Joffe, "Wenn der Profit blendet", *Die Zeit*, No. 10, 2005.
⑨ Ibid..
⑩ Ibid..
⑪ Anon., "Stillschweigend erledigt", *Der Spiegel*, No. 46, 2005, p. 19.

从德媒在该主题上使用的论证结构可以看出，所谓"中国人权状况存在问题"，只是德媒反对取消对华武器禁运的一个冠冕堂皇的理由。在这条理由的背后隐藏的更多是对欧洲利益的考量，一方面是考量此事对于欧洲在中欧贸易中的利益影响；另一方面是考量此事对于欧洲在欧美政治关系中的利益影响。简言之，德媒以及德国政界反对取消对华武器禁运的真正原因，是断定此事无益于欧洲的利益。其实德媒所提出的比如"德国议会党团的目标是中国的民主化，中德之间的经济关系也应该服务于这个目的"① 等说法，以及德媒批评中国人权状况，或者2008年借口中国人权问题呼吁抵制奥运等，本质上都是从欧洲/西方的利益出发的。这种做法其实是在话语上排斥不属于本话语共同体的异己，并以此向中国施压，要求中国向符合西方价值观的方向发生变迁，最终达到将西方的价值观强加给中国的目的。所以说，对中国人权状况的批评，在本质上也是服务于西方利益的。

3. 对施罗德对华政策的指责与该指责背后隐藏的利益考量

分析显示，德媒主流话语对于施罗德的对华政策持批评态度，批评之声主要包括：指责施罗德"只关注经济合作"②；指责施罗德为了保障经贸合作回避批评中国的人权问题。德媒中只有极微弱的声音表示，施罗德的对华政策也是具有合法性的，报道称，"总理有足够的理由对中国示好，不仅仅因为中国的巨大市场。中国在崛起中，与北京对话符合德国的利益"③；也有报道称，"德国社民党（SPD）中的左翼和大联盟之所以批评施罗德，是因为他们还不清楚中国处于什么地位"④。需强调的是，认可施罗德对华政策的声音不仅微弱，而且都是在指责施罗德访华有"余味"或者"只挑中国人爱听的说"的大框架中出现的，因而并不真正具有反对话语的质量，充其量只是在承认主流话语的大前提之下的微弱的平衡性声音，并不具备与主流话语分庭抗礼的能力。因此可以说，德

---

① Redaktion, "Aufforderung zum Umdenken", *Die Zeit*, No. 14, 2005.
② Georg Blume, "Raus Pekinger Predigt", *Die Zeit*, No. 38, 2003.
③ Matthias Nass, "Sonnenkanzler", *Die Zeit*, No. 50, 2003.
④ Konstantin Von Hammerstein/Dietmar Hawranek/Andreas Lorenz, "Im Maul des Drachen", *Der Spiegel*, No. 50, 2003, pp. 86 – 88.

媒话语在指责施罗德对华政策过于注重双边贸易关系以及不批评中国人权状况上，是具有高度一致性的。需强调的是，德媒指责施罗德对华政策注重经贸关系，并非否认维持良好的中德贸易关系是符合德国利益的，也就是说，德媒实际上并非批评施罗德致力于中德两国经贸关系，其不满主要在于：认为施罗德"不关注中国人权，而是只想为德国经济打开大门"①、认为施罗德为了维持双边贸易关系，"在公开场合避而不谈"中国人权问题②。

德国领导人访华时是否批评中国人权问题，对于德媒和德国政界而言都是一个关注焦点。在德媒眼中，批评中国人权问题是德国领导人"访问中国时的常规路线"③ 和"职责义务所在"④。德媒对于施罗德忽略对中国人权问题的批评的指责，也体现在关于德国其他政要访华的报道中。比如在报道时任德国总统劳（Rau）2003 年的访华之行时，德媒称"劳访问中国时在人权问题上毫不退让"⑤，称与总理施罗德相比，"劳的态度稍具批评性"⑥。德媒在关于现任总理默克尔访华或者默克尔对华政策的报道中也经常将其与施罗德对比，并得出结论称，"默克尔在批评中国人权问题方面比其前任做得更多"⑦，称"施罗德不关注中国人权，而是只想为德国经济打开大门……默克尔将人权与生意结合起来，初次访华就接见持不同政见者"⑧。德媒更表示，中方在面对默克尔的批评时"不再激动"⑨，称默克尔的批评"不影响任何一桩生意"⑩，称"默克尔与其前任不同，表态性地接见批判记者。这个信号并没有变成挑衅，事

---

① Matthias Nass, "Was der Partei Recht ist", *Die Zeit*, No. 36, 2006, p. 1.
② Konstantin Von Hammerstein/Dietmar Hawranek/Andreas Lorenz, "Im Maul des Drachen", *Der Spiegel*, No. 50, 2003, pp. 86 – 88.
③ Hauke Goos, "Flucht in die Hölle", *Der Spiegel*, No. 28, 2006, pp. 48 – 52.
④ Jürgen Dahlkamp/Marcel Rosenbach/Jörg Schmitt/Holger Stark/Wieland Wagner, "Prinzip Sandkorn", *Der Spiegel*, No. 35, 2007, pp. 19 – 34.
⑤ Georg Blume, "Raus Pekinger Predigt", *Die Zeit*, No. 38, 2003.
⑥ Ibid. .
⑦ Bernd Ulrich, "Das Match beginnt", *Die Zeit*, No. 22, 2006, p. 7.
⑧ Matthias Nass, "Was der Partei Recht ist", *Die Zeit*, No. 36, 2006, p. 1.
⑨ Bernd Ulrich, "Das Match beginnt", *Die Zeit*, No. 22, 2006, p. 7.
⑩ Matthias Nass, "Was der Partei Recht ist", *Die Zeit*, No. 36, 2006, p. 1.

后既没有引发纷争，也没有人提出谴责"①。德媒基于此表示，"在加大批评力度的情况下，也一样可以做好生意"②，即主张德国可以一边大肆批评中国，一边还可以继续与中国保持良好的经贸关系，这其实也是从侧面论证德媒主流话语关于施罗德对华政策的评价是正确的。

从德媒关于德国政府对华政策的态度可以看出，德媒主流话语所希望看到的，是德国单方的"双赢"，即在与中国的良好贸易关系中获得经济利益的同时，又要基于西方的价值观对中国的人权问题（自然还包括其他政治方面的问题，比如政治体制）进行批评和规训，从而获得价值观方面的利益。因此德媒对于施罗德的对华政策一直颇有微词，而默克尔执政后采取的对华政策俨然使德国媒体感到他们的期望已经实现，这更增强了德媒对德国在中德关系中能够获得单方双赢的信心。也正是基于这种认识，关于默克尔接见达赖喇嘛引发中德关系冻结一事，有报道称，"北京对默克尔接见达赖喇嘛一事的愤怒程度，显然比迄今为止人们所认为的要高"③。德媒的这种主张兼获经济利益和价值观利益的认识，具有强烈的利于自我的特性：无论是要保持良好的中德经贸关系，还是要对中国进行批评，都是符合德国利益的。德媒对中德关系的这种单方双赢诉求在这11年的报道中一直都有所反映，而且在默克尔执政时期更为强硬，这种既追求经济利益又不放弃批评中国的态度，也是导致德媒涉华报道中存在双重中国情结的根本原因所在。德国在与处于上升期的中国的交往中，实际上很难同时实现这两种利益诉求，因此在如何能够在中德双边关系中实现德国利益一事上，德媒主流话语总是处于焦灼状态，总是在讨论德国究竟应该如何与中国打交道。在施罗德执政时期，德媒称施罗德"跟西方其他国家一样，也不知道该如何与这位巨人（中国）打交道"④，在默克尔执政时期，德媒依然称，"没有任何一个国家像德国这样，如此激烈地争论何种方式才是与中国交往的正确方式"⑤。

---

① Josef Joffe, "Super macht sinnlich", *Die Zeit*, No. 36, 2007, p. 1.
② Bernd Ulrich, "Das Match beginnt", *Die Zeit*, No. 22, 2006, p. 7.
③ Anon., "Nachhaltige Auswirkungen", *Der Spiegel*, No. 42, 2007, p. 16.
④ Georg Blume, "Wieder im Spiel: Die chinesische Karte", *Die Zeit*, No. 50, 2004.
⑤ Ralf Beste/Andreas Lorenz, "Kritik auf leisen Sohlen", *Der Spiegel*, No. 5, 2009, pp. 28-29.

在意图实现双重利益的期待中，德媒时而担心前者不能实现，时而担心后者不能实现，分析显示，这两种担心都随着中国经济实力的增长而增长。一方面，中国经济威胁论随着中国经济实力增长而增长；另一方面，在中德双方不断拓展经济合作，而且中国市场和中国经济在国际上越发重要的情况下，德媒担心，中德之间越发紧密的经贸关系，会导致德国迫于经济利益而不能在中德关系中实现或者完全实现价值观利益。当中国在经济危机中显现出经济实力，并成为西方国家走出经济危机的希望时，德媒更是担心德国在经济上对中国产生依赖，而越发导致其价值观利益无法实现；当欧元区国家因为陷入欧元债务危机，于是想吸引中国投资来助自己渡过难关时，德媒中担心的声音则更高，此时德媒不仅担心欧洲无法在与中国的关系中实现价值观利益，而且还担心中国在欧洲的经济影响力转化成政治权力，担心中国在欧洲推广中国价值观。

如前文所述，德媒对中德关系的这种单方双赢诉求在这11年的报道中一直都有所反映。在施罗德执政时期，这种诉求主要以批评其对华政策的形式出现，在施罗德执政后期，德媒中开始出现积极呼吁实现这种诉求的声音，同时德媒开始让同样具有这种诉求的亚洲事务专家或者德国政治家出现在报道中，他们表示，如果欧盟国家在对华政策上统一起来，也完全可以实现双赢：既在政治上教训中国，又可以继续保持中国重要经济合作伙伴的身份。[1]他们指责称，"担心'更加深入地商谈人权问题'会导致中国人和俄罗斯人突然终止与德国人做生意的言论，纯粹是胡说八道"[2]。在默克尔执政以后这种声音越来越大，这与施罗德政府和默克尔政府采取不同的对华政策有着密切关系，尤其是当德媒看到在默克尔批评中国人权问题的情况下中德两国依然保持经贸关系时，德媒主流话语认为，事实已经表明主张德国单方双赢的诉求是正确的、现实的，于是德媒大声疾呼"在加大批评力度的情况下，也一样可以做好生意"[3]。

---

[1] Anon., "Bei deutsch-chinesischen Kontakten stehen Wirtschaftsthemen im Vordergrund", *Die Zeit*, No. 5, 2004.

[2] Ralf Beste/Konstantin Von Hammerstein/Horand Knaup/Andreas Lorenz/Hartmut Palmer/Gabor Steingart, "Kanzler der Kaufleute", *Der Spiegel*, No. 51, 2004, pp. 24–29.

[3] Bernd Ulrich, "Das Match beginnt", *Die Zeit*, No. 22, 2006, p. 7.

这样的声音即使在中国因默克尔接见达赖喇嘛冻结中德关系之后，也并没有减弱，甚至得到进一步加强。直到经济危机爆发后，鉴于西方国家需要依靠中国走出困境的局面，这样的声音才在德媒中有所收敛。

(二) 默克尔执政时期的中德关系

如上文所述，德媒在默克尔执政时期对于中德关系的报道基调与施罗德执政时期的报道基调是有明显区别的。首先是在德国政府对华政策方面，由于默克尔对华政策更符合德媒主流话语对于中德关系的期待，因此与施罗德执政时期德媒主流话语高度一致批评其对华政策的态度不同，德媒主流话语对默克尔的对华政策和她在处理中德关系中所采取的具体行为，如接见达赖喇嘛，表示支持和肯定。报道多次将默克尔与施罗德相比，以突出对于默克尔对华政策的肯定，比如报道称，"科尔和施罗德时期德国人在北京被视作驯服的合作伙伴，他们觉得生意比关注人权问题更重要"①，或者称"默克尔的前任更多将中国视为客户"②"默克尔将人权与生意结合起来。初次访华就接见持不同政见者……这是一个好的姿态，没有影响任何一桩生意"③，或者称"默克尔与其前任不同，表态性地接见批判的记者。这个信号并没有变成挑衅，事后既没有引发纷争，也没有人提出谴责。这说明做正确的事错不到哪里去"④。此时德媒也不再像施罗德时期那样，频繁援引德国政界的声音来支持自己反对施罗德对华政策的话语立场，而是在话语上讨伐反对默克尔在中德关系中采取价值观外交政策的德国社民党（SPD）。与这个逻辑相符，施罗德执政时期德媒报道的重点在于指责施罗德不批评中国人权状况，而默克尔执政时期的报道重点则在于批评中国的人权状况。此外，施罗德执政时期中德外交关系主题下的报道与中德经贸关系主题交织密切。相比之下，默克尔执政时期中德外交关系话语束则与涉华政治报道交织更为密切，尤其是与人权、少数民族问题等主题交织密切。这样的话语交织情

---

① Frank Dohmen/Katrin Elger/Dietmar Hawranek/Ralf Neukirch/René Pfister/Christian Reiermann/Michael Sauga/Wieland Wagner, "Geliebter Feind", *Der Spiegel*, No. 34, 2010, pp. 60 – 71.

② Bernd Ulrich, "Das Match beginnt", *Die Zeit*, No. 22, 2006, p. 7.

③ Matthias Nass, "Was der Partei Recht ist", *Die Zeit*, No. 36, 2006, p. 1.

④ Josef Joffe, "Super macht sinnlich", *Die Zeit*, No. 36, 2007, p. 1.

况，与德媒对施罗德和默克尔的对华政策的差异性评价定位具有高度相应性。

1. 默克尔接见达赖喇嘛事件

默克尔接见达赖喇嘛事件是两国关系中的"重大冲突"[1]，关于这一事件的报道构成中德关系话语束的一个话语事件，该事件报道不仅对中德关系话语束的质量和发展走向起到了决定性的作用，也对中国形象话语束作为整体的质量和走向起到决定性作用。鉴于德媒一直将西藏问题与人权联系在一起，以及基于德媒主流话语主张批评中国人权问题的立场，默克尔接见达赖喇嘛一事在德媒中也被与中国人权问题提上共同议程，德媒视之为捍卫西方价值观的行为。因此，默克尔接见达赖喇嘛事件对整个话语束质量的影响，不可避免地是朝着批评中国人权问题和支持默克尔对华政策的方向进行的。这背后隐藏的依然是对德国国家利益（尤其是价值观利益）的考量，而非真的像他们所宣扬的那样，是出于所谓对藏族民众的人权状况的人文关怀。正如德国绿党政治家孚尔默（Vollmer）所言，"西方有针对中国的战略，西藏问题可以成为西方的世界战略中针对中国的一张牌。但这张牌并不能真正有利于藏族人的命运"[2]，而所谓的"针对中国的战略"，根据孚尔默的理解是指西方可以利用西藏问题对中国的国家形象进行负面影响，并进而利用这点来压制中国[3]。西方采用这种战略的具体表现之一，就是利用西方的国际话语主导权优势强行将西藏问题与人权问题挂钩，并进而以人权为支点对中国的少数民族政策进行攻击。除了人权以外，西方在西藏问题上使用的另一个支点是否认西藏是中国的固有领土。不管中国向其展示多少足以证明西藏是中国固有领土的证据，西方都不愿意相信，依然固执己见。可以说，在西藏问题上真相到底如何，西方并不真正关心，他们所关心的就是如何达到利用西藏问题压制中国的话语效果。

---

[1] Frank Dohmen/Katrin Elger/Dietmar Hawranek/Ralf Neukirch/René Pfister/Christian Reiermann/Michael Sauga/Wieland Wagner, "Geliebter Feind", *Der Spiegel*, No. 34, 2010, pp. 60 – 71.

[2] Angela Köckritz/Matthias Nass, "'Ein Trumpf, der Tibet wenig nutzt'", *Die Zeit*, No. 46, 2007, p. 14.

[3] Ibid..

与德媒指责中国压迫藏族的话语立场相应,在默克尔接见达赖喇嘛一事上德媒主流话语也持声援态度。德媒报道此事时所援引的来自政治话语层面的观点也以支持的声音居多,即便是对默克尔接见达赖喇嘛这一具体行为持反对意见的声音,也同样是以人权为支点和出发点评价西藏问题的。默克尔接见达赖喇嘛之前,德国黑森州前任州长罗兰特·科赫(Roland Koch)就此事接受《明镜》周刊采访时表示,德国经济界担心此事"可能会产生负面影响"[1] 并无依据,科赫称,"达赖喇嘛经常和美国总统会晤,没有看出这对中美经济关系产生什么影响……90年代时外交部也告诫黑森州接见达赖喇嘛可能会影响与中国的合作关系,但现在黑森州和中国的合作依然密切。"[2]这样的论调即是主张德国在中德关系中可以兼获经济与价值观双重利益的诉求。科赫表示,"让世界看到我们是一个保持价值观处于活跃状态的国家,这对我们德国人是有利的。我们不仅要思考如何能在世界其他地方挣钱,也要努力宣传我们对于自由和民主的理解。"[3]德国国内虽然也存在担心此事会对中德关系产生负面影响的声音,如德国经济界,但是主张可以在与中国的关系中兼获双重利益的德国各界显然都如科赫一样,都以居高临下的姿态预计此事不会对中德关系造成实质性的负面冲击,都认为即使德国在政治上挑衅中国,中国也没有能力进行还击,还是一样得跟德国做生意。正是基于这样的预期,面对中国冻结两国关系的举措时,德媒中才会出现诸如"北京对默克尔接见达赖喇嘛一事的愤怒程度,显然比迄今为止人们所认为的要高"[4] 的言论。但即使在中方明确表示"这件事会长期性地对中德关系产生影响,(因为)必要的信任基础已被摧毁"[5],并在外交和经济上冻结两国关系的情况下,[6]德媒中寄希望于兼获双重利益的居高临下论调,也依然没有收敛。德国时任外长施泰因迈尔(Steinmeier)经过努力使两国

---

[1] Anon., "Für Freiheit und Demokratie werben", Der Spiegel, No. 38, 2007, p. 21.
[2] Ibid..
[3] Ibid..
[4] Anon., "Nachhaltige Auswirkungen", Der Spiegel, No. 42, 2007, p. 16.
[5] Ibid..
[6] 参见 Anon., "Teurer Tibeter", Der Spiegel, No. 1, 2008, p. 18。

外交关系解冻之后，有报道称，"外长施泰因迈尔只是安抚中国人，并没有向中国屈服。……外长所用的不过是老一套外交手段，私密谈话、信件来往和重复安抚性的套话（笔者注：这里的'套话'指的是承认'一个中国'原则）而已。"①言下之意非常明确，就是说中国方面再愤怒也不过如此，德国外长只是略加安抚就可以平息中国的愤怒，即认为德国无须花费多大力气最终依然能够兼获价值观和经济双重利益，德媒由此更加笃定地表示，"为人权辩护和保障政治经济利益之间并不一定互相矛盾"②。因此可以说，在某种程度上，默克尔接见达赖喇嘛事件反而使德媒主流话语主张可在中德关系中兼获价值观和经济双重利益的论调得到加强，从而也更加强了德媒涉华报道批评指责中国人权问题的话语走向。

虽然德媒主流话语支持默克尔接见达赖喇嘛，但该事件在德国政界是有巨大争议的，而且不仅引发了外交后果，同时也在德国内部引发总理府与外交部之间关系僵持的内政后果，报道称达赖喇嘛"分裂了德国的政治界，分裂了议会党团"③。这种内政后果在德媒眼中比外交后果要严重得多，安抚中国在德媒眼中是容易的，因而德媒的担忧更多在于："中德关系解冻是否也意味着总理府和外交部的关系冰冻期结束？"④分别以德国总理默克尔和外长施泰因迈尔为代表的政界派别之间，在此事上存在巨大分歧⑤，前者坚持价值观外交，认为中德之间的价值观差异胜过中国能给德国带来的经济利益，而且也认为挑衅中国对两国关系不会产生实质性后果，所以欲通过接见达赖喇嘛来打击中国；后者在西藏问题上则立场鲜明地表示：绝不挑衅中国，认为应通过睿智的外交方式达到目的。⑥施泰因迈尔抱怨默克尔的"价值观外交"，他说"我不相信中国的现实会应德国媒体的喝彩而转变"⑦。在接见达赖喇嘛事件导致中

---

① Jörg Lau, "Tauwetter", *Die Zeit*, No. 5, 2008, p. 6.
② Matthias Nass, "Das Volk und seine Feinde", *Die Zeit*, No. 25, 2008, p. 3.
③ Josef Joffe, "Katzenkonzert Tibet", *Die Zeit*, No. 22, 2008, p. 12.
④ Jörg Lau, "Tauwetter", *Die Zeit*, No. 5, 2008, p. 6.
⑤ 参见 Matthias Nass, "Das Volk und seine Feinde", *Die Zeit*, No. 25, 2008, p. 3.
⑥ 参见 Ralf Beste/Roland Nelles/Ralf Neukirch, "Aufstand der Idealisten", *Der Spiegel*, No. 21, 2008, p. 32。
⑦ Anon., "Teurer Tibeter", *Der Spiegel*, No. 1, 2008, p. 18.

德关系冻结的时候，施泰因迈尔积极努力激活双边关系，在他的眼中德国国家经济利益胜于价值观差异。正如德媒所言，达赖喇嘛本身并不具有离间德国政府的力量①，实际上两派之间的对峙是由内部原因引发的，"关键在于议会党团内部出现了问题"②。两派的对峙实为价值观与经济利益的较量。两派眼中价值观利益与经济利益的关系不对等，导致两个派别建构中国形象的角度迥然不同，同时也导致德国政界内部对于中国的不同态度和差异化行为方式。但实际上，更注重经济利益的外长一派也不是完全放弃价值观利益，而是要以"贸易促变迁"③，即主张在获得经济利益的基础上获得价值观利益；更强调价值观的默克尔一派自然也并非放弃德国经济利益诉求，一方面该派认为，从短期看，积极争取价值观利益不会对德国经济利益造成实质性影响；另一方面，从长期看，该派的根本目的还是在于维护德国的国家利益，该派欲通过输出价值观保障德国在对华关系中能够长期获得经济利益，比如德国议会党团主席埃克哈特（Katrin Goering Eckardt）的观点："积极的人权政策'最终还是能够服务于经济的'"④，正是这种理念的反映。

在德国政界两派的对峙中，德媒主流话语选择站在默克尔一边，支持其接见达赖喇嘛。为了论证媒体话语立场的正当性和正义性，德媒选择使用民意调查的结果作为论据：《明镜》周刊称，"默克尔有德国人民站在她身后"⑤，称该刊调查显示，"80%的德国人都认为接见达赖喇嘛是正确的"⑥；《时代》周报也表示，施泰因迈尔所在的德国社民党（SPD）"在西藏问题上失去选民。德国民众在西藏问题上的立场与社民党完全相反。"⑦通过这种方式德媒达到党同伐异的话语效果，一方面给媒体话语贴上社会主流话语的标签，另一方面在话语上排斥和讨伐与德媒主流话语

---

① 参见 Josef Joffe, "Katzenkonzert Tibet", *Die Zeit*, No. 22, 2008, p. 12。
② 同上。
③ Gerhard Schröder, "Warum wir Peking brauchen", *Die Zeit*, No. 30, 2008, p. 4。
④ Ralf Beste/Konstantin Von Hammerstein/Horand Knaup/Andreas Lorenz/Hartmut Palmer/Gabor Steingart, "Kanzler der Kaufleute", *Der Spiegel*, No. 51, 2004, pp. 24 – 29。
⑤ Anon., "Teurer Tibeter", *Der Spiegel*, No. 1, 2008, p. 18。
⑥ Ibid..
⑦ Josef Joffe, "Katzenkonzert Tibet", *Die Zeit*, No. 22, 2008, p. 12。

意见不一致的德国社民党团体。

德媒对于默克尔接见达赖喇嘛的支持态度，以及坚持主张德国在中德关系中可以兼获价值观利益与经济利益的论调，在经济危机到来后发生了一些变化。《明镜》周刊2010年第34期的封面故事《不得不爱的敌人》一文表示，2007年"默克尔还认为自己有权决定接见什么人"①，但是"现在来看，默克尔是否还能允许自己再次做出这种示威性的（[德] demonstrativ）姿态，还是个问题"②，报道称，"中国从那（达赖喇嘛事件）以后越来越强大，越来越有实力。没有必要时最好不要挑衅中国"③。也因为看到德国经济对中国的依赖在增加，该报道不再自信满满地主张德国可以兼获双重利益，而是又将其作为疑问提了出来："德国对华政策中的重大问题在于：如何在批评中国违反人权和不遵守国际规则的同时，又与其保持良好关系？"④这种变化反映出经济危机之后德国/西方的自信在减弱，尤其是面对中国时，这恰恰也是德媒在经济危机阶段一再提出并指责"中国自信膨胀"的重要原因所在。异国形象的他者特性在这点上得到鲜明体现，即德媒在言说中国自信膨胀的同时，其实也言说了德国及其所属的西方国家群体自身的状态：面对经济保持增长的中国，德国/西方信心大减。于是，尽管此时默克尔像其前任施罗德一样"对良好的中德关系感兴趣"⑤、在访华时"只提好的一面，不论阴暗面"⑥，但是德媒并没有再像以前批评施罗德对华政策时那样尖锐地批评默克尔，而是采取认同的态度。

2. 关于西藏报道和中德双方新闻话语权争夺

与默克尔接见达赖喇嘛事件在主题上具有关联性的是：中德双方就"3·14"事件的报道争夺新闻话语权事件。事件从关于德国媒体的具体

---

① Frank Dohmen/Katrin Elger/Dietmar Hawranek/Ralf Neukirch/René Pfister/Christian Reiermann/Michael Sauga/Wieland Wagner, "Geliebter Feind", *Der Spiegel*, No. 34, 2010, pp. 60-71.

② Ibid..

③ Ibid..

④ Ibid..

⑤ Ibid..

⑥ Sven Röbel/Holger Stark, "Krieg der Spione", *Der Spiegel*, No. 26, 2010, pp. 37-38.

相关报道是否真实的争吵,上升到关于德国媒体操纵新闻和德国新闻自由的争执,有报道称,"这是一场关于图片、真相、国家形象的斗争,双方苦涩地进行这场斗争"①。中国新闻媒体、中国官方以及中国民众都指责德国媒体在西藏事件报道中有明显的倾向性,并且涉嫌制造假新闻②。德媒看到,包括德媒在内的西方媒体因此在中国民众中失去公信力,并被指责为"敌对的西方媒体"③。对此德国媒体的反应是否认操纵新闻,辩解称"只是照片错误。但是错误并不等于谎言"④,更将德国媒体使用假照片配合新闻和通过截图方式对影像资料进行有意误读的现象归咎于中方,报道称,这是因为中方阻止外国记者进入西藏所致⑤。中德双方新闻话语权的争夺战中,也涉及 2008 年"德国之声"中文部主任张丹红由于中肯评价中国政府和共产党而被停职一事。该事件在德媒中没有被大张旗鼓地报道,本书语料中只有 1 篇文章专门报道了此事。该文一方面提出,张丹红停职事件表明"逐渐强大的中国带来的不安已经升级成为歇斯底里"⑥;另一方面报道对于中国方面称该事件表明德国并不存在其一直宣扬的绝对新闻自由,表达不满,报道称,"中国国家报纸掀起的宣传德国蔑视言论自由的运动导致中德关系受损"⑦。德媒拒不承认其在涉华报道上的倾向性,反而将制造假新闻的责任归咎于中国方面,不仅不接受中国就德国新闻界排除异己的做法所提出的批评,甚至指责中方的做法有损两国关系。但实际上,"德国之声"于 2010 年底至 2011 年初又以所谓"政治不及格"为名开除四名华人记者,⑧此事表明德媒涉华报道的倾向性并非只存在于个别事件中,四名华人记者不服"德国之声"的

---

① Frank Sieren, "Die Phantom-Agentin", *Die Zeit*, No. 42, 2008, p. 22.
② 参见 Rüdiger Falksohn/Andreas Lorenz, "Knallhart zur Sache", *Der Spiegel*, No. 14, 2008, p. 108。
③ Matthias Nass, "Das Volk und seine Feinde", *Die Zeit*, No. 25, 2008, p. 3.
④ Ibid..
⑤ 参见 Rüdiger Falksohn/Andreas Lorenz, "Knallhart zur Sache", *Der Spiegel*, No. 14, 2008, p. 108。
⑥ Frank Sieren, "Die Phantom-Agentin", *Die Zeit*, No. 42, 2008, p. 22.
⑦ Ibid..
⑧ 参见刘华新《德国之声开除 4 名华人记者 被指有意排除异己》,(来源:《环球时报》),2011 年,http://world.huanqiu.com/roll/2011-04/1605603.html。

决定向法院起诉，但庭审法官却一味为"德国之声"辩护，称"只要德国之声怀疑它的员工是共产分子，那么无需证据就可将他们开除"。①

3. 关塔那摩维吾尔族犯人接收问题

德媒关于关塔那摩维吾尔族犯人接收问题的报道，除了2005年9月初来自《明镜》周刊的1篇报道以外（根据该报道，此时美国政府尚未向德国提出希望其接收关塔那摩维族犯人的要求），全部集中在默克尔执政时期。该主题与涉华政治报道中的议题少数民族问题交织密切。在该主题报道中出现的德方行为主体，主要是以施泰因迈尔为代表的德国外交部。德媒在报道中一方面一再表示，这些维吾尔族犯人如果回到中国"将面临刑罚"②；另一方面也一再重复，"没有国家愿意接收这些维吾尔族人，原因在于害怕激怒强大的经济合作伙伴中国"③。这两个论断在之后的相关报道中一直被重复，构成德媒关于关塔那摩维吾尔族犯人报道的主要论证结构。

基于这些维吾尔族犯人"回到中国后会被逮捕或者将面临更严重的后果"④的预测，德媒得出结论称，"他们不能回到中国去"⑤。除了表示考虑到这些维吾尔族犯人回到中国后将会面临的后果之外，德媒主流话语更认为他们是"无罪者"⑥：首先，德媒认为这些维吾尔族犯人并非美国意义上的恐怖分子，而只是"五个年轻人在错误的时间到了错误的地方，是五个在不知不觉中被卷进战争的年轻人"⑦；德媒也不承认中国视这些维吾尔族犯人为"恐怖分子"的定位⑧。与德媒在涉藏报道中采用的行文方式一样，德媒在相关报道中也极少将维吾尔族人视为中国人，进

---

① 管克江、黄发红：《德华人记者被开除续：法官称疑似"共产分子"即可开除》，（来源：《环球时报》），2012年，http://world.huanqiu.com/roll/2012-02/2479860.html。
② Jochen Bittner, "Uiguren", *Die Zeit*, No. 36, 2005.
③ Hauke Goos, "Flucht in die Hölle", *Der Spiegel*, No. 28, 2006, pp. 48–52.
④ Lotte Leicht, "Gebt ihnen Asyl!", *Die Zeit*, No. 18, 2007, p. 8.
⑤ Jochen Bittner, "Uiguren", *Die Zeit*, No. 36, 2005.
⑥ Ibid..
⑦ Hauke Goos, "Flucht in die Hölle", *Der Spiegel*, No. 28, 2006, pp. 48–52.
⑧ Ibid..

入语料范围的所有 6 篇报道中只有 1 篇称维吾尔族人为"中国人"①。

德媒在报道中提到，这些维吾尔族犯人"在审讯中一再表示与中国政府为敌"②，称他们与美国人"有共同的敌人——中国"③，因此"几个维吾尔族人想：我们到了中国的敌人那里，他们肯定会立刻给我们自由"④。对于他们意欲赴美的目的，德媒也不否认是与意欲分裂中国的意图有关，报道称，"对于大多数维族人而言美国是黄金之国。到了美国之后可以为维吾尔族斗争，而又不用冒生命危险"⑤。德媒虽然承认这些维吾尔族犯人有分裂中国的意图，却不认同中方视这些维吾尔族犯人为恐怖分子的定位。德媒公然表示只有美国认定的恐怖分子才是恐怖分子，而完全不顾及中国的立场和中国的国家利益，竟然认定这些意欲从事分裂中国、危害中国国家安全行动的维族犯人是"无辜的"，更以他们"回到中国可能会面临刑罚"为据指责中国、呼吁为其提供政治庇护，如此明显倾向性的逻辑真是荒谬至极。

德国政界对接管维吾尔族犯人一事的考量中，除了价值观因素之外，还包括经济利益因素。首先，德媒一再表示，"没有国家愿意接收这些可疑的无罪者，他们像美国一样害怕北京的愤怒"⑥。害怕激怒北京的当然也包括德国政府，报道称，"德国外交部担心接收维吾尔族犯人会影响中德外交关系"⑦，但同时也有报道表示，"德国政府宁愿冒着与中国争吵的危险，也要支持美国关闭关塔那摩"⑧，于是"为了分散北京的愤怒，德国政府暗地里动员其他欧洲国家也接收维吾尔族犯人"⑨。报道称，德国时任外长施泰因迈尔和外交部都反对大规模接收维吾尔族犯人："德国外交部表示，须在其他欧洲国家也接收的前提下，德国才能接收，这样就

---

① Lotte Leicht, "Gebt ihnen Asyl!", *Die Zeit*, No. 18, 2007, p. 8.
② Ibid..
③ Hauke Goos, "Flucht in die Hölle", *Der Spiegel*, No. 28, 2006, pp. 48 – 52.
④ Carolin Emcke, "Was vom Traum blieb", *Die Zeit*, No. 2, 2009, p. 6.
⑤ Hauke Goos, "Flucht in die Hölle", *Der Spiegel*, No. 28, 2006, pp. 48 – 52.
⑥ Jochen Bittner, "Uiguren", *Die Zeit*, No. 36, 2005.
⑦ Anon., "Steinmeier gegen Uiguren", *Der Spiegel*, No. 21, 2009, p. 17.
⑧ Anon., "Pikante Aufnahme", *Der Spiegel*, No. 48, 2008, p. 17.
⑨ Ibid..

可以分散北京的愤怒。并且如果接收，也只是允许小团体维吾尔族人进入德国，而且所接收人员中要混合以其他国家的犯人"①。从德国政府在接收策略方面的考虑来看，这是一场价值观利益与经济利益的较量。德国政界对此虽有争议，但并不否认应该接收维吾尔族犯人，而只是在接收方式和接收犯人的规模等策略问题上有争议。动员其他国家一起接收维吾尔族犯人的策略，其实是欲在这两种利益中找到平衡，使之不损害德国的利益。从德国的这种策略衡量中也可以看到中国实力的增强和国际影响力的增大，正是这点才使德国等西方国家并不能肆无忌惮地在与中国的关系中贯彻其兼获价值观和经济双重利益的诉求。

4. 法兰克福书展方邀请中国异见作家事件

中德关系话语束中的另一个次级主题是法兰克福书展方邀请中国异见作家事件。语料中专门以此为主题的报道数量不多（《明镜》周刊 3 篇，《时代》周报 1 篇），但同时期的众多涉华报道都提及该事件，可见其对涉华报道的质量影响之大。2009 年中国成为德国法兰克福书展的主宾国，因书展主办方违背协议单方面邀请中国异见作家而引发双方冲突。此事一方面再次引发德媒对中国存在新闻审查以及没有言论自由的指责，另一方面德媒称，该事件在德国国内引发关于"邀请一个存在侵犯人权问题的国家做客书展，是否有意义"②的辩论。该事件对中国形象产生的负面影响不可忽视，因此可以说该事件也构成中德关系话语束中的一个话语事件，对中国形象话语束的质量和走向都产生决定性影响。此外，由于该事件发生在经济危机时期，因此该主题下的报道也与经济危机主题交织，德媒在批评和谴责书展主办方向中国"屈服"③的同时，也表示出一定的理解，报道称，"如果不是为了拯救世界经济，而单纯只是法兰克福研讨会，那么大可以多展示一些勇气"④。也就是说，在德媒关于法兰克福书展的报道中，也同样体现出经济利益与价值观利益的较量。

---

① Anon., "Pikante Aufnahme", *Der Spiegel*, No. 48, 2008, p. 17.
② Wolfgang Höbel, "Das fällt auf die Gäste zurück", *Der Spiegel*, No. 38, 2009, pp. 156 - 157.
③ Ibid..
④ Matthias Nass, "Die Hosen voll", *Die Zeit*, No. 39, 2009, p. 1.

德媒主流话语在法兰克福书展事件上的基本态度是：在批评中国人权问题的同时，谴责书展主办方勇气不够。书展主办方迫于中国官方的压力，将"原先向中国作家发出的研讨会邀请收回"①，此举被《明镜》周刊解读为"屈服"②；而书展方最终还是邀请了两位持不同政见的中国作家出席，后又在书展上因为此事向中国代表团致歉，对此《时代》周报嘲笑说，书展主办方"吓得尿裤子了"③。报道称，这种道歉行为"只会让事情变得越来越糟糕，因为中国人虽然最后还是回到了大厅，但是却给德国人上了一课"④，因此德媒呼吁主办方在中国面前应该多展示一些勇气。如前文所述，德媒将主办方的"屈服"与此时的经济危机大背景和此时中国与西方的经济力量对比联系在一起：报道称，鉴于中国在经济危机时期对于西方经济的重要作用，不仅仅是德国领导人，甚至"希拉里在访华时都避免谈及人权话题"⑤，因此报道表示，"如果不是为了拯救世界经济，而单纯只是法兰克福研讨会，那么大可多展示一些勇气"⑥。面对在经济危机中依然保持经济增长的中国，德媒想要辨别"是强大的中国已经将我们都逼到了墙角，抑或中国是我们的救星？"⑦与之相应，德媒在报道法兰克福书展时也指责中国"自信膨胀"⑧，指责中国"尽管遭到批评，在言论自由方面却依然一意孤行"⑨。西方习惯了中国顾忌其批评，习惯了将自己的价值观强加给中国，当其一旦发现不能再凭借西方价值观和通过舆论批评约束中国的时候，中国便被指责"自信膨胀""一意孤行"。《明镜》周刊甚至表示，"法兰克福书展期间德国就主宾国中国的人权和言论自由问题进行了激烈的讨论。但中国官员们却充

---

① Wolfgang Höbel, "Das fällt auf die Gäste zurück", *Der Spiegel*, No. 38, 2009, pp. 156 – 157.
② Ibid..
③ Matthias Naß, "Die Hosen voll", *Die Zeit*, No. 39, 2009, p. 1.
④ Ibid..
⑤ Ibid..
⑥ Ibid..
⑦ Ibid..
⑧ Ibid..
⑨ Wolfgang Höbel, "Das fällt auf die Gäste zurück", *Der Spiegel*, No. 38, 2009, pp. 156 – 157.

耳不闻"①，报道认为中国官员的反应"甚为可怕"②。在 2010 年阿登纳基金会召开的题为"中国全新自信"的会议上，因为中国前驻德大使驳斥德方所提出的关于如何报道西藏的建议，德媒便指责称中国"拒绝任何好的建议"③。德媒如此指责中国，却没有去反省，实际上这种所谓的"好的建议"背后隐藏的，是德国/西方的价值观标准以及德国/西方欲向中国输出价值观的诉求：中国因为不接受德国具有民族中心主义色彩的指责，就被打上了"一意孤行"的烙印。这种诉求在德国公共舆论关于书展邀请中国是否过早的辩论中，也同样反映出来。比如，对于被德媒指责为向中国"屈服"、在辩论中持反对态度的书展主办方辩驳称，"书展是一个平台，正好可以谈论中国的变迁问题"④，持赞成态度的一方则认为中国的变迁还没有达到他们希望的程度，因此称书展邀请中国做主宾国为时过早，对此书展方回应称，"西方总是觉得速度不够快。但是我们需要利用每一个可以更加接近目标的机会。不管大家如何批评中国变迁的速度，但是有一点很明确：变迁是存在的"⑤。2011 年同样在德国公共舆论中成为焦点的"欧洲启蒙艺术展"的主办方在接受采访时也表示，"故意奚落中国客人并不具有建设性意义，比如在书展上。这种虚伪的挑衅什么效果也达不到"⑥。关于法兰克福书展事件的辩论与 2008 年的"奥运辩论"极其相似，德媒主流话语都以人权为支点，试图剥夺中国参与和主办大型国际活动的合法权：2001 年中国获得奥运主办权时，德媒就曾经提出诸如"奥运会对于中国这样的国家而言还为时过早"⑦ 的说法；2008 年"3·14"事件之后德国掀起"奥运辩论"，辩论双方同样都希望中国朝着接近西方价值观的方向发生变迁，只不过一方认为中国是存在变迁的，所以应该继续通过合作来促进变迁；另一方认为中国发生变迁

---

① Anon., "Pseudoprovokation bringt nichts", *Der Spiegel*, No. 47, 2009, p. 112.
② Ibid..
③ Matthias Nass, "Chinas Vorbild: China", *Die Zeit*, No. 29, 2010, p. 6.
④ Wolfgang Höbel, "Das fällt auf die Gäste zurück", *Der Spiegel*, No. 38, 2009, pp. 156–157.
⑤ Ibid..
⑥ Anon., "Pseudoprovokation bringt nichts", *Der Spiegel*, No. 47, 2009, p. 112.
⑦ Matthias Nass, "Blutige Rekorde", *Die Zeit*, No. 29, 2001.

的速度过慢,因而对中国横加指责,并认为授予中国奥运主办权为时过早。总之,2009年德国公共舆论关于法兰克福书展的辩论与"奥运辩论"一样,都是指责中国的变迁速度过慢的一方,与主张通过接触促进中国变迁的另一方之间的辩论。但不管哪一方,其最终诉求都是希望中国接受西方价值观,发生西化变迁。

不管是关于奥运会还是关于法兰克福书展的辩论,都是一方基于"半满"的视角看待中国,认为中国在人权方面已经取得进步,应通过继续合作促进中国政治变迁;另一方基于"半空"的视角看中国,认为中国多年之后依然存在人权问题,应谴责中国,并剥夺中国参与国际活动和获得国际话语权的合法性。这两种视角的辩论背后总是存在德国价值观利益和经济利益的衡量标准,二者并不是简单的一方决定另一方的关系,或者一方排斥另一方的关系,而是处于复杂的互动关系中,是始终并存的。经济利益因素决定行为体看待中德两国价值观差异的视角,而价值观因素始终存在于德国人建构中国形象的过程中。只是价值观在"半空派"处为显性存在,而在"半满派"处价值观则隐藏在利益因素背后。"半空派"看似完全是为了捍卫其本国价值观,但是其背后同样隐含着利益因素,他们攻击不符合其价值观的中国,实质上是担心自己国家的利益受到外来体制的威胁。尤其是当中国的经济发展脱离了需要接受西方施舍的第三世界经济援助时,德国对中国刮目相看,认为崛起的中国"为其他国家树立了一个全新的政治体制模式,成为西方的竞争对手"①。可见,价值观差异背后隐藏的因素是担心国家利益受到外来体制的威胁(见图3—2)。从德媒涉华报道看,德媒主流话语更倾向于"半空派",总是在主张德国可在中德关系中兼获双重利益的前提下,赋予价值观利益更多的分量。

5. 关于是否应继续向中国提供发展中援助的辩论

默克尔执政时期德媒中出现关于是否应继续向中国提供发展中援助的辩论,这与德方对中国经济发展的定位是有关系的。2006年《明镜》周刊称,"大联盟议会党团就德国是否应继续向中国提供发展中援助一事

---

① Matthias Nass, "Was auf dem Spiel steht", *Die Zeit*, No. 4, 2008, p. 4.

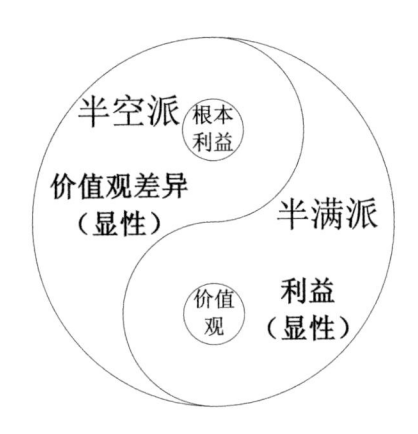

第三章 中国国际关系话语束分析与中国国际形象 ◇ 217

图3—2 跨文化国家形象建构中的利益与价值观关系

掀起讨论"①，其中主张取消对华援助的一方提出的论据是："中国不再是发展中国家"，而且中国在知识产权问题上"有损德国企业的利益"。②主张应继续提供对华援助的一方，比如德国经济合作与发展部部长维乔雷克·措伊尔女士（Wieczorek – Zeul）表示，"如果通过我们的经济合作能够促进比如可更新能源在中国的应用，那么这不仅将有益于在德国创建工作岗位，而且我们所有人都会从中受益。"③类似的报道和辩论也出现在2009年《时代》周报的相关报道中，其中支持取消援助的一方同样是以中国国力增长和中国发展对德国构成威胁为论据："中国人经常给我们的企业造成不公平竞争，忽视我们的价值，践踏人权，对全球气候的破坏程度远胜过任何其他国家。强大的北京应该为自己的发展负责"④；反对停止对华援助的一方也同样从德国利益的角度出发进行论证，该方认为，德国可以将发展中援助资金"用于促进中国提高能源效率"⑤，这样一方面德国企业可以通过向中国出口环保知识和技术获得收益，另一方面还

---

① Anon. , "Vorstoss gegen Millionenhilfe", *Der Spiegel*, No. 13, 2006, p. 18.
② Ibid. .
③ Ibid. .
④ Petra Pinzler, "Erst denken, dann reden", *Die Zeit*, No. 46, 2009, p. 33.
⑤ Ibid. .

可以"教授中国环境的意义"①。《时代》周报在此事上的态度是：认为取消发展中援助是"短视的"，会"危及全世界为了阻止气候变化而（共同）进行的斗争"，从而也"有损德国的利益"。②德媒以及德国政界关于是否应继续对华提供发展中援助的辩论，再次反映出德媒看待中德关系的视角背后隐藏着德国利益标尺，反映出德媒所塑造中国形象的观察者依赖性，总之，德国利益才是德媒观察中国以及中德关系的根本出发点。

6. 《明镜》周刊议题：指责中国在德从事间谍行为（经济间谍、政治间谍与黑客袭击）

默克尔执政期间，《明镜》周刊中出现以该刊 2007 年第 35 期的封面故事《沙粒原理》为代表的、指责中国侵犯德国企业知识产权、指责中国人/华人在德国进行间谍行为、指责黑客盗取德国政府机构与企业信息的一系列报道。这一系列报道都将上述针对中国的指责系统性地解读为具有中国国家背景的行为，报道称，"中国安全机构率领一支间谍大军在猎取世界出口大国德国最重要的资源——技术诀窍"③。《明镜》周刊不仅在经济上指责中国窃取德国工业秘密，也指责中国安全机构在德国实施政治间谍行为，以及指责中国国家授权黑客攻击德国政府机构。德媒尤其是《明镜》周刊的相关报道对中国形象造成了巨大的负面影响，报道也称，"很长时间以来（德国）都视中国为未来大国，并且视之为政治和经济上的合作伙伴，但是自从发生多重黑客袭击和间谍事件以来(2007/35《沙粒原理》)，这种形象发生了变化"④。《明镜》周刊虽也表示，其报道的所谓中国黑客袭击和工业间谍事件并没有确凿的证据，但却依然断言"黑客的踪迹指向中国"⑤，或者将未被证实的所谓"工业间谍案例"作为确凿事实进行报道，并且称黑客行为"背后隐藏的显然是

---

① Petra Pinzler, "Erst denken, dann reden", *Die Zeit*, No. 46, 2009, p. 33.
② Ibid..
③ Jürgen Dahlkamp/Marcel Rosenbach/Jörg Schmitt/Holger Stark/Wieland Wagner, "Prinzip Sandkorn", *Der Spiegel*, No. 35, 2007, pp. 19 – 34.
④ Holger Stark, "Fünf Gifte", *Der Spiegel*, No. 29, 2009, p. 39.
⑤ John Goetz/Marcel Rosenbach, "Digitales Dauerfeuer", *Der Spiegel*, No. 15, 2009, p. 124.

中国国家机构"①。中方对这种指责做出回应，否认这些黑客袭击为中国政府授意，并表示"中国会采取措施坚决抵制黑客"②，但这些回应皆被视作谎言。报道称，"联邦政府每日都成为黑客的目标，他们想要植入间谍程序。这些攻击越来越难以对付，它们多来自中国"③。为了证明黑客袭击行为确实来自中国，报道所列举的论据包括比如"默克尔访华之前，黑客的目标是窃取有关默克尔在华将会提及哪些话题的信息"④；"达赖喇嘛访问德国之前，黑客窃取与'奥运辩论'有关的信息……其中，黑客似乎尤其关注西藏问题"⑤。甚至"中国安全部和军队自90年代以来一直在推广电脑普及和启蒙"⑥ 都被视作证据。《明镜》周刊将对中国黑客的指责上升到战争的高度，中国被定位为"敌人"，报道称，这是"德国最大的数字保卫战"。⑦

除了指责中国针对德国实施黑客行为之外，《明镜》周刊还指责中国在德国实施政治间谍行动，报道称，"除了传统的经济间谍之外，还有伪装成使馆工作人员身份的安全工作人员，他们的工作是稽查'五毒'：维吾尔族人、'藏独'、'台独'、民主运动追随者、法轮功"⑧。

除了报道中国在德从事的一些具体"间谍事件"之外，《明镜》周刊一再表示德国官方对待此事的态度较以前发生很大变化，以突出中国"间谍行为"之严重和中国形象急速向负面转变。报道称，中国人在德国被视为"不麻烦的合作伙伴"⑨ 的时代已经过去了，称"像俄罗斯人一样，现在中国人也被德国反间谍机构视为敌人"⑩，报道表示，"德国司法

---

① Jürgen Dahlkamp/Marcel Rosenbach/Jörg Schmitt/Holger Stark/Wieland Wagner, "Prinzip Sandkorn", *Der Spiegel*, No. 35, 2007, pp. 19 – 34.
② John Goetz/Marcel Rosenbach, "Digitales Dauerfeuer", *Der Spiegel*, No. 15, 2009, p. 124.
③ Ibid. .
④ Ibid. .
⑤ Ibid. .
⑥ Ibid. .
⑦ 参见 Jürgen Dahlkamp/Marcel Rosenbach/Jörg Schmitt/Holger Stark/Wieland Wagner, "Prinzip Sandkorn", *Der Spiegel*, No. 35, 2007, pp. 19 – 34。
⑧ Holger Stark, "Fünf Gifte", *Der Spiegel*, No. 29, 2009, p. 39.
⑨ Ibid. .
⑩ Ibid. .

部门开始系统性地针对中国间谍展开工作……联邦宪法保护局成立专门部门侦察中国间谍行为"①,甚至称"这个大国已经成为德国反间谍部门最重要的对手之一"②。《明镜》周刊指责中国的行为"致使中德关系笼罩阴影",称两国关系"从友好中性的关系变成了间谍的战争"。③《明镜》周刊中以指责中国间谍行为为主题的报道虽然数量不多,但是将中国描述成"德国反间谍部门最重要的对手之一"④,对中国形象所造成的负面影响显然是很大的。需指出的是,这几篇报道一再提及封面故事《沙粒原理》,或者指明该文曾报道了大量的中国间谍事件,或者援引该文所报道案例以证明中国间谍行为和黑客袭击确实存在。这种刊内互文性,一方面是为了增强报道的可信性和为受众提供阅读背景知识,另一方面表明《明镜》周刊并不认为这期具有辱华性质的封面故事报道失实。也正是出于此原因,即便德国华人提出激烈抗议,该刊也拒不道歉。而该报道所塑造的"黄色间谍"形象给德国华人的生活和工作都带来了诸多不便,因为根据报道内容,中国在德国拥有庞大的间谍网络,在德中国人/华人虽然并非全部都是间谍,但却人人都逃脱不了间谍嫌疑,因为"德国反间谍机构不清楚(中国间谍网络人数)确切数字到底是多少"⑤。不管是指责在德中国人/华人接受国家安全部门委托窃取德国工业机密的报道,还是指责中国人/华人在德国从事非法政治间谍活动的报道,都表示很多在德中国人/华人都具有嫌疑,比如报道称,"公安部的间谍手段包括在递交签证申请时给想回家的流亡中国人施加压力;在德国的客座学者通常也必须和相关机构合作"⑥,或者称"德国有 27000 名中国留学生。大多数在德国上学的中国学生都是靠国家奖学金资助的,他们需要

---

① Holger Stark, "Fünf Gifte", *Der Spiegel*, No. 29, 2009, p. 39.
② Sven Röbel/Holger Stark, "Krieg der Spione", *Der Spiegel*, No. 26, 2010, pp. 37 – 38.
③ Ibid. .
④ Ibid. .
⑤ Jürgen Dahlkamp/Marcel Rosenbach/Jörg Schmitt/Holger Stark/Wieland Wagner, "Prinzip Sandkorn", *Der Spiegel*, No. 35, 2007, pp. 19 – 34.
⑥ Holger Stark, "Fünf Gifte", *Der Spiegel*, No. 29, 2009, p. 39.

使领馆的相关文件，因此他们就成为安全人员的委托对象"①。可见，尽管德国官方表示，肯定不是所有中国人/华人都是间谍，但该报道实际造成的后果却是使每一个在德国生活的中国人/华人都背负间谍嫌疑。

此外，语料中虽然没有来自《时代》周报的关于中国间谍行为和黑客袭击为主题的报道，但这并不代表该报中没有类似的观点或者没有任何相关的内容。《时代》周报在一些其他主题的报道中，也同样将所谓来自中国的黑客袭击以及工业间谍作为事实陈述，比如有报道称，"中国政府发言人表示，中国当然没有远程偷窃德国国家工业机密。但是同时她又对总理默克尔表示，可以和德国合作打击黑客"②，或者称"大中国向世界展示某些让人困惑的事：仓促的发展、工业间谍和被绑架的自由"③，以及"中国企业吸引西方企业做咨询，并且不畏惧做工业间谍"④ 等。

7. 经济危机与中德关系

中国在经济危机时期领先于西方国家走出经济危机并保持经济增长，中国的经济实力与巨大的外汇储备，使中国成为包括德国在内的西方国家走出经济危机的希望。因此，经济危机时期的德媒涉华经济报道中存在一定量的涉及中德关系主题的话语片段。该阶段德媒对中德关系的观察中最为突出的特点是：德媒一直以来所坚持的价值观利益在一定程度上为德国经济利益做出让步，因为德媒看到德国经济对中国的依赖性；但同时德媒又不甘心德国在价值观利益上做出这样的让步，因此对中国经济模式在经济危机中表现出的优越于西方经济模式的能力表示质疑。这背后隐藏的是经济利益和价值观利益的较量，是德媒涉华报道中一直存在的典型的双重中国情结的表现之一。此阶段德媒关于中德关系的定位，可以用《明镜》周刊2010年第34期封面故事的标题《不得不爱的

---

① Jürgen Dahlkamp/Marcel Rosenbach/Jörg Schmitt/Holger Stark/Wieland Wagner, "Prinzip Sandkorn", *Der Spiegel*, No. 35, 2007, pp. 19 - 34.
② Josef Joffe, "Super macht sinnlich", *Die Zeit*, No. 36, 2007, p. 1.
③ Christoph Bertram, "Chinas Aufstieg", *Die Zeit*, No. 38, 2007, p. 57.
④ Georg Blume/Thomas Fischermann, "Keine Angst vor diesem Drachen", *Die Zeit*, No. 44, 2006, p. 23.

敌人》① 来概括，德媒一方面表示，担心德国对中国经济的依赖会在经济上给德国带来风险，报道称，"中国的快速发展给德国经济带来增长奇迹的同时，也带来新的风险。德国对远东贸易的依赖性增加，北京的政府干预式的经济发展成为危险的对手。经济繁荣会成为中国陷阱吗？"② 另一方面德媒表示，担心德国对中国经济的依赖导致中国的经济权力转化为政治影响③，从而导致德国在政治上不能"与中国的压力针锋相对"，也就不能"为西方的价值观辩护，如民主和法治国家等"④，报道甚至称，"有些人提出，原先以为有利可图的中国连接（[德] China‐Connection）几年之后是否将会显示出其魔鬼协议的本质"⑤。同时德媒又出于经济原因对良好的中德关系感兴趣，于是此时德媒再次表示，"德国对华政策中的重大问题在于：如何在批评中国违反人权和不遵守国际规则的同时，又与其保持良好关系？"⑥

德媒在认可德国经济对中国具有依赖性的同时，也一再表示出对中国作为社会主义国家的经济发展能力和经济发展模式的质疑，报道提出"中国一条腿在21世纪，另一条腿还在中世纪，这样的国家有权利发言吗？"⑦ 质疑社会主义国家的经济发展能力，一方面反映出德媒对中国作为社会主义国家的政治偏见；另一方面也反映出德媒对于西方一直以来所宣传和坚信的西方经济模式的优越性提出质疑。德媒一方面一再表示中国的经济发展已经逐渐形成自己的模式，称"'中国模式'对西方而言越发构成政治和智慧的挑战，当然经济上就更不用说了"⑧；另一方面却又质疑这种模式的长期能力和可持续性，报道称，"很多国家只是将中国

---

① Frank Dohmen/Katrin Elger/Dietmar Hawranek/Ralf Neukirch/René Pfister/Christian Reiermann/Michael Sauga/Wieland Wagner, "Geliebter Feind", *Der Spiegel*, No. 34, 2010, pp. 60–71.
② Ibid..
③ 参见 Thomas Fischermann/Angela Köckritz/Frank Sieren, "China übernimmt", *Die Zeit*, No. 29, 2010, pp. 19–20。
④ Frank Dohmen/Katrin Elger/Dietmar Hawranek/Ralf Neukirch/René Pfister/Christian Reiermann/Michael Sauga/Wieland Wagner, "Geliebter Feind", *Der Spiegel*, No. 34, 2010, pp. 60–71.
⑤ Ibid..
⑥ Ibid..
⑦ Martin Klingst/Frank Sieren, "Das Ballett der Riesen", *Die Zeit*, No. 46, 2009, p. 7.
⑧ Matthias Nass, "Chinas Vorbild: China", *Die Zeit*, No. 29, 2010, p. 6.

当成过渡性的财富积累模式,实际上他们都认为中国最终还是会走向民主的"①,称"我们德国对很多第三世界国家而言是榜样,他们需要石油,但他们更需要我们关于民主的设想,需要歌德学院"②。

此阶段德媒在评价默克尔对华政策时,也不再同于 2007 年德媒报道默克尔接见达赖喇嘛事件时,以及 2008 年德媒报道默克尔拒绝参加奥运会开幕式时所持的那种趾高气扬的支持态度。此时德媒称,在经济上"默克尔原本要求保护本国战略性工业产业不落入外国投资者手中,……但是现在默克尔去北京时也为欧洲争取投资"③,在政治上"默克尔原本认为她可以自己决定接见什么人,现在看来,默克尔是否还能允许自己再次做出这种示威性的姿态,还是个问题"④,报道称,"中国自那以后越来越强大,越来越有实力。没有必要时最好不要挑衅中国"⑤。德媒表示,此时"默克尔深信中国会使用一切手段晋升成为世界大国……默克尔想要防止德国在世界权力的重新分配中被落下……所以默克尔对与中国保持良好的关系感兴趣"⑥。对于"默克尔访问中国时只会讲好的一面,而不会提及阴暗面(间谍)"⑦,或者默克尔在访华时只是小声谈及人权问题,⑧以及"默克尔允诺支持中国实现五年后被欧盟承认为市场经济"⑨,德媒不再像之前一味批评施罗德那样批评默克尔,而是表示出理解。德媒这种态度转变的根源在于:德媒对中国经济发展的定位、对于中国在中德关系中的地位定位发生了变化。在施罗德执政时期,德媒主张可以在不损失价值观利益的条件下获得经济利益;而在经济危机语境下,德

---

① Erich Follath, "Die Umarmung des Drachen", *Der Spiegel*, No. 30, 2010, p. 92 – 93.
② Ibid..
③ Thomas Fischermann/Angela Köckritz/Frank Sieren, "China übernimmt", *Die Zeit*, No. 29, 2010, pp. 19 – 20.
④ Frank Dohmen/Katrin Elger/Dietmar Hawranek/Ralf Neukirch/René Pfister/Christian Reiermann/Michael Sauga/Wieland Wagner, "Geliebter Feind", *Der Spiegel*, No. 34, 2010, pp. 60 – 71.
⑤ Ibid..
⑥ Ibid..
⑦ Sven Röbel/Holger Stark, "Krieg der Spione", *Der Spiegel*, No. 26, 2010, pp. 37 – 38.
⑧ Frank Dohmen/Katrin Elger/Dietmar Hawranek/Ralf Neukirch/René Pfister/Christian Reiermann/Michael Sauga/Wieland Wagner, "Geliebter Feind", *Der Spiegel*, No. 34, 2010, pp. 60 – 71.
⑨ Wieland Wagner, "Hilfe mit Hintergedanken", *Der Spiegel*, No. 50, 2010, pp. 72 – 74.

媒则看到，由于中德两国经济发展差异，中国在双边关系中的重要性上升，从而使德国必须向经济利益倾斜，而降低价值观利益诉求。在这个意义上，施罗德的对华政策被视为有方向问题，而默克尔在经济危机时期采取相似的对华政策，则被视为形势所需，但归根结底德媒做出迥异判断的衡量标准都是德国利益。

8. 中德关系话语束小结

中德关系话语束与中国经济话语束、涉华政治报道（尤其是人权问题、西藏问题、维族问题等）交织密切，因为德媒关于中德关系的观察与评价，与德媒看中国的视角有着密切的关系，或者说是以后者为基础和依据的。德媒对中德关系的评价背后，总是存在德国经济利益和价值观利益两个衡量标准的较量与互动。分析显示，在德媒眼中这两种利益之间的关系始终处于动态变化中。在施罗德执政时期，德媒一再批评施罗德对华政策过于关注双边经贸关系，而不履行对中国人权问题进行批评的职责义务。此阶段德媒追求的是：德国在两国双边关系中获得经济利益的同时，也在价值观方面获得更多的利益。但德媒对此并没有表现出十足的信心，比如2004年接受《时代》周报采访的一位亚洲事务专家表示，"只有美国敢于既与中国保持良好的经济关系，又可以在外交上不用限制自己……如果欧盟国家在对华政策上统一起来，也完全可以实现既能在政治上教训中国，又可以继续保持中国重要经济合作伙伴的地位"①。在施罗德执政后期，德媒中逐渐开始出现肯定地主张德国可以在中德关系中兼获经济利益与价值观利益的声音，这样的声音在默克尔执政时期越来越强。德媒对默克尔的对华"橱窗外交"持肯定和支持态度，德媒将默克尔与施罗德进行对比并得出结论称，"默克尔在批评中国人权问题方面比其前任做得更多。（面对批评）中国人不再激动，这证明在加大批评力度的情况下，也一样可以做好生意"②，称默克尔的对华政策表明，"为人权辩护和保障政治经济利益之间并不一定互相矛盾"③。与德媒

---

① Anon., "Bei deutsch-chinesischen Kontakten stehen Wirtschaftsthemen im Vordergrund", *Die Zeit*, No. 5, 2004.

② Bernd Ulrich, "Das Match beginnt", *Die Zeit*, No. 22, 2006, p. 7.

③ Matthias Nass, "Das Volk und seine Feinde", *Die Zeit*, No. 25, 2008, p. 3.

对两任德国总理对华政策的差异性评价相应,施罗德时期中德关系话语束与中国经济话语束交织更为密切,而默克尔执政时期中德关系话语束与涉华政治报道的交织更为密切。

表3—2 中德关系主题不同报道时段特点与议程重点总结

时段	中德经贸关系		中德外交关系	
	重点议题	共同议题：德国汽车企业在华境况	主题特点	议程重点
施罗德时期	·磁悬浮项目 ·德企在华投资环境风险	市场机遇与风险	·与中德经贸关系主题交织密切 ·主流话语批评指责施罗德对华政策	1. 中德法治国家对话机制 2. 取消对华武器禁运
默克尔时期	德国企业遭遇知识产权侵犯	经济危机中受益于中国经济刺激计划	·主流话语支持默克尔对华政策 ·坚定主张德国可兼获双重利益 ·对华态度反映德国内政冲突 ·"中国威胁论"声音更高	1. 默克尔接见达赖喇嘛 2. 关塔那摩维族犯人接收问题 3. 西藏事件解释权争夺与法兰克福书展事件 4. 中国间谍和黑客 5. 经济危机对中德关系的影响（"威胁论"与转折点）

在默克尔就任德国总理后的很长时间里,德媒一直以居高临下的姿态观察中国和中德两国关系,主张既可以教训中国,又不必担心会对德国与中国的贸易关系,进而对德国经济利益造成实质性影响。正是基于这样一种姿态,德媒主流话语在默克尔接见达赖喇嘛事件上高度一致地表示支持默克尔的决定,并且在话语上讨伐对此事持反对意见的时任德国外长施泰因迈尔和他所在的德国社民党（SPD）,德媒认为他们的决定与德国民意不符。甚至在施泰因迈尔做出努力使冻结的中德关系恢复正

常化之后，德媒更表示中国的愤怒不过如此，报道称，"外长施泰因迈尔只是安抚中国人，并没有向中国屈服。……外长所用的不过是老一套外交手段，私密谈话、信件来往和重复安抚性的套话而已"①。也正是出于这种姿态，在"3·14"事件报道中，德媒进行倾向性报道，甚至拒不承认某些德国媒体存在操控新闻的非专业行为；在关于奥运的报道中，德媒主流话语支持干扰奥运火炬传递和杯葛奥运的行为；在法兰克福书展事件报道中，德媒主流话语又一致指责书展方邀请中国为时过早。

德媒笃定主张德国可以兼获双重利益的情况，随着中国经济实力的增长以及世界经济危机的到来，逐渐发生了变化。在报道法兰克福书展事件时，德媒在批评书展方向中国屈服的同时，也表示"如果不是为了拯救世界经济，而单纯只是法兰克福研讨会，那么大可多展示一些勇气"②。此时中国被西方视为能够帮助他们走出经济危机的希望，德媒涉华报道也相应地表示出更倾向于保障德国经济利益的考量。此阶段德媒一方面看到德国经济对中国的依赖性，另一方面也担心德国对中国的经济依赖会导致德国受控于中国，因此中国被指责随着经济实力增长而自信膨胀。德媒此阶段所塑造的中国形象以及德媒眼中的两国关系定位，可以用《明镜》周刊2010年第34期的封面报道的标题《不得不爱的敌人》来概括。也就是说，经济危机爆发后，德媒在观察中德关系时关于德国经济利益的考量有所增加，但同时仍然不放弃主张德国应兼获双重利益的诉求，即德媒并不放弃价值观诉求，只是与以前相比后者的分量有所减少。德媒加重考量德国经济利益，并使价值观利益为之让步，是出于形势所迫，其实并不甘心如此。虽然对于中国所取得的经济成就和中国走出经济危机的能力，德媒是认可的，但是德媒此时依然不愿意承认中国模式的有效性，不愿意看到中国在国际上获得更多话语权，并以西方对于社会主义国家的偏见为据，论证不可让中国获得更多话语权的主张，质疑在中国这样一个国家怎么会实现经济繁荣，③质疑"一条腿在

---

① Jörg Lau, "Tauwetter", *Die Zeit*, No. 5, 2008, p. 6.
② Matthias Nass, "Die Hosen voll", *Die Zeit*, No. 39, 2009, p. 1.
③ Matthias Nass, "Chinas Vorbild: China", *Die Zeit*, No. 29, 2010, p. 6.

21世纪，另一条腿还在中世纪"的中国是否可以发言①。德媒此时一再指责中国因经济实力增长而自信膨胀，也同样服务于在话语上剥夺中国获得更多国际话语权的合法性。

第二节　中美关系的报道

中美关系是德媒关于中国国际关系报道中的另一个重要组成部分，德媒对于中美关系的关注与对中德关系的关注程度相当。德媒高度关注中美关系是缘于美国的世界大国地位。德媒将中美关系发展视为国际关系的一个风向标和定位中国经济发展及中国国际地位的参照系。德媒对中美关系的基本定位之一是：未来世界大国与现在的世界大国。以中美关系为核心主题的报道共23篇，报道时间分布覆盖所选择语料的全部时间段。而且除了以中美关系为主题的报道之外，德媒涉华报道中也有很多其他主题的报道包含涉及中美关系的话语片段。从次级主题分布看，中美关系主题一方面呈现出一定的时段性特征，且与中国经济发展的时间特性具有相应之处；另一方面中美关系话语束中也存在恒定主题，即台湾问题和人民币汇率问题（与中国经济话语束交织）。从报道时间分布看，《时代》周报关于中美关系的报道主要集中于2000—2002年阶段，且从议程上看以两国的军备力量对比和对峙关系为主；《明镜》周刊关于中美关系的报道则主要集中于2005年之后，报道重点在于中国经济实力增长，以及中美关系中两国力量对比发生向中国方面的倾斜。鉴于中美关系主题报道的时段性特征，此处不再以中美经贸关系与中美外交关系为分析区分标准，而代之以时段区分。

一　2000—2002年阶段：鹰强龙弱

中国经济话语束分析显示，2000—2002年阶段中国在德媒眼中被定

---

① 参见 Martin Klingst/Frank Sieren, "Das Ballett der Riesen", *Die Zeit*, No. 46, 2009, p. 7.

位为显现新兴发展迹象的第三世界国家①、门槛国家②。此时依然被定位为发展中国家的中国在德媒眼中与超级大国美国并不可同日而语，相应地，德媒眼中的中美关系也有这种鹰强龙弱的烙印。在德媒所塑造的中美关系中，中国一方明显处于弱势，不管是在军备力量对比、经贸关系还是在国际政治地位方面。此时报道表示，中国"远非与令人畏惧的苏联同一级别的对手，在军备技术上比美国整整差了二十年。美国人在海湾战争中使用的高科技使中国的将军们痛苦地看到，自己的武器系统是多么落后和陈旧"③。因此，《时代》周报2000年称，美国战区导弹防御系统（TMD）引发"中国的恐惧"④，报道称，"对于庞大的中国而言，要针对美国的数千头火箭进行完全的防御，几乎是不可能的"⑤，称"中国人除了抗议，所能做的也只有希望美国不会轻易实施该计划"⑥。2001年海南间谍机事件后报道称，"军事人员认为与美国开战不可避免，但是中国政府知道与美国保持良好关系的意义。美国是中国最大的出口市场"⑦，更有报道对中国利用反恐机会与西方合作一事提出评论称，在今天的这种世界形势下，中国敢不听美国的话吗？⑧德媒认为，中国欲通过反恐合作"让西方改变思维方式"⑨，认为中国欲借反恐的名义，在西方为自己打击维族分裂分子和法轮功追随者的行动获取合法性⑩。该时段德媒关注的另一时效性新闻冲突事件是："中方拒绝美国军事机构进入贝尔格莱德中国大使馆建筑内调查炸弹爆炸原因。"⑪ 报道认为中国拒绝美国的要求非常可疑，称"也许北京担心，大使馆废墟下面藏着能证明北约

---

① Georg Blume/Chikako Yamamoto, "Großer Sprung ins Netz", *Die Zeit*, No. 22, 2000.
② Marcus Rohwetter, "Frisches Geld für China", *Die Zeit*, No. 14, 2001.
③ Matthias Nass, "Stunde der Patrioten", *Die Zeit*, No. 17, 2001.
④ Georg Blume, "Chinas Angst", *Die Zeit*, No. 20, 2000.
⑤ Ibid..
⑥ Ibid..
⑦ Matthias Nass, "Stunde der Patrioten", *Die Zeit*, No. 17, 2001.
⑧ Ibid..
⑨ Chikako Yamamoto, "Elefantenflirt in Shanghai", *Die Zeit*, No. 43, 2001.
⑩ Ibid..
⑪ Anon., "Explosives Geheimnis", *Der Spiegel*, No. 51, 2002, pp. 112 – 113.

攻击时中国在饰演两面派角色的证据，会被发现"①。

总体来说，此阶段德媒所塑造的中美关系是美强华弱、竞争与合作并存的关系。报道称，中美两国"共享在竞争中保持伙伴关系的利益"②：从中国方面看，中国在两国关系中处于弱势地位，因此尽管存在对峙也主张与美国保持友好关系，更利用反恐与美国合作，"证明自己不是美国的敌人"③；从美国方面看，"'9·11'事件改变了美国对中国的态度"④，从"视中国为最大的对手"⑤，转变为与中国合作，但也"未完全解除警告"⑥。同时德媒报道显示，关于双边交道方式中美两国国内都存在分歧，比如报道称，"关于是否应该与中国恢复经贸关系正常化的表决，导致美国国会的两派都产生内部分裂"⑦；同时报道表示，中国国内在如何与美国打交道的问题上也存在分歧，报道称，"军事人员认为与美国战争不可避免，但是中国政府知道与美国保持良好关系的意义"⑧。需要提及的是，虽然此时中国在德媒所塑造的中美关系中处绝对弱势地位，但同时也有报道提出中国对美国依然构成威胁，报道称"对美国构成威胁的不是中国的军事潜力，而是其无比巨大的经济活力和社会活力"⑨。

中美关系话语束中总是交织有涉及中国与其他亚洲国家关系的话语片段。报道表示，包括日本在内的所有亚洲国家都"对美国在亚洲的强大存在很感兴趣。美国在亚洲的军事存在是唯一能与中国对抗的力量。没有人希望美军撤走，也没有人希望与中国为敌"⑩，因为"日本人和韩国人都一致担心中国过于强大，即便中国目前为止在军事上几乎不对其构成威胁"⑪。

---

① Anon., "Explosives Geheimnis", *Der Spiegel*, No. 51, 2002, pp. 112–113.
② Matthias Nass, "Stunde der Patrioten", *Die Zeit*, No. 17, 2001.
③ Chikako Yamamoto, "Elefantenflirt in Shanghai", *Die Zeit*, No. 43, 2001.
④ Ibid..
⑤ Matthias Nass, "Stunde der Patrioten", *Die Zeit*, No. 17, 2001.
⑥ Chikako Yamamoto, "Elefantenflirt in Shanghai", *Die Zeit*, No. 43, 2001.
⑦ Anon., "Kampf um China-Deal", *Der Spiegel*, No. 21, 2000, p. 175.
⑧ Matthias Nass, "Stunde der Patrioten", *Die Zeit*, No. 17, 2001.
⑨ Ibid..
⑩ Matthias Nass, "Stunde der Patrioten", *Die Zeit*, No. 17, 2001.
⑪ Georg Blume, "Chinas Angst", *Die Zeit*, No. 20, 2000.

二 2003—2007 年阶段：中国经济快速发展逐渐对美构成挑战

与中国经济话语束分析结果相应，从 2003 年底开始，德媒中陆续出现有关中国经济快速发展逐渐对美国构成经济挑战的论调，报道称，"9·11"事件之后，"美国致力于反恐战争……中国的经济则大幅增长"①。与 2000—2002 年阶段相似，此时德媒依然将中美关系定位为"竞争与合作并存"的关系，报道称，"中国购买美国国债资助美国财政赤字，另一方面美国又不安地关注中国加大军备支出和科研支出；一边是在朝鲜问题上合作，一边是向台湾提供武器"②。但此时德媒所塑造的中美关系中，两国鹰强龙弱力量走势对比已经发生变化：与此前中国军事力量不足一提相比，报道称，此时中国已经成为美国的"军事竞争对手"③；2004 年底报道称，"中国牌又重新进入游戏了"④；2005 年底报道更提出，"美国统治的时代就快结束了，以中国为中心的亚洲百年已经开始了"⑤。与此前德媒一再表示中国单方面向美国示好不同，此时报道称，"'9·11'三年之后，白宫里的人清楚地知道应该和中国建立伙伴关系"⑥。对于台湾欲通过"全民公决"形式强迫中国（大陆）收回针对台湾的中程导弹，布什政府提出强烈反对，此举更被解读为美国向中国"屈服"⑦。德媒认为，不仅在中美关系中，中国的地位有所上升，而且在国际影响力方面也有提升，报道称，中国凭借多边主义外交政策，在亚洲邻国成为取代美国的替代性选择，而美国的外交政策则是单边主义的，而且越来越具有攻击性。⑧报道称，中国"在亚洲建立起原有的势力范

---

① Georg Blume, "Wieder im Spiel: Die chinesische Karte", *Die Zeit*, No. 50, 2004.
② Ibid..
③ Ibid..
④ Ibid..
⑤ Frank Hornig/Wieland Wagner, "Duell der Giganten", *Der Spiegel*, No. 32, 2005, pp. 74-88.
⑥ Georg Blume, "Der weiche Schritt des Elefanten", *Die Zeit*, No. 52, 2003.
⑦ Ibid..
⑧ Ibid..

围"①，而且还凭借"无意识形态的态度在世界范围获得比美国更高的分值"②。

2005年是德媒对中国经济发展的定位中的重要分水岭。德媒涉华经济报道分析显示，从2005年起中国经济形象发生质的飞跃，从亚洲地区大国晋级成为西方国家的竞争对手。鉴于美国在东西方关系中的重要地位，所以2005年这个时间点在德媒关于中美关系的报道中也具有重要的标志性意义。其中具有代表性的是《明镜》周刊2005年第32期的封面故事，该报道将中国塑造成超级大国美国未来的竞争对手：相对于"今日的超级大国"美国，中国被称为"明日的超级大国"，报道称，两国对阵"争夺明日世界"，争夺"工作岗位、能源和资源、市场准入"。③该文表示，"美国多年来一直无忧无虑地靠信贷消费来自远东的廉价产品。现在他们才第一次仔细看账单，震惊地发现本国工作岗位流失、整个工业迁移、科研转移。美元贬值，而亚洲的十亿人口大国则积攒了大量的美元"④。报道称，中国一再爆出"新的定期（经济增长）记录，这使不安的公众震惊"，尤其是"当中国人有意并购美国家庭主妇的偶像企业——家电制造商美泰公司（Maytag），且想要吞并美国最大的能源康采恩集团时，整个美国都被红色威胁震惊了"。⑤《明镜》周刊表示，此时中国"不仅在经济上挑战美国，而且在政治、意识形态和军事上都成为美国的挑战"⑥。中国彻底被打上"红色威胁"的烙印，被视作比苏联"更具危险性的挑战者"⑦，而2001年德媒还表示，中国"远非与令人畏惧的苏联同一级别的对手"⑧。可以说，在《明镜》周刊2005年的这篇封面报道

---

① Frank Hornig/Wieland Wagner, "Duell der Giganten", *Der Spiegel*, No. 32, 2005, pp. 74-88.
② Frank Hornig/Wieland Wagner, "Duell der Giganten", *Der Spiegel*, No. 32, 2005, pp. 74-88.
③ Ibid..
④ Ibid..
⑤ Ibid..
⑥ Ibid..
⑦ Ibid..
⑧ Matthias Nass, "Stunde der Patrioten", *Die Zeit*, No. 17, 2001.

中，中国威胁论苗头已现，报道称，西方对中国经济发展的态度发生了变化："先是惊诧，之后是敬佩，现在是恐惧。"①继勾勒中美关系中的中国资本威胁论之后，《明镜》周刊又指责中国"不择手段"地在世界范围内与美国争夺地质资源，称"美国不得不咬牙看着中国不遵从其安全政策和民族法政策，并且也得眼睁睁看着中国几乎毫不受阻地为自己保障苏丹的石油储备"②。2006年《明镜》周刊再次以中美两国争夺资源为主题做封面报道，称"北京试图满足资源饥渴的尝试，是极具攻击性的。大国美国和中国在近东和非洲逐渐倾向于形成对峙"③。报道一方面指责中国在境外资源保障方面"毫无意识形态保留"④，另一方面提出中国能源消费威胁论，认为由于中国加入世界能源资源分配，所以"欧洲在今后的几十年里得更多地考虑能源安全问题"⑤。

美国在德媒眼中是西方体制的典型代表，因而德媒所勾勒的中美之间的竞争，其实代表的是中国（亚洲）和西方社会之间的竞争。2003—2007年阶段德媒所塑造的中美关系主要为竞争关系——现任世界大国与未来世界大国之间的竞争。在德媒眼中，中国除了对西方社会构成经济上的威胁之外，也对西方构成体制上的竞争，报道称，"与意识形态僵化的工业大国美国不同，中国的红色老总们提供的是实用主义的相反模式"⑥，即"毫无约束的资本主义与集权国家政府的灵活控制相结合的形式"⑦。报道所塑造的中国威胁形象再次折射出德国作为观察主体的特点。中国被视为威胁，只是因为中国的经济实力能够对西方社会形成竞争和挑战。因此，可以说西方在言说中国为"红色威胁"的同时，其实也言说了西方对自己的经济利益与体制受到挑战的恐慌。中国的发展其实也

---

① Frank Hornig/Wieland Wagner, "Duell der Giganten", *Der Spiegel*, No. 32, 2005, pp. 74 – 88.

② Thilo Thielke, "Pilgerfahrt nach Peking", *Der Spiegel*, No. 42, 2005, pp. 100 – 104.

③ Anon., "Wilde Farbenlust", *Der Spiegel*, No. 42, 2006, p. 196.

④ Ibid..

⑤ Ibid..

⑥ Frank Hornig/Wieland Wagner, "Duell der Giganten", *Der Spiegel*, No. 32, 2005, pp. 74 – 88.

⑦ Ibid..

被视为对包括德国在内的整体西方社会构成威胁。可见,中美关系话语束以及德媒勾勒的中国威胁论,与中国经济发展成就密切相关,因此中美关系话语束与中国经济话语束交织密切,本阶段分析的语料中就有来自中国经济话语束的话语片段。

三 经济危机时期的中美关系

德媒中以中美关系为主题的报道从 2008 年开始数量增多,这种变化与经济危机大环境下的中美两国经济形势以及双边经济关系的特殊性是有关的,此时德媒对于中美关系的定位发生了变化:从竞争关系占据主导地位,到"非自愿的命运共同体"[①];从新旧世界大国之间势均力敌的对峙关系,到中美两国关系发生倾向中国的权力转移。经济危机初抵中国之时,德媒表示,"美国不消费了,世界工厂中国已有很多企业破产"[②]。此时报道悲观预言中国经济会崩溃,并指责中美之间的贸易关系"加剧世界贸易的不平衡"[③]、是世界经济危机的导火索,报道称,"中国负责生产和出口,美国消费。两个大国之间这种奇怪的经济合作关系已经不起作用了,不排除两国之间会发生贸易战"[④];中国经济刺激计划初显成效之时,德媒视中国为拯救世界经济的希望,报道称,"中国应该继续购买美国债务,这样才能挽救经济危机"[⑤],报道称,"尽管处于危机时期,中国的外汇储备依然在增长……中国有能力在不危及自己国家稳定的情况下为世界承担起责任"[⑥]。此时德媒视中美两国为"命运共同体"[⑦]的定位依然不变,报道提出"中美互相需要的合作形式:美国需要中国

---

① Gabor Steingart/Wieland Wagner, "Partner wilder Willen", *Der Spiegel*, No. 46, 2009, pp. 74 – 88.

② Ibid..

③ Ibid..

④ Heike Buchter/Frank Sieren, "Aus der Balance geraten", *Die Zeit*, No. 6, 2009, p. 22.

⑤ Frank Sieren, "China muss bezahlen", *Die Zeit*, No. 9, 2009, p. 27.

⑥ Ibid..

⑦ Gabor Steingart/Wieland Wagner, "Partner wilder Willen", *Der Spiegel*, No. 46, 2009, pp. 74 – 88.

的信贷以保证生存,中国需要向美国销售大量商品以保证增长"①;在中国率先走出经济危机并保持经济高速增长时,德媒表示中美之间的权力对比彻底发生变化,报道援引德国某中国事务专家的话称,"美国不能再给中国制定规则了。中美之间的权力发生太大的转移"②,更有报道称,"共产主义的债权国掌控了资本主义的债务国"③。德媒认为,此时"经济实力使中国越来越自信"④,而"美国则被削弱了,并且更加依赖于正在崛起的亚洲竞争对手(中国)的情绪"⑤。报道表示,"中国经济刺激计划在华盛顿受到欢迎。如果没有这样的经济刺激计划,世界经济可能就垮了……对于奥巴马而言,中国谈论减少国家支出和限制资本流量还为时过早,他想要鼓励中国领导人继续做世界经济的发动机"⑥;报道也称,"奥巴马这次访华只会谈及拉近两国的话题,比如共同寻找经济危机的解决方案、气候问题以及全球安全问题等。使两国疏远的话题如伊朗问题或者人权问题,则会谨慎地谈及或者压根儿不提"⑦;称"希拉里·克林顿表示,美中关系不应受到西藏、台湾和人权等争议性问题的影响……她向中国争取贷款"⑧。此时的中国由于拥有巨大的外汇储备和经济发展潜力,被称为"世界经济的发动机"⑨,不仅美国要争取中国贷款,中国更成为整个西方国家群体走出经济危机的希望。鉴于美国向中国接近的态度,德媒中一度短期出现关于"G2"(两国集团)的说法。在2009年报道奥巴马访华时,《时代》周报提出"奥巴马首次访华——以新朋友的身份。中国和美国将会共同决定未来吗?"⑩;《明镜》周刊也表

---

① Frank Sieren, "China muss bezahlen", *Die Zeit*, No. 9, 2009, p. 27.
② Anon., "Machtspiele unter Grossmächten", *Der Spiegel*, No. 6, 2010, pp. 96 – 97.
③ Martin Klingst/Frank Sieren, "Das Ballett der Riesen", *Die Zeit*, No. 46, 2009, p. 7.
④ Ibid..
⑤ Gabor Steingart/Wieland Wagner, "Partner wilder Willen", *Der Spiegel*, No. 46, 2009, pp. 74 – 88.
⑥ Ibid..
⑦ Ibid..
⑧ Andreas Lorenz, "Kritik an Clinton", *Der Spiegel*, No. 10, 2009, p. 17.
⑨ Gabor Steingart/Wieland Wagner, "Partner wilder Willen", *Der Spiegel*, No. 46, 2009, pp. 74 – 88.
⑩ Martin Klingst/Frank Sieren, "Das Ballett der Riesen", *Die Zeit*, No. 46, 2009, p. 7.

示,"很多人已经预见到中美两个中心将聚合成'中美共治'([德]Chimerika),从而成为具有决定世界格局意义的新的超级大国组合。"①

德媒在经济危机阶段所塑造的依然是合作与竞争并存的中美关系,报道称,中国于美国而言是"有悖意志的合作伙伴"②,称中美为"非自愿的命运共同体":"尽管中美互相依赖,建立起新的合作伙伴关系,但它们依然是对手。"③ 德媒一方面表示中国必须继续向美国提供信贷,另一方面继续塑造中国对美国构成挑战和威胁的形象。2005年底,《明镜》周刊称,中国对美国构成政治、经济、意识形态等各方面的挑战,中国被称为"红色威胁"④;到了2009年时刊称,"红色元首们对美国的挑战越来越具有攻击性"⑤。德媒将其关于中美关系的理解泛化为中西方体制竞争和中国对西方构成体制威胁,2008年初德媒表示,担心中国的政治体制对亚洲其他国家可能具有吸引力,⑥之后德媒看到中国的成功模式不仅对众多发展中国家而言可能具有吸引力,而且"中国的经济理解甚至在西方的政府和银行系统也受到追捧,并且中国在政治上也在扩大影响范围"⑦,报道称,"美国宣扬自己的市场经济模式是富有与和平的唯一火车头,现在美国模式正在经受最严峻的考验"⑧。德媒虽然看到中国模式的作用和吸引力以及美国模式正经受考验,但与其一贯以来对社会主义国家的偏见相应,德媒对中美之间的权力转移以及中国模式表现出的生存力提出质疑,报道称,"中国一条腿在21世纪,另一条腿还在中世纪。这样的一个国家有权利发言吗?……西方模式还具有示范作用吗?哪种

---

① Erich Follath, "Die Herren der Welt", *Der Spiegel*, No. 10, 2010, p. 88.
② Gabor Steingart/Wieland Wagner, "Partner wilder Willen", *Der Spiegel*, No. 46, 2009, pp. 74–88.
③ Ibid..
④ Frank Hornig/Wieland Wagner, "Duell der Giganten", *Der Spiegel*, No. 32, 2005, pp. 74–88.
⑤ Gabor Steingart/Wieland Wagner, "Partner wilder Willen", *Der Spiegel*, No. 46, 2009, pp. 74–88.
⑥ Jan Roß, "'Dann müssen wir offensiver sein'", *Die Zeit*, No. 4, 2008, p. 7.
⑦ Gabor Steingart/Wieland Wagner, "Partner wilder Willen", *Der Spiegel*, No. 46, 2009, pp. 74–88.
⑧ Ibid..

更社会化？"①可以说，体制竞争是 2005 年之后中美关系话语束中的一个重要议题，在经济危机大语境中，中西经济走势差异更使体制竞争论得到巩固和加强，甚至连奥运会上中美两国运动员之间的竞争都被诠释为"系统对抗""国家运动员对阵个体主义者""一党专政国家与民主制对阵"。②

进入 2010 年以后，德媒所塑造的"美国向中国示好"的关系定位再次发生变化，报道称，虽然"一年来美国为了赢得中国而努力"③，但是"在全球问题上中国人依然拒绝像美国期待的那样进行合作"④，因此"美国担心与中国之间会发生艰难的外交冲突"⑤。德媒认为此时中美关系开始进入"困难期"⑥ 和"新的冰冻时期"⑦，报道称，"美国公开要求提高人民币汇率，这是美国（对华政策）倾向转变的一个明确信号"⑧。分析显示，此时德媒主流话语大肆指责中国，称中国在经济危机中保持增长是由于又将人民币与美元挂钩的缘故，指责中国的汇率政策是以牺牲他国利益为代价的。在这个语境中，美国再次公开指责中国人民币汇率政策，此举显然得到德媒主流话语的支持，德媒指责中国面对美国时自信膨胀，指责中国是"不负责任的行为主体"⑨。中国因美国向台湾出售武器而拒绝与美国进行军事合作，也受到德媒指责，其理由是"这桩武器交易是早就计划好的"⑩；中国因奥巴马欲接见达赖喇嘛而对美提出抗议，也被视为"不负责任的行为"⑪。中国因这两件事对美国提出严正抗议，之所以被德媒指责为"不负责任的行为"，一方面是因为西方习惯于"通常北京方面都只对美国对台军售和美国总统接见达赖喇嘛表示象征性

---

① Martin Klingst/Frank Sieren, "Das Ballett der Riesen", *Die Zeit*, No. 46, 2009, p. 7.
② 参见 Detlef Hacke, "Kampf der Kulturen", *Der Spiegel*, No. 34, 2008, pp. 112 – 116。
③ Anon., "Machtspiele unter Grossmächten", *Der Spiegel*, No. 6, 2010, pp. 96 – 97.
④ Ibid..
⑤ Ibid..
⑥ Ibid..
⑦ Erich Follath, "Die Herren der Welt", *Der Spiegel*, No. 10, 2010, p. 88.
⑧ Anon., "Machtspiele unter Grossmächten", *Der Spiegel*, No. 6, 2010, pp. 96 – 97.
⑨ Ibid..
⑩ Ibid..
⑪ Ibid..

抗议"①，而此次北京方面"大发雷霆，并表示会产生后果"②，则是西方社会所不习惯的；另一方面与德媒主流话语主张台湾和西藏应具有国家地位的立场有关，因此美国对台军售并不被视为干涉中国内政的行为，德媒反而表示，"帮助台湾是每任美国总统的法定义务"③。德媒用以衡量中国是否"负责任"的标准为"是否遵从西方社会的规则"，因此中国对于美国向台湾出售武器以及美国总统接见达赖喇嘛提起抗议，才会被视为"不负责任的行为"。中国不同意人民币升值自然也被指责为不负责任，报道称，"经济专家都认为，中国人民币低于应有价值25%～40%，中国产品的价格被人为压低"④，报道指责中国领导人"毫不在乎奥巴马对此事的抱怨"⑤。这种对中国所谓"不负责任"的质疑和指责背后隐藏的德国/西方利益和视角性，其实相当明显，不符合西方利益和原则的行为就被评价为"不负责任"。正是基于这样的标准，德媒将中国"自信膨胀"视作质疑中国是否可以成为负责任的国际主体的一个依据，报道称，"越来越自信的中国也能成为世界舞台上的一个具有责任感的行为主体吗？质疑的声音在增长"⑥。实力和自信增强的中国接受西方模式的概率较以前更小，因此按照德媒对"负责任的"国际主体的认定标准，越来越自信的中国成为负责任的国际主体的概率也就更小了。更有报道直接否定中国是负责任的国际主体，报道称，"西方乐于设想的一个希望落空了：没有迹象表明这个龙之国在获得经济进步的同时也发生了政治自由化，它更没有成为负责任的世界政治伙伴，更多是反其道而行之"⑦。

需要提及的是，在德媒关于中美关系的报道中，寄希望于中国的经济发展能够带来政治变迁的论调一直存在，其实这样的论调在整个涉华

---

① Erich Follath, "Die Herren der Welt", *Der Spiegel*, No. 10, 2010, p. 88.
② Ibid..
③ Ibid..
④ Ibid..
⑤ Ibid..
⑥ Anon., "Machtspiele unter Grossmächten", *Der Spiegel*, No. 6, 2010, pp. 96–97.
⑦ Erich Follath, "Die Herren der Welt", *Der Spiegel*, No. 10, 2010, p. 88.

报道中是一直都存在的。在中国尚被视为贫穷的发展中国家时，德媒称，美国国会中赞成对华贸易正常化的一派主张："通过更多的贸易，'美国价值'可以消解中国一党专政国家的死板结构"①；在中国被定位为未来的世界大国、中美关系被定位为两个世界大国之间的权力更迭时，德媒依然持有这种寄希望于通过贸易促变迁的论调，报道危言耸听道："历史上通常一个大国崛起后，世界其他国家都会与之发生一场殊死战争。想要避免冲突，就必须让中国更加民主"②，同时报道表示，"（美国）与中国合作的方向是要改变中国……20 世纪 90 年代的观点是认为经济合作本身就可以带来政治变迁，比如通过法治国家，通过产生要求政治权力的中产阶层等"③；当中国模式在经济危机中表现出较西方模式更为有效的应对能力时，德媒虽一方面不得不承认中国模式的竞争力，但同时由于相信西方模式是唯一正确和具有优越性的模式的观念根深蒂固，于是德媒在承认中美之间发生国际权力转移的同时，依然不放弃希望中国屈从于西方社会的游戏规则、成为与美国相似的世界大国，此时报道表示，西方寄希望于通过贸易促进中国发生西化的希望落空了。寄希望于并且致力于同化中国，并坚信中国被西方同化才合理的想法，在德媒涉华报道中有着深刻的印记，德媒在一定程度上视中美关系为中国与西方关系（包括中国威胁论和体制竞争）的典型代表，因而在中美关系话语束中，这种促进中国政治变迁的论调更是必然存在的。坚持促进中国发生接近西方的政治变迁，是典型的民族中心主义和自我优越感的体现，从另一个角度看也正是德媒对于社会主义国家存在偏见的体现。

　　需补充的是，经济危机时期中美关系主题下德媒关注的另一个议题是两国在气候问题上的合作与分歧。比如报道称，"在全球问题上中国人依然拒绝像美国期待的那样进行合作……在气候峰会或者伊朗核问题咨询会上，中国委派低级别的外交官参加谈判"④。同时报道也表示，美国

---

① Anon. , "Kampf um China-Deal", *Der Spiegel*, No. 21, 2000, p. 175.
② Jan Roß, "'Dann müssen wir offensiver sein'", *Die Zeit*, No. 4, 2008, p. 7.
③ Ibid. .
④ Anon. , "Machtspiele unter Grossmächten", *Der Spiegel*, No. 6, 2010, pp. 96 - 97.

最终"背叛了欧洲，与中国站在一条船上"①，导致欧洲只能眼睁睁地看着自己"拯救世界的方案失败"②。2010 年德媒还报道了美国与中国在新能源方面的合作，报道提出问题："是什么使美国这样的高科技民族愿意和声名狼藉的气候贱民（［德］Schmuddelkind）与职业盗版商中国合作？……这两个巨人在其他领域都是激烈竞争的"③，该报道给出的回答是：西方应学习中国的"生态实用主义"④。

四　与涉华政治报道的交织：中美关系之"台湾问题"

"台湾问题"是中美关系话语束中的一个恒定议题，而中美关系也是涉台报道的一个恒定议题。这一方面与"台湾问题"的历史形成有关，另一方面也与德媒承认"台湾国家地位"，并进而为美国干涉"台湾问题"的行为做合法性论证有关。在涉及"台湾问题"的具体事件报道中，德媒频频将美国作为行为主体提出，关注美国在事件中的反应和作为。中美两国高层互访时是否谈及"台湾问题"，以及两国关于具体涉台事件的态度，在德媒中也被解读为两国关系发展走势的指征。除了与"台湾问题"交织之外，中美关系也与人权主题以及"西藏问题"（尤其是接见达赖喇嘛）有交织，但在中美关系话语束的议程中这些议题所占分量很小，此处不予赘述。

（一）"台湾问题"作为中美关系的冲突源

"台湾问题"与"西藏问题"、"人权问题"等都属于中美关系中的"争议问题"⑤，因此，在中美关系话语束中"台湾问题"主要以负面议程的形式出现。德媒一再表示，"台湾问题"构成"中国与美国之间最有

---

① Tobias Rapp/Christian Schwagerl/Gerald Traufetter, "Das Kopenhagen-Protokoll", *Der Spiegel*, No. 18, 2010, pp. 128 – 131.
② Ibid..
③ Ibid..
④ Stefanie Schramm, "Saubermänner", *Die Zeit*, No. 38, 2010, p. 39.
⑤ Andreas Lorenz, "Kritik an Clinton", *Der Spiegel*, No. 10, 2009, p. 17.

可能的冲突源"①，并且断言"台湾问题随时可能会爆发"②。在涉台报道中德媒也一再论及中美两国发生战争的可能性，从而形成中美关系在"台湾问题"上岌岌可危、随时可能发生战争的印象。在提及1996年美国航母进驻台湾海峡时报道称，"北京秘密文件中的'65号文件'表示'对美进行核战争有胜算'"③；2000年台湾地区领导人选举前后报道称，"中美之间最新发生的台湾冲突令全世界震惊"④；2004年中国以立法形式（《反分裂国家法》）确定不排除使用武力收复台湾之后，类似的论断出现频率尤高。德媒表示担心"台湾问题"成为影响国际安全的导火索，报道称，"中国事务专家在《外交事件》中表示：'今天国际安全最大的威胁之一，是中国（大陆）和台湾之间的军事对峙可能会引发中美战争'"⑤；2008年陈水扁再次当选台湾地区领导人时，也有报道称，"北京加强对台湾的警告：如果台湾胆敢宣布独立，那么中华人民共和国将不惜以经济增长、奥运会和与美国的关系为代价，对台发起武力攻击"⑥。德媒在大陆武力收复台湾与中美战争之间制造因果关系，从而形成"如果大陆武力打击台湾，便会引发中美战争"的逻辑，进而将台湾问题归为中美关系最大的冲突源和世界国际安全最大的威胁。在这个意义上，中国收复台湾的意志和方式被打上"威胁"的烙印，于是原本属于中国内政的事务被国际化，而西方干涉台湾问题的行为也就相应被合法化了。

（二）美国向台湾出售军备作为"中美关系中的负面议程"

在中美关系涉台问题上，一个具体的议题为美国向台湾出售军备，德媒称之为"中美关系中的负面议程"⑦，同时中美两国对此事的态度也在一定意义上被德媒视为两国关系发展的指征。比如2000年陈水扁第一次胜出台湾地区领导人竞选时，报道称，"美国不想用向台湾出售武器的

---

① Frank Hornig/Wieland Wagner, "Duell der Giganten", *Der Spiegel*, No. 32, 2005, pp. 74–88.
② Jan Roß, "'Dann müssen wir offensiver sein'", *Die Zeit*, No. 4, 2008, p. 7.
③ Wieland Wagner, "Die atomare Keule", *Der Spiegel*, No. 9, 2000, pp. 158–160.
④ Ibid..
⑤ Redaktion, "China erhöht Militärhaushalt drastisch", *Die Zeit*, No. 10, 2005.
⑥ Anon., "Peking riskiert Olympische Spiele", *Der Spiegel*, No. 22, 2004, p. 92.
⑦ Matthias Nass, "Stunde der Patrioten", *Die Zeit*, No. 17, 2001.

事情继续挑衅中国"①；2002 年报道称，"布什政府答应为台湾的防卫提供一切可能性，向台湾提供武器系统，使其能够抵御北京的袭击"②；2010 年报道以"中国因为美国向台湾出售武器而拒绝与美国进行军事合作，而这桩武器交易是早就计划好的"③为由，指责中国并非负责任的国际行为体；同时，报道更将中国因此事向美国提出严正抗议并表示会产生后果④，视作中国自信膨胀的证明，报道称，通常中国只对美国对台军售和美国总统接见达赖喇嘛"表示象征性抗议"⑤，称"中国过去从未威胁美国要进行制裁，也从来没有过像现在这样觉得能跟美国平起平坐了"⑥。

与德媒主张台湾实际获得"独立国家地位"的话语立场相应，德媒对于美国对台军售持肯定态度，报道称，"每任美国总统都有法定义务要帮助台湾"⑦，称"美国对台湾负有特别的责任"⑧，因此美国"必须干涉"台湾问题⑨。正是出于认定美国对台军售具有合法性的立场，德媒中才会出现上述以"中国因为美国向台湾出售武器而拒绝与美国进行军事合作，而这桩武器交易是早就计划好的"⑩为由，指责中国非负责任的国际行为体的荒谬论断。

除了对台军售之外，以中美关系为核心主题的报道基本都泛泛提及台湾问题这一议题，而以台湾问题为主题的报道则频繁提及美国的态度。比如"美国允许陈水扁访问拉美期间在美停留……这种外交空间与海南间谍机事件有关"⑪，或者称陈水扁倡议全民公决是否以台湾名义申请入联，"不仅激怒了北京，也惹恼了美国"⑫等。

---

① Georg Blume/Chikako Yamamoto, "Chinas zweiter Befreiungskampf", *Die Zeit*, No. 13, 2000.
② Jörg R. Mettke, "Einfach aufkaufen", *Der Spiegel*, No. 26, 2002, p. 113.
③ Anon., "Machtspiele unter Grossmächten", *Der Spiegel*, No. 6, 2010, pp. 96–97.
④ Erich Follath, "Die Herren der Welt", *Der Spiegel*, No. 10, 2010, p. 88.
⑤ Ibid..
⑥ Angela Köckritz, "Gelbe Karte", *Die Zeit*, No. 6, 2010, p. 10.
⑦ Anon., "Machtspiele unter Grossmächten", *Der Spiegel*, No. 6, 2010, pp. 96–97.
⑧ Angela Köckritz, "Gelbe Karte", *Die Zeit*, No. 6, 2010, p. 10.
⑨ Ibid..
⑩ Anon., "Machtspiele unter Grossmächten", *Der Spiegel*, No. 6, 2010, pp. 96–97.
⑪ Anon., "Annäherung von KP und Nationalisten", *Der Spiegel*, No. 21, 2001, p. 155.
⑫ Anon., "Zug zur Uno", *Der Spiegel*, No. 29, 2007, p. 78.

（三）对待台湾问题的态度作为中美双边关系走向的指征

不仅是美国对台军售，而且台湾问题作为整体议程都被视为表征中美关系发展的指征。布什政府"强烈反对台湾以公决形式强迫中国收回针对台湾的中程导弹"，被解读为美国向中国"屈服"①；尤其在经济危机后期，报道一再表示美国领导人访华时避而不谈疏远两国关系的问题，比如"希拉里·克林顿表示，美中关系不应受到西藏、台湾和人权等争议性问题的影响……她向中国争取贷款"②，被解读为"亲华政策"③ 和为赢得中国而做的努力④。而中国方面因为美国对台军售"大声表达对美国的愤怒，外交部部长甚至以'严重的后果'威胁"⑤，则被解读为中国"觉得能跟美国平起平坐了"⑥。2009 年奥巴马象征性地不接见达赖喇嘛，也被视为美国为赢得中国而做出的姿态，⑦ 2010 年中国对奥巴马接见达赖喇嘛提出严正抗议，也被解读为中国在中美关系中的上升走势和面对美国的自信膨胀⑧。

五 与中国经济话语束的交织：人民币汇率问题

人民币汇率问题是中美关系话语束中一个较为重要的次级主题，报道称，"人民币汇率问题引发中美之间的长期争吵"⑨。同台湾问题一样，中美关系话语束中不存在以人民币汇率问题为唯一主题或者核心主题的话语片段，人民币汇率问题只是被提及。同时，中国经济话语束或者涉华政治报道中，以人民币汇率问题为主题或者包括相关话语片段的报道，经常会提及美国对此事的态度（通常是公开向中国施压要求人民币增值）。人民币汇率问题在德媒涉华报道中是 2003 年被正式提出的，当时

---

① Georg Blume, "Der weiche Schritt des Elefanten", *Die Zeit*, No. 52, 2003.
② Andreas Lorenz, "Kritik an Clinton", *Der Spiegel*, No. 10, 2009, p. 17.
③ Ibid..
④ 参见 Anon., "Machtspiele unter Grossmächten", *Der Spiegel*, No. 6, 2010, pp. 96-97.
⑤ Angela Köckritz, "Gelbe Karte", *Die Zeit*, No. 6, 2010, p. 10.
⑥ Ibid..
⑦ 参见 Anon., "Machtspiele unter Grossmächten", *Der Spiegel*, No. 6, 2010, pp. 96-97.
⑧ Erich Follath, "Die Herren der Welt", *Der Spiegel*, No. 10, 2010, p. 88.
⑨ Angela Köckritz, "Kurs aus dem Politbüro", *Die Zeit*, No. 26, 2010, pp. 26-27.

美国和欧洲央行的首脑共同指责中国操纵人民币汇率,报道称,"中国第一次重要到让西方的两大货币巨头(欧洲央行与美联储)都对其进行公开批评"①。不过德媒表示,此时"主要是美国要求人民币与美元脱钩,这样美国从中国进口商品就会更便宜"②。从这之后,德媒中就一再出现有关欧美国家指责人民币不升值是"不负责任行为"的报道。报道称,美国"指责中国'人为压低汇率'导致美国工作岗位流失"③,报道也表示,"人民币升值是正确方向的第一步……有利于世界稳定"④。随着中国经济的发展,2005年前后报道称,美国众多本土企业因中国同行的竞争陷入困境,"美国认为问题在于中国人为控制人民币低值,称中国为'货币操纵者',要求惩罚中国"⑤,所以当人民币在2005年7月与美元脱钩时,"美国就人民币增值对中国提出表扬"⑥。不过,有报道表示,"美国年复一年地要求亚洲人使其货币增值。现在北京让步了,但是输者的名字可能叫美国"⑦,因为"人民币与美元脱钩,有利于欧元但不利于美元"⑧。2008年年初人民币继续增值,报道称,"新年交易的第一天,人民币对美元的汇率就涨到了2005年与美元脱钩以来的最高值,分析家们认为这是中国向美国发出的一个清晰的政治信号……北京方面想通过货币增值,防止美国大选中关于廉价进口中国产品的争吵继续进行下去"⑨。鉴于美国长期指责中国"人为保持低汇率"⑩,并向中国施压要求人民币增值,以及中方一度迫于美国的压力使人民币增值的态度,当经济危机时期美国改变对华态度,做出"人民币增值问题可以

---

① Georg Blume,"Das Yuan-Syndrom",*Die Zeit*,No. 31,2003.
② Anon.,"Peking bleibt hart",*Der Spiegel*,No. 33,2003,p. 95.
③ Georg Blume,"Das Yuan-Syndrom",*Die Zeit*,No. 31,2003.
④ Redaktion,"Yuan fast frei",*Die Zeit*,No. 30,2005.
⑤ Robert Von Heusinger/Thomas Fischermann,"Ab sofort spielt China mit",*Die Zeit*,No. 31,2005.
⑥ Ibid..
⑦ Ibid..
⑧ Redaktion,"Yuan fast frei",*Die Zeit*,No. 30,2005.
⑨ Anon.,"Rote Planer lenken ein",*Der Spiegel*,No. 2,2008,p. 73.
⑩ Frank Hornig/Wieland Wagner,"Duell der Giganten",*Der Spiegel*,No. 32,2005,pp. 74-88.

谈，但只是在专家层面"①的姿态时，德媒将之解读为美国向中国屈服的表现，报道称，"美国的语调从未如此柔和"②。德媒认为美国"屈服"的原因在于，经历经济危机重创的美国"此时不敢公开将'货币操纵国'推上耻辱柱"③。美国2010年又"公开批评表示中国应该使人民币增值"④，德媒称这是"美国（对华政策）倾向转变的一个明确信号"⑤，而"中国领导人毫不在乎奥巴马对此事（人民币汇率问题）的抱怨"⑥，并拒绝人民币升值，则被德媒解读为中国"不负责任"的行为和中国自信膨胀所致。在某种意义上，两国对人民币升值问题的态度成为德媒眼中表征两国关系的信号。

六 中美关系主题小结

分析显示，中美关系话语束的走向与德媒对中美两国力量对比的定位有着密切的关系，因此该话语束与中国经济话语束密切交织。中国经济发展和中国竞争力增强所导致的中美力量走势对比变化，成为中美关系话语束中的一条重要主线，包括中美关系话语束之人民币汇率问题也同样具有这样一条主线。另外，中美关系话语束也与涉华政治报道交织密切，其中最重要的交织性议题为台湾问题，这是中美关系中的一个负面议程。德媒关注中美对于"台湾问题"的态度，并将"台湾问题"作为解读中美关系走势发展的一个表征。

总体来看，德媒对中美关系的基本定位为"竞争与合作并存"的关系，且呈现出一定的时间特性（见表3—3）。根据报道内容，在2000—2002年阶段中国在经济和军事实力上都远远落后于美国，尽管美国利用战区导弹防御系统（TMD）威慑中国，但鉴于美国的地位，中国仍积极

---

① Gabor Steingart/Wieland Wagner, "Partner wilder Willen", *Der Spiegel*, No. 46, 2009, pp. 74 – 78.

② Ibid..

③ Ibid..

④ Anon., "Machtspiele unter Grossmächten", *Der Spiegel*, No. 6, 2010, pp. 96 – 97.

⑤ Ibid..

⑥ Erich Follath, "Die Herren der Welt", *Der Spiegel*, No. 10, 2010, p. 88.

保持与美国的良好关系。德媒表示,"9·11"之后中国利用反恐与西方合作,而美国也以反恐为优先,于是决定与中国合作;2005 年时德媒称,在美国集中力量反恐时,中国全力发展经济。此时德媒表示,经济实力增强的中国逐渐被视为对美国构成各方面的挑战,一方面德媒提出,中国企业在美国的大规模并购引发恐惧,并被视为"红色威胁"。中国被指责在世界范围内与美国争夺资源,报道称,与西方国家相比,中国在境外资源保障方面毫无意识形态保留,而且更具攻击性;另一方面报道也表示,因为中国的经济实力增长,美国方面开始对良好的中美关系感兴趣,甚至开始走"高抬中国的路线"①。经济危机爆发之后,两国更被视为"非自愿的命运共同体",报道称,"尽管中美互相依赖,建立新的合作伙伴关系,但他们依然是对手"②:一方面报道称,"美国消费,中国生产。这是迄今为止的全球化基本原则。……从 2008 年年中开始这种循环无法继续运作了"③;另一方面报道表示,中国必须继续向美国贷款,才能保障中美两国利益和保障世界经济平稳前进。2009 年德媒一再表示美国为了赢得中国贷款而向中国示弱,但到了 2010 年之后,德媒则称,美国又改变了这种对华政策倾向,再次"公开批评中国人为压低人民币价值"④。

表 3—3　中国国际关系话语束中美关系主题报道数量与报道评价倾向分布

评价倾向 ＊ 年度阶段 ＊ 刊名 交叉列联表

刊名			年度阶段			合计	百分比(%)
			2000—2002 年	2003—2007 年	2008—2010 年		
《明镜》周刊	评价倾向	负面	2	3	4	9	64.3
		中性	0	3	2	5	35.7
	计数		2	6	6	14	100
	百分比(%)		14.3	42.9	42.9	100	

---

① Gabor Steingart/Wieland Wagner, "Partner wilder Willen", *Der Spiegel*, No. 46, 2009, pp. 74 - 78.

② Ibid..

③ Ibid..

④ Anon., "Machtspiele unter Grossmächten", *Der Spiegel*, No. 6, 2010, pp. 96 - 97.

续表

刊名			年度阶段			合计	百分比（%）
			2000—2002年	2003—2007年	2008—2010年		
《时代》周报	评价倾向	负面	0	1	2	3	33.3
		正面	1	0	0	1	11.1
		中性	3	1	1	5	55.6
	计数		4	2	3	9	100
	百分比（%）		44.4	22.2	33.3	100	

中美关系话语束中的报道新闻标题呈现三个特点：

1. 用标记权力和实力的词汇指称中美两国，比如大国（[德] Großmacht）、巨人（[德] Riese/Giant）、大象（[德] Elefant）等，而且在标题中这些词汇大多以复数形式出现，因为所指称的是中美两国，这在一定程度上表现出德媒将中国定位为与美国具有同样地位的未来世界大国的视角。此外，这些指称本身也就有集体象征的性质，比如"巨人""大象"等词。

2. 用于表征两国关系的词汇体现出德媒对中美关系的基本定位，即合作与竞争并存，比如《有悖意志的合作伙伴》[1]《巨人的芭蕾》[2]《大国之间的权力游戏》[3]《巨人的二重唱》[4]《文明的冲突》[5] 以及《失去平衡》[6] 等。

3. 关于中美关系报道的很多新闻标题能够表征同时期德媒对中美关系的基本定位，其中 2000—2002 年阶段的标题如《中国的恐惧》[7] 与

---

[1] Gabor Steingart/Wieland Wagner, "Partner wilder Willen", *Der Spiegel*, No. 46, 2009, pp. 74–78.
[2] Martin Klingst/Frank Sieren, "Das Ballett der Riesen", *Die Zeit*, No. 46, 2009, p. 7.
[3] Anon., "Machtspiele unter Grossmächten", *Der Spiegel*, No. 6, 2010, pp. 96–97.
[4] Frank Hornig/Wieland Wagner, "Duell der Giganten", *Der Spiegel*, No. 32, 2005, pp. 74–88.
[5] Detlef Hacke, "Kampf der Kulturen", *Der Spiegel*, No. 34, 2008, pp. 112–116.
[6] Heike Buchter/Frank Sieren, "Aus der Balance geraten", *Die Zeit*, No. 6, 2009, p. 22.
[7] Georg Blume, "Chinas Angst", *Die Zeit*, No. 20, 2000.

《危机中的赢家中国》①，2003—2007 年阶段的标题如《巨人的二重唱》②，2008—2010 年阶段的标题如《失去平衡》③《有悖意志的合作伙伴》④ 和《文明的冲突》⑤ 等。

第三节 综合评述中国国际行为的报道分析

在中国国际关系话语束中，除了有关中国与他国具体关系的报道之外，也存在综合报道中国国际行为和外交政策的文章。分析显示，这些报道中所涉及的与中国有关的国家主要可以分为中国的亚洲邻国和西方发达国家两个群体，而其中又以报道中国与西方发达国家群体的内容分量更重。德国属于西方发达国家群体的一员，因此德媒主流话语不仅从德国的视角观察中国，而且也经常从德国所在群体的视角出发观察中国这个群体外成员。这类综合报道中国国际行为的话语片段，反映出西方看待中国国际行为的群体性视角，同时也在某种意义上构成德媒涉华报道的大背景环境。语料中此类报道共9篇，其中6篇来自《时代》周报，3篇来自《明镜》周刊。

一 中国与亚洲邻国的关系

2003—2007 年相关报道中（全部来自《时代》周报），德媒所塑造的中国与亚洲邻国关系中的国际形象呈现中性偏正面的倾向。2003 年底报道称，"中国的外交政策就像变形了一样，告别了旧的仇恨形象，如今中国意欲消除邻国的恐惧"⑥，这与该阶段（2003—2004 年阶段）德媒涉华经济报道所塑造的"对亚洲其他国家构成威胁"的中国经济形象是相

---

① Georg Blume, "Krisengewinnler China", *Die Zeit*, No. 39, 2001.
② Frank Hornig/Wieland Wagner, "Duell der Giganten", *Der Spiegel*, No. 32, 2005, pp. 74 – 88.
③ Heike Buchter/Frank Sieren, "Aus der Balance geraten", *Die Zeit*, No. 6, 2009, p. 22.
④ Gabor Steingart/Wieland Wagner, "Partner wilder Willen", *Der Spiegel*, No. 46, 2009, pp. 74 – 78.
⑤ Detlef Hacke, "Kampf der Kulturen", *Der Spiegel*, No. 34, 2008, pp. 112 – 116.
⑥ Georg Blume, "Der weiche Schritt des Elefanten", *Die Zeit*, No. 52, 2003.

应的。报道称,中国走多边主义外交路线,有益于回应亚洲邻国对中国的恐惧情绪,从而建立起邻国对中国的信任①,同时报道表示,多边主义外交路线还具有其他益处,如"使中国在亚洲邻国成为单边主义的、越发具有攻击性的美国的替代性选择"②、"在很多国际机构中给中国带来世界认可"③ 等。2007 年底,报道以"崛起"一词在中国外交辞令中的出现和消失为例解读中国的外交路线,报道表示:虽然"巨大的中国向世界展示某些让人困惑的事:仓促的发展,工业间谍和被绑架的自由"④,但中国的外交政策不是表述新的强大的自信,"而是对邻国的情绪具有共感能力",因此"在外交政策方面,中国值得表扬"。⑤

二 中国与西方国家的关系

涉及西方国家与中国的关系时,报道中呈现的中国国际形象以负面为主。德媒如此定位西方国家与中国之间的关系:"不知如何与这位巨人打交道。"⑥ 一方面,鉴于中国经济发展的巨大成就,西方国家"不得不与中国建立伙伴关系"⑦;另一方面,报道表示,西方国家"与北京建立伙伴关系的代价是高昂的"⑧,比如报道称,施罗德政府就是以"哈瑙核工厂和结束欧盟对华武器禁运"⑨ 为代价。同时报道表示,由于西方各国与中国之间的关系存在差异,以及各国出于国家利益的考量,导致"西方政府首脑对应该如何与中国打交道意见不统一"⑩:对于美国而言,"中国既是军事竞争对手,又是经济合作伙伴"⑪;"柏林和巴黎视中国为经济

---

① Georg Blume, "Der weiche Schritt des Elefanten", *Die Zeit*, No. 52, 2003.
② Ibid..
③ Ibid..
④ Christoph Bertram, "Chinas Aufstieg", *Die Zeit*, No. 38, 2007, p. 57.
⑤ Ibid..
⑥ Georg Blume, "Wieder im Spiel: Die chinesische Karte", *Die Zeit*, No. 50, 2004.
⑦ Georg Blume, "Der weiche Schritt des Elefanten", *Die Zeit*, No. 52, 2003.
⑧ Ibid..
⑨ Ibid..
⑩ Georg Blume, "Wieder im Spiel: Die chinesische Karte", *Die Zeit*, No. 50, 2004.
⑪ Ibid..

合作伙伴，采取拥抱中国的政策"①。报道称，德法两国采取与美国不同的对华政策，一方面是出于国家利益考量："从巴黎的多极世界视角看，中国能成为与美国抗衡的竞争对手，是受欢迎的。德法试图取消对华武器禁运，欧盟和中国在航空领域合作，以打破美国在航空航天业独占垄断地位的现状"②；另一方面报道表示中国挑战尚未到达欧洲，报道称，"中国不仅构成经济上的，而且也构成政治上的挑战，对此德国政策还没有什么感觉"③。中国经济话语束分析也显示，此时德媒主要塑造中国经济对美国构成挑战的形象。

随着中国经济实力的进一步增长和中国国际行动能力的提高，尤其是在中国威胁论带来的恐慌于2005年左右开始显性化之后，德媒主流话语中就一直存在指责中国并非负责任的国际行为体的言论。2007年虽有报道将中国与俄罗斯加以对比，认为与俄罗斯的张扬及其对西方社会制定的规则嗤之以鼻不同，中国作为"崛起中的大国"在外交策略上"思维更加现代"，④报道称，中国"隐藏自己的实力"并"打算接受游戏规则"⑤。但该文同时也指责中国剽窃西方国家的知识产权，认为"中国远非负责任的大国，其外交政策非常自私：不管是在达尔富尔问题上，还是在资源市场上"⑥，而且报道将中国韬光养晦的外交策略归因于："也许中国还不愿意过早地与美国交战……出口额高达一兆美元的国家，当然要与世界其他国家保持良好关系"⑦。

在经济危机来袭之后，德媒对中国外交政策和国际行为的指责更为激烈。在经济危机中西方举步维艰，而中国不仅率先走出经济危机，更在2009年保持了经济高速增长。中国不仅凭借巨大的外汇储备成为西方国家走出经济危机的希望，西方国家竞相争取中国的贷款和投资，中国

---

① Georg Blume, "Wieder im Spiel: Die chinesische Karte", *Die Zeit*, No. 50, 2004.
② Ibid..
③ Ibid..
④ 参见 Josef Joffe, "Super macht sinnlich", *Die Zeit*, No. 36, 2007, p. 1.
⑤ 同上。
⑥ 同上。
⑦ 同上。

不仅在国际金融机构中获得更多的话语权，而且中国经济模式也凭借更胜于西方的危机应对能力具有为发展中国家提供示范的可能性，甚至中国经济模式还受到一些西方政府和银行界的追捧。面对中国表现出的新的强大和西方此时所处的弱势地位，德媒中一再出现指责中国以经济危机中的赢家自居并进而自信膨胀的声音。此时报道中不再出现诸如认为中国隐藏实力韬光养晦的论调，也不再有肯定中国具有共感能力、中国欲与其他国家保持良好关系的论断，取而代之的是指责中国是不负责任的国际行为主体的论调：《时代》周报指责中国"导致制裁伊朗决议的效力被系统性地弱化"①、指责中国不承认自己在经济危机中负有的责任②；《明镜》周刊更指责中国意图"占领全世界"③。报道一方面指责中国通过经济手段占领世界，称中国与美国不一样，不是要通过军事手段占领世界，而是利用针对西方的攻击性贸易政策以及向非洲和拉美提供廉价贷款占领世界，称"中国如今在各大洲推行的不是传统的战争，至于他们使用的手段是否和平则另当别论"④；另一方面报道更指责称，"中国用其几近文化帝国主义的运动来对付我们视为普遍适用的人权"⑤。报道具体指责的是：中国与缅甸、津巴布韦、苏丹、也门等被西方视为问题的"失败的政权"之间有经贸合作。中国被指责"对合作伙伴一点要求都没有"⑥，这其实是指责中国没有依据西方国家制定的规则选择合作伙伴，报道称，"如果游戏规则干扰他们，共产党当权者就'创造性地'绕过这个规则，或者和志同道合的朋友重新制定规则"⑦。报道不仅指责中国不遵守西方国家群体的国际关系规则，而且也表示，担心"中国的市场经济和列宁主义的结合，经济多样性和严格的一党专政的结合，会越来越多地被发展中国家视为能够取代民主的具有诱惑力的替代性选择"⑧。

---

① Josef Joffe, "Das Spiel der Mächte", *Die Zeit*, No. 50, 2010, p. 12.
② Ibid..
③ Erich Follath, "Die Umarmung des Drachen", *Der Spiegel*, No. 30, 2010, pp. 92-93.
④ Ibid..
⑤ Ibid..
⑥ Ibid..
⑦ Ibid..
⑧ Ibid..

德媒指责中国自信膨胀、担心中国模式在更多国家获得影响力，其根本原因在于中国国力增强。一直以来中国经济发展给西方提供巨大的市场机会，让西方不能放弃与中国之间的合作，经济危机来袭更让西方国家看到其在经济上对中国的依赖性。同时，西方国家一直以来所宣传的西方模式优越性，由于中西方经济在经济危机中的不同表现和发展走势差异而受到挑战和质疑，因而此时德媒对中国的指责中交织了经济威胁论和体制威胁论；"经济威胁"与西方社会的经济利益联系在一起，是西方不愿接受却无法摆脱的，而"体制威胁"则违背了西方长期以来作为"真相"接受的建构产物，因为西方模式的优越性在一定意义上是西方国家群体占据主导性国际地位的合法性基础，当中国模式表现出的竞争力使这个"真相"受到质疑和挑战时，也就动摇了西方国际主导地位的根基，因此"体制受到威胁"是西方着力澄清和极力摆脱的。这同样是德媒中一直存在的双重中国情结的反映，既想要从与中国的关系中获得经济利益，又要摆脱中国在经济上对其带来的"威胁"，现在则更要规避中国在体制上对其构成威胁。对此《明镜》周刊表示，"不要担心中国会因为这样的批评不再和德国做生意。中国的行为以自己的利益为出发点，就像西方需要中国一样，中国也需要西方。"[1]该刊更表示，"台湾告诉人们应如何与中国（大陆）交往：台湾在主权独立方面不让步，但是同时还可以签订廉价的合同。"[2]《明镜》周刊如此反应，是因为德媒虽然在一定意义上承认中国模式相对于西方模式存在竞争力，但是德媒主张西方体制为唯一正确体制的理念，以及其根深蒂固的民族中心主义思想并没有因此消失，所以该刊依然称，"德国对很多第三世界国家而言是榜样。他们需要石油，但也更需要我们关于民主的设想，需要歌德学院"[3]。《明镜》周刊依然认为被西方同化是中国的必经之路，称"很多国家只是将中国当成过渡性的财富发展，他们认为中国最终还是会走向民主的"[4]。

---

[1] Erich Follath, "Die Umarmung des Drachen", *Der Spiegel*, No. 30, 2010, pp. 92–93.
[2] Ibid..
[3] Ibid..
[4] Ibid..

需提及的是，经济危机后期德媒中的中国威胁论也包括中国军事威胁论，《明镜》周刊表示，关于中国军费增长，"西方专家认为具有威胁"①。《时代》周报则称，"中国说得很柔和，却给自己削了一个大棒子"②，称中国"一方面在说着 21 世纪的正确语言：全球治理、双赢、和谐发展；另一方面军费支出又以两位数的速度增长"③。

三 小结与选词分析

中国经济话语束分析显示，中国经济实力的增长与德媒中的中国经济威胁论的强弱走势成正相关关系，2002—2003 年阶段中国在经济上被视为对亚洲邻国构成威胁，2005—2007 年阶段中国被视为对西方构成经济威胁，经济危机中由于中国经济表现出强于西方的危机应对能力，中国被视为对西方构成体制上的挑战和威胁。相应地，德媒在外交上评价中国国际行为的负面程度，也与中国经济实力的增长存在关联。随着中国经济模式在经济危机阶段显示出更大的竞争力，以及中国获得与之相应的更多国际话语权，这种负面评价也达到峰值，中国被指责"自信膨胀"。总之，中国经济实力增长所带来的国际行动能力增强，相应地也招致德媒对中国国际行为越来越多的负面评价。中国作为社会主义国家在国际上获得更多话语权（不管是经济上还是外交上），是德媒所不乐见的，因此如果西方行为主体（不管是美国政府、德国政府，还是国际奥委会、法兰克福书展方等机构）在政治上走所谓使中国"增值"的路线，都会遭到德媒主流话语的讨伐和批评。德媒对中国国际行为的负面评价倾向一方面与中国经济威胁论相似，是出于担心中国国力增长对西方社会的国际主导权构成威胁；另一方面也是与德媒中一直存在的寄希望于促进中国发生政治变迁的民族中心主义思想分不开的。因此只要中国的国际行为与西方的期待不符，德媒即会指责中国"不畏于来自西方的批

---

① Erich Follath, "Die Umarmung des Drachen", *Der Spiegel*, No. 30, 2010, pp. 92–93.
② Josef Joffe, "Das Spiel der Mächte", *Die Zeit*, No. 50, 2010, p. 12.
③ Ibid..

评"①，比如指责中国在人民币汇率问题上"丝毫不在乎奥巴马的抱怨"②等。

语料中的报道所使用的新闻标题基本都反映出德媒视中国为上升中的未来世界大国的定位，如《大象的柔和脚步》③《中国牌重新加入游戏》④《超级带来刺激》⑤《中国的崛起》⑥《龙的拥抱》⑦《权力的游戏》⑧。这些标题中出现的"大象""重新加入游戏""超级""崛起""龙""权力"等用以指称中国或者描述中国现有状态的词，都具有力量标记和权力标记，报道正文也使用了大量具有权力标记的词汇，中国被称为"世界大国""崛起的巨人""巨人""经济大国""未来的世界大国"等。报道使用大量的权力标记词汇指称中国，这与德媒对中国经济发展的定位有关。另外，这些报道中也出现了众多标记中西方政治体制差异和德媒对社会主义国家的偏见的指称，如"独裁领导层""独裁现代化""一党专政政权"（［德］Einparteiregime）、"政治宣传"（［德］Propaganda）、"专制""共产党当权者"等。具有权力标记的词汇标记了中国与西方国家的经济力量对比，而政治体制差异标记的使用则反映出德媒视中国为西方社会群体外成员的定位。中国取得巨大经济成就的同时，并未发生接近西方的政治变迁，正是德媒涉华报道的两条基本主线，这两者构成德媒观察中国的基本框架和视角，也构成德媒解读中国国际行为的语境背景。不管是德媒观察中国主办奥运、中国做客法兰克福书展、"中国人权"、"西藏问题"，抑或是关于中国经济发展（比如质疑中国在经济危机阶段获得更多国际话语权的合法性）的相关报道中，这样的框架都或隐或现地存在于其中，或者隐藏于其后。

---

① Bernd Ulrich, "Das Match beginnt", Die Zeit, No. 22, 2006, p. 7.
② Erich Follath, "Die Herren der Welt", Der Spiegel, No. 10, 2010, p. 88.
③ Georg Blume, "Der weiche Schritt des Elefanten", Die Zeit, No. 52, 2003.
④ Georg Blume, "Wieder im Spiel: Die chinesische Karte", Die Zeit, No. 50, 2004.
⑤ Josef Joffe, "Super macht sinnlich", Die Zeit, No. 36, 2007, p. 1.
⑥ Christoph Bertram, "Chinas Aufstieg", Die Zeit, No. 38, 2007, p. 57.
⑦ Erich Follath, "Die Umarmung des Drachen", Der Spiegel, No. 30, 2010, pp. 92–93.
⑧ Josef Joffe, "Das Spiel der Mächte", Die Zeit, No. 50, 2010, p. 12.

第四节 中日关系的报道

在中国与亚洲国家的关系中，德媒最为关注的是中日关系。与关于中国和其他亚洲国家关系的报道相比，以中日关系为主题的报道数量更多。语料中共有11篇以中日关系为主题的报道，其中又以2005年的报道数量居多（6篇，有1篇为《时代》周报首页新闻），该年的报道对象主要为日本篡改教科书美化侵略史引发中国国内大规模抗日游行。2005年之外的其他5篇报道无一例外也都以中日关系中的冲突事件或者对峙关系为报道对象，这一方面表明德媒在中日关系主题上的报道重点所在，另一方面也符合新闻价值理论关于冲突作为新闻要素的主张。综观所有11篇报道，负面事件要素与冲突要素一样成为德媒选择新闻事件的依据，相关报道基本以负面事件报道和负面评价倾向为主。从两刊报道分布看，《时代》周报的相关报道全部集中在2005年，而且以报道中日政治冲突和历史遗留问题为主；《明镜》周刊的报道则覆盖时间较长，2001年至2007年，而且报道内容既包括中日经济消长关系，又包括中日政治冲突与历史遗留问题。

综观中日关系主题报道，德媒的报道基调和报道对象基本可以分为两类：处于上升期的中国逐渐取代日本获得亚洲经济和政治领导权，被日本视为最大的威胁；中日两国由于历史遗留问题存在政治冲突和领土争端。从报道数量分布看，关于两国经济竞争的报道（以此为主题的报道只有1篇，来自《明镜》周刊）远远少于关于中日政治矛盾的报道，但是前者构成后者的重要背景环境之一，因而在以中日政治矛盾为主题的报道中，两国之间的经济竞争依然一再被提及。

一 渐获亚洲经济和政治领导权的中国被日本视为威胁

从2000年开始，德媒对中日两国在亚洲的经济和政治地位的定位就一直是：中国处于经济上升阶段，而日本依然处于经济低谷之后的恢复期；随着经济实力的增长，中国逐渐取代日本成为亚洲大国，在政治上也获得更多的权力。以中日经济实力此消彼长为主题的报道，虽然只有

《明镜》周刊2001年的《逃往廉价国家》1篇，但在内容上该报道可谓德媒关于中日经济关系定位的典型代表，该文内容也代表性地反映了德媒此阶段（2000—2004）对于中国在亚洲的政治经济地位的定位。该报道称，"截至20世纪80年代末，日本都是亚洲的第一。经过90年代的亚洲经济危机后，日本经历'失去的'十年，而中国迎头赶上"①，称此时"具有创新意识的高科技企业早就因为日本成本太高逃向便宜的中国了"②。一方面报道称，"日本觉得其经济优势地位受到中国的威胁"③，但"日本人不知道该怎么办"④，报道表示此时日本采取的措施之一，是减少对中国提供发展援助的金额⑤。这与德媒在同期涉华经济报道中所塑造的中国对亚洲邻国构成经济威胁的形象是相应的。另一方面报道表示，随着中国经济实力的增长，"中日之间的贸易战所导致的政治损害越来越大"⑥，报道称，"日本军方不安地看着中国不仅想要收复台湾——1895年至1945年台湾曾是日本的殖民地，而且中国对几乎整个中国南海的领土诉求，在日本战略家眼中也意味着警告"⑦。

在中日经济实力此消彼长的大背景环境下，《明镜》周刊表示，中国在亚洲地区的影响力也在增长。报道称，"日本在亚洲丧失影响力，中国正在超越日本。……中国的吸引力已经在亚洲的各个角落显现出来"⑧，比如关于2002年中国启动与东亚国家联盟（Asean）建立世界最大的自由贸易区的计划，报道表示，"日本也曾经提出过类似倡议（亚洲货币基金），但没有成功"⑨。因此面对强大起来的中国，日本的反应不仅仅是"觉得其经济优势地位受到中国的威胁"⑩，而且也"担心本国在亚洲的

---

① Wieland Wagner, "Flucht ins Billigland", *Der Spiegel*, No. 29, 2001, pp. 122 – 123.
② Ibid. .
③ Ibid. .
④ Ibid. .
⑤ Ibid. .
⑥ Ibid. .
⑦ Wieland Wagner, "Flucht ins Billigland", *Der Spiegel*, No. 29, 2001, pp. 122 – 123.
⑧ Wieland Wagner, "Tränen für die Kamikaze", *Der Spiegel*, No. 52, 2005, pp. 102 – 104.
⑨ Anon. , "Furcht vor dem Rivalen", *Der Spiegel*, No. 2, 2002, p. 113.
⑩ Wieland Wagner, "Flucht ins Billigland", *Der Spiegel*, No. 29, 2001, pp. 122 – 123.

影响力减小，担心竞争对手中国会获取领导地位"①。

在这样的大语境下，从2005年起德媒中开始出现中日"关系恶化"②的论断。报道称，"对很多日本人而言，中央帝国是潜在的威胁……中国和朝鲜取代苏联成为日本头号国家公敌"③，称"只有37.6%的日本民众对越发强大的邻国怀有好感，创26年以来历史最低"④。同时，报道表示中国国内也存在强烈的反日情绪，2005年日本篡改教科书美化侵华历史引发中国民众大规模抗议。此处必须提及的是，对于日本国内出现的反华情绪，报道更多地将之归为日本国内对中国经济和政治实力增长的一种正常反应，而中国国内出现的反日情绪则被德媒扣上民族主义的帽子，更有报道从西方对社会主义国家的偏见出发，称"共产党利用这个主题（反日）将民众统一起来"⑤。

德媒所塑造的中日关系主要是竞争和对峙的关系：从日本视中国为经济上的威胁、担心中国威胁其亚洲地区的经济优势地位，到日本担心中国取代其在亚洲的政治领导地位，到两国关系恶化、中国成为日本的"新敌人形象"⑥。这种对峙关系也构成德媒报道中日关系的整体背景，关于中日关系中的具体事件的众多报道都需要在这个背景语境中去解读。

二 与中美关系话语束的交织：日美接近与中国抗衡

中美关系话语束分析显示，该话语束与中日关系主题有交织，相应地，中日关系话语束中也交织有中美关系主题的内容。交织点主要在于日本通过与美国合作实现在亚洲与中国抗衡的目的，尤其是在军备方面。报道称，"日本觉得自己的经济优势地位受到中国威胁，两个竞争对手都全力扩张军备"⑦，因此日本"对美国在亚洲的强大存在很感兴趣。美国

---

① Anon., "Furcht vor dem Rivalen", *Der Spiegel*, No. 2, 2002, p. 113.
② Anon., "Neues Feindbild", *Der Spiegel*, No. 1, 2005, p. 82.
③ Ibid..
④ Ibid..
⑤ Wieland Wagner, "Kollektiver Blutrausch", *Der Spiegel*, No. 50, 2007, pp. 124 – 126.
⑥ Anon., "Neues Feindbild", *Der Spiegel*, No. 1, 2005, p. 82.
⑦ Wieland Wagner, "Flucht ins Billigland", *Der Spiegel*, No. 29, 2001, pp. 122 – 123.

在亚洲的军事存在是唯一能与中国对抗的力量"①，同时"日本和美国共同研发战区导弹防御系统（TMD），中国领导人觉得受到威胁"②。进入2005年之后，日本依然侧重于发展与美国之间的关系，报道称，"虽然日本与中国之间的贸易额已经超过日美之间的贸易额，但是日本政府还是迫于政治安全倚靠美国，而不是优先保障中日关系的稳定"③。德媒将日美接近的原因归于"日本在亚洲丧失影响力……中国的吸引力已经在亚洲的各个角落显现出来"④，所以"日本别无选择，只能投入与美国的友谊"⑤。这与德媒将日本国内存在仇华情绪解读为对中国强大的正常反应如出一辙。

德媒表示，日美两国面对中国的崛起而互相接近，也并不仅是由于日本要借助美国的力量与中国抗衡，而同时也是符合美国利益的："日本的军备扩张是符合美国心愿的，因为中国的崛起将会危及现存的唯一世界大国的权力垄断。"⑥ 中日关系与中美关系话语束的交织也体现出日本的视角变化过程，即从视中国为经济威胁，到认为本国在亚洲的政治地位受到中国威胁。

中日关系与中美关系主题之间不仅存在交织，而且两个主题在议程上有一定的相似性，在两个主题中都出现涉及"台湾问题"和接见达赖喇嘛的话语片段⑦，且都是作为日美两国与中国间的关系恶化的表现被提出。

三 历史遗留问题引发中日冲突

中日关系话语束中一个极其重要的议题是：两国就中国抗日战争这段历史的态度分歧和由此引发的冲突。语料中的11篇报道几乎都提及该

---

① Matthias Nass, "Stunde der Patrioten", *Die Zeit*, No. 17, 2001.
② Wieland Wagner, "Flucht ins Billigland", *Der Spiegel*, No. 29, 2001, pp. 122 - 123.
③ Florian Coulmas, "Der Schrein des Anstoßes", *Die Zeit*, No. 25, 2005.
④ Wieland Wagner, "Tränen für die Kamikaze", *Der Spiegel*, No. 52, 2005, pp. 102 - 104.
⑤ Ibid..
⑥ Ibid..
⑦ 参见 Anon., "Neues Feindbild", *Der Spiegel*, No. 1, 2005, p. 82。

历史遗留问题，即德媒对中日历史遗留问题的关注，在关于中日关系的报道中总是存在的。前日本首相小泉参拜靖国神社和日本篡改教科书美化侵略史引发中国抗议，构成中日历史遗留问题这一次级主题下的话语事件。

（一）日本首相参拜靖国神社

"日本首相小泉参拜靖国神社，中日两国关系紧张"①，是德媒关于中日关系报道中的恒定议题，所有11篇报道中有6篇提及此事或者以之为核心主题。对于日本领导人参拜靖国神社一事，两刊报道倾向稍有差异。《时代》周报表现出批评日方的态度，其报道使用"有争议性的"②来描述此事，或者表示"中国人对此提出批评是正当的"③。《明镜》周刊则主要采取没有明显倾向性的叙述方式来报道该事件，该刊在此事上的基本表述方式是：小泉参拜靖国神社使两国关系紧张④，或者"小泉每年参拜靖国神社也是让中国觉得受到挑衅的一个原因"⑤。《明镜》周刊中只有1篇报道提到"这一年日本很少对他们在邻国犯下的罪行忏悔，而更多是感谢那些为天皇和帝国战死的人"⑥。两刊对于靖国神社引发中日关系紧张的背景也都有所交代，报道称，"战争纪念地中也有那些1948年被行刑的主要战犯，他们被作为神供奉"⑦。

德媒表示，日本首相一再参拜靖国神社，这不仅"成为日本与其邻国之间的干扰因素"⑧，而且"给日本带来外交损失"⑨，报道称，"首相小泉对历史的美化使邻国都起来反对日本，日本在外交上被孤立。中国从中受益，接替亚洲的领导地位"⑩。从日本内政看，《时代》周报称，

---

① Wieland Wagner, "Flucht ins Billigland", *Der Spiegel*, No. 29, 2001, pp. 122–123.
② Redaktion, "Überstürzte Abreise aus Japan", *Die Zeit*, No. 21, 2005.
③ Ibid..
④ Anon., "Sprayer wird zum Politikum", *Der Spiegel*, No. 52, 2001, p. 127.
⑤ Anon., "Neues Feindbild", *Der Spiegel*, No. 1, 2005, p. 82.
⑥ Wieland Wagner, "Tränen für die Kamikaze", *Der Spiegel*, No. 52, 2005, pp. 102–104.
⑦ Anon., "Neues Feindbild", *Der Spiegel*, No. 1, 2005, p. 82.
⑧ Florian Coulmas, "Der Schrein des Anstoßes", *Die Zeit*, No. 25, 2005.
⑨ Ibid..
⑩ Wieland Wagner, "Tränen für die Kamikaze", *Der Spiegel*, No. 52, 2005, pp. 102–104.

"日本五位前首相要求小泉停止参拜,以防止继续影响中日关系,中国已经是日本最大的贸易伙伴"①,而《明镜》周刊则表示,"小泉的历史观显然是符合其国家的主流声音的"②。

(二)日本篡改教科书美化侵华历史 VS 中国人的"民族主义"

与日本侵华罪行这个历史遗留问题相关的另一个新闻事件是:日本篡改教科书美化侵华历史引发中国人抗议,该事件构成中日关系话语束中的话语事件。如上文所述,该事件报道一方面使 2005 年德媒中以中日关系为核心主题的报道数量在语料覆盖时间范围内为最高;另一方面该事件的话语事件质量也体现为:德媒在后来的涉华报道中一再将其作为论证中国国内存在民族主义情绪的论据提出。

2005 年报道称,"最新引发紧张气氛的,是新版日本教科书轻描淡写南京大屠杀事件"③。虽然德媒并不否认日本曾经在中国犯下南京大屠杀和侵略中国的罪行,报道称日本"在邻国犯下罪行"④,也承认"日本还在美化这段历史,而事实是:日本与西方一起瓜分中国"⑤,但是德媒在该事件上的议程设置并不在于谴责日本篡改侵华历史,而在于批评中国国内因此发生的反日抗议行为。德媒大肆报道中国国内的反日情绪和反日行动,并将之定位为"狂热的民族主义"⑥和"仇外情绪"⑦。德媒不仅无视中国人看待日本篡改侵华历史的视角,甚至有报道称,"尽管小泉最近已经为日本二战时期的侵略行为道歉,但中国还是出现新一轮反日行动"⑧。中国民众的反日情绪被称为"民族主义",而同年日本国内出现的激烈反华情绪在德媒中只被称为"民族不满",尽管在日本眼中"中国和朝鲜替代苏联成为日本头号国家公敌"⑨。不仅如此,德媒在报道中

---

① Florian Coulmas, "Der Schrein des Anstoßes", *Die Zeit*, No. 25, 2005.
② Wieland Wagner, "Tränen für die Kamikaze", *Der Spiegel*, No. 52, 2005, pp. 102 – 104.
③ Anon., "Peking befürchtet neue Proteste", *Der Spiegel*, No. 17, 2005, p. 109.
④ Wieland Wagner, "Tränen für die Kamikaze", *Der Spiegel*, No. 52, 2005, pp. 102 – 104.
⑤ Wieland Wagner, "Kollektiver Blutrausch", *Der Spiegel*, No. 50, 2007, pp. 124 – 126.
⑥ Wieland Wagner, "Tränen für die Kamikaze", *Der Spiegel*, No. 52, 2005, pp. 102 – 104.
⑦ Matthias Nass, "Chinas hässliche Seite", *Die Zeit*, No. 17, 2005.
⑧ Anon., "Peking befürchtet neue Proteste", *Der Spiegel*, No. 17, 2005, p. 109.
⑨ Anon., "Neues Feindbild", *Der Spiegel*, No. 1, 2005, p. 82.

还偏重描述中国国内反日游行中的暴力场面①,报道称,"因为日本教科书轻描淡写皇军的战争罪行,就有石头砸向日本使馆、商店和餐馆"②,报道将之称为"中国的丑陋面孔"③,称"连日来的反日暴动让我们看到……具有攻击性的、暴力倾向的、没有法治的和排外的中国"④。如同抗议西方阻挠火炬传递、汶川地震后全中国众志成城共同救灾等,在德媒眼中都被视为中国人的"民族主义"情绪一样,中国国内爆发的抗议日本篡改侵华历史的行为也同样被解读为民族主义情绪。可以说,中国民众实施集体行为以及表达集体情绪总是被德媒扣上"民族主义"的帽子;国民团结的中国在德媒眼中则是"丑陋的中国"⑤。显而易见,德媒贬低中国民众团结一致的这种论调表明其并不愿意看到团结的、一致对外的中国,因为外部力量很难对这样的中国施加影响。德媒一直以来寄希望于新成长起来的中国中产阶层,希望该人群能够成为西方向中国输送价值观,并促进中国发生政治变迁的力量,而一致对外的中国则让他们的这种希望落空,正如有报道表示,中国发生反日行动后,"欧盟外长们阅读并讨论文件《我们在未来的十到十五年里想要看到什么样的中国,我们如何能够更好地对中国施加影响》"⑥,报道称,"欧洲人和美国人应该认识到中国需假以时日才能成为法治国家,但前提是他们必须坚持这个目标"⑦。

正是出于这种推行西方价值观的民族中心主义思想和价值观利益,德媒将中国国内的反日游行事件与民主以及中国社会问题提上共同议程,并对该事件进行悲观预测。《明镜》周刊表示,可能会出现"反日运动转变成敌视(中国)政府的行动"⑧的情况,"因为有民众指责(中国)政

---

① Anon., "Peking befürchtet neue Proteste", *Der Spiegel*, No. 17, 2005, p. 109.
② Matthias Nass, "Chinas hässliche Seite", *Die Zeit*, No. 17, 2005.
③ Ibid..
④ Ibid..
⑤ Ibid..
⑥ Ibid..
⑦ Ibid..
⑧ Anon., "Peking befürchtet neue Proteste", *Der Spiegel*, No. 17, 2005, p. 109.

府在对待日本轻描淡写二战侵略历史一事上态度过于软弱"①。《时代》周报也提出同样观点,报道称,"中国政府如果容忍反日抗议的话,无异于玩火。……这种动乱可能会将矛头指向他们自己"②。《时代》周报认为中国政府容忍国内反日行动的目的在于转移国内矛盾,报道称,"愤怒隐藏在璀璨外表的背后。政府将其转移到一个外部敌人身上"③,这与德媒涉华报道中一直存在的主张中国需要依靠经济增长来避免出现社会动乱的论断,具有一致性:"稳定是中国政权的一个魔咒。"④ 类似的预测中国政府容忍民众抗议外来干扰等同玩火的论断,在"3·14"事件后也同样存在,《明镜》周刊称,中国政府指责藏族和指责西方媒体的行为,"释放出汉族人的大国沙文主义力量"⑤;称1999年美国轰炸中国大使馆时、2005年日本教科书美化日本在中国犯下的战争和屠杀罪行时,"共产党放纵了愤怒的民族主义者"⑥。德媒认为这种容忍等同于"玩火",更称"民族主义的幽灵一旦被释放出来,怎样才能再重回瓶中"⑦。

德媒表示,中国的民族主义情绪源于想要洗刷被西方和日本侵略的民族耻辱⑧。相同的议题也出现在德媒关于中国国内在海南间谍机事件上存在"民族主义"情绪⑨的报道中,报道称,"中国受伤的灵魂还受到两百年前的经济停滞、思想停滞、殖民耻辱、内战和集体化妄想的折磨,中国需要认可和尊敬"⑩。德媒在报道"3·14"事件发生后中国国内存在针对西方的"民族主义"情绪时,也同样表示,"这种民族主义被中国人的自我理解所滋养:他们的家乡160多年来一再成为外国势力的牺牲品"⑪。强调中国人需要洗刷历史耻辱是德媒解读中国自我理解中的一个

---

① Anon. , "Peking befürchtet neue Proteste", Der Spiegel, No. 17, 2005, p. 109.
② Matthias Nass, "Chinas hässliche Seite", Die Zeit, No. 17, 2005.
③ Ibid. .
④ Ibid. .
⑤ Erich Follath, "Der Irrtum des Drachen", Der Spiegel, No. 15, 2008, pp. 122 – 123.
⑥ Ibid. .
⑦ Ibid. .
⑧ 参见 Matthias Nass, "Chinas hässliche Seite", Die Zeit, No. 17, 2005。
⑨ Matthias Nass, "Stunde der Patrioten", Die Zeit, No. 17, 2001.
⑩ Ibid. .
⑪ Andreas Lorenz, "Engel im Rollstuhl", Der Spiegel, No. 18, 2008, pp. 122 – 123.

固定议题。不管是在论及中日关系，还是在论及中国与西方国家的关系时；不管是在关于中国经济实力提升的报道中，还是在指责中国欲借助奥运会展示大国实力和诉求的报道中，抑或是在指责中国自视为经济危机中的赢家因而自信膨胀的报道中，中国欲洗刷历史耻辱都成为德媒解读中国自我理解的一部分。

（三）与"台湾问题"话语束的交织

与中美关系话语束一样，中日关系话语束中也交织有涉及"台湾问题"的话语片段。德媒对日本在"台湾问题"上的基本立场定位是"保护台湾符合美国和日本的利益"①。与之相应，在中日经济发展出现此消彼长势头之时，报道称，"日本军方不安地看着中国想收复台湾——1895年至1945年台湾曾是日本的殖民地"②。在2005年中日两国关系因为日本美化侵华历史而发生恶化时，德媒报道称，"李登辉受益于中日关系恶化。日本邀李登辉访日。早在2001年日本就曾邀请岛国第一位民主选举产生的总统访问，此事引发北京抗议"③。可见，德媒一方面主张日本是台湾的保护伞；另一方面也认为日本通过与台湾的接近来挑衅中国（大陆）。对于中国方面，德媒认为中国政府利用反日来增强大陆与台湾之间的爱国主义纽带，④更有报道称，中国政府利用抗日来维系整个中国的民族团结，称"抗日战争是收复台湾之外的又一大爱国主义主题"⑤，称中国"利用这个主题将其人民统一起来"⑥。也就是说，德媒认为抗日情绪是中国政府在台湾问题和中国民族团结问题上所使用的支点。如前所述，德媒一再述及中国存在民族主义情绪，称民族主义已成为替代性的意识形态和联系人民的纽带⑦。此类主张"民族主义已经成为中国的主流意识

---

① Jürgen Kremb/Andreas Lorenz, "'Ich werde mein Land nicht verschenken'", *Der Spiegel*, No. 2000, pp. 265 – 267.
② Wieland Wagner, "Flucht ins Billigland", *Der Spiegel*, No. 29, 2001, pp. 122 – 123.
③ Anon., "Neues Feindbild", *Der Spiegel*, No. 1, 2005, p. 82.
④ 参见 Wieland Wagner, "Tränen für die Kamikaze", *Der Spiegel*, No. 52, 2005, pp. 102 – 104。
⑤ Wieland Wagner, "Kollektiver Blutrausch", *Der Spiegel*, No. 50, 2007, pp. 124 – 126.
⑥ Ibid..
⑦ Andreas Lorenz, "Engel im Rollstuhl", *Der Spiegel*, No. 18, 2008, pp. 122 – 123.

形态"① 的声音在西方有一定的市场,这与西方对社会主义国家的偏见是联系在一起的。

(四) 中日领土争端问题

相比于日本侵华历史,中日两国关于南沙群岛和钓鱼岛等岛屿领土的争端这一由来已久的问题,在德媒报道中涉及不多,而且即使提及,也并不作为重要的次级主题出现,而基本都只是作为中日关系的大背景一笔带过。比如2000年时有报道称,"中日两国争夺钓鱼岛的归属权"②,2001年报道表示,"中国对几乎整个中国南海领域的领土诉求,在日本战略家眼中也意味着警告"③,或者称"中国威胁要武力收复台湾,扩张中国南海的主权范围"④ 等。关于中国与亚洲邻国关系的其他报道也会偶尔提及中日领土争端议题,比如涉及中朝关系的一篇报道提道,"近日中国科研船只进入中日共有的钓鱼岛海域"⑤。中日领土争端在德媒中很少被论及,这与西方国家对此事一直"无所谓"和"不感兴趣"⑥ 有关。

四 中日关系主题小结

分析显示,中日关系主题的二级议程在这11年中具有高度一致性和延续性。中日关系二级议程重点之一为:在经济上,中日经济实力此消彼长,中国接替日本在亚洲的领先地位和主导权,日本因此视中国为巨大的威胁;在外交上,日本倚重美国与中国抗衡,或者日本干涉"台湾问题"等,都是中日关系话语束中的恒定议题。中日关系二级议程重点之二为:中日两国因为历史遗留问题引发的争端,比如日本首相参拜靖国神社引发两国关系紧张,或者日方美化侵华历史引发中国民众抗日游行等。

中日关系话语束的新闻标题多为负面标题,标题中充满标记敌对、

---

① 王东:《中国崛起与"中国威胁论"》,《决策与信息》2008年第6期,第20页。
② Wieland Wagner, "Die atomare Keule", *Der Spiegel*, No. 9, 2000, pp. 158 – 160.
③ Wieland Wagner, "Flucht ins Billigland", *Der Spiegel*, No. 29, 2001, pp. 122 – 123.
④ Georg Blume, "China sagt Ja zu sich selbst", *Die Zeit*, No. 23, 2001.
⑤ Anon., "Kims Raketenpoker", *Der Spiegel*, No. 28, 2006, p. 81.
⑥ Matthias Nass, Rote Meere, *Die Zeit*, No. 41, 2010, p. 10.

丑陋和冲突的词汇，比如《害怕对手》①《新的敌人形象》②《北京害怕会有新的抗议》③《中国的丑陋一面》④《集体的血腥狂暴》⑤ 等。

从评价倾向分布看，11 篇报道中只有 3 篇倾向中性，其他均为负面倾向。从新闻选择看，中日关系话语束中的报道全部都以冲突事件为报道对象。

第五节　朝鲜问题与中朝关系的报道

朝鲜问题在德媒关于中国与亚洲国家关系的报道中占据重要的分量，语料中共有 10 篇以朝鲜问题和中朝关系为核心主题的报道，且分布时间覆盖整个 2000—2010 年阶段。从报道数量上看，以中朝关系为核心主题的报道与以中日关系为主题的报道数量相当，远远多于德媒中关于中国与其他亚洲国家关系的报道数量。中朝关系受到关注与西方对朝鲜问题的关注是密切相关的。

德媒在中朝关系主题上的一个基本定位是：中国出于意识形态和地缘政治的考虑将朝鲜视为盟友和地缘上的缓冲带，报道称中国是朝鲜的"老大哥"⑥ "朝鲜最紧密的盟友"⑦ 和 "保护伞"⑧。鉴于中朝两国都是社会主义国家，德媒关于中朝关系的报道体现出强烈的意识形态偏见，中国和朝鲜都被称为"独裁政权"，朝鲜更是被称为"邪恶轴心国家"⑨，中朝关系被称为"共产主义的兄弟关系"⑩。德媒对中朝关系的这种定位在 2006 年朝鲜核试验事件后暂时发生变化，认为中国在朝鲜问题上悄悄

---

① Anon., "Furcht vor dem Rivalen", *Der Spiegel*, No. 2, 2002, p. 113.
② Anon., "Neues Feindbild", *Der Spiegel*, No. 1, 2005, p. 82.
③ Anon., "Peking befürchtet neue Proteste", *Der Spiegel*, No. 17, 2005, p. 109.
④ Matthias Nass, "Chinas hässliche Seite", *Die Zeit*, No. 17, 2005.
⑤ Wieland Wagner, "Kollektiver Blutrausch", *Der Spiegel*, No. 50, 2007, pp. 124–126.
⑥ Christian Schmidt-Häuer, "Der Zorn auf die Paten", *Die Zeit*, No. 50, 2010, p. 11.
⑦ Anon., "Kims Raketenpoker", *Der Spiegel*, No. 28, 2006, p. 81.
⑧ Anon., "Druck durch Blockade", *Der Spiegel*, No. 18, 2003, p. 118.
⑨ Andreas Lorenz, "Matter Beifall", *Der Spiegel*, No. 8, 2007, p. 120.
⑩ Georg Blume, "'Die Brüderschaft ist vorbei'", *Die Zeit*, No. 42, 2006, p. 12.

接近西方阵营，但是在 2010 年朝韩冲突发生后，德媒表示，中朝关系又恢复成保护与被保护的关系。

一 朝鲜难民问题

在中朝关系主题下，朝鲜难民问题构成一个重要的恒定议题，以及成为德媒解读中朝友邦关系的固定论据。报道表示，有大量的朝鲜难民"因为饥荒，而非政治原因"① 越境来到中国，但是"朝鲜难民在中国不受欢迎"②，中国方面抓捕③并遣返朝鲜难民④，因此"中国边境地区有数以万计的朝鲜难民藏匿"⑤。德媒认为，中国遣返朝鲜难民的原因在于，"中国担心接收难民会导致大规模逃亡，这样朝鲜就岌岌可危了"⑥。同时德媒表示，难民问题也是中国之所以帮助朝鲜的战略原因之一⑦，报道称，"北京担心边境的不稳定会影响中国经济发展"⑧，称"如果朝鲜崩溃，则会有 50 万难民来到中国"⑨，届时这个问题就会成为中国的困扰。分析显示，德媒对于逃入中国境内的朝鲜难民持同情的态度，对于中国遣返朝鲜难民的行为持批评态度，比如报道称，"北京当局逮捕来自朝鲜的饥荒难民。这些非法移民们生活在恐惧和依赖中"⑩，在 2006 年朝鲜宣布首次核试验成功后，德媒更是对中国对待朝鲜难民的态度加以指责，报道称，"尽管联合国对朝鲜实行制裁以及反对朝鲜进行核试验，中国政府依然像以前一样将难民遣返，并且还追踪搜寻难民"⑪。

---

① Andreas Lorenz, "Exodus am Grenzfluss", *Der Spiegel*, No. 45, 2003, pp. 158–160.
② Ibid. .
③ Ibid. .
④ Georg Blume, "Wir sterben sowieso", *Die Zeit*, No. 44, 2006, p. 12.
⑤ Ibid. .
⑥ Andreas Lorenz, "Exodus am Grenzfluss", *Der Spiegel*, No. 45, 2003, pp. 158–160.
⑦ 参见 Angela Köckritz, "Das Geheimnis des Torpedos", *Die Zeit*, No. 22, 2010, p. 8。
⑧ Anon. , "Kims Raketenpoker", *Der Spiegel*, No. 28, 2006, p. 81.
⑨ Christian Schmidt-Häuer, "Der Zorn auf die Paten", *Die Zeit*, No. 50, 2010, p. 11.
⑩ Andreas Lorenz, "Exodus am Grenzfluss", *Der Spiegel*, No. 45, 2003, pp. 158–160.
⑪ Georg Blume, "Wir sterben sowieso", *Die Zeit*, No. 44, 2006, p. 12.

二 动态变化的中朝关系

中朝关系在德媒报道中呈现动态变化的形象,这种变化集中体现在 2006 年朝鲜宣布成功进行地下核试验之后的相关报道中。分析显示,该事件构成中朝关系主题的话语事件,从报道数量分布看,语料中 2006 年的报道也是最多的(4 篇)。2006 年之前,德媒一再强调中朝之间的"友邦"关系①,强调中国给朝鲜提供保护,是朝鲜的"保护伞"②。尽管 2006 年之前中国也曾经为了逼迫朝鲜与美国对话,而暂时中断对朝鲜的石油供应③,但德媒并不因此否认中朝两国之间的"朋友"④ 关系。2006 年朝鲜核试验之后,德媒就一再表示中朝之间的"兄弟情谊已成过去"⑤,称"中国不想再做朝鲜的保护伞"⑥。而 2010 年朝韩冲突发生之后,德媒在其报道中又再次强调,"中国是与朝鲜关系最紧密的、最受其信任的国家"⑦,强调"中国继续保护平壤的独裁者王朝"⑧。

德媒所说的"友邦"与"保护伞",一方面指中国向朝鲜提供经济援助,称"中国向朝鲜资助原料、食品和化肥,以避免朝鲜政权([德]Regime)瓦解"⑨,称"如果北京对朝鲜实行制裁,朝鲜数周之内就会崩溃"⑩;另一方面"友邦"也指两国在地缘政治上"唇亡齿寒的关系"⑪,报道表示,"朝鲜在地理上是中国不可或缺的缓冲地带"⑫。此外,德媒对中朝两国关系的理解也包括作为"老大哥"⑬ 的中国在政治上对朝鲜具有

---

① Andreas Lorenz, "Exodus am Grenzfluss", *Der Spiegel*, No. 45, 2003, pp. 158 – 160.
② Anon., "Druck durch Blockade", *Der Spiegel*, No. 18, 2003, p. 118.
③ Ibid..
④ Anon, "Proteste gegen ungeliebte Gäste", *Der Spiegel*, No. 10, 2000, pp. 160 – 161.
⑤ Georg Blume, "'Die Brüderschaft ist vorbei'", *Die Zeit*, No. 42, 2006, p. 12.
⑥ Ibid..
⑦ Angela Köckritz, "Das Geheimnis des Torpedos", *Die Zeit*, No. 22, 2010, p. 8.
⑧ Christian Schmidt-Häuer, "Der Zorn auf die Paten", *Die Zeit*, No. 50, 2010, p. 11.
⑨ Anon., "Kims Raketenpoker", *Der Spiegel*, No. 28, 2006, p. 81.
⑩ Angela Köckritz, "Das Geheimnis des Torpedos", *Die Zeit*, No. 22, 2010, p. 8.
⑪ Andreas Lorenz, "Einen zweiten Test verhindern", *Der Spiegel*, No. 42, 2006, p. 150.
⑫ Christian Schmidt-Häuer, "Der Zorn auf die Paten", *Die Zeit*, No. 50, 2010, p. 11.
⑬ Christian Schmidt-Häuer, "Der Zorn auf die Paten", *Die Zeit*, No. 50, 2010, p. 11.

一定的影响力和控制力,德媒对中朝关系的这种期待和定位在2006年朝鲜核试验之后也发生了变化,报道称,"平壤方面最新的导弹实验表明:朝鲜最紧密的盟友中国已不再能掌控'敬爱的领袖'([德]lieber Führer)"①。

三 话语事件:朝鲜核试验问题

如上文所述,2006年朝鲜核试验问题构成中朝关系主题下的话语事件,德媒关于该事件的报道体现出其对中朝关系定位的变化。一方面,德媒认为中国已经丧失控制朝鲜局势的能力,在该年朝鲜进行第一次核试验时就有报道称,朝鲜核试验表明中国丧失对朝鲜的掌控能力②,同年朝鲜第二次进行核试验时报道称,"中国试图阻止金正日建造核弹的努力以失败告终"③,对此有报道嘲笑道,"说什么崛起中的世界大国,连自家后院都收拾不了"④;另一方面,德媒一再强调中国对朝鲜的态度发生改变,报道称,中国视朝鲜的核试验行为为"挑衅",称"中国不想再做朝鲜的保护伞",称中国"悄悄加入西方制裁朝鲜的行列",称此时朝鲜已经成为"中美共同的敌人"。⑤德媒认为,中国对朝鲜的态度转变表明,"中国的立场是要寻求国际社会支持,以应对朝鲜的挑战",同时报道也表示,"中国越是配合美国的制裁压力,在朝鲜的影响力就越小"。⑥

鉴于此时德媒主张中国对朝鲜问题并无实质影响力,报道一再对此次六方会谈的结果做出负面预测,报道称,"六方会谈的外交官们都知道,朝鲜半岛是绝对不会完全放弃核武器的"⑦。并且德媒表示,"这是中国第一次积极参与国际外交,(所以)如果这次谈判失败,就意味着中国

---

① Anon., "Kims Raketenpoker", *Der Spiegel*, No. 28, 2006, p. 81.
② Ibid..
③ Andreas Lorenz, "Einen zweiten Test verhindern", *Der Spiegel*, No. 42, 2006, p. 150.
④ Georg Blume, "'Die Brüderschaft ist vorbei'", *Die Zeit*, No. 42, 2006, p. 12.
⑤ Ibid..
⑥ Ibid..
⑦ Andreas Lorenz, "Matter Beifall", *Der Spiegel*, No. 8, 2007, p. 120.

的失败"①,也有报道援引中国朝鲜问题专家的话称,"如果朝鲜依然坚持核试验,那么'最大的输者'是北京而非华盛顿,因为那样的话,中国最大的竞争对手日本,而且甚至还有韩国和中国台湾都有可能认为有必要研发自己的核武器,那时东亚就会变成'危险的军事竞赛'之地"②。

四 《时代》周报议题:朝韩争端与中朝关系

语料中只有来自《时代》周报的两篇报道是关于 2010 年朝韩两国军事冲突的。分析显示,此时的报道对中朝关系的定位再次发生变化。报道再次以"朝鲜的老大哥"③ 指称中国,再次提到中朝之间的友邦关系,称"中国是与朝鲜关系最紧密的、最受其信任的国家"④。对于中国在朝韩冲突中的立场,报道称,"中国继续保护平壤的独裁者王朝"⑤。与此同时,报道也再次强调中国保护朝鲜是"出于战略原因"⑥,比如担心难民问题影响中国经济稳定以及地缘政治因素等,报道表示,"从地缘上看,朝鲜也是中国不可或缺的缓冲带"⑦,称"如果朝韩统一,那么美国的势力范围就会得到扩张,因此中国需要的是保持现状"⑧。可以说,此时《时代》周报对于中朝关系的定位又回到了 2006 年之前的状态。德媒涉华报道对中朝关系定位的变化曲线表明,视中朝之间为友邦关系以及认为中国是朝鲜保护伞的定位是长期性的。虽然 2006 年朝鲜核试验事件使德媒对中朝关系的定位发生改变,但这只是突发因素所致,从长期看德媒所列举的各种导致中国保护朝鲜的战略原因都是恒定因素,如地缘关系、难民、国际格局等。只有在认为突发要素对中国的影响超过这些恒定因素时,德媒对中朝关系的定位才会发生变化,但是一旦突发因素回归正常,德媒依然会从这些恒定性要素出发观察中朝关系。

---

① Anon., "Kims Raketenpoker", *Der Spiegel*, No. 28, 2006, p. 81.
② Andreas Lorenz, "Matter Beifall", *Der Spiegel*, No. 8, 2007, p. 120.
③ Christian Schmidt-Häuer, "Der Zorn auf die Paten", *Die Zeit*, No. 50, 2010, p. 11.
④ Angela Köckritz, "Das Geheimnis des Torpedos", *Die Zeit*, No. 22, 2010, p. 8.
⑤ Christian Schmidt-Häuer, "Der Zorn auf die Paten", *Die Zeit*, No. 50, 2010, p. 11.
⑥ Angela Köckritz, "Das Geheimnis des Torpedos", *Die Zeit*, No. 22, 2010, p. 8.
⑦ Christian Schmidt-Häuer, "Der Zorn auf die Paten", *Die Zeit*, No. 50, 2010, p. 11.
⑧ Angela Köckritz, "Das Geheimnis des Torpedos", *Die Zeit*, No. 22, 2010, p. 8.

从另一个视角看，德媒在评价中国在中朝关系中的行为时，也体现出强烈的民族中心主义色彩和观察者依赖性。当中国在朝鲜问题上的态度接近西方时，报道肯定之为"中国第一次积极参与国际外交"①，而当中国在朝韩冲突问题上与西方国家态度不一致、没有维护韩国时，报道则又指责中国是"不负责任的"国际行为体②。

五 与中美关系主题的交织

朝鲜问题以及中朝关系主题与中美关系主题有一定的交织，这与历史原因和国际格局背景有关。该主题下几乎所有的报道都提及美国在朝鲜问题上的态度和反应。德媒在报道中国政府允许朝鲜在香港设立领馆一事时，同样关注美国的反应，报道称，"美国在北京和香港针对朝鲜的行为（笔者注：报道称朝鲜在香港和澳门输出美元假钞）进行的抗议并无成效"③；在谈及中国因为担心朝鲜的稳定而不接收朝鲜难民时，报道也表示，朝鲜岌岌可危"正合美国心意"④；在论及中国在朝鲜核试验问题上的态度接近西方时，报道称，"胡锦涛会晤日本内阁官房长官安倍晋三，以表明北京站在美国一边的立场"⑤，同时德媒援引学者的观点称，"中国越是配合美国的制裁压力，在朝鲜的影响力就越小"⑥；当2007年美国决定和朝鲜谈判时，报道称，"北京军队的计划是：如果美国特种部队和中央情报局试图填补真空，中国就会出手干涉朝鲜的事。……甚至有可能建立亲中国的傀儡政权"⑦；在关于朝韩军事冲突的报道中，德媒也表示中国的反应与美国有关，报道称，"如果朝韩统一，那么美国的势力范围就会得到扩张，因此中国需要的是保持现状"⑧。可以说，德媒在定位中国关于朝鲜问题的态度时将美国作为重要的背景因素，因此报道

---

① Anon., "Kims Raketenpoker", *Der Spiegel*, No. 28, 2006, p. 81.
② 参见 Christian Schmidt-Häuer, "Der Zorn auf die Paten", *Die Zeit*, No. 50, 2010, p. 11。
③ Anon, "Proteste gegen ungeliebte Gäste", *Der Spiegel*, No. 10, 2000, pp. 160–161.
④ Andreas Lorenz, "Exodus am Grenzfluss", *Der Spiegel*, No. 45, 2003, pp. 158–160.
⑤ Georg Blume, "'Die Brüderschaft ist vorbei'", *Die Zeit*, No. 42, 2006, p. 12.
⑥ Ibid..
⑦ Andreas Lorenz, "Matter Beifall", *Der Spiegel*, No. 8, 2007, p. 120.
⑧ Angela Köckritz, "Das Geheimnis des Torpedos", *Die Zeit*, No. 22, 2010, p. 8.

一再表示美国的反应和态度构成中国做出相关决定的重要因素。

六 中朝关系主题小结

德媒将中朝关系定位为意识形态上的"共产主义兄弟"和地缘政治上唇亡齿寒的关系,中国被称为"朝鲜的大哥",朝鲜被称为中国的"缓冲带"。德媒认为中国出于自身利益的考虑保护朝鲜,报道列出的论据主要是朝鲜难民问题和朝鲜对中国的缓冲带作用,同时德媒表示中国对朝鲜具有一定的控制能力。

这种定位在2006年发生了暂时性变化,德媒表示中国也认为朝鲜核试验行为具有挑衅性,认为中国正悄悄加入西方阵营。中国对朝鲜的态度被德媒作为衡量中国国际行为的标准之一提出,当中国在朝鲜问题上的态度接近西方时便得到肯定,而反之则被否定和指责,比如关于中国在2010年韩朝冲突事件中的态度。从话语交织看,中朝关系主题与中美关系话语束交织密切,一方面是因为美国与朝鲜问题的直接关联,另一方面也表明在朝鲜问题上德媒视美国为整个西方社会的代表,所以相关报道多次提及美国在相关事件上的反应与态度。

第六节 《明镜》周刊议题:中印关系

德媒所关注的中国与亚洲其他国家的关系也包括中印关系。虽然在语料中以中印关系为核心主题的报道数量不多(共4篇,且均来自《明镜》周刊),但在涉华报道中涉及中印关系以及同时提及中印两国的话语片段则相当多。将中印两国视作同类是德媒涉华报道的基本论调,因而报道文字出现"中国和印度"([德]China und Indien)的频率非常高。

在德媒涉华报道中,中印两国呈现高度相似性,两国经常一同作为新兴崛起的、快速发展的、能源饥渴的[1]、想要晋升成为科技大国[2]的亚

---

[1] Andreas Lorenz/Thilo Thielke, "Im Zeitalter des Drachen", *Der Spiegel*, No. 18, 2007, pp. 138–144.

[2] 参见 Martin Spiewak, "Alle Macht geht vom Forscher aus", *Die Zeit*, No. 25, 2005.

洲人口大国的形象出现。两国都因具有巨大的粮食消费需求被指责导致粮食价格上涨①,都被视为面临人口结构老龄化问题的人口大国②,都与西方国家企业进行排量许可证贸易③,德国都在讨论是否应继续向两国提供发展中援助④等。尤其是在涉及全球资源分配以及全球经济发展的报道中,中印两国总是作为与西方国家群体处于对立位置的亚洲国家群体成员出现,两国都被指责为"最大的知识产权盗贼"⑤、都被指责威胁西方发达国家现有的资源支配权力,报道称"没有人预见到中国和印度的快速增长以及他们的原料饥渴"⑥、两国的经济增长也都被指责在经济上对西方国家构成威胁,报道称"美国人和欧洲人在同一点上达成一致:他们力量薄弱,不知道应如何成功反击经济大国中国和印度"⑦。

同时,两国在德媒中以经济上的竞争对手与资源分配领域的合作者兼竞争对手的形象出现。尤其是在资源方面,德媒一方面报道中印两国在开发新能源方面的合作,⑧以及在世界气候峰会上两国以发展中国家身份联合应对西方发达国家,报道称,"秘密文件揭露了中国和印度是如何在具有决定性意义的国家首脑峰会上阻止共识形成的。欧洲人只能无力地见证失败"⑨;另一方面报道也表示中印之间就资源问题存在竞争,报道称,"将来中国和印度的十多亿人口还会因为地质资源'打架'。后果将是:能源价格保持高位,甚至还会更高"⑩。在经济发展和经济活动方

---

① 参见 Rüdiger Falksohn/Jens Glüsing/Horand Knaup/Padma Rao/Thilo Thielke/Wieland Wagner, "Kultur des Todes", *Der Spiegel*, No. 18, 2008, pp. 118 – 121。

② 参见 Rüdiger Falksohn/Andreas Lorenz/Padma Rao, "Die Armee der Alten", *Der Spiegel*, No. 38, 2005, pp. 120 – 122。

③ Benjamin Reuter, "Kuhhandel statt Klimaschutz", *Die Zeit*, No. 34, 2010, p. 37。

④ 参见 Petra Pinzler, "Erst denken, dann reden", *Die Zeit*, No. 46, 2009, p. 33。

⑤ Anon., "Vorstoss gegen Millionenhilfe", *Der Spiegel*, No. 13, 2006, p. 18。

⑥ Andreas Lorenz/Thilo Thielke, "Im Zeitalter des Drachen", *Der Spiegel*, No. 18, 2007, pp. 138 – 144。

⑦ Jan Ross, "Und der Westen schaut ratlos zu", *Die Zeit*, No. 2, 2006, p. 6。

⑧ 参见 Gerald Traufetter, "Menetekel am Ozeangrund", *Der Spiegel*, No. 50, 2007, pp. 144 – 146。

⑨ Tobias Rapp/Christian Schwagerl/Gerald Traufetter, "Das Kopenhagen-Protokoll", *Der Spiegel*, No. 18, 2010, pp. 128 – 131。

⑩ Fritz Vorholz/Georg Blume, "Gier nach Erz und Öl", *Die Zeit*, No. 22, 2004。

面，德媒也表示中印两国之间存在竞争，报道称，"中国在印度周边海域积极活动，投资建设和扩建具有战略意义的港口。中国的强劲对手印度并不乐意看到这些"①。

　　也就是说，德媒对中印两国的基本定位为：两国同为新兴崛起的、具有大量资源需求的亚洲人口大国。就中印两国与西方国家的关系，德媒更关注两国作为西方竞争对手的身份；就中印两国之间的关系，德媒也更关注二者在经济上的"竞争对手"②关系。需指出的是，虽然中印两国同被视为对西方发达国家构成经济威胁、资源威胁以及知识产权威胁等，但鉴于相比之下印度在政治体制上与西方更接近，德媒在涉及中印关系的报道中表现出明显的更倾向于印度的话语立场，这与德媒/西方一直以来主张西方模式具有优越性的民族中心主义思想以及其对社会主义国家的偏见是紧密相关的。基于同样的逻辑，德媒主张印度经济较中国而言更具发展潜力，比如有报道在比较中印两国境外投资时称，"从长期看，还是印度的民主结构比中国的市场列宁主义更具优势：他们为投资者提供法律安全，而且主要是为当地民众打开个体层面选举的阀门，从而使畸形发展得到矫正"③。德媒做出如此判断，正是缘于中印两国的政治体制差异，正如罗伯特·卡跟（Robert Kagen）所言："相比于评价同为民主体制的其他国家而言，民主体制在评价专制政权的行为时要更多一份不信任"④，他说："如果印度拥有核武器，我们虽然并不乐意，但也并不真地担心此事，但是如果中国升级核装备，那么我们的不安相比之下就要大很多倍。"⑤ 德媒对于在某种意义上都被视为西方竞争对手的中印两国的差异性评价，也正是缘于两国的政治体制差异。因此比如在就中印竞争问题采访印度诺贝尔经济奖得主阿马蒂亚·森（Amartya Sen）时，《明镜》周刊记者提道，"西方寄希望于通过将中国纳入世界市场实

---

① Rüdiger Falksohn, "Diskret auf Horchposten", *Der Spiegel*, No. 52, 2007, pp. 111–112.
② Anon., "Pekings Balanceakt", *Der Spiegel*, No. 46, 2003, pp. 126–127.
③ Erich Follath, "Der Treibstoff des Krieges", *Der Spiegel*, No. 13, 2006, pp. 76–88.
④ Jan Roß, "'Dann müssen wir offensiver sein'", *Die Zeit*, No. 4, 2008, p. 7.
⑤ Ibid..

现中国的变迁"①。同样是出于这种意识形态考虑，中国被指责在选择资源合作伙伴方面不顾及对方的政治体制，这在涉及中印两国之间竞争资源的报道中也有提及，比如报道称，"印度想在缅甸获得开采权，缅甸却将开采权给了印度最强劲的竞争对手中国，应该是出于政治原因……中国在安理会上否决了要求缅甸进行民主改革的决议，缅甸投桃报李"②，这样的指责，与德媒在达尔富尔问题上对中国的指责有相似之处。报道称，中国背着印度贯彻自己的利益，在缅甸获得独家开采权，并据此得出结论称，"在能源保障方面与中国进行基于信任的合作是相当困难的"③。类似的意识形态偏见在德媒中一再体现出来，比如有报道称，"西方可以与中国的对手日本或印度联合"④，以之作为对付中国的手段。来自政治层面的话语同样也反映出这样的意识形态特点，德国基民盟/基社盟议会党团2007年10月通过的《亚洲战略》文件提出，"我们应当继续与我们在亚洲的传统朋友保持良好关系，尤其是日本、印度和韩国。……通过这种方式我们可以和美国一起，避免因中国和其他亚洲国家的崛起而导致亚洲的不稳定，否则将会造成严重的全球性后果"⑤。总之，在经济上中国与印度皆被视为西方社会的竞争对手和对西方构成威胁，在政治上中国与印度则被截然分开和区别对待。

《明镜》周刊的4篇以中印关系为核心主题的报道，除了指出中印两国是竞争对手以及拥有不同的政治体制之外，内容还涉及中印两国的边界领土争端及两国与亚洲其他国家的外交关系。2003年底该刊表示，一方面"中印互相接近，10年来印度总理首次访华"⑥；另一方面中国在中印关系上采取平衡外交策略，比如报道称，"中国要保持与巴基斯坦的传统联盟关系，但同时又谨慎保持距离……中国要求巴基斯坦不可过分挑衅印度。作为回报，中国向巴基斯坦出售武器"，因为"中国一方面不希

---

① Erich Follath, " 'Auch mal von Mao lernen' ", *Der Spiegel*, No. 42, 2000, pp. 307–310.
② Anon., "Gewiefte Generäle", *Der Spiegel*, No. 6, 2007, p. 113.
③ Erich Follath, "Der Treibstoff des Krieges", *Der Spiegel*, No. 13, 2006, pp. 76–88.
④ Matthias Nass, "Olympia – und dann?", *Die Zeit*, No. 17, 2008, p. 1.
⑤ Matthias Nass, "Das Volk und seine Feinde", *Die Zeit*, No. 25, 2008, p. 3.
⑥ Anon., "Pekings Balanceakt", *Der Spiegel*, No. 46, 2003, pp. 126–127.

望印度太强大,另一方面也不希望将印度彻底推向美国阵营"。① 2007 年的另一篇报道也涉及中国、巴基斯坦与印度之间的关系,不过更多是在经济领域,报道称,"中国资助巴基斯坦的项目,巴基斯坦向中国输送石油和天然气……中国在巴基斯坦建立经济特区,可以更便宜地生产面向非洲出口的产品,而中国则向其出售军事和核技术……印度人认为中国和巴基斯坦如此亲近很可疑"②。

《明镜》周刊此外还报道了中印两国存在边界领土争端,2008 年关于中国和不丹边境领土问题的 1 篇短篇报道称,"世界上最年轻的民主国家"③ 不丹与中国存在边界争端,称"中国军队一再进入不丹,在外交上为不丹提供咨询并提供经济资助的印度对此表示担忧"④。同时报道表示,"中印边界也不明确。中国军队拆毁印度旧时岗亭"⑤,报道将中国与不丹和印度的边界领土争端放在一起,并且一再将"中国军队"作为行为主体提出,似乎争端的挑起方都是中国似的。从报道内容看,《明镜》周刊在中印边界问题上表现出的倾向性,与不丹和印度在政治体制上接近西方有着密切的关联。

第七节 中伊关系和伊朗问题的报道

除了中德关系、中美关系、中日关系、中朝关系主题之外,中国国际关系主题下报道数量最多的是中国与伊朗的关系(5 篇),报道出现时间全部在 2006 年之后(含 2006 年)。在德媒关于中国国际关系的报道分类中,中德关系、中美关系是中国与西方国家的关系,中日关系和中朝关系是中国与亚洲国家的关系,而中国与伊朗的关系则是中国与"独裁国家"之间的关系,中朝关系也可以列入这个范畴。

德媒对中伊关系的基本定位是:"伊朗是中国最大的石油供应国,中

---

① Anon., "Pekings Balanceakt", *Der Spiegel*, No. 46, 2003, pp. 126 – 127.
② Rüdiger Falksohn, "Diskret auf Horchposten", *Der Spiegel*, No. 52, 2007, pp. 111 – 112.
③ Anon., "Umstrittene Grenze", *Der Spiegel*, No. 6, 2008, p. 77.
④ Ibid..
⑤ Ibid..

国是伊朗最重要的政治盟友。西方不能再向伊朗政府强加自己的意愿，原因主要在于中国。"[1] 在经济上，德媒认为"中国由于其经济活力是伊朗最大的贸易伙伴"[2]；在外交上，报道称，"中国多年来是伊朗的紧密盟友"[3]、称"中国是伊朗唯一一个具有政治影响力的朋友"[4]。相比而言，德媒更关注的是中国在政治上对于伊朗的重要性。总之，德媒对中伊关系的关注点在于：伊朗向中国出口资源，中国给伊朗提供政治支持。

德媒关于中伊关系的报道具有浓厚的意识形态色彩，报道称中伊两国视西方为"共同的敌人"[5]，这样的论断实际上更多反映出西方以中伊两国为敌的话语立场。从这种意识形态观点出发，德媒在中伊关系主题上一再指责中国为了经济利益不顾忌合作伙伴的政治体制，报道称，"伊朗对于中国具有高度的战略意义"[6]，因此中国不惜代价保持与伊朗的合作关系，称"中国不管如何对外表现热爱和平，也不放弃将伊朗和巴基斯坦作为战略通道，即使中国的国际声誉受损也在所不惜"[7]。其实所谓的"国际声誉受损"指的就是西方对中国的批评指责，报道称，"中国为向伊朗提供支持付出代价，因为每次中国支持伊朗都会遭到西方的批评指责"[8]。这种将西方与全世界、国际社会等同的口吻在德媒涉华报道中是很常见的，报道认为中国遭受西方指责批评就等同于国际声誉受损，这种视角的出发点是认为西方的指责是正义行为。如同德媒声称伊朗除了中国这个"最后的朋友"[9] 以外没有任何其他国家支持一样，这种忽视世界其他国家的存在、总是以全世界代表自居的语言习惯，所反映的是德媒涉华报道中到处充斥的民族中心主义思想。而这也就决定了德媒观察中国时所选择的视角，也决定了德媒所塑造中国形象的意识形态化

---

[1] Frank Sieren, "Der Affenkönig und sein Zensor", *Die Zeit*, No. 4, 2008, p. 6.
[2] Anon., "China hilft Theheran", *Der Spiegel*, No. 2010, p. 83.
[3] Frank Sieren, "Der Affenkönig und sein Zensor", *Die Zeit*, No. 4, 2008, p. 6.
[4] Frank Sieren, "Der letzte Freund", *Die Zeit*, No. 9, 2010, p. 7.
[5] Frank Sieren, "Der Affenkönig und sein Zensor", *Die Zeit*, No. 4, 2008, p. 6.
[6] Frank Sieren, "Der letzte Freund", *Die Zeit*, No. 9, 2010, p. 7.
[7] Ibid..
[8] Ibid..
[9] Frank Sieren, "Der letzte Freund", *Die Zeit*, No. 9, 2010, p. 7.

特点。

在伊朗问题上，德媒总是将中国否决制裁伊朗的决议与中国在伊朗的经济利益挂钩，报道一再强调，作为安理会常任理事国之一的中国出于经济利益与俄罗斯一同否决西方国家提出的决议，报道称，"'否决大国'中国和俄罗斯早就表示不会再同意安理会提出的其他进一步决议"①，报道认为中国投否决票的原因在于，"伊朗对于中国具有高度战略意义，是中国第三大石油供应商……和无障碍的东方路线"②。中国在伊朗问题上的态度，长期以来成为德媒指责中国为"不负责任"的国际行为体的一个重要论据。语料中只有2010年的一篇来自《时代》周报的报道中出现了不同的声音，该报道表示，"中国作为'五常'之一最后一个同意对伊朗进行封锁制裁，北京似乎意识到，随着经济增长其责任也增长了……制裁的效果固然可以被质疑，但是仅中国不再站在伊朗一边，就表明这是一个转折点。"③需强调的是，这种认可中国在伊朗问题上的态度有所转变的声音，与批评中国否决西方国家的伊朗问题决议提案的声音一样，其预设和衡量标准都是认为中国在伊朗问题上应该服从西方的决议。而且该文同样也将中国的态度与中国在伊朗的经济利益挂钩，称"中国对伊朗进行制裁是有代价的"④。但从整个涉华报道来看，德媒主流话语的声音是指责中国为"不负责任"的行为主体，反对话语的声音是相当微弱的。

中伊两国被归入西方社会敌对阵营的一个根本原因在于，两国都有着与西方社会不同的政治体制，并且坚持不接受西方同化。这在德媒关于中伊关系的报道中也有所体现，比如德媒一再以"专制政权"⑤ 指称中伊两国。德媒塑造中伊两国专制政权形象背后的潜台词，依然还是主张西方政治模式具有优越性。当西方无法将这种具有民族中心主义烙印的视角和对自我优越性的肯定强加给中伊两国时，尤其是当西方认为由于

---

① Anon., "Alleingang Amerikas", *Der Spiegel*, No. 17, 2006, pp. 108–109.
② Frank Sieren, "Der letzte Freund", *Die Zeit*, No. 9, 2010, p. 7.
③ Gero Von Randow, "Spiel um die Bombe", *Die Zeit*, No. 22, 2010, p. 8.
④ Ibid..
⑤ Frank Sieren, "Der Affenkönig und sein Zensor", *Die Zeit*, No. 4, 2008, p. 6.

中国的支持，使其无法再将西方价值观强加给原本被视为可受控于西方的伊朗时，西方对中国的敌视心理就更加严重，更将其在与伊朗的关系中遭受的价值观与经济利益的损失归咎于中国。报道称，"中国的支持使伊朗领导人近年来能够以轻描淡写的认错来应付西方，同时还能够继续进行核武器项目"①，称中国和伊朗"两个专制政权联合起来，对他们而言西方早就不再是衡量一切的尺度"②。总之，德媒敌视中伊两国及其合作关系的根本原因还是在于西方国家的价值观利益损失。

第八节 中俄关系的报道

俄罗斯在德媒涉华报道中也经常与中国一起出现，一方面与印度一样，俄罗斯作为"金砖四国"之一在涉及经济的报道中经常与中国被共同提及；另一方面与印度不一样的是，俄罗斯与中国更多作为"专制政权"③ 共同出现、作为西方国家群体在政治上的竞争对手④的形象共同出现。因此德媒表示，西方对于中俄两国同样都寄予促进其发生政治变迁的希望，"希望中国和俄罗斯沿用西方模式"⑤。与中印关系主题一样，语料中以中俄关系为核心主题的报道数量不多，但是却有大量报道同时提及中国和俄罗斯。

在施罗德执政时期，中国在德媒涉华报道中就同俄罗斯以及伊朗一起，作为与德国有贸易往来的存在侵犯人权问题的生意伙伴形象出现，因此德媒在批评施罗德对华政策时，有时也一并批评施罗德的俄罗斯政策。比如关于2000年施罗德在德国会见了普京、朱镕基和穆罕默德·哈塔米（Mohammed Khatami），报道称，"德国总理很少在短时间内陆续接见如此让人为难的客人"⑥。又比如报道称，"（时任）德国议会党团主席

---

① Frank Sieren, "Der letzte Freund", *Die Zeit*, No. 9, 2010, p. 7.
② Frank Sieren, "Der Affenkönig und sein Zensor", *Die Zeit*, No. 4, 2008, p. 6.
③ Johannes Voswinkel, "Unter Diktatoren", *Die Zeit*, No. 26, 2009, p. 10.
④ Ibid..
⑤ Matthias Nass, "Was auf dem Spiel steht", *Die Zeit*, No. 4, 2008, p. 4.
⑥ Jochen Buchsteiner, "Eisige Eleganz", *Die Zeit*, No. 38, 2000.

卡特琳·戈林—埃克哈特（Katrin Goering Eckardt）认为，那些担心'更深入地商谈人权问题'会导致中国人和俄罗斯人突然终止与德国人做生意的言论，纯粹是胡说八道"①。"3·14"事件以后也有报道在人权问题上将中国与俄罗斯和伊朗相提并论，称"中国与伊朗和俄罗斯不一样，是需要注重自己的声誉的"②。此外，在伊朗问题上，中国和俄罗斯在相关报道中呈现与西方发达国家针锋相对的"否决大国"形象，报道表示，中俄两国在伊朗问题上否决西方提出的制裁决议，目的在于保障两国在与伊朗关系中的利益，报道称，"中国和伊朗签订了长期的天然气和石油供应合同……俄罗斯为伊朗建了一座核发电站，并将给伊朗提供飞机导弹防御系统，以保障核电站安全"③。

由于中俄两国在政治体制上与西方国家的差异，德媒在默克尔执政时期一再表示，中投公司和俄罗斯国家投资基金在西方的并购行为造成恐慌，报道称，西方担心中国和俄罗斯国家投资基金有政治意图④，担心西方国家的经济命脉落入中国和俄罗斯国家手中，德国甚至以立法形式来避免德国的重要工业被中俄两国的国家投资基金并购⑤。此外，德媒（尤其是《明镜》周刊）指责中国在德从事间谍活动时，也将中国与俄罗斯视作同类并对二者加以对比，报道称，"像俄罗斯人一样，现在中国人也被德国反间谍机构视为敌人"⑥，称"与俄罗斯集中于军备科技不一样，中国的安全人员着重于经济和科学"⑦。

中国与俄罗斯除了作为西方的竞争对手被共同提及之外，德媒也对中俄两国进行政治和经济上的对比。比如在外交政策上，报道称，"崛起的大国中国和俄罗斯：北京练习（西方）游戏规则，普京对之

---

① Ralf Beste/Konstantin Von Hammerstein/Horand Knaup/Andreas Lorenz/Hartmut Palmer/Gabor Steingart, "Kanzler der Kaufleute", *Der Spiegel*, No. 51, 2004, pp. 24–29.
② Josef Joffe, "Druck hilft doch", *Die Zeit*, No. 2, 2008, p. 1.
③ Anon., "Alleingang Amerikas", *Der Spiegel*, No. 17, 2006, pp. 108–109.
④ 参见 STO, "Staatsfonds erwerben Mehrheitsanteile", *Die Zeit*, No. 25, 2008, p. 31。
⑤ BRO, "Chinesen wollen die Deutsche Bahn", *Die Zeit*, No. 37, 2008, p. 35.
⑥ Holger Stark, "Fünf Gifte", *Der Spiegel*, No. 29, 2009, p. 39.
⑦ Jürgen Dahlkamp/Marcel Rosenbach, "Besoffen vor Glück", *Der Spiegel*, No. 35, 2007, p. 28.

嗤之以鼻"①，据此报道认为，"俄罗斯是过时的独裁政权，中国的思维更现代"②；在内政上，报道称，"中俄两国都是两个掌权人分享权力"③；在经济上，报道称，"很多记者、历史学家和政治家很长时间以来都在寻找一个答案，想知道为什么中国拥有如此多的活力、生意友好的灵活性和对未来的前瞻能力，而这些特质大多数俄罗斯人都没有"④。

中俄关系主题下的报道内容主要涉及军备贸易、上海合作组织等，语料中并没有直接以中俄外交关系或者经贸关系为核心主题的报道。德媒称中俄之间是"战略伙伴"关系⑤，称在军备方面，"中国依赖于俄罗斯人的心情，只有俄罗斯总体而言愿意将战斗机卖给中国"⑥。同时报道也表示，作为西方的竞争对手，中俄两国以上海合作组织的形式结盟，"但是俄罗斯和中国的利益完全不一样"⑦。报道称，中俄两国共同建立上合组织的宗旨"并非是价值观，而是利益居于中心位置"⑧，称"从全球视角看，中国和俄罗斯具有很多共同利益：想要使中亚稳定、抑制美国的力量、控制好战的伊斯兰民族和变节的民族，比如中国的维吾尔族"⑨，比如2004年就有报道提及"中国与俄罗斯和其他中亚国家结成联盟，共同抵制基地组织的威胁"⑩。

第九节 中国与非洲国家的关系的报道

中国与非洲国家的关系在德媒涉华报道中主要是和中国在境外保障

---

① Josef Joffe, "Super macht sinnlich", *Die Zeit*, No. 36, 2007, p. 1.
② Ibid..
③ Erich Follath, "Drachenopa, Kuschelbär", *Der Spiegel*, No. 52, 2010, pp. 124 – 125.
④ Erich Follath/Alexander Jung/Andreas Lorenz/Stefan Simons/Wieland Wagner, "Der Sprung des Drachen", *Der Spiegel*, No. 42, 2004, pp. 110 – 127.
⑤ Anon., "Ehelicher Beistand", *Der Spiegel*, No. 13, 2010, p. 79.
⑥ Anon., "Billigbomber aus China", *Der Spiegel*, No. 9, 2009, p. 103.
⑦ Johannes Voswinkel, "Unter Diktatoren", *Die Zeit*, No. 26, 2009, p. 10.
⑧ Ibid..
⑨ Johannes Voswinkel, "Unter Diktatoren", *Die Zeit*, No. 26, 2009, p. 10.
⑩ Andreas Lorenz/Stefan Simons, "Heiliger Krieg am Karakorum?", *Der Spiegel*, No. 41, 2001, p. 198.

资源这个主题联系在一起的，因此中非关系主题与中国经济话语束交织密切。以中国在非洲保障资源为核心主题的报道基本都集中在2005—2007年阶段，其他包含中非关系话语片段的报道也都是在2005年之后出现的。中国经济话语束分析显示，此阶段正是德媒涉华报道中的中国经济威胁论显性化的阶段，其论证结构之一就是主题化并谴责中国在境外保障大量资源从而致使西方受到威胁，因此德媒关于中非关系的报道全部为负面倾向报道。

德媒对于中非关系的报道主要集中于中国在非洲的存在和中国的非洲政策，而德媒对于中国非洲政策的定位基本可以用《时代》周报一篇报道的副标题来概括："中国占领非洲，目的是石油和地下资源，只要是生意上的伙伴，哪怕是独裁者，中国也同样欢迎。"① 这与德媒关于中伊关系的报道有一定的相似之处。中国在非洲的存在同样成为德媒指责中国在选择贸易合作伙伴方面没有要求、"在意识形态上毫无保留"② 的重要论据，报道称，"中国的非洲政策引发巨大的不安。中国对苏丹或者安哥拉的人权问题和腐败问题视而不见，这是一个很大的问题"③。其中，德媒就中国在达尔富尔问题上的态度所做的报道，与德媒就中国否决西方发达国家制裁伊朗的决议所做的报道如出一辙，同样也强调，"中国否决了联合国因为达尔富尔种族谋杀做出的制裁苏丹的决议"，原因在于石油供给④。

德媒一再以"新殖民者"⑤ 定位中国在非洲的存在，并将中国与老牌西方殖民国家相比较，认为欧洲殖民者优于中国"殖民者"，报道称，中国在非洲引发"广为传播的反华情绪"。⑥德媒指责中国在非洲"不推进

---

① Bartholomäus Grill, "Die neuen Kolonialherren", *Die Zeit*, No. 38, 2006, p. 32.
② Erich Follath, "Der Treibstoff des Krieges", *Der Spiegel*, No. 13, 2006, pp. 76-88.
③ Helmut Asche, "Boom ohne die Deutschen", *Die Zeit*, No. 6, 2007, p. 30.
④ 参见 Erich Follath, "Der Treibstoff des Krieges", *Der Spiegel*, No. 13, 2006, pp. 76-88。
⑤ Bartholomäus Grill, "Die neuen Kolonialherren", *Die Zeit*, No. 38, 2006, p. 32.
⑥ 参见 Andreas Lorenz/Thilo Thielke, "Im Zeitalter des Drachen", *Der Spiegel*, No. 18, 2007, pp. 138-144。

民主和自由贸易"①，指责中国企业剥削当地居民②，指责中国廉价商品淹没非洲市场导致当地企业破产③。德媒认为，在中非贸易中受益的只有"非洲的独裁者们"④。

除了将中国与西方殖民者相比，德媒也将中国在非洲的影响与西方国家如今在非洲的影响相比，德媒表示，中国在非洲带来的只是负面影响，甚至导致西方在非洲带来的正面影响受到威胁。报道称，德国政治家认为，中国在非洲的政治影响力日益增加所带来的影响主要是负面的，⑤称中国"不仅没有促进非洲的民主和透明，而且北京的'保护主权原则'正中那些被西方制裁的非洲领袖的下怀"⑥。德媒指责称，"中国的资本先锋们在非洲前进，这使得欧洲意欲通过提供发展援助促进独裁政权民主化的期望付诸东流"⑦，报道称，"欧洲因为非洲政府的腐败停止支付发展援助，而中国却恰恰反其道而行，让来访的非洲政府首脑满载而归"⑧。

基于德媒对中非关系的这种定位，非洲国家首脑访华被称为"朝圣之旅"，报道称，"西方希望非洲政府没有向中国做出某些他们不愿意公开的疯狂承诺。与中国当权者的生意有可能很快就发展成与魔鬼的交易"⑨。经济危机后期，这种赤裸裸妖魔化中国的论断也出现在关于中德关系的报道中：报道称，"有些人提出，原先以为有利可图的中国连接（[德] China-Connection），是否几年之后就会显示出其魔鬼协议的本

---

① Bartholomäus Grill, "Die neuen Kolonialherren", *Die Zeit*, No. 38, 2006, p. 32.
② 参见 Andreas Lorenz/Thilo Thielke, "Im Zeitalter des Drachen", *Der Spiegel*, No. 18, 2007, pp. 138–144。
③ 参见 Bartholomäus Grill, "Die neuen Kolonialherren", *Die Zeit*, No. 38, 2006, p. 32。
④ Thilo Thielke, "Pilgerfahrt nach Peking", *Der Spiegel*, No. 42, 2005, pp. 100–104.
⑤ 参见 Andreas Lorenz/Thilo Thielke, "Im Zeitalter des Drachen", *Der Spiegel*, No. 18, 2007, pp. 138–144。
⑥ Thilo Thielke, "Pilgerfahrt nach Peking", *Der Spiegel*, No. 42, 2005, pp. 100–104.
⑦ Ibid..
⑧ Ibid..
⑨ Ibid..

质?"① 德媒除了指责中国为了保障资源与非洲独裁政府进行经济合作、指责"中国面对非洲统治者和当权派不作为,借口是不干涉别国内政"②之外,更指责中国直接向非洲运送武器以帮助独裁政权③,有报道称,"中国向津巴布韦、苏丹出售武器以换取矿藏资源"④。也有报道称,中国与非洲合作伙伴之间履行的是"给予和回报原则"⑤,称非洲独裁者放弃批评中国甚至支持中国政府,而中国的回报是支持他们毫无顾忌地打击反对党⑥。

德媒在中非关系主题上的另一个论断是主张中国在非洲的存在也具有政治影响力。尤其是2008年之后德媒一再提及中国在非洲扩展政治影响力,报道称,"北京的当权者在全世界范围内——非洲、亚洲和南美——将其专制的国家资本主义模式作为更好的选择加以推销"⑦。同时德媒也表示中国模式在非洲确实受到追捧,报道称,"中国的专制政权在非洲和亚洲被视为可以效仿的成功模式"⑧,更有报道称,中国"利用针对西方的攻击性贸易政策以及向非洲与拉美提供廉价贷款"占领世界⑨。

德媒在中非关系主题上的议程,折射出德媒对于西方国家的资源支配权以及西方政治体制在非洲的影响力的关注。德媒关于中国在非洲的存在的定位主要包括两项指责:指责中国侵占非洲资源;指责中国为了生意与独裁政权合作。这两点指责与德媒中的中国威胁论是相应的,其背后隐藏的衡量标准是西方的利益。前者涉及西方的经济利益,即西方

---

① Frank Dohmen/Katrin Elger/Dietmar Hawranek/Ralf Neukirch/René Pfister/Christian Reiermann/Michael Sauga/Wieland Wagner, "Geliebter Feind", *Der Spiegel*, No. 34, 2010, pp. 60 – 71.

② Andreas Lorenz/Thilo Thielke, "Im Zeitalter des Drachen", *Der Spiegel*, No. 18, 2007, pp. 138 – 144.

③ 参见 Horand Knaup/Toby Selander, "Jungbrunnen am Kap", *Der Spiegel*, No. 18, 2008, p. 93。

④ Andreas Lorenz/Thilo Thielke, "Im Zeitalter des Drachen", *Der Spiegel*, No. 18, 2007, pp. 138 – 144.

⑤ Ibid..

⑥ Ibid..

⑦ Frank Dohmen/Katrin Elger/Dietmar Hawranek/Ralf Neukirch/René Pfister/Christian Reiermann/Michael Sauga/Wieland Wagner, "Geliebter Feind", *Der Spiegel*, No. 34, 2010, pp. 60 – 71.

⑧ Erich Follath, "Die Herren der Welt", *Der Spiegel*, No. 10, 2010, p. 88.

⑨ 参见 Erich Follath, "Die Umarmung des Drachen", *Der Spiegel*, No. 30, 2010, pp. 92 – 93。

的资源支配权；后者涉及西方的价值观利益，即西方价值观的主导地位。

西方的经济利益视角在中非关系主题的二级议程分布结构中也有所反映：中国的投入给非洲带来的经济繁荣鲜被关注，德媒看到的更多是中国的存在带来负面经济影响。德媒虽承认"世界上没有其他地区像非洲这样如此受益于远东的经济繁荣"①，但是没有报道关注非洲人的生活因中国的存在而发生的积极变化，德媒所关注的只是德国/西方在非洲的经济利益损失②。这种观察视角的选择，当然是从德媒指责中国在非洲的存在威胁西方利益的话语立场出发的，因此报道只关注中国的非洲存在所带来的负面影响，意图从话语上剥夺中国的非洲存在的合法性。此外，中非关系主题与中美关系主题有一定的交织，《明镜》周刊称中美两国在非洲争夺地质资源③，报道指责中国在这场争夺战中具有攻击性，称"美国不得不咬牙看着中国不遵从其安全政策和民族法政策，并且也得眼睁睁看着中国几乎毫不受阻地为自己保障苏丹的石油储备"④。指责中国的能源保障政策具有攻击性，已经成为德媒涉华经济报道的一个恒定议题。

西方经济利益和价值观利益视角，也同样反映在德媒使用民主和人权作为支点批评谴责中国在非洲的存在。德媒试图通过这个支点来剥夺中国在非洲存在的合法性，而实际上包括德国在内的西方国家，一直以来都在与他们口中的这些非洲独裁政权合作，这些西方国家的目的同样是获得非洲的资源。只因为西方在实现经济利益的同时也要兼获价值观利益，于是大肆使用人权和民主等西方标准来批评非洲国家，批评与其政治体制不一致的国家，这当中自然也包括中国，并试图将西方的价值观强加给这些国家。基于西方价值观标准，德媒甚至认为，西方有权利指责并不试图将自己的价值观强行输出给非洲合作伙伴的中国，中国所坚持的不干涉别国内政的原则，更是被污蔑为中国为了不向非洲国家输

---

① Andreas Lorenz/Thilo Thielke, "Im Zeitalter des Drachen", *Der Spiegel*, No. 18, 2007, pp. 138 – 144.
② 参见 Helmut Asche, "Boom ohne die Deutschen", *Die Zeit*, No. 6, 2007, p. 30。
③ 参见 Erich Follath, "Der Treibstoff des Krieges", *Der Spiegel*, No. 13, 2006, pp. 76 – 88。
④ Thilo Thielke, "Pilgerfahrt nach Peking", *Der Spiegel*, No. 42, 2005, pp. 100 – 104.

出价值观而使用的"借口"。①这种指责背后隐藏的,一方面是西方视自己的价值观为唯一正确标准的视角;另一方面是西方担心向非洲输出价值观遭到失败,担心中国在非洲成为西方的替代性选择,进而导致西方在非洲的主导地位受到威胁。当然,这种指责背后还隐藏着对西方经济利益的考量,即担心非洲国家拥有中国这个合作伙伴后,在资源贸易上不再完全受控于西方,从而导致西方的经济利益受损。因此在德媒使用人权和民主作为支点指责中国的同时,也有少量报道比如称,"德国很多企业在非洲投资太少,这是一个昂贵的错误"②,所谓"昂贵"是指德国没有在非洲的经济增长蛋糕中分得一块利益,报道称,"正处于经济增长期的整个大洲为竞争对手所用"③,这里所说的"竞争对手"就包括中国。报道表示,德国之所以在非洲投资少,原因在于"不良的政府、管理和基础设施以及缺乏高质量的劳动力"④,也就是说,德国经济界并非真的因为非洲国家是所谓独裁政权才没有大肆向非洲进军,而是因为非洲投资环境不佳。报道认为德国企业在非洲投资少是一个"昂贵的错误",这种观点同样并不关注合作伙伴是否是"独裁政权",而只是以德国的经济利益为衡量标准。

德国一再批评中国存在人权问题,指责中国为专制政权,德媒主流话语同样如此,但是德国依然热衷于和中国进行贸易合作,并且成为中国在欧洲最大的贸易伙伴。按照德国媒体的这套逻辑,那么套用德媒指责中国非洲政策的论调来指责德国选择合作伙伴没有要求,是不是同样成立呢?当然德国人可以说,他们在中国与中国在非洲不同,他们在与中国进行贸易合作的同时也一再批评中国的人权问题,一直致力于通过贸易促进中国发生政治变迁。而输出价值观正是西方在与其政治体制不同的国家进行贸易时的特点,即主张可以兼获经济和价值观双重利益。中国在与非洲的关系中遵守不干涉别国内政的原则和不强行向他国输出

---

① 参见 Andreas Lorenz/Thilo Thielke, "Im Zeitalter des Drachen", *Der Spiegel*, No. 18, 2007, pp. 138 – 144。
② Helmut Asche, "Boom ohne die Deutschen", *Die Zeit*, No. 6, 2007, p. 30.
③ Ibid..
④ Ibid..

价值观的原则,却因此受到指责,这同样与德媒视西方价值观具有优越性、应作为普遍标准被推广的视角相关。

第十节 中国国际关系话语束小结

德媒对中国国际关系的关注领域,主要在于中国与邻国之间的竞争与合作关系(日本、印度)、中国与所谓"独裁政权"之间的合作关系(中朝、中俄、中伊、中非关系),以及中国与西方国家(美国、德国)之间的竞争与合作关系。分析显示,德媒关于中国国际关系的报道大多以中西方的体制差异为主线(除了中日关系主题主要涉及两国历史遗留问题外)。无论是关于中德关系、中美关系,还是中国与朝鲜、印度、伊朗、俄罗斯以及非洲国家等国关系的报道,都涉及中西体制差异。德媒致力于报道中国与俄罗斯、中国与德媒口中的"失败的政权"[1],如朝鲜、伊朗、苏丹等国的合作关系,或者报道中国向这些国家提供保护,显然是将中国与这些所谓的"独裁政权"一同归入与西方对立的阵营中。因此德媒在中国国际关系主题下所塑造的中国形象是负面倾向主导的,在与所谓"失败的政权"的关系中,中国被归入西方的对立阵营;在与亚洲邻国日本的关系中,中国被指责纵容国内民众的"民族主义情绪";在与亚洲邻国印度的关系中,印度因为与西方政治制度接近被视为较中国而言更具优越性;在与西方国家的关系中,中国被指责在经济、政治、军事、国际主导地位等各方面对西方构成威胁。

在涉及中美关系、中德关系的报道中,除了体制竞争外,双边经贸关系也构成一条重要主线。这与德媒涉华报道中的双重中国情结是相应的,中国与西方国家之间的贸易关系和中西方的政治体制差异在德媒中得到同等关注。很长一段时间以来,经济利益与价值取向一直是干扰包括德国在内的西方国家对华政策的一对矛盾,[2]究其根本,其实德媒/西方

---

[1] Erich Follath, "Die Umarmung des Drachen", *Der Spiegel*, No. 30, 2010, pp. 92–93.
[2] 孙文沛:《浅析默克尔时代的中德外交》,《武汉大学学报(人文科学版)》2008年第3期,第340页。

关注的还是西方的根本利益,关注西方的经济利益与西方价值观在世界上的主导地位以及如何保持西方的世界主导权。这与比较文学形象学理论中的经典论断是相符的:自我在言说他者的同时也是在言说自己,他者成为自我的延长与补充。①德媒对中国国际关系的选择性关注及其关于中国国际关系的报道,也折射出其所使用的衡量标准是德国所属的西方国家群体的利益,折射出德媒关于国际关系的西方自我理解。

---

① 参见叶绪民、朱宝荣、王锡明主编《比较文学理论与实践》,武汉大学出版社2004年版,第151页。

第四章

中国科技话语束分析与中国科技形象

德媒涉华报道中以中国科技发展为核心主题的报道共25篇，占德媒涉华报道的2.94%，从整体数量上看远远少于中国经济发展和中国国际关系等主题的报道数量。但是笔者认为，这并不说明中国科技发展主题在中国形象话语束中的重要性低，因为科技可以转化成生产力，一国的科技发展水平与该国的经济实力以及综合国力水平直接相关。分析显示，中国科技发展主题与中国经济发展主题交织密切，尤其是在中西方之间发生工业知识转移这个次级主题上。2005—2007年，德媒主流话语指责中国侵犯西方知识产权，并进而试图借此在话语上剥夺中国经济发展成就的合法性地位。但分析显示，指责中国侵犯西方知识产权只是中国经济威胁论中涉及科技领域的议题之一，与之并列的议题是中国科技威胁论，即德媒同时也关注中国自主科研的成果和科研发展潜力，而且实际上指责中国侵犯知识产权背后的真正根源也在于，担心中国科技竞争能力提高导致西方丧失科技优势地位。可以说，中国科技威胁论在一定程度上是伴随中国经济威胁论产生的一个议题，也可以说，德媒以中国科技威胁论为据论证中国经济威胁论。

除了与中国经济话语束的交织之外，中国科技话语束同时也与涉华政治报道有一定的交织，这点在德媒关于中国航空航天事业发展的报道中尤为突出。将中国的科技发展与政治提上共同议程的做法，与德媒涉华报道中一直存在的对社会主义国家的偏见是分不开的。

第一节　中国科技威胁论

中国科技威胁论与中国经济威胁论相似，都缘于中国在科技/经济方面的竞争力提升。德媒在中国科技威胁论方面使用的论证结构为：强调中国的科研成果以及关注中国在国家层面促进科技发展的相关政策。

一　中国科技发展成就与中国科技威胁论

纵观2000—2010年的涉华报道，德媒对中国科技发展水平和科研成果的关注一直存在，视中国科技实力增强为西方所面临的潜在威胁的声音也是自2000年起就一直存在的，只不过随着中国威胁论的升级，这种声音从2004年底至2005年初开始明显更为激烈。2000年德媒称，中国大力投资科研进而"展开科技攻势"[1]，称德国马普研究所所长悲观预测欧洲的未来，警告说欧洲如果不保持同样的高速跟进，即使目前具有领先优势，也终将面临被超越的命运[2]；2002年德媒称，"中国政府想要成为世界生物科技大国……国家在生物科研领域投入巨资"[3]，此时报道也援引德国科研界人士的话称，"中国几年后可能会在科技方面超越我们"[4]。在表示担心德国/欧洲在科技上被中国超越的同时，德媒中也存在少量声音认为这种担忧言过其实，《时代》周报称，有人认为中国还没有发展成为一个科技大国，因为北京、上海和香港这样的中心城市很少，中国的西部还是很贫穷[5]。

随着中国经济实力的增长，德媒中中国科技威胁论的声音也越来越高。2004年底德媒已经将这种担心德国/欧洲被超越的预测和警告进一步具体化，此时报道关注的是"中国选择信息科技作为民族发展的专门性

---

[1] Hans Schuh, "Großmacht der Köpfe", *Die Zeit*, No. 46, 2000.

[2] Ibid..

[3] Andreas Lorenz/Gerald Traufetter, "Chinas revolutionäre Zellen", *Der Spiegel*, No. 25, 2002, pp. 162 – 164.

[4] Ibid..

[5] Hans Schuh, "Großmacht der Köpfe", *Die Zeit*, No. 46, 2000.

科技"①，报道称，中国正在实现"从廉价工资国家成为高科技国家"②的转变。德媒使用的典型论据是关于"微软亚洲研究"北京实验室的评价，报道称其为世界上最具创新性的软件研究中心，称"它是中国从廉价世界工厂向全球进步发动机转变的样本"③。德媒此时再次强调中国政府在科研领域加大投资。

科研投资力度在德媒涉华科技发展报道中是一个关键性指标，在相关报道中几乎是必提的。2005年《时代》周报称，"根据经济合作与发展组织（OECD）的调研结果，1992年到2002年期间没有一个国家在科研资金投入上的增长幅度有中国那么大"④，报道表示，中国欲在科技上问鼎世界领先地位，再次实现四大发明时代的辉煌，称"中国的科研支出比经济增长的速度还要快。……中国的赶超已经开始。专家们已经提出'高科技威胁'预警"⑤。此时这种显性的中国科技威胁论在《明镜》周刊中同样存在。2005年时《明镜》周刊同样表示"中国在赶超"⑥，也同样援引经合组织的数据称，"中国科研支出的绝对金额居世界第三，仅次于美国和日本"⑦。2006年《明镜》周刊称，中国在开展"高科技攻势"⑧，称"中国虽然目前还是世界的廉价工厂，但是这个庞大的帝国正极力打造自己的创新工业。科研支出不断增长，有可能以后成为西方工业的一个威胁"⑨，称中国人的科技进取心"在美国，并且也越发在欧洲引发深度恐惧"⑩。与2005年之前的报道相似，此时《时代》周报还依然表示，西方存在"认为中国高科技威胁论过于夸张或者提出为时过早"⑪

---

① Gerald Traufetter, "Draußen China, innen Amerika", *Der Spiegel*, No. 45, 2004, pp. 168–171.

② Ibid..

③ Ibid..

④ Martin Spiewak, "Alle Macht geht vom Forscher aus", *Die Zeit*, No. 25, 2005.

⑤ Georg Blume, "An die Spitze", *Die Zeit*, No. 25, 2005.

⑥ Anon., "China holt auf", *Der Spiegel*, No. 42, 2005, p. 99.

⑦ Ibid..

⑧ Wieland Wagner, "Hightech-Offensive", *Der Spiegel*, No. 1, 2006, pp. 64–67.

⑨ Ibid..

⑩ Ibid..

⑪ Georg Blume, "An die Spitze", *Die Zeit*, No. 25, 2005.

的声音，其论据是"中国对高科技进口的依赖性和出口的低科技质量"①，或者提出"应用型研究是影响中国进步的一个最大的阻碍"②。如前文所述，2005年以后与中国科技威胁论并列存在，且与之紧密关联的一个议题，是指责中国侵犯德国/西方知识产权，其中具有代表性意义的报道是《明镜》周刊2007年第35期的封面故事《沙粒原理》，该报道称，"中国不仅偷窃德国政府的秘密，仅此一样就够严重了。他们还偷窃属于德国国民财富的企业技术诀窍，而这是德国在国际上唯一能提供的重要资源"③，称"黄色的贪婪已经发展成'德国经济利益的不可忽视的威胁'"④。

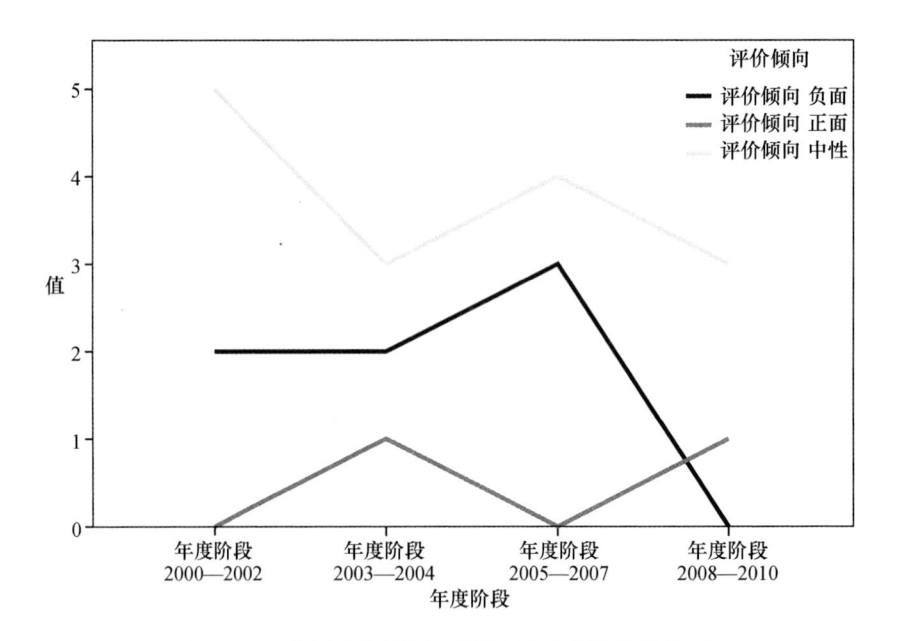

图4—1 中国科技话语束报道倾向分布阶段折线图

---

① Georg Blume, "An die Spitze", *Die Zeit*, No. 25, 2005.
② Ibid..
③ Jürgen Dahlkamp/Marcel Rosenbach/Jörg Schmitt/Holger Stark/Wieland Wagner, "Prinzip Sandkorn", *Der Spiegel*, No. 35, 2007, pp. 19–34.
④ Ibid..

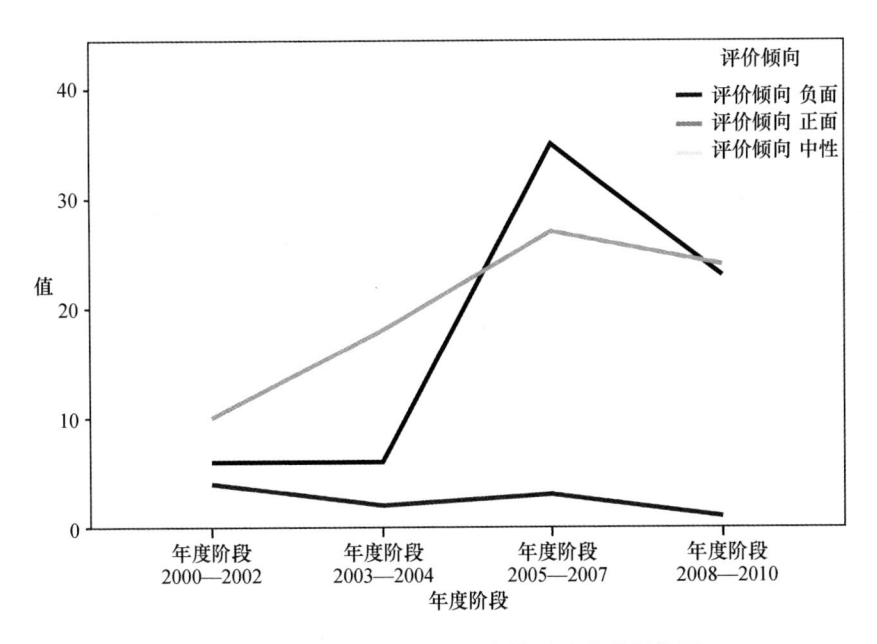

第四章　中国科技话语束分析与中国科技形象 ◇ 291

图4—2　中国经济话语束报道倾向分布阶段折线图

中国科技威胁论的存在一直持续到经济危机阶段，尤其是2009年底之后又开始活跃起来，这与中国经济威胁论的发展曲线有着高度的相似性（见图4—1和图4—2）。经济危机初期，中国经济崩溃论在德媒涉华报道中曾一度占据主流话语地位；后来当中国被视为西方走出经济危机的希望所在时，中国经济威胁论在德媒中也同样暂时居后；2009年中国在经济危机中保持经济高速发展，于是德媒中的中国经济威胁论卷土重来，此时中国科技威胁论也同样再次甚嚣尘上。该阶段德媒依然表示中国具有科技大国诉求，报道称，"中国将来不仅仅在经济上应被严肃对待，而且在科技上也要与中国发明火药和指南针的荣耀时代接轨"①。中国被视为"科技领域中正在升起的太阳"②，报道称，"中国作为全球的科技领先者？不久之前西方专家还嘲笑这个想法，现在中国人笑了"③。

德媒此阶段在认可中国科技发展水平的同时，再次抛出"教会徒弟

---

① Max Rauner/Ulrich Schnabel, "Licht rein, Licht raus", *Die Zeit*, No. 42, 2009, p. 39.
② Ibid..
③ Wieland Wagner, "Rasende Harmonie", *Der Spiegel*, No. 18, 2010, pp. 94-95.

饿死师傅"的论调,以论证中国科技威胁论,比如报道称,"现在中国在世界各地凭借出口自己的高铁挤入世界市场,他们毫无顾忌地击败那些原先传递给他们科技的西方企业"①,从而成为西方企业的"危险的竞争对手"②。此时德媒在提出中国科技威胁论的同时,虽然也表示质疑中国科技发展的质量,称"中国人将对西方技术进行智慧型后续开发称为'自主创新'"③,但是之前声音虽弱,却一直存在的否定中国科技威胁论或者认为其提出为时过早的反对话语的声音,此时却不再有了,可以说此时的中国科技威胁论在一定意义上已经升级了。

德媒中的中国科技威胁论在词汇层面也有所反映,一方面德媒使用"科学攻势"④"高科技攻势"⑤等来描述中国的科技发展,这样的具有军事标记的集体象征在暗示中国要与西方展开科技竞争的同时,也表现出德媒将中国视为西方的敌人的定位。德媒多次使用"大国"等权力标记词汇指称中国,这也体现出德媒将中国视为科技领域威胁的定位,比如报道称中国是"头脑的大国"⑥,称中国意欲成为"生物科技世界大国"⑦;中国发射载人火箭被解读为"中国要展示自己成为世界大国的诉求"⑧"中国想成为宇宙中的超级大国"⑨;中国加大科研投资力度,德媒称,"这个门槛国家不再满足于廉价地生产来自欧美实验室的研究成果"⑩,称"门槛国家想要晋升成为科技大国"⑪;中国政府吸引留学人员归国发展,报道称,"中国的聪明人在西方被培养成精英,现在他们将中

---

① Wieland Wagner, "Rasende Harmonie", *Der Spiegel*, No. 18, 2010, pp. 94 – 95.
② Ibid..
③ Ibid..
④ Hans Schuh, "Großmacht der Köpfe", *Die Zeit*, No. 46, 2000.
⑤ Wieland Wagner, "Hightech-Offensive", *Der Spiegel*, No. 1, 2006, pp. 64 – 67.
⑥ Hans Schuh, "Großmacht der Köpfe", *Die Zeit*, No. 46, 2000.
⑦ Andreas Lorenz/Gerald Traufetter, "Chinas revolutionäre Zellen", *Der Spiegel*, No. 25, 2002, pp. 162 – 164.
⑧ Andreas Lorenz, "Göttliches Schiff", *Der Spiegel*, No. 42, 2003, p. 202.
⑨ Georg Blume, "Aufwärts in den neunten Himmel", *Die Zeit*, No. 42, 2003.
⑩ Gerald Traufetter, "Draußen China, innen Amerika", *Der Spiegel*, No. 45, 2004, pp. 168 – 171.
⑪ Ibid..

国装备成 21 世纪的科技大国"①。

相关报道使用的新闻标题也反映出德媒对中国科技发展的定位和中国科技威胁论,比如《所有的权力都源自于研究者》②《头脑的大国》③《登上顶峰》④《中国赶上来了》⑤《高科技攻势》⑥ 等。

二 中国科技威胁论与中国国家政策

中国科技话语束除了与中国经济话语束交织之外,也与涉华政治报道有交织。在相关报道中,中国政府总是作为重要行为主体出现。其中,除了国家科研支出这个关键性指标之外,德媒一再关注的是中国政府吸引留学人员回国发展的政策行为和中国促进教育发展的政策行为。

2002 年报道称,"中国政府想要成为世界生物科技大国"⑦,称"(中国)当权者不仅仅是想要获得科学荣誉,而还要展示中国社会模式的优越性……国家在生物科研领域投入巨资,每一个从海外回来的人才都获得 100 万美元和大量的科研经费"⑧;2004 年报道称,在电子信息领域"中国政府下令投资精神资本:给中国设置 34 个新的电脑研究教授职位"⑨;2005 年报道称,"巴西、印度、中国——门槛国家想要晋升成为科技大国"⑩,称"中国政府和高校如今采取一切手段吸引自己的人才回国"⑪,称"中国在科研方面的支出仅次于美国和日本……资金主要用于为科研人员提高薪水,使其愿意留在国内"⑫;2006 年报道称,中国展开

---

① Georg Blume, "An die Spitze", *Die Zeit*, No. 25, 2005.
② Martin Spiewak, "Alle Macht geht vom Forscher aus", *Die Zeit*, No. 25, 2005.
③ Hans Schuh, "Großmacht der Köpfe", *Die Zeit*, No. 46, 2000.
④ Georg Blume, "An die Spitze", *Die Zeit*, No. 25, 2005.
⑤ Anon., "China holt auf", *Der Spiegel*, No. 42, 2005, p. 99.
⑥ Wieland Wagner, "Hightech-Offensive", *Der Spiegel*, No. 1, 2006, pp. 64 – 67.
⑦ Andreas Lorenz/Gerald Traufetter, "Chinas revolutionäre Zellen", *Der Spiegel*, No. 25, 2002, pp. 162 – 164.
⑧ Ibid..
⑨ Gerald Traufetter, "Draußen China, innen Amerika", *Der Spiegel*, No. 45, 2004, pp. 168 – 171.
⑩ Martin Spiewak, "Alle Macht geht vom Forscher aus", *Die Zeit*, No. 25, 2005.
⑪ Georg Blume, "An die Spitze", *Die Zeit*, No. 25, 2005.
⑫ Anon., "China holt auf", *Der Spiegel*, No. 42, 2005, p. 99.

"高科技攻势",称欧盟研究专员警告说,"中国在五年内将在研发领域投入国内生产总值的一大部分,中国科研支出以两位数的速度增长……国家在力所能及之处支持本土工业的追赶之旅"①。

德媒除了强调中国政府加大科研投资力度、意欲晋升成为科技大国之外,在报道中也一再将中国取得的科研和工业成果解读为直接的威胁,并将之与对中国国家实力的定位挂钩,比如报道称,"'微软亚洲研究'北京实验室是世界上最具创新性的软件研究中心。它是中国从廉价世界工厂向全球进步发动机转变的样本"②;比如从"中国博奥生物有限公司(CapitalBio)已在美国申报专利,并且其产品已经成功销售到欧洲"一事,报道预见中国"未来有可能对西方工业构成威胁"。③

德媒中的中国威胁论也体现在德媒对中国科技发展所倚赖的科研人员的关注上。德媒不仅关注"中国的科研人员数量为863000,仅少于美国"④,而且对于作为中国科研后备力量的高校学生的质量、中国留学生的生源质量与毕业后的去向,德媒也都非常关注。无论是中国高校毕业生的数量增加,还是中国留学生越来越多归国发展,甚至"中国高校的数量将超过德国高校"⑤,在德媒眼中都是中国科技威胁论的重要论据,因为"所有的权力都源于科研人员"⑥。在德媒涉华报道中,中国大学生群体的形象是较为正面的,报道称,"中国的精英学生们在全世界都受到欢迎,尽管他们人数众多"⑦。需要指出的是,也正是由于中国留学生群体形象正面,才使他们也成为德媒用以论证中国科技威胁论的论据:有报道以"美国大学里有四分之一的自然科学和工科博士学位被授予中国

---

① Wieland Wagner, "Hightech-Offensive", *Der Spiegel*, No. 1, 2006, pp. 64 – 67.
② Gerald Traufetter, "Draußen China, innen Amerika", *Der Spiegel*, No. 45, 2004, pp. 168 – 171.
③ Ibid..
④ Anon., "China holt auf", *Der Spiegel*, No. 42, 2005, p. 99.
⑤ Gerald Traufetter, "Draußen China, innen Amerika", *Der Spiegel*, No. 45, 2004, pp. 168 – 171.
⑥ Martin Spiewak, "Alle Macht geht vom Forscher aus", *Die Zeit*, No. 25, 2005.
⑦ Stefanie Schramm, "Kaffeepause – gute Idee", *Die Zeit*, No. 29, 2010, p. 31.

学生。而且这些学生毕业后回到中国"①为例，得出结论称，"中国的聪明人在西方被培养成精英。现在他们将中国装备成21世纪的科技大国"②。这里需要指出的是，德媒对中国高校学生群体的定位虽高，却并非全部都是褒扬之词，比如报道称，对于中国博士生发表数篇论文的成就，"德国博士生只能望尘莫及，可对中国的博士生们而言这是生存所必需的……发表论文的压力使他们很难进行创新研究"③。与这样的论断高度相似的，还有比如"欧盟科研政策外交官认为，中国的应用型研究是影响中国进步的一个最大的阻碍"④；比如批评中国有很多企业将"对现有的科技进行智慧型再研发或者使现有科技满足大客户的特别要求"⑤视为创新模式。此类论断一方面肯定中国在科技方面的发展成就，以配合中国科技威胁论；另一方面致力于寻找中国科技发展中的缺陷所在，以寻找消解中国科技威胁的突破点。中国科技话语束中呈现的这种报道策略和论证结构与中国经济话语束分析结果高度相应，即存在中国经济威胁论的同时，也长期存在中国经济崩溃论；既主题化中国经济给西方带来的威胁，又一再寄希望于中国经济崩溃。

第二节 中国载人航空事业发展与德媒对中国的政治偏见

涉及中国载人航空事业发展的报道主要出现在2004年之前，如上文所述，此时中国科技威胁论的声音在德媒中虽已存在，但与2005年之后的报道相比，此阶段的中国科技威胁论声音还较弱。此阶段关于中国航空事业发展的报道中，虽有提及中国意欲通过发射载人火箭"展示自己欲成为世界大国的诉求。他们想要证明尽管美国对中国实行卫星技术封锁，但是中国一样能在科学和技术上与这个超级大国打平手"⑥，报道虽

---

① Georg Blume, "An die Spitze", *Die Zeit*, No. 25, 2005.
② Ibid..
③ Stefanie Schramm, "Kaffeepause – gute Idee", *Die Zeit*, No. 29, 2010, p. 31.
④ Georg Blume, "An die Spitze", *Die Zeit*, No. 25, 2005.
⑤ Wieland Wagner, "Hightech-Offensive", *Der Spiegel*, No. 1, 2006, pp. 64 – 67.
⑥ Andreas Lorenz, "Göttliches Schiff", *Der Spiegel*, No. 42, 2003, p. 202.

也称"中国想成为宇宙中的超级大国"①,但德媒此时并没有明确提出中国航天科技对西方国家构成潜在威胁。这是因为中国此时的航空航天技术水平在德媒眼中并不足以对西方构成威胁:虽然也有报道称,"迄今为止中国几乎没有在航空方面取得长足的科学成就,不过这种状况很快会发生改变"②,但同时《明镜》周刊和《时代》周报两报刊都表示,"中国迄今为止都没有能够将自主的汽车品牌或者大型客机推向世界市场"③,称"中国虽然保持了20年的经济增长纪录,但是依然没有值得一提的本土汽车工业或者飞机工业。人民解放军也不能增强国家的自我意识,他们的装备老化,既没有航空母舰也没有洲际导弹"④。其言下之意非常明确:中国的航空业走向太空之路是"长征"之路⑤,远不能对西方构成威胁。

相比于科技威胁论的二级议程,德媒关于中国发展载人航空科技的报道更多与政治、与"民族自豪感"这个关键词联系在一起。两刊都表示,中国政府希望通过发射载人火箭展示中国的大国实力,《明镜》周刊称,"党要让自己的民众震撼,煽动民族自豪感,也要让国际舆论震撼"⑥;《时代》周报也表示,中国政府利用发射火箭事宜做"宣传"([德]Propaganda)⑦。德媒中一再出现类似论断,比如将中国民众团结一致对外的情绪(比如反日情绪)定位为"民族主义"。

在这种将中国航空航天业与"民族自豪感"相关联的框架中,《明镜》周刊称,"中国还有数百万人生活在贫困中,成千上万的学校和医院还处于贫寒的状态中,但这些都不能动摇野心勃勃的官员们"⑧;《时代》周报更用"政治宣传"⑨来定位中国官方媒体关于神舟五号成功载人升空的报道,该报不仅称之为"'文化大革命'结束之后中国最大的宣传攻势

---

① Georg Blume, "Aufwärts in den neunten Himmel", *Die Zeit*, No. 42, 2003.
② Ibid. .
③ Andreas Lorenz, "Göttliches Schiff", *Der Spiegel*, No. 42, 2003, p. 202.
④ Georg Blume, "Aufwärts in den neunten Himmel", *Die Zeit*, No. 42, 2003.
⑤ Andreas Lorenz, "Langer Marsch ins Weltall", *Der Spiegel*, No. 43, 2000, p. 232.
⑥ Ibid. .
⑦ Georg Blume, "Aufwärts in den neunten Himmel", *Die Zeit*, No. 42, 2003.
⑧ Andreas Lorenz, "Göttliches Schiff", *Der Spiegel*, No. 42, 2003, p. 202.
⑨ Georg Blume, "Aufwärts in den neunten Himmel", *Die Zeit*, No. 42, 2003.

之一"①，还将其与东德人西格蒙德·耶恩（Sigmund Jähn）升空之时东德统一社会党政府（［德］SED-Regime）进行的政治宣传加以对比，报道称，"没有一个经济领域或者科技领域像航空航天这样，如此适合用来在中国做宣传"②。德媒选择使用具有典型意识形态特征的负面意义词汇"宣传"（［德］Propaganda）定位中国媒体的相关报道，并将中国与东德相比。甚至有报道称，"神州五号项目负责人和其他高级党员干部使用的语言还让人想起冷战"③，或将中国发展航空事业与中美竞争联系在一起，称"航空航天技术的发展不仅仅服务于科学技术需求，而且也服务于军事目的。中国认为，只有拥有自己的空间站，才有机会对抗美国人的战区导弹防御系统"④，这些其实是德媒的意识形态视角和冷战思维在涉华报道中的投射。德媒给中国航空事业发展打上意识形态和冷战的烙印，这恰恰反映出德媒在报道中国时其实是从意识形态视角出发观察中国，这种偏见使德媒眼中的中国形象也染上了意识形态的特征。

总体来说，德媒对中国载人航空事业发展的报道是极为负面的，德媒对之进行意识形态偏见的政治解读，认为贫穷的中国不应该发展航空事业，更认为中国政府推动载人航空事业的发展是为了制造维系共产党统治权力的民族自豪感。此外须提及的是，在关于中国航空业发展的报道中，中国政府呈现好大喜功急于求成的形象，一方面报道表示，中国官员不顾教育和医疗业的贫困状态，也要为了展示大国诉求发展航天航空业；另一方面报道称，中国实行无人航空实验的次数不多就急于发射载人火箭，实属"巨大的冒险行为"⑤，报道表示，中国甚至以进行无人航空实验的次数远远少于美国和俄罗斯而自豪⑥。

---

① Georg Blume, "Aufwärts in den neunten Himmel", *Die Zeit*, No. 42, 2003.
② Ibid..
③ Ibid..
④ Andreas Lorenz, "Göttliches Schiff", *Der Spiegel*, No. 42, 2003, p. 202.
⑤ Ibid..
⑥ Andreas Lorenz, "Langer Marsch ins Weltall", *Der Spiegel*, No. 43, 2000, p. 232.

第三节　对中国生物科学研究与临床
应用违背伦理道德的指责

中国在生物科学领域的研究成果也构成德媒论证中国科技威胁论的依据之一，报道称，在生物科研领域"德国人已经开始担心会被中国超越"①。如同德媒在肯定中国工业研究水平的同时，也指责中国窃取西方国家工业秘密，进而试图在话语上剥夺中国科技成果的合法性一样，德媒在肯定中国在生物科学领域及临床应用方面取得领先性成就的同时，也指责中国"没有多少伦理边界"②，进而试图在话语上剥夺这些研究成果的合法性地位。

在生物科研领域，报道称，"西方的干细胞研究者需要递交数份报告为自己辩护，但是在中国人们不会浪费时间进行道德层面的辩论"③。德媒认为西方在这点上比中国更文明，称"我们（西方）的谨慎和保守是有足够的理由的，也许这就意味着一种文明的更加进步"④。德媒所提出的伦理问题，主要指科研人员将"卵细胞、胚胎和胎儿"作为"生物原料"应用于科研⑤。德媒认为这与计划生育政策和中国对个体价值的理解有关：报道称，一方面，"西方文化将个体置于中心位置，认为个体在母体中就已经存在，而中国认为社会化的个体才可以称为人"⑥；另一方面，"因为计划生育政策，已育有一个健康孩子的母亲如果再次怀孕可能被强制堕胎，所以中国人对于将胚胎用于研究目的没有多少顾虑"⑦。中国社

---

① Andreas Lorenz/Gerald Traufetter, "Chinas revolutionäre Zellen", *Der Spiegel*, No. 25, 2002, pp. 162 – 164.
② Ibid..
③ Martin Spiewak, "Alle Macht geht vom Forscher aus", *Die Zeit*, No. 25, 2005.
④ Ibid..
⑤ Andreas Lorenz/Gerald Traufetter, "Chinas revolutionäre Zellen", *Der Spiegel*, No. 25, 2002, pp. 162 – 164.
⑥ Ibid..
⑦ Andreas Lorenz/Gerald Traufetter, "Chinas revolutionäre Zellen", *Der Spiegel*, No. 25, 2002, pp. 162 – 164.

会话语束分析显示，计划生育政策在德媒中被赋予极其负面的评价，报道一再将中国的社会问题如人口老龄化、男女性别比例失调、中国青少年人群心理健康问题增多等，作为计划生育政策的严重社会后果提出，报道称，计划生育政策是一个"定时炸弹"①。

关于中国生物科学研究成果的临床应用，德媒也提出相同的指责，称"（中国）生物科学研究经历早期资本主义。投资公司将研究成果用于商业用途"②。对中国生物科研缺乏伦理考虑的指责，成为《明镜》周刊报道德国画家伊门多夫（Immendorf）在中国接受"注射堕胎婴儿的嗅鞘细胞"治疗③一事时的主要议题。《明镜》周刊连续三年报道此事，称"西方医学工作者对此事的态度是混合型的，既有伦理顾虑，又对之表示出兴趣"④。但是该刊最为关注的还是伦理指责，报道称，"伊门多夫在德国的主治医生认为他的中国同行'不严肃，没有伦理道德'"⑤。此外，报道也对治疗效果提出质疑，称"这种治疗可能不仅没有效用，而且还十分危险"⑥，因此该手术治疗方案被《明镜》周刊定性为"因为伦理和医学顾虑而颇具争议性的医疗过程"⑦。

在指责中国生物科研领域缺乏伦理考虑方面，《明镜》周刊的报道数量远远多于《时代》周报。需要提及的是，以中国临床医疗为主题的话语片段也并非全部涉及伦理道德指责，比如《时代》周报关于"中国完成首例卵巢移植"⑧一事的报道重点在于中国医疗水平的先进性，《明镜》周刊也将之作为表征中国科研水平突飞猛进的论据和能够支撑中国

---

① Georg Blume, "Das Los der Vogelfreien", *Die Zeit*, No. 30, 2005.
② Andreas Lorenz/Gerald Traufetter, "Chinas revolutionäre Zellen", *Der Spiegel*, No. 25, 2002, pp. 162 – 164.
③ Anon., "Immendorffs Radikalkur", *Der Spiegel*, No. 10, 2005, p. 170.
④ Andreas Lorenz/Gerald Traufetter, "Wunderzellen aus der Nase", *Der Spiegel*, No. 50, 2004, pp. 194 – 196.
⑤ Anon., "Immendorffs Radikalkur", *Der Spiegel*, No. 10, 2005, p. 170.
⑥ Anon., "Riskante Wunderheilung", *Der Spiegel*, No. 26, 2006, p. 112.
⑦ Anon., "Immendorffs Radikalkur", *Der Spiegel*, No. 10, 2005, p. 170.
⑧ Astrid Viciano, "Eizellen im Kälteschlaf", *Die Zeit*, No. 17, 2002.

科技威胁论的论据之一提出①。

第四节　关于中国具体科研成果的简讯

除了上文论及的相关报道之外，在中国科技话语束中也有一些主要以中国新取得的科研成果为内容的简短报道，基本都来自《明镜》周刊，比如卧龙自然保护区小熊猫出生②；清华大学发明蒸汽动力卫星③；台湾大学基因实验室培养荧光鱼④；德国发现中国在猪饲料中添加稀土的方法可增强动物免疫力⑤；香港科研人员研究如何规避心脏起搏器被黑客解码的风险⑥等。不过此类报道都较短，基本以新奇性为选择消息的新闻要素，而且在中国科技话语束中所占的分量较轻，不对中国科技形象的形成产生质量影响。

第五节　中国科技话语束小结

中国在科技领域呈现的形象，与德媒塑造的中国经济形象具有相似性。在经济上，中国所取得的成就既被认可、进而被视作威胁，同时又被质疑、进而被非法化；在科技上，中国一方面呈现快速发展势头，逐渐追赶上西方的科技水平，并以其表现出的巨大潜力被视为对西方构成威胁；另一方面中国又被指责是通过各种非法方式和侵害西方国家的方式，才得以取得科技高速发展的成就。

在中国科技话语束中，中国科技威胁论是议程关键。分析显示，中国科技威胁论的发展曲线从时间上看，与中国经济威胁论的发展曲线有

---

① 参见 Erich Follath/Alexander Jung/Andreas Lorenz/Stefan Simons/Wieland Wagner, "Der Sprung des Drachen", Der Spiegel, No. 42, 2004, pp. 110 – 127。

② Anon., "Großer Wurf", Der Spiegel, No. 34, 2000, p. 169.

③ Anon., "Mit Dampf durchs All", Der Spiegel, No. 14, 2001, p. 181.

④ Anon., "Leuchtfische aus dem Genlabor", Der Spiegel, No. 25, 2003, p. 160.

⑤ Anon., "Metalle für Schweine", Der Spiegel, No. 30, 2003, p. 78.

⑥ 参见 Anon., "Hackerschutz fürs Herz", Der Spiegel, No. 37, 2008, p. 141。

高度的相似性。而且从议程和论证结构上看，二者也具有相似性。德媒在肯定中国科技发展潜力和发展水平、塑造中国科技威胁形象的同时，一再通过诸如指责中国科研缺少伦理边界，或者质疑中国科研的创新性只是对西方研究成果的再发展等论据，来否定中国科技发展。两种报道视角都旨在从话语上剥夺中国科技发展的合法性。德媒在塑造中国经济形象方面也同样如此：德媒中既存在以认可中国经济成就为前提的中国经济威胁论，又存在悲观预测中国经济发展前景的中国经济崩溃论。德媒指责中国经济发展缘于侵犯西方知识产权、指责中国发展造成环境污染、指责中国汇率政策加剧世界经济不平衡。看似不同的报道视角同样也都旨在从话语上剥夺中国经济发展的合法性。

从内容上看，中国科技话语束除了关注中国科技发展成就及其对西方构成的威胁之外，德媒的关注点还包括中国政府促进科技发展的政策行为，比如吸引海外留学人员归国发展以及促进中国高校教育与科研发展等，报道称之为中国展开"高科技攻势"[1]。中国科技话语束与政治领域的报道交织的另一个议题是中国载人航空事业。在相关报道中，德媒除了主题化中国欲借发展航空事业显示大国诉求之外，还一再将之与"民族自豪感"联系在一起，给中国航空事业打上"共产主义国家"的意识形态烙印。报道称，中国政府利用火箭发射成功做"宣传"[2]，欲借之煽动民众的民族自豪感。

---

[1] Wieland Wagner, "Hightech-Offensive", *Der Spiegel*, No. 1, 2006, pp. 64–67.
[2] Georg Blume, "Aufwärts in den neunten Himmel", *Die Zeit*, No. 42, 2003.

第 五 章

中国军备话语束分析与中国军事形象

德媒中以中国军备为核心主题或并列第一主题的报道数量很少（7篇），这与该话题的特殊性有关，这种特殊性也决定了该主题在中国形象话语束中的重要性程度。其他世界主流印刷媒体对中国军事的关注也都普遍较少，关于中国军事的报道在各自涉华报道总量中所占份额均低于4%，①2008年多家德国媒体的涉华报道中关于中国军备的报道份额都在1%左右。②纵观这11年的德媒涉华报道，中国军备一方面呈现国际落后状态，另一方面呈现军备支出快速增长的稳定形象。从2005年开始，德媒中中国军事威胁论的声音越来越高，从时间上看，2005年也是德媒中的中国经济威胁论升级的转折点。关于中国军备主题的报道从内容上看可以分为武器装备和军费支出两类，从话语交织看，军备主题主要与"台湾问题"和中国国际关系主题交织。

第一节 与"台湾问题"的交织

中国军备主题与"台湾问题"交织密切，鉴于德媒在"台湾问题"上一再强调中国不排除使用武力收复台湾，因此涉台报道很多都提及中国扩张军备。德媒在"台湾问题"上对中国军备的关注，在2005年中国出台《反分裂国家法》之后出现高潮，《时代》周报刊登了《中国大幅

---

① 参见何辉《中国国家形象定位分析》，《现代传播》2006年第2期，第114页。
② 参见 Carola Richter/Sebastian Gebauer, *Die China-Berichterstattungen in den deutschen Medien*, Berlin: Heinrich Böll Stiftung, 2010, p. 56。

提高军费支出》和《中国的新战争法》两篇报道。报道称,"中国大规模提高军费预算,中国要颁布针对台湾的《反分裂国家法》,也想让欧盟取消对华武器禁运"①。报道提出,"人大召开之前,有一位人大代表宣布中国军费预算将会提高 12.6%"②。同时报道表示,"据德国外交政策协会(DGAP)估计,中国官方公布的(军费支出)数据远远低于真实数字"③,报道称,该机构认为"真实数字是官方公布数字的三至五倍"④。《明镜》周刊同样将中国扩张军备与《反分裂国家法》联系在一起,该法出台被解读为大陆意欲武力攻击台湾的一个证明。⑤质疑中国官方公布的军费数字的真实性、强调中国扩张军备的论断,从此时起一再出现,成为德媒论证中国军事威胁论的依据之一。

第二节 与中国国际关系话语束的交织

中国军备主题与中国国际关系主题的交织中呈现出中国军备形象的变化状态。2000 年时德媒称,美国联合日韩和台湾建立战区导弹防御系统(TMD),这引发"中国的恐惧"⑥。报道表示,此时中国在军事上不仅"缺少与美国进行军事竞备的资金"⑦,而且"几乎不对韩国和日本构成威胁"⑧,因此虽然中国觉得受到战区导弹防御系统的威胁⑨,但"中国人除了抗议,所能做的也只有希望美国不会轻易实施该计划"⑩。到了 2005 年,中国在军事上极为落后的形象在德媒中发生了变化。此时,德媒在涉台报道中表示中国大幅提高军费预算,报道称,"中国是最大的武

---

① Redaktion, "Chinas neues Kriegsgesetz", *Die Zeit*, No. 10, 2005.
② Redaktion, "China erhöht Militärhaushalt drastisch", *Die Zeit*, No. 10, 2005.
③ Ibid..
④ Redaktion, "Chinas neues Kriegsgesetz", *Die Zeit*, No. 10, 2005.
⑤ 参见 Hans Hoyng/Andreas Lorenz, "'Es ist dumm, Angst zu haben'", *Der Spiegel*, No. 32, 2005, pp. 89 – 91.
⑥ Georg Blume, "Chinas Angst", *Die Zeit*, No. 20, 2000.
⑦ Ibid..
⑧ Ibid..
⑨ Wieland Wagner, "Flucht ins Billigland", *Der Spiegel*, No. 29, 2001, pp. 122 – 123.
⑩ Georg Blume, "Chinas Angst", *Die Zeit*, No. 20, 2000.

器进口国"①。在涉及武器禁运的报道中，德媒表示美国反对欧盟取消对华武器禁运，报道称，"美国国会发怒了：难道欧洲计划取消武器禁运，是要支持美国的竞争对手中国扩张军备吗？美国议员们以贸易战相威胁。"②此时德媒还提出，中国对国家军队的定位发生战略转变："中国军队的任务不再限于'稳定党的统治地位'，而且还要保障国家'不可动摇的安全'和'保卫国家利益'。在这些宣传性的字眼背后显然隐藏着战略教条的转变：中国军队多年来只是保护边境领土安全，现在中国海军的任务也包括负责保卫加油船的补给线路，保障其不受海盗和恐怖分子的破坏"③。

如上文所言，从2005年起德媒一再论及中国军费支出增长，随着德媒对中国经济实力和未来大国地位的定位，中国军事威胁论的声音也越来越高，"中国军费支出快速增长"④ 被视作中国逐渐获得大国地位的证明，也成为德媒指责中国并非负责任的国际行为体的论据之一。2007年报道称，"中国在经济增长、军费支出和环境污染方面都是超过正常水平的。但是总理温家宝安抚西方：中国依然还是一个贫穷的发展中国家。"⑤ 2010年报道称，"2010年中国军费预算增长了7.5%，西方专家认为这意味着威胁，虽然美国军费支出是中国的8倍之高"⑥；称"中国一方面说着21世纪的正确语言：全球治理、双赢、和谐发展。另一方面军费支出又以两位数的速度增长"⑦。

但正如德媒所言，尽管美国军费支出是中国的8倍之多，却不被德媒视为威胁，而中国军事水平在国际上尽管依然处于落后水平，却被视作威胁。这与中国因经济实力增长而被西方视为威胁的大语境密切相关。中国提高军费支出、实现军事现代化，其实是国家的正常国防策略，是

---

① Redaktion, "China erhöht Militärhaushalt drastisch", *Die Zeit*, No. 10, 2005.
② Ralf Beste/Georg Mascolo, "Neuer Streit mit Washington", *Der Spiegel*, No. 10, 2005, pp. 48–49.
③ Anon., "Rote Flotte zum Persischen Golf?", *Der Spiegel*, No. 49, 2005, p. 109.
④ Josef Joffe, "Super macht sinnlich", *Die Zeit*, No. 36, 2007, p. 1.
⑤ Georg Blume, "Wenn Milliarden Zwerge wachsen", *Die Zeit*, No. 13, 2007, p. 27.
⑥ Erich Follath, "Die Umarmung des Drachen", *Der Spiegel*, No. 30, 2010, pp. 92–93.
⑦ Josef Joffe, "Das Spiel der Mächte", *Die Zeit*, No. 50, 2010, p. 12.

从国家安全战略高度出发，目的在于维护国家的统一和安全，中国的国防政策是防御性的，并不针对任何国家和集团，不对任何国家构成威胁。①中国军事威胁论的提出其实是意图遏制中国发展，是中国经济威胁论的衍生物。

第三节　中国武器进口与武器制造

中国军备主题下还有少量关于中国从他国进口武器或与他国合作制造武器的报道，且皆为来自《明镜》周刊的简短报道（长度均不超过200字）。相关报道反映出中国在武器制造方面的水平依然处于国际落后状态，依然依赖进口。

2001年《明镜》周刊报道了由于西方取消合作，乌克兰与中国合作生产An-70载重机一事②，报道称，该项目"本应是东西方新型军事合作的标志"③。同年该刊还质疑中国一家企业购买苏联的半成品航空母舰实际是出于军事目的报道称，"虽然合同规定航母不能用于军事目的，但是有人怀疑中国人是想借此获得重要的技术诀窍，以服务于本国的航母制造"④，这与后来中国购买德国哈瑙核燃料工厂被质疑出于军事目的，如出一辙。2009年《明镜》周刊称，中国购买俄罗斯某型号战斗机之后开始仿制生产并对外出口，后中国应俄罗斯要求承诺停止仿制，报道称，"中国依赖于俄罗斯人的心情，只有俄罗斯总体而言愿意将战斗机卖给中国"⑤。

第四节　中国军备话语束小结

以中国军备为主题的报道数量虽不多，但在塑造中国形象方面却占

---

① 参见王东《中国崛起与"中国威胁论"》，《决策与信息》2008年第6期，第22页。
② Anon., "Buhlen um China", *Der Spiegel*, No. 2, 2001, pp. 106–107.
③ Ibid..
④ Anon., "Rüstungs-Know-how im Casino-Schiff", *Der Spiegel*, No. 38, 2001, p. 173.
⑤ Anon., "Billigbomber aus China", *Der Spiegel*, No. 9, 2009, p. 103.

据重要作用。从国际对比看，德媒所塑造的中国军事形象一方面呈现国际落后状态，需要依赖武器装备进口；另一方面德媒一再将"中国扩张军备"提上议程（尤其是2005年之后），中国军费开支增长被视为对西方构成潜在威胁。从内政看，德媒主要将中国军备主题与"台湾问题"提上共同议程。德媒一再将中国扩张军备作为论证大陆意欲武力收复台湾的论据提出。这样的论断从2000年起就一直存在于涉台报道中，2005年中国出台的《反分裂国家法》更被德媒解读为针对台湾的战争法。

第六章

中国体育话语束分析与中国体育形象

以中国体育为核心主题的报道共计18篇，其中16篇来自《明镜》周刊。可见，相比之下《明镜》周刊对中国体育领域的关注程度远远高于《时代》周报。相应地，本节分析主要是基于《明镜》周刊关于中国体育和中国运动员的报道进行的。在关于奥运会主题的报道中，同样是《明镜》周刊对中国体育领域的关注更多，而且分析显示，《明镜》周刊在奥运会主题报道中所塑造的中国体育形象与中国运动员形象涵盖了该刊涉华体育报道的主要二级议程，如塑造"共产主义体育模式"、怀疑中国运动员服用兴奋剂、论及中国运动员训练制度的严苛等。

第一节 体育政治化和中国运动员形象

《明镜》周刊关于中国体育的报道体现出鲜明的中西体制差异的烙印，中国体育被塑造成与"资本主义体育模式"对峙的"共产主义体育模式"①，比如报道将2008年奥运会上中美两国代表团之间的赛事对抗称为"体制对抗"："国家运动员对阵个体主义者。"②

《明镜》周刊所塑造的"共产主义体育模式"可以这样概括："中国的体育与党和国家机构结合在一起。"③ 从国家方面看，《明镜》周刊表

---

① Georg Seeßlen, "Globalisierte Körper", *Der Spiegel*, No. 34, 2008, pp. 74–76.
② Detlef Hacke, "Kampf der Kulturen", *Der Spiegel*, No. 34, 2008, pp. 112–116.
③ Andreas Lorenz, "'Das Volk im Herzen'", *Der Spiegel*, No. 29, 2001, pp. 176–177.

示,"共产党喜欢用最好的运动员装饰门面"①,比如在关于中国明星运动员的报道中,该刊称,"奥运前官员向运动员施压"②,要求其获得金牌。相应地,中国力争在奥运会上获得奖牌的追求被视为"北京的奖牌妄想症"③,运动训练队伍则被称为"金牌工厂"④。

从运动员角度看,报道称"很多运动员都是党员"⑤,称这些运动员"是中国国家体育的作品,他们被发现、被打造、最后被永远占有"⑥,称"没有人可以跳出党为他们设计的角色"⑦。运动员的职业理想被描述成"想要为民族荣誉获得奖牌,为党获得奖牌"⑧。

第二节 中国体育制度等级森严、运动员训练艰苦

《明镜》周刊表示中国运动员的训练异常艰苦,报道称,"中国运动员像机器一样被对待"⑨,称"运动员世界的特点是纪律、不信任和打磨式的训练方式"⑩;《时代》周报表示,这种训练方式"有悖人权理念"⑪。除此之外,《明镜》周刊塑造出中国体育制度中等级清晰的形象,报道表示,"教练和干部说了算,运动员们只能服从"⑫。2008 年奥运前夕,《明镜》周刊报道了"教练任意克扣奖金和约满酬金,导致马拉松退役运动

---

① Cathrin Gilbert/Andreas Lorenz, "Das vergessene Gold", *Der Spiegel*, No. 9, 2009, pp. 124 – 126.

② Ibid. .

③ Anon. , "Kritik an Pekings Medallienwahn", *Der Spiegel*, No. 2007, pp. 114 – 115.

④ Andreas Lorenz, "'Das Volk im Herzen'", *Der Spiegel*, No. 29, 2001, pp. 176 – 177.

⑤ Jörg Kramer/Andreas Lorenz, "Geheimnisse im Suppentopf", *Der Spiegel*, No. 22, 2008, pp. 137 – 139.

⑥ Detlef Hacke, "Kampf der Kulturen", *Der Spiegel*, No. 34, 2008, pp. 112 – 116.

⑦ Ibid. .

⑧ Jörg Kramer/Andreas Lorenz, "Geheimnisse im Suppentopf", *Der Spiegel*, No. 22, 2008, pp. 137 – 139.

⑨ Ibid. .

⑩ Ibid. .

⑪ Christof Siemes, "Schwere Spiele, ganz leicht", *Die Zeit*, No. 34, 2008, p. 18.

⑫ Andreas Lorenz, "'Das Volk im Herzen'", *Der Spiegel*, No. 29, 2001, pp. 176 – 177.

员（艾冬梅）没有生活来源"① 一事，该事件在一定意义上也反映出中国体育事业中的等级制度。

第三节 质疑中国体育事业成就与兴奋剂有关

《明镜》周刊在报道中国体育时自然不会忘记兴奋剂这个主题，比如该刊在报道中国举重运动员和皮划艇运动员时都提到兴奋剂问题②，称"队医给中国运动员服用中草药、鹿茸等"③，并怀疑这是兴奋剂。在奥运会之前，《明镜》周刊称，"对中国游泳、举重和长跑运动员的获胜是否有猫腻的怀疑，将会一直伴随着他们。他们近几年来过于频繁地以根本无法解释的成绩突出重围，对此全世界都感到震惊"④；奥运会开始之后，《时代》周报称，中国获得的金牌总数较高，"而且很多项目是像女子举重那样的力量型运动项目。这个结果自然会让人马上就联想到兴奋剂问题"⑤。德媒将中国运动员获得良好成绩与兴奋剂联系在一起，同样是与西方对社会主义国家的偏见分不开的，尤其是 20 世纪 80 年代东德运动员集体服用兴奋剂的丑闻，更是让德媒将中国体育与兴奋剂联系在一起。

第四节 中国足球腐败

从运动形式看，《明镜》周刊最为关注的领域之一是足球。对中国足球的关注不在于该运动在中国的发展，而在于中国足球界的腐败：报道称，"自 1994 年成立职业联赛以来，中国足坛一再出现丑闻……丑闻彻底毁灭了这项国家运动的声誉"⑥。《明镜》周刊表示，足坛丑闻频繁曝

---

① Anon., "Fall ins Nichts", *Der Spiegel*, No. 29, 2007, p. 109.
② Andreas Lorenz, " 'Das Volk im Herzen' ", *Der Spiegel*, No. 29, 2001, pp. 176 – 177.
③ Jörg Kramer/Andreas Lorenz, "Geheimnisse im Suppentopf", *Der Spiegel*, No. 22, 2008, pp. 137 – 139.
④ Matthias Nass, "Was auf dem Spiel steht", *Die Zeit*, No. 4, 2008, p. 4.
⑤ Christof Siemes, "Schwere Spiele, ganz leicht", *Die Zeit*, No. 34, 2008, p. 18.
⑥ Andreas Lorenz, "Schwarze Pfeifen", *Der Spiegel*, No. 51, 2004, p. 128.

光,"反映出中国改革过程中的深刻矛盾:这个社会中有一部分人早就已经进入资本主义,国有协会还试图通过老套方式保障其影响力"①。《明镜》周刊就此采访了持类似观点的《中国足球内幕》作者之一李承鹏。他表示,中国足坛的腐败根源在于:"使用官僚主义的老套方法管理这个数十亿美元的市场。"②除了体制缺陷,《明镜》周刊也将足坛丑闻与中国人好赌的形象联系在一起,报道称,"好赌的中国人每年在赌球上花费的资金达到500亿欧元,因此中国的足球被视为极具可操纵性"③,与之相应,报道称中国足坛传出"众多假球丑闻"④。

第五节 中国职业篮球运动发展

《明镜》周刊关注的另一个运动形式是篮球,这种关注与姚明的体育成就和中国篮球运动的商业化发展有关,当然在《明镜》周刊眼中,中国篮球运动的兴起本身就与姚明有关。与对中国足球的关注集中于足坛腐败不同,《明镜》周刊对中国篮球运动的关注更多在于该运动的商业化发展过程。

2003年,《明镜》周刊称,"第一次有中国人在美国篮球职业联赛中脱颖而出。姚明将要率领休斯顿火箭进入季后赛——并开辟新客源"⑤。同时报道表示,"美国职业篮球联赛(NBA)出现远东导向……现在篮球在中国与足球一样受欢迎"⑥。中西方的体制差异在相关报道中同样被提及,报道称,中国发展篮球运动是"利用篮球运动实验在资本主义国家已经组织有序的体育形式(是否有效)"⑦。2005年《明镜》周刊则表示,"现在中国人要加强自己的联赛——以美国为模板"⑧,此时该报道还表

---

① Andreas Lorenz, "Schwarze Pfeifen", *Der Spiegel*, No. 51, 2004, p. 128.
② Anon., "Seltsame Ergebnisse", *Der Spiegel*, No. 6, 2010, p. 111.
③ Anon., "Wetten bald legal?", *Der Spiegel*, No. 49, 2008, p. 150.
④ Cathrin Gilbert/Jörg Kramer, "Fremde Kulturen", *Der Spiegel*, No. 48, 2008, p. 118.
⑤ Gerhard Spörl, "Sanfter Riese", *Der Spiegel*, No. 4, 2003, p. 93.
⑥ Ibid..
⑦ Ibid..
⑧ Andreas Lorenz, "Himmel ohne Grenzen", *Der Spiegel*, No. 52, 2005, p. 97.

示,"随着姚明加入火箭,中国人对篮球运动的兴趣高涨"①。而到了2009年报道则称,"中国是美国职业篮球联赛的黄金之国……但是现在美国人不得不焦虑地看着中国篮球联赛陷入危机……有一些外籍球员离开中国,因为他们拿不到薪水,美国教练不再受欢迎"②。

第六节 中国明星运动员与中国体育威胁论

"中国飞人"刘翔当然不会不受到德媒的关注,与《明镜》周刊对中国运动员的刻板印象相应,相关报道也称,"刘翔为了国家而参赛"③。如同经济高速增长的中国被视为威胁一样,获得2004年雅典奥运会冠军头衔的明星运动员刘翔在《明镜》周刊眼中也构成威胁,报道称,"专家认为,刘翔的成功意味着亚洲的跨栏者以后对美国运动员而言可能更加危险。中国人在美国原本就被认为是威胁"④。《时代》周报中关于中国体育的报道虽少,却也存在视中国国际象棋运动员为威胁的论断,报道称,"就像西方担心中国的廉价商品淹没西方市场以及又重提'黄祸'一样,他们的国际象棋选手也可能会将我们的奖项都夺走"⑤,而那些宣布要退役生子或者移民国外(如法国)的女选手们在该报道看来才是"不危险的"⑥。

中国的体育事业被打上政治烙印,甚至有实力与西方运动员竞争的中国运动员也被视为西方的威胁,与之相应,涉华体育报道负面倾向程度居高(负/中:50%/50%)。中国体育形象在德媒中之所以如此负面,是因为"中国体育的腾飞是与国力崛起的过程相辅相成的,是中国人重新找回自信、尽情展现自我最形象、最淋漓尽致的体现,也是对德国人

---

① Andreas Lorenz, "Himmel ohne Grenzen", *Der Spiegel*, No. 52, 2005, p. 97.
② Anon., "Krise im gelobten Land", *Der Spiegel*, No. 34, 2009, p. 101.
③ Gerhard Pfeil/Wieland Wagner, "Das Phänomen aus Shanghai", *Der Spiegel*, No. 3, 2005, pp. 140–142.
④ Ibid..
⑤ Helmut Pfleger, "Schach", *Die Zeit*, No. 26, 2006, p. 3.
⑥ Ibid..

心理最直接的刺激之一"①。也就是说，德媒塑造中国体育负面形象、提出中国体育威胁论，其实是中国经济威胁论的延伸。

这种体育政治化的议程设置在德媒关于中国奥运会的报道中尤为突出，中国被指责将奥运政治化，被指责欲通过奥运会达到展示大国诉求的政治目的。但实际上，德媒本身一直以来都将中国体育与政治和中西方体制差异提上共同议程，即从政治化视角报道中国体育。可以说，这种所谓"政治化奥运"的指责其实是德媒通过主动的新闻选择实现的，是德媒对社会主义国家偏见的折射。中国作为东道主向世界来宾展示自己最美好的一面，这原本是中国文化中的待客之道，却被包括《明镜》周刊在内的西方媒体指责为具有政治目的。其实，从跨文化角度看，我们可以将之理解为文化误读，因为这是西方媒体从本群体文化的视角出发得到的结论；但也不排除西方媒体这样做的背后有政治目的。

第七节　中国体育话语束小结

中国体育话语束的报道主要来自《明镜》周刊，且报道以负面评价倾向居多。分析显示，中国在体育领域主要呈现负面形象，在中国运动员具有竞争力的领域，中国体育更被视为对西方构成威胁。德媒在报道中政治化中国体育制度，在"共产主义体育模式"框架中塑造中国运动员形象和解读中国体育事业。中国运动员训练制度被指责违背西方人权理念，中国体育成就被质疑与使用兴奋剂有关。从德媒关注的运动形式看，中国足球和篮球领域受关注程度最高，其中对中国足球运动的关注聚焦于足坛腐败丑闻，对中国篮球运动的关注则在于职业篮球联赛的商业化发展过程。从新闻选择看，除了负面事件要素成为德媒在体育领域选择报道对象的标准以外，显著性也成为决定性的新闻要素，因此在涉华体育报道中，中国体育明星如刘翔和姚明等多次成为德媒报道的对象。

---

① 贾文键：《德国〈明镜〉周刊（2006—2007年）中的中国形象》，《国际论坛》2008年第4期，第65页。

第七章

实证分析话语束总结和中国硬实力形象与国际关系形象

本章为实证部分的总结。本章一方面总结各话语束的分析结果及其中所呈现的中国形象侧面；另一方面对各话语束进行横向对比分析，总结在多个话语束中共同存在的中国形象侧面以及各话语束中之间的关联。同时，本章对绪论部分所提出的九条研究假设进行证实或者证伪。结果显示，所有研究假设全部得到证实。

第一节 德媒涉华报道总结之各话语束分析

本书实证分析部分基于中国经济话语束、中国国际关系话语束、中国科技话语束、中国军备话语束、中国体育话语束等五个话语束进行。此处总结梳理各话语束分析结果，并对比总结《明镜》周刊和《时代》周报的涉华报道差异。

一 关于中国经济话语束与中国经济形象

中国经济话语束呈现出时段性特点。根据分析，本书将语料覆盖时间分成2000—2002年、2003—2004年、2005—2007年、2008—2010年四个阶段。在这四个阶段的涉华报道中，中国经济发展与经济实力呈现阶梯式递进上升的形象特点，中国经济威胁论也相应呈阶梯递进式增长。中国从经济发展显现新兴势头的第三世界穷国（2000—2002）上升成为世界工厂和亚洲地区大国；于是西方掀起"中国热"，中国被视为对亚洲国家形成威胁（2003—2004）；继而中国经济发展实力得到进一步认可，德媒看到中国不再是经济轻量级国家，看到中西方之间发生权力转移，中国被视为对西方经济模式形成挑战，具有成为西方的竞争对手的潜力（2005—2007）；经济危机爆发后德媒中正式出现"中国模式"概念，德媒指责中国倚仗自己在经济危机的表现自信膨胀，德媒担心德国（及其他欧美国家）在经济上依赖中国会导致其在政治上也受制于中国，中国经济威胁论上升为中国体制威胁论（2008—2010）。此处本书研究假设4得到证实。需要强调的是，中国经济实力是达到一个阈值之后，才被视作威胁，并且随着中国经济实力的增长，德媒中的威胁论声音越来越高。而在达到这个阈值之前，中国经济实力的增长是倾向于被接受的，因为此时中国经济增长对西方而言意味着中国作为西方市场的潜力在增长。当中国经济发展又达到一个阈值时，德媒建构的中国经济形象便从潜在的威胁转变为实在的威胁。

从次级主题分布看，中国经济话语束又可分为中国经济发展框架、中国资源需求和境外资源保障、中国资本海外投资、人民币汇率、知识产权、中国产品出口六个次级主题。其中，中国经济发展框架次级主题反映出上述四个时段的中国经济发展主线，其他五个次级主题则反映出德媒所塑造的中国经济形象中包含的重要形象截面。

（1）"资源饥渴"形象：从2003年开始，中国经济发展的能源需求被指责导致世界能源价格上涨、世界资源短缺，中国被指责撼动西方发达国家低价支配世界资源的权力。中国被指责为了保障资源不顾及合作伙伴的政治体制，中国在非洲的存在被塑造成与独裁政权合作的"新殖民者形象"。

（2）"中国资本威胁论"：从2005年起德媒主题化中国企业海外并购行为在西方引发的恐慌，中国投资公司的海外投资行为则更被视为对西方国家利益形成威胁。

（3）"货币操纵国"形象：从2003年起人民币汇率问题开始受到关注，德媒认为人民币汇率低于真实价值，一再主张人民币升值既有利于其他国家也有利于中国自身；经济危机期间中国保持经济增长更被德媒与人民币汇率挂钩，相关报道一再指责中国操纵汇率，认为中国经济增长建立在损害他国利益的基础上。

（4）"知识产权盗贼"形象：中国被指责侵犯西方知识产权，德媒指责中国通过侵犯西方知识产权发展经济，致使西方科技与工业优势逐渐流失，进而对西方经济发展构成威胁。

（5）"中国出口产品威胁论"，一方面中国生产的廉价产品被视作淹没世界市场的"洪水"；另一方面中国产品在德媒中呈现具有安全问题的负面形象。与之相关的，是中国廉价工厂形象以及作为原产地的负面形象、中国产品背后的生产者即中国农民工群体的"劳动奴隶"形象。

中国经济话语束体现出典型的双重中国情结：既希望受益于中国经济发展，又视中国经济竞争力增强为威胁，因此德媒涉华报道中并存中国经济崛起论与中国经济崩溃论；对中国经济成就的认可，与表面上担心中国社会问题导致中国经济停滞、实为希望中国经济崩溃的"隐性的希望"并存。此处本书研究假设6得到证实。

二 关于中国国际关系话语束与中国国际形象

在中国国际关系话语束中，德媒选择关注的中国与其他国家之间的关系基本可以分为三类：与西方发达国家的关系（中德关系、中美关系等）；与亚洲邻国以及与邻国俄罗斯的关系（中日关系、中朝关系、中印关系、中俄关系等）；与发展中国家的关系（中朝关系、中非关系、中国与伊朗的关系等），其中第二类和第三类之间存在重复和交织。

（1）中德关系主题下，人权和双边经贸关系是两个重要关注点。施罗德执政时期，德媒一再指责施罗德对华政策过于关注双边经贸关系而避免对中国人权问题的批评，无论是关于中德法治国家对话机制的建立，还是关于施罗德致力于取消欧盟对华武器禁运的报道，都使用同样的论证结构。默克尔执政时期，德媒则注重论证德国可以在双边关系中既坚持批评中国人权问题，又可以保持与中国的良好经贸关系，即主张可兼获价值观与经济双重利益。关于默克尔接见达赖喇嘛、法兰克福书展事件等的报道中，这样的解读框架都存在。只是在经济危机阶段，德媒关于中德关系的判断发生了变化，中国被视为"不得不爱的敌人"，报道表示担心德国在经济上对中国的依赖会导致在政治上受控于中国。在中德关系主题中，中国呈现较为负面的形象，在涉及中德经贸关系的报道中，突出的中国形象一方面是不得不进入的市场，另一方面是存在侵犯知识产权问题和投资环境风险问题——典型的双重中国情结，既想受益于中国经济，又担心中国经济对德国构成威胁。在关于中德外交关系的报道中，中国呈现存在侵犯人权问题、压迫少数民族问题、在德国从事非法间谍行为和实施黑客袭击的集权统治国家形象。此处本书研究假设7、8和9得到证实。

（2）中美关系主题具有与中国经济话语束相应的时段性特点，中国在中美关系主题中呈现出国力阶段性上升的形象，包括经济实力、国际政治实力以及军事实力。总体上中美关系被定位为合作与竞争并存的关系。2000—2002年阶段，中美关系的定位是：中国处于绝对弱势地位，报道称，中国"远非与令人畏惧的苏联同一级别的对手，在军备技术上与美国整整相差了二十年"①。德媒认为，中国政府知道与美国保持良好关系的意义，称中国利用反恐的机会主动改善与西方国家的关系。2003—2007年阶段，德媒对中美关系的定位是：中国经济快速发展逐渐对美国构成挑战，包括经济上的、军事上的和意识形态上的，中国企业在美国的并购行为被视为"红色威胁"，中国在非洲的存在被指责为不择手段地与美国争夺资源，中国与美国的关系被定位为"未来的世界大国"与"现任世界大国"之间的对阵关系。德媒表示，在美国致力于反恐的同时，中国全力发展经济，并且成为美国的"军事竞争对手"。此时报道表示，"'9·11'三年之后，白宫里的人清楚地知道应该和中国建立伙伴关系"②，德媒更称，中国凭借多边主义外交政策在亚洲邻国成为取代美国的替代性选择，并凭借无意识形态的态度在世界范围内获得高于美国的分值③。2008—2010年阶段，中美关系被定位为

---

① Matthias Nass, "Stunde der Patrioten", *Die Zeit*, No. 17, 2001.
② Georg Blume, "Der weiche Schritt des Elefanten", *Die Zeit*, No. 52, 2003.
③ 参见 Frank Hornig/Wieland Wagner, "Duell der Giganten", *Der Spiegel*, No. 32, 2005, pp. 74 - 88。

"非自愿的命运共同体"①。德媒表示，一方面中国生产、美国消费的中美贸易模式不再奏效；另一方面中国必须继续购买美国国债才能挽救世界经济危机。此阶段德媒认为中美之间发生更加倾向中国的权力转移，认为美国已经不能再给中国制定规则，而且"更加依赖这位正在崛起的亚洲竞争对手的情绪"②。报道称，美国领导人访华时走使中国增值的路线，避免争议话题并争取中国贷款。

在中美关系主题下，"台湾问题"和人民币汇率问题构成恒定议题，美国在这两个问题上的态度被德媒视为中美关系的重要指征。美国不满陈水扁实行台湾公决，被视为美国向中国示好；中国抗议美国对台军售，被指中国自信膨胀；中国提高人民币汇率，被视为迫于美国的压力；美国领导人经济危机时期小声指责人民币汇率问题，被视为向中国示弱；2010 年美国重新大声批评人民币汇率问题，则被解读为美国对华政策再次发生转变。此处本书研究假设 4 和 8 得到证实。

(3) 中日关系主题的议程有两点较为突出：第一，中日两国实力此消彼长，中国取代日本获得亚洲地区的经济领先和政治领导地位，因此日本视中国为威胁，日本民众中的反华情绪也高涨。第二，由于存在历史遗留问题，中日两国冲突不断，包括日本首相参拜靖国神社引发中国抗议，以及日本教科书篡改侵华历史引发中国国内反日游行等。德媒虽承认日本侵华罪行，但报道的重点却非谴责日方的不当行径，而着力于描述中国国内的"民族主义"情绪，以及主张中国政府容忍国内民众的反日情绪无异于"玩火"，认为这种情绪最后会转移到中国政府身上。此外，中日关系主题与中美关系主题存在交织，德媒表示日本对美国在亚洲的军事存在感兴趣，称中国实力增长促使日本出于政治安全考量与美国接近。中日关系主题中也包含涉及"台湾问题"的话语片段，德媒表示，保护台湾符合日本的利益，日本利用与台湾的接近挑衅中国（大陆）。

---

① Gabor Steingart/Wieland Wagner, "Partner wilder Willen", *Der Spiegel*, No. 46, 2009, pp. 74–78.

② Ibid..

（4）德媒对中朝关系的定位基本为"共产主义的兄弟关系"，报道表示，中国出于意识形态和地缘政治的考虑与朝鲜保持最紧密的盟友关系。朝鲜难民问题构成中朝关系主题的恒定议题，报道称，中国担心难民问题影响中国边境地区的稳定和朝鲜政权稳定，因而拒绝接收朝鲜难民并驱逐其出境。在朝鲜核试验问题上，德媒所塑造的中朝关系呈现出动态变化性。一方面，德媒表示中国对朝鲜的控制力和影响力由强变弱；另一方面，2006年之前德媒一再强调中朝之间的友邦关系，强调中国是朝鲜的"保护伞"。2006年朝鲜核试验之后，德媒表示，中朝友邦关系发生变化，中国不愿再做朝鲜的"保护伞"，并在朝鲜问题上悄悄接近西方阵营。2010年朝韩冲突之后，德媒又表示，中朝之间恢复盟友关系。

（5）德媒中以中印关系为核心主题的报道数量不多，但在涉华报道中，涉及中印关系的话语片段或者同时提及中印两国的话语片段很多。德媒一方面将中印关系定位为共同崛起中的、资源饥渴的、对西方国家构成竞争的亚洲人口大国；另一方面二者在德媒中呈现出在经济上互相竞争、在资源分配方面既有合作又有竞争、在外交上对峙、在领土方面存在争端的邻国关系。总体上德媒将中国在亚洲的外交政策定位为平衡政策，因此关于中印关系的报道也涉及中国在巴基斯坦和印度之间实行平衡外交。同时，印度因为在政治上接近西方而被视为较中国更具优越性，印度的威胁程度在德媒眼中也相应地低于中国。

（6）德媒中以中俄关系为核心主题的报道数量同样不多，但二者在涉华报道中也经常被同时提及，一方面以同为"金砖四国"的身份，另一方面以与西方国家具有不同政治体制的政权身份。关于中国与俄罗斯两国间关系的报道或话语片段，主要涉及俄罗斯向中国出售武器装备一事，德媒认为中国在武器进口事宜上依赖俄罗斯。另外，德媒还提及两国在反恐问题上互相合作，以及两国以上海合作组织形式结盟。

（7）德媒所关注的中国与所谓"失败的政权"之间的关系，包括中非关系、中伊关系等。在中非关系中，中国被指责为了保障资源在选择贸易伙伴方面毫无政治要求，德媒将中国塑造成非洲的"新殖民者"，认为在非洲土地上唯一受益于中国在非洲存在的是非洲独裁者，认为中国在非洲的存在带来的政治影响主要是负面的。德媒对中伊关系的基本定位是：伊朗向中国出口资源，中国为伊朗提供政治支持。报道表示，中国是伊朗长期以来的紧密盟友和最后一个在政治上有影响力的朋友。此处本书研究假设6和假设8得到证实。

三 关于中国科技话语束与中国科技形象

德媒所塑造的中国科技形象与中国经济形象具有相似性，一方面德媒表示中国科技水平快速发展，并视之为西方的潜在威胁；另一方面德媒又以中国侵犯知识产权或者中国科研缺少伦理界限等作为论据，否认中国科研成就的合法性地位。除了中国所取得的科研成果外，德媒也将中国国家促进科研发展、吸引留学人员回国发展以及促进高校教育发展的政策，作为中国科技威胁论的论据提出。在中国的科研领域中，德媒突出关注的是中国载人航空事业的发展与生物科研领域，前者被德媒打上意识形态烙印，德媒将之与社会主义国家的"政治宣传"联系在一起，认为中国政府意欲通过发展航空航天事业煽动中国民众的民族自豪感。报道称，民族自豪感是联系共产党与民众的关系纽带。后者则被打上伦理道德烙印，德媒指责中国在生物科研领域以及临床应用方面不顾忌伦理界限。此处本书研究假设5得到证实。

四 关于中国军备话语束与中国军事形象

在中国军备话语束中，中国军事一方面呈现国际落后状态，另一方面呈现军费支出快速增长的稳定形象。而且从2005年开始，中国军事威胁论的声音在德媒中越来越高。中国军备话语束与"台湾问题"交织密切，在涉台报道中德媒一再论及中国扩张军备，以及强调中国政府表示不排除武力收复台湾。尤其是在2005年中国出台《反分裂国家法》之后，德媒将中国军费预算提高解读为中国（大陆）欲发动对台战争。在与中国国际关系主题的交织中，中国军事形象经历了从2000年前后在国际上处于绝对弱势状态，到2005年之后被视为对西方构成军事威胁的变化历程。在关于施罗德致力于取消欧盟对华武器禁运的报道中，德媒一再表示美国反对欧盟取消对华武器禁运。此外，中国军费快速增长一再被德媒作为论证中国军事威胁论的论据提出，同时德媒也以中国军费支出快速增长为据，论证中国"并非负责任"的大国，也"非和平发展的大国"。

此外，在武器制造方面中国在德媒中也一直呈现国际落后状态，依赖于从俄罗斯、乌克兰等国的进口或者与其合作。同时，鉴于中国在武器制造方面的落后状态，中国企业购买半成品航母或者核燃料工厂都被怀疑出于军事目的。此处本书研究假设 2 和假设 5 得到证实。

五　关于中国体育话语束与中国体育形象

涉华体育报道基本都来自《明镜》周刊，中国体育形象被打上"共产主义体育模式"的烙印，中国体育被与政治联系在一起，运动员也被塑造成中国国家体育制度的产品。另外，中国体育成就被怀疑与兴奋剂有关。中国体育制度中训练严苛、队伍等级森严的特点也受到关注。与德媒对中国体育的这种意识形态偏见相应，中国体育成就在一定意义上也被视为对西方构成威胁。从运动类型看，德媒最为关注的是中国足球（足坛腐败）和中国职业篮球运动的发展过程。此处本书研究假设 3 得到证实。

六　各话语束关联性分析

中国经济话语束、中国科技话语束、中国军事话语束和中国体育话语束共同构建德国媒体中的中国硬实力形象。德媒对于中国科技形象和中国军事形象的建构与中国经济形象建构之间存在高度相似性。首先德媒都在优越性框架下观察中国经济发展、科技发展和军事发展，因此德媒所建构的中国经济、科技和军事形象都有"落后"的一面。但同时，随着中国经济快速发展，国家加大在科技领域和军备方面的投入，中国科技快速发展、军事力量增强，德媒所建构的中国经济、科技和军事形象又表现出"威胁"的一面。因而德媒中陆续出现中国经济威胁论、中国科技威胁论和中国军事威胁论。并且鉴于中国科技发展和军备发展与中国经济发展息息相关，德媒涉华科技报道、军事报道的发展曲线与德媒涉华经济报道曲线之间存在高度相近性。随着中国经济威胁论的声音增大，德国涉华报道中的中国科技威胁论和中国军事威胁论的声音也越来越大。因此，在这个意义上，德媒所建构的中国经济形象是德国媒体中的中国硬实力形象的核心组成部分。

但是与德媒涉华经济报道不一样的是，德国关于中国科技和中国军事的报道中并没有体现出强烈的双重中国情结。这是因为从中国经济发展中，德媒看到德国/西方可以收获红利，因而还是寄希望于中国经济实现一定程度的发展，而在中国科技发展和军备力量增强中这种红利消失，因而与德国/西方有着不一样政治体制的中国实现了科技快速发展和军事力量增强，在德媒眼中就只保留赤裸裸的"威胁"特征了。需要提及的是，在涉华科技报道中，仅有一处德媒表示出希望中国科技发展到一定程度，即在中国反盗版环境方面，《明镜》周刊和《时代》周报一致表示，当中国企业自身具有反盗版需求的时候，德企在中国境内的反盗版行动就可以卓有成效了，但这并非真的希望中国科技进步，而只是从德国企业的利益考虑出发所做的设想。

贯穿中国经济话语束、中国科技话语束、中国军事话语束、中国体育话语束这四个话语束的一个共同特征则是德媒对于中国的政治偏见。无论是对于中国经济发展模式的观察，对于中国科技伦理的观察，对于中国军费开支增加的观察，还是对于中国运动员和体育制度的观察，德媒都将之与中国的政治制度和体制关联在一起，带着关于社会主义国家的偏见对之加以解读和评价。这反映出德媒涉华报道的一个重要特点，即泛政治化倾向。

德媒所建构的中国国际关系形象与中国硬实力形象之间存在交织，尤其是与中国经济形象、中国科技形象和中国军事形象之间。随着中国经济、科技和军事发展，尤其是经济发展和综合国力增强，德媒所建构的国际关系中的中国形象也随之发生变化。德媒关于中德关系和中美关系的报道，以及对于德国政府和美国政府对华政策的评价深刻反映出这样的变化。

七 《明镜》周刊和《时代》周报涉华报道差异小结

分析显示，《明镜》周报和《时代》周刊的涉华报道具有较高程度的相似性，包括观点、视角、议程、论证结构等。但同时两刊的涉华报道也呈现一定的差异性，此处仅列举具有代表性的要点。在涉华经济报道中，2007年之前《明镜》周刊塑造的中国经济形象更为负面，2008年之后《时代》周报议程接近《明镜》周刊，甚至其报道倾向的负面程度更胜于《明镜》周刊。从议程设置看，《明镜》周刊基本片面指责中国经济构成威胁，而《时代》周报则更倾向于从多视角出发观察中国经济崛起和中国经济中存在的问题。比如在2003—2004年阶段，《明镜》周刊指责中国对亚洲其他国家形成威胁，并认为中国经济过热导致产生众多社会问题，而《时代》周报的观察视角是：中国在经济快速发展的同时，还面临多重社会问题亟待解决的困境；比如关于中国"资源饥渴"的问题，《明镜》周刊指责中国的能源需求导致世界资源短缺，开采技术难题更加剧世界资源短缺的严重程度，而《时代》周报则表示，世界资源并不短缺，只是因为开采技术问题才使然；在产品安全问题上，《明镜》周刊一味指责中国产品安全问题威胁德国消费者，《时代》周报则表示，这种现象背后存在中国社会内部困境的动因，中国政府在产品质量标准化问题上进退两难；在中国资本海外投资主题上，《明镜》周刊一味论及中国资本威胁，《时代》周报则表示应区分中国私人资本与中国国有资本，认为前者对德国而言是机遇；在知识产权主题上，《明镜》周刊一味指责中国窃取德国核心工业知识，《时代》周报则表示，中德之间的知识流向并非只是从德国到中国的单行线，而且西方企业不依据中国法律规定在中国境内注册品牌、西方消费者自身具有仿制品消费需求，因此西方对中国生产盗版产品的行为也应负有一定的责任。此处本书研究假设1得到证实。

在关于中国科技发展和中国国际关系的报道方面，两刊无论在议程还是报道倾向等各方面都较为一致，只是在某些具体的主题上，两刊报道的数量和报道侧重存在差异，此处不予赘述。在关于中德关系的报道中，《明镜》周刊报道的负面倾向更高，对中国指责更多，无论是涉及中德经贸关系的报道（《明镜》周刊中指责中国侵犯德国知识产权以及表示中国存在投资风险的报道更多），还是涉及中德外交关系的报道（《明镜》周刊中比《时代》周报多了指责中国在德实施政治间谍行为和黑客攻击行为的议题）。在中美关系主题下，同样是《明镜》周刊的报道倾向更为负面。

在涉华体育报道方面，《明镜》周刊的报道数量以绝对多数压倒《时代》周报，但分析显示，中国体育形象在两刊中都被负面化。

第二节　德媒涉华报道总结之横向存在的中国形象侧面分析

德媒涉华报道中存在超越各话语束普遍存在的中国形象侧面，其中包括实用主义、红色中国与黄色中国的偏见、13亿人的集体行为等。此外，在德媒涉华报道中也可以提炼出中国特定地域的形象，包括北京、上海、东莞和深圳等城市。

一　实用主义

"实用主义"一词在德媒涉华报道中作为对中国的评价出现频率很高，尤其在评价中国政府方面。德媒在众多领域都表示，中国政府遵循实用主义的原则，比如德媒认为中国加入世贸组织不是出于信服，而是出于实用主义，因而报道称中国为"迫于困境的市场经济追随者"[1]；邓小平提出的"黑猫白猫论"被德媒称为"毫不妥协的实用主义"[2]；带领中国向经济大国方向迈进的胡锦涛政府被视为"继承了邓小平的实用主义……他们要使中国从1842年被外国列强侵占的所有耻辱中解放出来"[3]；关于中投公司在海外投资，德媒称，中国人的想法非常实用主义，要利用其巨大的外汇储备获得更高的收益[4]；在生态科学研究领域，报道称中国生态科技成果快速转换为产品的风格为"生态实用主义"[5]。

在德媒眼中，与西方模式相竞争的中国模式也同样是实用主义的，报道称"与意识形态僵化的工业大国美国不同，中国的红色老总们提供

---

[1] Georg Blume, "Marktwirtschaftler aus Not", *Die Zeit*, No. 38, 2001.

[2] Uwe Jean Heuser/Georg Blume, "China hebt ab", *Die Zeit*, No. 1, 2004.

[3] Andreas Lorenz/Wieland Wagner, "Billig, willig, ausgebeutet", *Der Spiegel*, No. 22, 2005, pp. 80-90.

[4] 参见 Anon., "Heuschrecken an der Börse", *Der Spiegel*, No. 22, 2007, p. 79。

[5] Stefanie Schramm, "Saubermänner", *Die Zeit*, No. 38, 2010, p. 39.

的是实用主义的相反模式"①,总之,中国的领导人在德媒的眼中是"实用主义的、在经济上对世界开放的"②。

除此之外,德媒对中国社会生活的评价中也包括"实用主义"一条:比如对于大量农民工进城打工的现象,德媒称,"中国人是流动性的、实用主义的民族。他们不是很注重传统"③。有报道在对比中西方传统文化时也得出如此结论:"在远东一切都更加实用主义。"④

根据特姆彭纳斯的理论,文化的维度之一是"普遍主义/特殊主义"。普遍主义论认为:"孰优孰劣是可以界定并普遍适用的。"而特殊主义则更重视不同关系间的义务及不同的环境。⑤德国倾向于普遍主义维度,而中国则倾向于特殊主义维度。笔者认为,实用主义应属于特殊主义这个文化维度,实用主义与属于普遍主义文化维度的规则导向性是相对的。与中国特殊主义文化维度相应,中国人的"灵活性"在德媒中也是很突出的,德媒认为,中国"每个人都很灵活"⑥;报道称,"中国科研机构具有灵活性"⑦,"中国人一旦有想法,马上就付诸实践,而欧洲人总是要先做调研"⑧;中国作为行政国家在经济领域也呈现"灵活性"的形象:比如报道称,中国拥有"活力、生意友好的灵活性和对未来的前瞻能力"⑨,这里所说的"生意友好的灵活性"应该也涉及德媒对于中国经济发展模式的理解,比如报道称,"'有中国特色的社会主义'实际上就是毫无约束的资本主义与专制国家政府的灵活控制相结合的形式"⑩。

---

① Frank Hornig/Wieland Wagner, "Duell der Giganten", *Der Spiegel*, No. 32, 2005, pp. 74 - 88.
② Erich Follath, "Der Irrtum des Drachen", *Der Spiegel*, No. 15, 2008, pp. 122 - 123.
③ Georg Blume, "Schwere Zeiten in der Weltwerkstatt", *Die Zeit*, No. 13, 2003.
④ Matthias Schulz, "Bestie auf dem Drachenthron", *Der Spiegel*, No. 16, 2002, pp. 180 - 195.
⑤ [荷]冯·特姆彭纳斯、[英]查尔斯·汉普顿 - 特纳:《跨越文化浪潮》(第2版),陈文言译,中国人民大学出版社2007年版,第11页。
⑥ Anon., "Zwischen Angst und Schwärmerei", *Die Zeit*, No. 25, 2005.
⑦ Hans Schuh, "Großmacht der Köpfe", *Die Zeit*, No. 46, 2000.
⑧ Georg Blume, "Wird die Welt chinesisch?", *Die Zeit*, No. 25, 2005.
⑨ Erich Follath/Alexander Jung/Andreas Lorenz/Stefan Simons/Wieland Wagner, "Der Sprung des Drachen", *Der Spiegel*, No. 42, 2004, pp. 110 - 127.
⑩ Frank Hornig/Wieland Wagner, "Duell der Giganten", *Der Spiegel*, No. 32, 2005, pp. 74 - 88.

二 红色中国与黄色中国

红与黄两种颜色在德媒涉华报道中多次出现，这两种颜色反映出德媒关于中国的偏见。"红色"是因体制差异引发的偏见，"红色中国"的称谓反映的是冷战思维，而"黄色"则是因种族差异和历史原因引发的偏见，这两种颜色背后的偏见在中国威胁论中构成重要的论据。两种颜色之中，用"红色"描述中国，在德媒中业已"词典化"，成为貌似客观的词汇，而实际上"红色"一词承载着冷战时期西方阵营对社会主义国家的众多刻板印象和偏见。德媒一再使用"红色"给中国（尤其是中国政府）定性，其实就是一再提醒受众，中国与西方社会存在体制差异，提醒受众社会主义国家中国是西方社会的群体外成员。这种行文策略有可能激活受众关于社会主义国家的各种刻板印象和偏见，从而带着这些既有认识去阅读涉华报道、解读中国。

中国被称为"红色帝国"[1]"红色的龙"[2]、巨大的红色邻居[3]等；中国领导人们被称为"红色元首们"（［德］rote Führer）[4]、"红色战略家们"[5]、红色规划者[6]、红色统治者、红色老板[7]等；而具有中国共产党党员身份的企业家则被称为红色资本家[8]；中国的海军舰队被称为"红色舰队"[9]。

---

[1] Andreas Lorenz, "Prickelnde Weltfabrik", *Der Spiegel*, No. 18, 2004, pp. 136–138.

[2] Frank Hornig, "Globalisierung für Kleine", *Der Spiegel*, No. 52, 2005, p. 91.

[3] Wieland Wagner/Andreas Lorenz, "Gift für den ganzen Erdball", *Der Spiegel*, No. 4, 2007, pp. 124–128.

[4] Gabor Steingart/Wieland Wagner, "Partner wilder Willen", *Der Spiegel*, No. 46, 2009, pp. 74–78.

[5] Wieland Wagner, "Verschlossene Werkstore", *Der Spiegel*, No. 49, 2008, pp. 98–100.

[6] Alexander Jung/Wieland Wagner, "Die Krawane zieht weiter", *Der Spiegel*, No. 20, 2008, pp. 84–88.

[7] Frank Hornig/Wieland Wagner, "Duell der Giganten", *Der Spiegel*, No. 32, 2005, pp. 74–88.

[8] 参见 Alexander Jung/Wieland Wagner, "Die Chinesen kommen", *Der Spiegel*, No. 1, 2005, pp. 52–54。

[9] Anon., "Rote Flotte zum Persischen Golf?", *Der Spiegel*, No. 49, 2005, p. 109.

在德媒的眼中，"毫无疑问东方是红色的"①，中国是"红色威胁"②。

需指出的是，以"红色"指称中国和中国领导人的话语片段基本都来自《明镜》周刊，《时代》周报较少用"红色"限定中国。这说明《明镜》周刊在涉华报道上意识形态特点更强。

"黄色"在德媒涉华报道中被用于定性中国的频率虽低于"红色"，但也广泛存在，且在两刊中都存在。《明镜》周刊指责中国偷窃西方工业秘诀，称"黄色的贪婪已经发展成'德国经济利益的不可忽视的威胁'"③；《时代》周报称中国为非洲的"黄色主人"和"黄色殖民者"④。"黄色"一词所蕴含的负面社会意义源自德国皇帝威廉二世所提出的"黄祸论"。该词在德媒涉华报道中再次出现，则表明"黄祸"刻板印象与偏见再次被激活，比如《明镜》周刊报道在俄国边境地区经商的中国人群体时，回忆了历史上德国皇帝威廉二世提出"黄祸"一事⑤，《时代》周报则表示，"勤奋的中国商人对很多俄罗斯人而言，就是货真价实的'黄祸'"⑥。甚至在体育领域，中国人也被视为黄祸，有报道称，"就像西方担心中国的廉价商品淹没西方市场以及又重提'黄祸'一样，他们的国际象棋选手也可能会将我们的奖项都夺走"⑦。

三 刻板印象：13 亿中国人的集体行为

中国社会在德媒中经常以 13 亿人的集体形象出现，而中国人作为个体在这种集体形象中没有任何意义，只不过是关于中国的这个庞大数字中的一个而已，正如有报道所言，"人们总是说起，中国是一个拥有十多

---

① Erich Follath/Alexander Jung/Andreas Lorenz/Stefan Simons/Wieland Wagner, "Der Sprung des Drachen", *Der Spiegel*, No. 42, 2004, pp. 110 – 127.

② Frank Hornig/Wieland Wagner, "Duell der Giganten", *Der Spiegel*, No. 32, 2005, pp. 74 – 88.

③ Jürgen Dahlkamp/Marcel Rosenbach/Jörg Schmitt/Holger Stark/Wieland Wagner, "Prinzip Sandkorn", *Der Spiegel*, No. 35, 2007, pp. 19 – 34.

④ Bartholomäus Grill, "Die neuen Kolonialherren", *Die Zeit*, No. 38, 2006, p. 32.

⑤ Jörg R. Mettke, "'Einfach hingehen und dort leben'", *Der Spiegel*, No. 14, 2002, pp. 140 – 144.

⑥ Johannes Voswinkel, "Wasserfälle mit Stromschaltern", *Die Zeit*, No. 26, 2004.

⑦ Helmut Pfleger, "Schach", *Die Zeit*, No. 26, 2006, p. 3.

亿人口的大国，但却极少有人看到，中国人也是有生活乐趣的，也是容易打交道的民族。……对于中国，人们往往只看到中国的巨大的、匿名的数字，而几乎看不到组成这个数字的众多个体"①，更有报道称，"中国在西方人的眼中曾经一直是无固定形体的（［德］amorphe）、没有自我意识的大众群体……即使我们在思想中杀死了其中一个，那还有无限多个与死者没有丝毫差异的其他中国人存在"②。这种在报道中不细分中国的行为主体，而将之泛化为"全中国"或者"所有中国人"的视角，同样存在于《明镜》周刊和《时代》周报之外的其他德国媒体中，③而且也经常反映在报道所使用新闻标题中，如《中国人来了》《对中国人的恐惧》等。

报道所描述的西方人看中国的这种"只见群体，不见个体"的视角，在德媒涉华报道中很常见。德媒不管是在论及中国是吸引西方的销售市场时，还是在表示中国对西方资源支配权构成威胁时，都将之与中国拥有13亿人口的集体身份联系起来。也就是说，中国作为人口大国的特点在德媒眼中是兼具利益和威胁两面性的。这与德媒中存在的双重中国情结极其相似，报道称，"世界抱着一种混合以希望和恐惧的心态观察中国，中国是一个拥有13亿人口的国家，一个渴望富裕生活的国家"④。德媒从人口众多的中国看到的利益是："13亿的潜在顾客，这是吸引德国企业的热点"⑤，"13亿人口，世界最大的销售市场之一"⑥。同时，拥有13亿人口的中国很长时间以来都被视作"永不见底的廉价劳动力储备池"⑦，因此中国因为工资成本低，很长一段时间都被视为"世界上最便宜的生

---

① Ullrich Fichtner, "Chinas gefährlicher Sommer", *Der Spiegel*, No. 32, 2008, pp. 84 - 98.
② Peter Kümmel, "Peking, Mitte der Welt", *Die Zeit*, No. 30, 2007, p. 35.
③ 参见 Carola Richter/Sebastian Gebauer, *Die China-Berichterstattungen in den deutschen Medien*, Berlin: Heinrich Böll Stiftung, 2010, p. 15。
④ Markus Feldenkirchen, "Der lange Marsch", *Der Spiegel*, No. 5, 2008, pp. 62 - 66.
⑤ Alexander Jung, "Sprung auf den Drachen", *Der Spiegel*, No. 34, 2004, pp. 66 - 68.
⑥ Konstantin Von Hammerstein/Dietmar Hawranek/Andreas Lorenz, "Im Maul des Drachen", *Der Spiegel*, No. 50, 2003, pp. 86 - 88.
⑦ Alexander Jung/Wieland Wagner, "Die Krawane zieht weiter", *Der Spiegel*, No. 20, 2008, pp. 84 - 88.

产区位之一"①。从时间分布上看,中国被视为西方的巨大市场主要在2005年之前,这与中国经济话语束分析结果相应,那时受到中国13亿人的大市场的吸引,欧洲掀起中国热,那时中国还未被定义为真实的"威胁"。

随着中国经济的发展,逐渐强大的中国越发被视为西方的威胁。同样还是这13亿人口,从2005年起不再仅被视为西方产品的潜在客户,而更多被视作西方的威胁:因为中国人口众多,德媒称中国对粮食的需求导致世界粮价上涨,"同时也导致世界各国的单一种植文化"②;同样因为中国人口众多,德媒表示,"除了中国的钢铁饥渴之外,中国13亿人口的石油饥渴也让西方地缘战略家感到害怕"③,报道称,"(在中国)一切都有无法想象的规模:如果有一天每个中国人都开车,油从哪里来?"④,或者称,"中国13亿人的机动化在进行中。世界可能会因此窒息"⑤。

因为预见中国人的消费需求和消费行为可能对西方社会造成不利影响,于是"13亿"这个曾经让看到巨大商机的西方经济界为之欢呼雀跃的数字,现在成了在西方引发恐惧的数字。不过在这个数字背后依然没有中国人作为个体的身影,没有人关注,包括汽车消费在内的其他消费方式是每个中国人的正当权利,就像西方国家的公民一样。只是因为这些个体是中国13亿人口中的一分子,就被剥夺了追求富裕生活、追求与现代物质文明相应的消费水平的权利。

中国人在西方的眼中只是13亿人口的集体,每个个体也只是一个数字而已,是匿名的。不仅如此,这种观察视角也表明中国人在西方眼中是同质的,没有个体差异的,所以西方才认为所有的产品都有13亿的潜在客户;才认为13亿中国人都会有同样的资源消费需求和消费能力,比

---

① Konstantin Von Hammerstein/Dietmar Hawranek/Andreas Lorenz, "Im Maul des Drachen", *Der Spiegel*, No. 50, 2003, pp. 86 – 88.

② Rüdiger Falksohn/Jens Glüsing/Horand Knaup/Padma Rao/Thilo Thielke/Wieland Wagner, "Kultur des Todes", *Der Spiegel*, No. 18, 2008, pp. 118 – 121.

③ Fritz Vorholz/Georg Blume, "Gier nach Erz und Öl", *Die Zeit*, No. 22, 2004.

④ Jan Ross, "Und der Westen schaut ratlos zu", *Die Zeit*, No. 2, 2006, p. 6.

⑤ Georg Blume, "Mit Vollgas in die Mongolei", *Die Zeit*, No. 14, 2007, p. 13.

如汽车。反之，作为集体而言，13亿人口在西方眼中是个巨大的数字，因此德媒中一再出现诸如"巨大的帝国"（［德］Riesenreich）①"巨大的国家"（［德］Riesenland）②、"巨人"③ 等关于中国的指称，这些指称业已成为关于中国的刻板印象。"黄祸"一词所承载的负面联想应该也与中国庞大的人口基数之间存在一定关联，比如德媒在一篇报道中提到，中俄边境城市符拉迪沃斯托克（即海参崴）有一个街区叫"Millionka"，报道称，这个名字"迄今都反映出旧日俄国人误以为有数不清的中国人而产生的恐惧"④。

四　德媒涉华报道中存在的地域形象

德媒涉华报道中可提炼出特定的中国地域形象，其中以北京、上海和以深圳、东莞为代表的珠江三角洲地区形象最为突出。北京在德媒眼中是政治的城市，上海是中国经济发展的"龙头"，深圳和东莞是"世界工厂"的城市、农民工群体尤其是"打工妹"群体聚集的城市。这三个地域形象在一定程度上分别代表中国政治形象、中国经济形象与中国社会形象，三者可拼合成一个较为完整的中国形象。

北京作为中国首都和中国政府所在地，在德媒中被打上"共产主义"烙印，"北京"在报道中经常作为中国的另一个指称出现。如同西方对社会主义国家的印象一样，北京在德媒中的形象也是灰色调的。德媒如此描述北京的"灰色的、社会主义的形象"⑤："北京每天都在发生变化。城市笼罩着雾霾，灰色的外罩包裹着人和建筑"⑥，北京是严肃的、灰色的、矗立着大量预制板建筑的城市⑦。举办奥运依然没有褪去北京在德媒中的灰色调刻板印象：在德媒的眼中，"北京的天是灰色的，空气污浊，

---

① Bernd Ulrich, "Das Match beginnt", *Die Zeit*, No. 22, 2006, p. 7.
② Martin U. Müller, "Langer Marsch", *Der Spiegel*, No. 47, 2009, pp. 86-88.
③ Josef Joffe, "Druck hilft doch", *Die Zeit*, No. 2, 2008, p. 1.
④ Johannes Voswinkel, "Wasserfälle mit Stromschaltern", *Die Zeit*, No. 26, 2004.
⑤ Padtberg, "Statt Gespräch", *Die Zeit*, No. 10, 2004.
⑥ Jana Simon, "Herr Kräuter in China", *Die Zeit*, No. 6, 2006, p. 15.
⑦ 参见 Uwe Jean Heuser/Georg Blume, "China hebt ab", *Die Zeit*, No. 1, 2004。

到处都是警察、军队和封锁区域"①，北京依然是"肮脏的大都市"②。

德媒塑造北京灰色形象的一个重要依据是北京的环境污染问题，报道称，北京是中国"灾难性的环境问题的最显著例证"③。在涉及奥运的报道中德媒一再提及北京的环境污染问题，这使北京的灰色形象得到集中加强。2008年奥运会举办前夕，北京的环境污染问题成为德媒关注的焦点之一，报道称，"北京是世界上最脏的城市之一……没有什么问题比北京的天气和环境状况更让世界公众关注"④。

上海在德媒涉华报道中拥有自己独特的形象。西方人对上海历来就有特别的兴趣，历史的上海在西方眼中是"东方巴黎""亚洲妓女"⑤，"是性和罪恶的同义词，既意味着不可估量的财富，同时也等同于不可估量的剥削，既让人厌恶又具有吸引力"⑥。报道称，20世纪30年代，"上海曾经是东方的好莱坞或者是亚洲的巴黎"，是"中西合璧的全球化亚洲中心"⑦。不过报道也称，"共产党毁掉了（上海的）一切乐趣"⑧，意思是指上海在新中国成立之后失去了所谓东方巴黎的特色。

现在的上海在德媒眼中则是另一番形象：《明镜》周刊曾经做过一期以上海为报道对象的封面故事，该报道称，上海是中国经济发展的"龙头"⑨，是中国的"未来都市"⑩和"未来的世界都市"⑪。鉴于上海的"龙头"身份，德媒在涉华报道中高频率使用外滩的照片，以配合关于中国经济快速发展的报道。上海富裕家庭豪宅内的家居照片以及上海时尚

---

① Maik Grossekathoefer, "Galopp und Hiphop", *Der Spiegel*, No. 34, 2008, pp. 116 – 117.
② F. D., "Heil", *Die Zeit*, No. 22, 2010, p. 12.
③ Andreas Lorenz, "'Menetekel der Nation'", *Der Spiegel*, No. 50, 2000, pp. 212 – 213.
④ Andreas Lorenz, "Im Schatten der Schlote", *Der Spiegel*, No. 30, 2008, pp. 116 – 118.
⑤ Erich Follath/Andreas Lorenz/Stefan Simons, "Der Kopf des Drachen", *Der Spiegel*, No. 50, 2002, pp. 134 – 152.
⑥ Ibid..
⑦ Anon., "Divas aus der Schatztruhe", *Der Spiegel*, No. 38, 2004, p. 140.
⑧ Ibid..
⑨ Erich Follath/Andreas Lorenz/Stefan Simons, "Der Kopf des Drachen", *Der Spiegel*, No. 50, 2002, pp. 134 – 152.
⑩ Ibid..
⑪ Christian Schüle, "Die Vortänzerin von Shanghai", *Die Zeit*, No. 4, 2002.

秀照片也经常作为配图出现,以配合关于中国人生活水平提高、富翁阶层形成的报道。上海被视为"艺术、文化和资本汇聚的地方"①,因此除了中国经济发展的"龙头"身份外,德媒认为上海在思想和艺术领域也成为"中国的实验室"②。作为"中国实验室"的上海被誉为"中国前卫艺术的重要基地"③。

东莞和深圳的形象与中国廉价生产基地形象、中国农民工群体形象密切相关。报道称,"东莞是中国出口机器的一个重要发动机"④,称"在深圳和广东产生一个又一个廉价工厂。这个地区是一个大型的出口供应商"⑤,称"珠江三角洲是世界工业产品的最大生产基地"⑥。与这种廉价生产基地形象相应,德媒也将东莞和深圳塑造成典型的农民工群体聚集地形象,报道称,"东莞作为奴隶大军所在地,甚至在中国也是臭名昭著的"⑦。德媒采访和报道的打工者也多为在东莞或者深圳工作的,在塑造中国遭受经济危机重创的形象时,德媒也着重报道东莞失业工人集体讨薪的行为。

需指出的是,德媒多次提到,珠江三角洲地区的打工者中以年轻女性居多,报道称,"东莞的工人多为女性"⑧;称深圳的经济奇迹是年轻女性创造出来的⑨,因此深圳被称作"女孩的城市"⑩。关于中国经济发展或者中国产品安全问题等的报道,也经常选用展示深圳或者东莞女工在生产线上工作的照片作为配图。这样的图片选择视角一方面反映出年轻女性打工者群体在德媒眼中的突出形象;另一方面也反映出廉价生产基地形象、"劳动奴隶"形象等在中国经济形象中的稳定性和重要地位。

---

① Christian Schüle, "Der neue Stolz auf die Künstler", *Die Zeit*, No. 4, 2002.
② Christian Schüle, "Die Vortänzerin von Shanghai", *Die Zeit*, No. 4, 2002.
③ Christian Schüle, "Der neue Stolz auf die Künstler", *Die Zeit*, No. 4, 2002.
④ Wieland Wagner, "Verschlossene Werkstore", *Der Spiegel*, No. 49, 2008, pp. 98 – 100.
⑤ Andreas Lorenz/Wieland Wagner, "Die Rotchina AG", *Der Spiegel*, No. 3, 2007, pp. 84 – 99.
⑥ Ullrich Fichtner, "Die Stadt der Mädchen", *Der Spiegel*, No. 6, 2005, pp. 60 – 66.
⑦ Andreas Lorenz/Wieland Wagner, "Billig, willig, ausgebeutet", *Der Spiegel*, No. 22, 2005, pp. 80 – 90.
⑧ Ibid..
⑨ Ullrich Fichtner, "Die Stadt der Mädchen", *Der Spiegel*, No. 6, 2005, pp. 60 – 66.
⑩ Ibid..

结束语

本书以建构主义为认识论基础，以蕴含建构主义理念的传播学理论、跨文化交流理论、国家形象理论为适用理论，以同样蕴含建构主义理念的批评话语分析方法为研究方法，对通过定期取样获得的来自德国主流印刷媒体《明镜》周刊和《时代》周报2000—2010年的涉华报道进行分析，以呈现德媒建构的中国形象，并揭示这种中国形象形成的过程及其背后隐藏的价值观与利益标准。本书所呈现的中国形象是德国媒体中的中国硬实力形象与国际关系形象建构，涉及德国媒体关于中国经济、中国国际关系、中国科技、中国军事和中国体育的报道。

分析表明，德国媒体所建构的中国硬实力形象以负面倾向为主，并且中国硬实力形象随着中国硬实力的增强而发生变化。德媒涉华报道中充斥着中国威胁论，随着中国经济威胁论衍生出中国科技威胁论和中国军事威胁论，继而发展为中国体制威胁论。而实际上，中国体育威胁论在一定意义上同样是中国经济威胁论的延伸。德媒中中国威胁论的声音随着中国经济实力的增强而升高。负面中国硬实力形象以及中国威胁论声音日益增强，背后隐藏的是德媒涉华报道的主体依赖性和德国/西方的价值观与经济利益。不管是哪种变体形式的中国威胁论，其实都是意图在话语上剥夺中国发展的合法性和正当性，进而抑制中国的发展。

作为中国硬实力形象的核心组成部分，德媒所建构的中国经济形象映射出典型的双重中国情结：既希望从中国经济发展中获得红利，又担心中国经济实力增长对德国/西方构成威胁。这种双重中国情结的背后隐藏的是德国/西方的经济利益。而中国经济威胁论与中国经济崩溃论在德媒涉华报道中并存的现象，看似互相矛盾，其实质却都是一样的，依然是服务于德国/西方经济利益：前者是对威胁到来的预警，后者是对威胁消失的希望。

除了双重中国情结，德国媒体涉华报道的另一特点，主张可以在中德关系/中西关系中兼获经济利益与价值观利益，即既可以从中国获得经济利益，又可以在政治上规训中国。尤其是在中德关系主题上，德媒兼获双重利益的主张旗帜鲜明地表现出来，不管是批评施罗德政府对华政策，还是赞扬默克尔政府对华政策，皆是源于这样的主张。但是在不同时期，德媒对于在中德关系中德国所获经济利益和价值观利益的诉求并非一成不变，虽然总是主张二者兼得，但有时经济利益更占上风，比如在德国深受经济危机困扰之时，有时则是价值观利益更占上风，比如在施罗德执政时期以及默克尔执政初期。分析显示，德媒所建构的中国形象背后，经济利益与价值观利益始终处于互动关系之中。

这种兼获双重利益的主张是建立在自我优越性框架和对中国的政治偏见之上的。无论在中国经济话语束、中国科技话语束、中国军事话语束还是在中国体育话语束中，抑或是在中国国际关系话语束中，德媒对中国的政治偏见都有所反映。德媒涉华报道使用的自我优越性框架和对中国的政治偏见是民族中心主义的表现，他们将自我文化、自我体制中心化，视其为更为优越的、唯一正确的，进而赋予自我规训、批评中国的权力。

综上可以看出，德媒涉华报道从来都不是客观中性的报道，而是德媒在主动的新闻选择后形成的建构产物。德媒中所呈现的中国形象也非关于中国客观真实情况的反映，而更多反映出德媒所在话语共同体作为观察者的诉求和意志，即德媒建构的中国形象具有主体依赖性。德媒所建构的中国形象，背后隐藏的衡量标准是德国/西方的经济利益与价值观利益。因此，中国经济形象呈现变化状态，时而被认可，时而被妖魔化，或者两种视角兼而有之；因此，中国经济威胁论随着中国经济实力的增长呈递进式增长；因此，中国经济威胁论与中国经济崩溃论几乎总是共同存在；因此，中国因为拥有与西方不一样的政治体制，一再遭到批评，并被期望和要求接受西方模式；因此，中国在科技和军事、体育等能够反映中国国力和民族精神的领域实现实力增长时，都被解读为对西方构成威胁。此外，德媒所建构中国形象的主体依赖性，也表现为德媒涉华报道的民族中心主义特点，表现为德媒在自我优越性框架下观察中国和评价中国。

德国媒体建构的中国形象以负面为主，并且德媒涉华报道中充斥对中国的刻板印象与偏见。德国公众中对中国持负面态度的人数比例远远高于美国，高于欧洲其他国家。德国媒体与德国公众眼中的中国形象如此负面，除了背后隐藏的经济利益考量与价值观标准之外，德国特殊的历史也是一个重要的原因。第二次世界大战后，作为战败国的德国被英美法苏四国分而治之，德国分裂为东德和西德，柏林墙的一边是社会主义国家，另一边是资本主义国家。虽然两德实现再统一迄今已经有二十多年了，但是东德的历史成为德国人永远挥之不去的集体记忆。这段特殊的历史和政治文化使德国民众以代入式思维和放大镜效应看待中国，将其关于社会主义国家东德的记忆代入对中国的观察，甚至更将这种记忆放大化。①于是德国眼中的中国形象较之其他西方国家眼中的中国形象而言，往往更为负面，其所持的政治偏见也更为顽固。

国家形象是国家软实力的重要组成部分，具有经济、政治和安全等多重价值。在全球化语境下，国家形象的作用更为突出。良好的中国形象对于中国而言是极其宝贵的财富，因此必须让世界、让西方社会、让在西方乃至在全世界占据重要地位的德国更好地了解中国、理解中国；必须加强彼此沟通、消解偏见。鉴于媒体是国家形象传播的最重要的途径之一，为此我国必须充分利用当下丰富的媒体资源和广泛的信息渠道，逐渐掌握国际传播话语权，使之为传播和提升中国形象做出贡献。我国对外传播的工作可谓任重而道远。

——路漫漫其修远兮，吾将上下而求索。

---

① 王义桅、李燕燕：《国之交缘何民不亲？——中德经济依存与民众好感度的非对称性分析》，《德国研究》2015 年第 3 期，第 16—30 页。

参考文献

外文文献

Alexander Seibt, *Von der Idealisierung bis zur Verteufelung. Das Bild Chinas im Wandel? Eine Medienanalyse der Kommentare zu China in der deutschen überregionalen Presse* (Arbeitspapiere zur internationalen Politik und Außenpolitik. 2010, Nr. 3), Köln: Lehrstuhl Internationale Politik Universität zu Köln, 2010.

Anne Waldschmidt, Der Humangenetik-Diskurs der Experten: Erfahrungen mit dem Wergzeugkasten der Diskursanalyse, *Handbuch Sozialwissenschaftliche Diskursanalyse. Band 2: Forschungspraxis*. 2. Auflage, Wiesbaden: VS Verlag für Sozialwissenschaften, 2004, pp. 147 – 168.

Anon., "Zwischen Angst und Schwärmerei", *Die Zeit*, NO. 25, 2005.

Axel Schildt, Immer mit der Zeit: Der Weg der Wochenzeitung DIE ZEIT durch die Bonner Republik – eine Skizze, *Die Zeit und die Bonner Republik. Eine meinungsbildende Wochenzeitung zwischen Wiederbewaffnung und Wiedervereinigung*, Göttingen: Wallstein, 2008, pp. 9 – 27.

Bernhard Pörksen, *Die Beobachtung des Beobachters. Eine Erkenntnistheorie der Journalistik*, Konstanz: UVK, 2006.

Bettina Geuenich, *Beijing – Die politischen Spiele in China: Die Auswirkungen der politischen Lage in China auf die Sportberichterstattung der Olympischen Spiele 2008 in Peking am Beispiel der FAZ*, Saarbrücken: VDM Verlag Dr. Müller, 2010.

Caja Thimm/Tobias Bürger/Phyllis Kuhn, *China im Spiegel der deutschen Gesellschaft. Images, Einstellungen und Erwartungen in Wirtschaft, Wissenschaft und Kultur*, Bonn: Bonner Akademie für Forschung und Lehre praktischer Politik, 2014.

Carola Richter/Sebastian Gebauer, *Die China-Berichterstattungen in den deutschen Medien*, Berlin: Heinrich Böll Stiftung, 2010.

Christiane Hilsmann, *Chinabild im Wandel. Die Berichterstattung der deutschen Presse*, Hamburg: Diplomarbeiten Agentur diplom. de, 1997.

Christiane Krüger, *Journalistische Berichterstattung im Trend der Zeit. Stilstrategie und Textdesign des Nachrichtenmagazins Focus*, Münster: Lit Verlag, 1995.

Ernst Von Glasersfeld, Konstruktion der Wirklichkeit und des Begriffs der Objektivität, *Kursbuch Medienkultur: Die Maßgeblichen Theorien von Brecht bis Baudrillard*, Stuttgart: Deutsche Verlags-Anstalt DVA, 1999, pp. 348 – 371.

Friedemann Vogel/Jia Wenjian (Hrsg.), *Chinesisch-Deutscher Imagereport. Das Bild Chinas im Deutschensprachichigen Raum aus kultur-, medien-und sprachwissenschaftlicher Perspektive (2000 – 2013)*, Berlin/Bosten: De Gruyter, 2017.

Fritz B. Simon, *Einführung in Systemtheorie und Konstruktivismus*. 3. Auflage, Heidelberg: Carl-Auer Verlag, 2008.

GabrielLayers, Interkulturelles Identitätsmanagement, *Handbuch Interkulturelle Kommunikation und Kooperation. Band 1: Grundlagen und Praxisfelder*, Göttingen: Vandenhoeck & Ruprecht, 2003, pp. 117 – 125.

Georg Kneer/Armin Nassehi, *Niklas Luhmanns Theorie sozialer Systeme. Eine Einführung*. 4. unveränderte Auflage, München: UTB für Wissenschaft, 2000.

Georg Ruhrmann, Ereignis, Nachricht und Rezipient, *Die Wirklichkeit der Medien. Eine Einführung in die Kommunikationswissenschaft*, Opladen: VS Verlag für Sozialwissenschaften, 1994, pp. 237 – 256.

Gerd Frahne, *Berichte über Chinas Reformperiode. Die Peking-Reporte des WELT-Korrespondenten Herbert Kremp 1977 – 1981*, Bochum: Studienverlag N.

Brockmeyer, 1989.

Gerhard Maletzke, *Interkulturelle Kommunikation. Zur Interaktion zwischen Menschen verschiedener Kulturen*, Opladen: VS Verlag für Sozialwissenschaften, 1996.

Gerhard Roth, Das konstruktive Gehirn: Neurobiologische Grundlagen von Wahrnehmung und Erkenntnis, *Kognition und Gesellschaft. Der Diskurs des Radikalen Konstruktivismus* 2, Frankfurt/Main: Suhrkamp Verlag, 1992, pp. 277 – 336.

Gui Hao, *Das wahre und unwahre China. Das China-Bild im Wochenmagazin "DER SPIEGEL" von 2001 bis 2004*, Saarbrücken: VDM Verlag Dr. Müller, 2007.

Günter Amendt, *China. Der deutschen Presse Märchenland*, Berlin: Voltaire-Verl, 1968.

Günter Bentele, Wie wirklich ist die Medienwirklichkeit? einige Anmerkungen zum Konstruktivismus und Realismus in der Kommunikation Swissenschaft, *Theorien öffentlicher Kommunikation*, München: Ölschläger, 1993, pp. 152 – 171.

Hans Bohrmann, "Pressewesen, Journalismus. Die Zeit. Geschichte", 2006, http://scans.hebis.de/13/62/08/13620898_rez.pdf.

HB FRANKFURT, "Übertriebene Panikmacher um 'Seltene Erden'", 2011, http://www.handelsblatt.com/finanzen/rohstoffe-devisen/rohstoffe/kein-engpass-uebertriebene-panikmache-um-seltene-erden/3821232.html.

Heinz Bonfadelli, *Medienwirkungsforschung I. Grundlagen und theoretische Perspektiven*, 3. Auflage, Konstanz: UvK UTB, 2004.

Heinz Pürer, *Publizistik – und Kommunikationswissenschaft. Ein Handbuch*, Konstanz: UVK UTB, 2003.

Helmut Schmidt, Geleitwort, *Chinas Jahrhundert. Die Zukunft der nächsten ökonomischen Supermacht hat bereits begonnen. Mit einem Vorwort des chinesischen Ministerpräsidenten Zhu Rongji und einem Geleitwort von Alt-Bundeskanzler Helmut Schmidt.* (Deutsche Übersetzung von Christiane Bergfeld/Ursula

Bischoff/Maria Bühler/Jacqueline Csuss), Weinheim: WILEY-VCH, 2001, pp. XI-XV.

Hermann Meyn, *Massenmedien in Deutschland*, Konstanz: UVK, 2004.

Huawei, "Deutschland und China – Wahrnehmung und Realität. Die Huawei-Studie 2012/2014/2016", 2019, http://www.huawei-studie.de/download.

Ina Vach, *Die Olympischen Spiele 2008 – im Schatten von Tibet? Eine Analyse der Vorberichterstattung über die Olympischen Spiele im Gastgeberland China in ausgewählten deutschen überregionalen Tageszeitungen*, Hannover: Hochschule für Musik und Theater Hannover, 2008.

Jarochna Dąbrowska, *Stereotype und ihr sprachlicher Ausdruck im Polenbild der deutschen Presse. Eine textlinguistische Untersuchung*, Tübingen: Gunter Narr Verlag, 1999.

Jean-Claude Usunier/Björn Walliser, *Interkulturelles Marketing. Mehr Erfolg im internationalen Geschäft*, Wiesbaden: Gabler, 1993.

Johanna Braun, *Das Nationen-Bild Chinas im Nachrichtenmagazin "DER SPIEGEL": Eine vergleichende Bildanalyse der Jahrgänge 2004 und 2009*, Saarbrücken: VDM, 2011.

Jörg Becker, "Die Berichterstattung überdie Tibetkrise (März 2008) und die Olympiade in China (August 2008) in deutschsprachigen Massenmedien", 2009, http://seniora.org/index.php? option = com_content&task = view&id = 408&Itemid =41 –.

Jürgen Bellers, *Politische Ökonomie der Medien*, Münster: Lit Verlag, 2002.

Jürgen Bolten, *Einführung in die Interkulturelle Wirtschaftskommunikation*, Göttingen: UTB, 2007.

Kai Hafez, Das Chinabild deutscher Medien aus kommunikationswissenschaftlicher Perspektive, *Die China-Berichterstattungen in den deutschen Medien*, Berlin: Heinrich Böll Stiftung, 2010, pp. 237 – 258.

Klaus Beck, *Medien und die soziale Konstruktion von Zeit. Über die Ver-

mittlung von gesellschaftlicher Zeitordnung und sozialem Zeitbewußtsein, Opladen: VS Verlag für Sozialwissenschaften, 1994.

Konrad Seitz, *China im 21. Jahrhundert*, Frankfurt/Main: Piper, 2000.

Linny Bieber, *China in der deutschen Berichterstattung 2008: Eine multiperspektivische Inhaltsanalyse*, Wiesbaden: VS Verlag für Sozialwissenschaften, 2011.

Lukas Peuckmann, "*One World, One Dream?*". *Das Bild Chinas in der Olympia-Berichterstattung*, Berlin: Frank & Timme, 2010.

Marc Ermer, "Konstruktivismus in der Kommunikationswissenschaft", 1996, http://wwwuser.gwdg.de/~mermer/puk/konstr.htm.

Margarete Jäger/Siegfried Jäger, *Deutungskämpfe. Theorie und Praxis Kritischer Diskursanalyse*, Wiesbaden: VS Verlag für Sozialwissenschaften, 2007.

Marvin Harris, *Kulturanthropologie. Ein Lehrbuch.* (Deutsche Übersetzung von Sylvia M. Schomburg-Scherff), Frankfurt/New York: Campus Verlag, 1989.

Matthias Nass, "Rote Meere", *Die Zeit*, No. 41, 2010.

Michael Haller, Journalistisches Handeln: Vermittlung der Konstruktion von Wirklichkeit, *Theorien öffentlicher Kommunikation*, München: Ölschläger, 1993, pp. 137–151.

Michael Poerner, *Business-Knigge China. Die Darstellung Chinas in interkultureller Ratgeberliteratur*, Frankfurt/Main: Peter Lang, 2009.

Michael Poerner, "Das olympische Feuer brennt. Und mit ihm lodert das Misstrauen" – Die Chinaberichterstattung während der Olympischen Sommerspiele in Beijing 2008, *Journal of Current Chinese Affairs*, No. 1, 2009.

Michael Schwab-Trapp, Methodische Aspekte der Diskursanalyse. Probleme der Analyse diskursiver Auseinandersetzungen am Beispiel der deutschen Diskussion über den Kosovokrieg, *Handbuch Sozialwissenschaftliche Diskursanalyse. Band 2: Forschungspraxis.* 2. Auflage, Wiesbaden: VS Verlag für Sozialwissenschaften, 2004, pp. 169–195.

Peng Kuang, *Das Chinabild im deutschen öffentlich-rechtlichen Fernsehen. Eine Inhaltsanalyse am Beispiel der China-Berichterstattungen des ZDF im Jahr*

2008, Marburg: Tectum Verlag, 2014.

Peter M. Hejl, Soziale Konstruktion von Wirklichkeit, *Die Wirklichkeit der Medien. Eine Einführung in die Kommunikationswissenschaft*, Opladen: VS Verlag für Sozialwissenschaften, 1994, pp. 43 – 59.

Petra Köppel, *Kulturerfassungsansätze und ihre Integration in interkulturelle Trainings*, Trier: Focus Kultur, 2002.

Pew Research Center, "Global Indicators Database", 2018, http://www.pewglobal.org/database/indicator/24.

Ralf Beste/Roland Nelles/Ralf Neukirch, "Aufstand der Idealisten", *Der Spiegel*, No. 21, 2008.

Ralf Stockmann, *Spiegel und Focus: Eine vergleichende Inhaltsanalyse 1993 – 1996*, Göttingen: Schmerse Verlag, 1999.

Siegfried Jäger, *Kritische Diskursanalyse. Eine Einführung.* 2. überarbeitete und erweiterte Auflage, Duisburg: DISS, 1999.

Siegfried J. Schmidt, Kommunikation – Kognition – Wirklichkeit, *Theorien öffentlicher Kommunikation*, München: Ölschläger, 1993, pp. 105 – 117.

Siegfried J. Schmidt, Die Wirklichkeit des Beobachters, *Die Wirklichkeit der Medien. Eine Einführung in die Kommunikationswissenschaft*, Opladen: VS Verlag für Sozialwissenschaften, 1994, pp. 3 – 19.

Siegfried J. Schmidt, *Kalte Faszination. Medien. Kultur. Wissenschaft in der Mediengesellschaft*, Weilerswist: Velbrück Wissenschaft, 2000.

Siegfried J. Schmidt/Siegfried Weischenberg, Mediengattungen, Berichterstattungsmuster, Darstellungsformen, *Die Wirklichkeit der Medien. Eine Einführung in die Kommunikationswissenschaft*, Opladen: VS Verlag für Sozialwissenschaften, 1994, pp. 212 – 236.

Siegfried Weischenberg, Die Medien und die Köpfe, *Theorien öffentlicher Kommunikation*, München: Ölschläger, 1993, pp. 126 – 136.

Simone Kimpeler, *Ethnizismus als kommunikative Konstruktion. Operational-konstruktivistische Diskursanalyse von Medienangeboten*, Wiesbaden: Deutscher Universitäts-Verlag, 2000.

Simone Kimpeler, Kritische Diskursanalyse der Medienberichterstattung am Beispiel des Ethnizismus, *Systemtheorie und Konstruktivismus in der Kommunikationswissenschaft*, Konstanz: UVK, 2002, pp. 197 – 213.

Spiegelgruppe, "Der Spiegel in Zahlen", 2011, http://www.spiegelgruppe.de/spiegelgruppe/home.nsf/Navigation/C226C5F6118D70E0C12573F700562F49? OpenDocument.

Spiegelgruppe, "Politisch unabhängig – niemandem verpflichtet", 2011, http://www.spiegelgruppe.de/spiegelgruppe/home.nsf/0/440FBE98BAF7E2F8C1256FD5004406DD? OpenDocument.

Stefan Schaaf, "Veranstaltungsbericht. 'Keine Medienverschwörung'", 2010, http://www.boell.de/weltweit/asien/asien-veranstaltungsbericht-studie-china-berichterstattung-9684.html.

Stefan Weber, *Nachrichtenkonstruktion im Boulevardmedium. Die Wirklichkeit der "Kronen Zeitung"*, Wien: Passagen Verlag, 1995.

Stefan Weber (Hrsg.), *Theorien der Medien: Von der Kulturkritik bis zum Konstruktivismus*, Konstanz: UVK UTB, 2003.

Susanne Fengler/Bettina Vestring, *Politikjounalismus*, Wiesbaden: VS Verlag für Sozialwissenschaft, 2009.

Susanne Pfeifer, *Das Image Chinas in den deutschen Medien. Eine Inhaltsanalyse ausgewählter überregionaler deutscher Tageszeitungen im Kontext der Vorbereitung und Austragung der Olympischen Spiele 2008*, Saarbrücken: VDM Verlag, 2009.

Thomas Heberer, Pluralisierungstendenzen im Ein-Partei-Regime, *Neue Gesellschaft*, 2008, No. 4, pp. 26 – 31.

Thomas Heberer, Chinabild und Medienberichterstattung aus politikwissenschaftlicher Perspektive, *Die China-Berichterstattungen in den deutschen Medien*, Berlin: Heinrich Böll Stiftung, 2010, pp. 259 – 288.

Tim Trampedach, Das neue "Reich des Bösen"? Die Volksrepublik China in deutschen Medien 1949 und 1999, *Berliner Chinahefte*, No. 18, 2000.

Wolfhard Karl Wilhelm Behrens, *Aspekte chinesischer Außenpolitik unter be-

sonderer Berücksichtigung ihrer Perzeption in ausgewählten deutschen Zeitungen, Bonn: Rhein. Fr. -Wilh. -Universität, 1978.

Zeitverlag Gerd Bucerius GmbH & Co. KG, "DIE ZEIT – Das redaktionelle Profil", 2011, http://www.zeitverlag.de/wp-content/uploads/2009/03/7413_zv_ade_prspiegel_bropressemappe_online1.pdf.

Zhou Haixia, Chinabilder in deutschen Medien, *Kulturelle Vielfalt deutscher Literatur, Sprache und Medien. Interkulturelle und kulturkontrastive Perspektiven*, Göttingen: Universitätsverlag Göttingen, 2009, pp. 223 – 238.

中文文献

［德］冯德律:《德国电视纪录片中的中国形象探析》，谢震宇译，《德国研究》2007年第4期。

［德］米歇尔·里德:《日报数：351份///每日发行量：2530万份》，《Magazin-Deutschland.de》2009年第6期。

［德］施明贤:《龙腾虎跃之地——未来对华经济关系的挑战和机遇》，2012年（http://www.china.diplo.de/Vertretung/china/zh/__pr/2012/reden-bo-2012/120329-k_C3_B6ln-ps.html）。

［法］达尼埃尔-亨利·巴柔:《比较文学意义上的形象学》，孟华译，《中国比较文学》1998年第4期。

［荷］冯·特姆彭纳斯、［英］查尔斯·汉普顿—特纳:《跨越文化浪潮》（原书第2版），陈文言译，中国人民大学出版社2007年版。

［美］J.赫伯特·阿特休尔:《权力的媒介》，黄煜、裘志康译，华夏出版社1989年版。

［美］马克斯韦尔·麦库姆斯:《议程设置：大众媒介与舆论》，郭镇之、徐培喜译，北京大学出版社2008年版。

蔡馥谣:《西方新闻周刊镜像下的中国形象——基于1949—2013年德国〈明镜〉周刊封面的中国符号分析》，《兰州大学学报（社会科学版）》2014年第4期。

蔡馥谣:《德国媒体视阈下的"一带一路"解读》，《中国文化与传播研究》2017年第2辑。

陈璐：《试论亚当·斯密的"论分工"思想与国际分工》，《黑河学刊》2012 年第 5 期。

丁磊：《国家形象及其对国家间行为的影响》，知识产权出版社 2010 年版。

范菊华：《对建构主义的辩证唯物主义思考》，《现代国际关系》2001 年第 11 期。

高小曼、金学宁：《德国媒体中的中国形象——以德国主流报刊关于 2010 上海世博会报道为例》，《扬州教育学院学报》2012 年第 2 期。

关世杰：《跨文化传播学视角中"龙"与"dragon"的互译问题与中国国家形象的关系》，《对外大传播》2007 年第 10 期。

管克江、黄发红：《德华人记者被开除续：法官称疑似"共产分子"即可开除》，《环球时报》，http：//world. huanqiu. com/roll/2012 - 02/2479860. html。

郭可：《当代对外传播》，复旦大学出版社 2003 年版。

何辉：《中国国家形象定位分析》，《现代传播》2006 年第 2 期。

何辉、刘朋等：《新传媒环境中国家形象的构建与传播》，外文出版社 2008 年版。

黄旦：《传者图像：新闻专业主义的建构与消解》，复旦大学出版社 2005 年版。

黄思学、卢世博、方紫嫣：《境外媒体眼中的中国外交形象——德国〈明镜周刊〉国际版涉华外交报道分析》，《湖南行政学院学报（双月刊）》2016 年第 2 期。

贾文键：《德国〈明镜〉周刊（2006—2007 年）中的中国形象》，《国际论坛》2008 年第 4 期。

姜智芹：《傅满洲与陈查理——美国大众文化中的中国形象》，南京大学出版社 2007 年版。

李晓梅：《德国〈南德意志报〉2016 年对中国的经济形象建构》，《新闻传播》2017 年第 12 期。

李正国：《国家形象构建》，中国传媒大学出版社 2006 年版。

李智：《中国国家形象：全球传播时代建构主义的解读》，新华出版社 2011 年版。

李智、李逸萌：《德国媒体中的中国形象建构——以〈明镜周刊〉一带一路报道为例》，《国际传播》2018 年第 4 期。

梁相斌：《中西方新闻战》，新华出版社 2008 年版。

刘华新：《德国之声开除 4 名华人记者　被指有意排除异己》，《环球时报》，http：//world.huanqiu.com/roll/2011 - 04/1605603.html。

刘继南、何辉等：《中国形象：中国国家形象的国际传播现状与对策》，中国传媒大学出版社 2006 年版。

刘继南、何辉等：《镜像中国：世界主流媒体中的中国形象》，中国传媒大学出版社 2006 年版。

刘继南、何辉：《当前国家形象建构的主要问题及对策》，《国际观察》2008 年第 1 期。

刘继南、周积华、段鹏等：《国际传播与国家形象——国际关系的新视角》，北京广播学院出版社 2002 年版。

刘佳、束涵：《〈南德意志报〉中的中国形象建构》，《新闻研究导刊》2018 年第 4 期。

刘明：《当代中国国家形象定位与传播》，外文出版社 2007 年版。

刘明：《历史和全球视野下的中国形象》，《对外大传播》2007 年第 8 期。

罗艳华：《中国外交战略调整中的"人权问题"》，《国际政治研究》2001 年第 1 期。

马凌、李昱佳：《2009 年全球舆论调查中的中国国家形象》，《中国地质大学学报（社会科学版）》2010 年第 10 卷第 3 期。

潘一禾：《文化与国际关系》，浙江大学出版社 2005 年版。

冉华、戴骋：《中国国家形象的"他塑"——〈明镜〉周刊网站国际版涉华报道分析》，《国际传播》2018 年第 1 期。

沙奇光：《对西方媒体散布"中国威胁论"的评析》，《国际政治研究》2000 年第 3 期。

沈妍：《德国媒体中的中国形象——以德国〈图片报〉对奥运前后的中国报道为例分析》，《东南传播》2009 年第 1 期。

孙文沛：《浅析默克尔时代的中德外交》，《武汉大学学报（人文科学版）》2008 年第 3 期。

孙英春：《跨文化传播学导论》，北京大学出版社 2008 年版。

孙英春：《中国国家形象的文化建构》，《教学与研究》2010 年第 11 期。

孙有中：《国家形象的内涵及其功能》，《国际论坛》2002 年第 3 期。

唐婧：《网络互动与中国形象的构建——德国媒体网络版对"中国全面深化改革"报道的分析》，《今传媒》2016 年第 7 期。

王东：《中国崛起与"中国威胁论"》，《决策与信息》2008 年第 6 期。

王异虹、张晓玮、何苏鸣、丁洁、江晓川：《德国主流媒体重构的西藏问题——德国媒体涉藏报道内容分析》，《新闻与传播研究》2010 年第 2 期。

王义桅、李燕燕：《国之交缘何民不亲？——中德经济依存与民众好感度的非对称性分析》，《德国研究》2015 年第 3 期。

王钰：《"中国经济威胁论"及其国家形象悖论》，《国际观察》2007 年第 3 期。

王志强：《德国〈时代〉周报视角下的经济中国形象（2004—2009）》，《德国研究》2009 年第 4 期。

魏艾：《浅谈新闻的涵化作用——以 2009 年至 2010 年〈明镜〉周刊涉华报道为例》，《新闻世界》2011 年第 1 期。

卫茂平、马佳欣、郑霞：《异域的召唤：德国作家与中国文化》，宁夏人民出版社 2002 年版。

吴家荣主编：《比较文学新编》，安徽教育出版社 2004 年版。

吴悦旗：《近十年德国媒体中的中国制造》，《新闻研究导刊》2016 年第 14 期。

肖丽丽：《中国国家形象在非洲面临的挑战及舆论应对》，《对外传播》2011 年第 8 期。

新华社：《中方愿意为妥善解决达尔富尔问题发挥建设性作用》，http://www.gov.cn/jrzg/2007－04/30/content_602782.htm。

熊健：《从媒体报道谈德国对西藏问题的误解》，《新闻传播》2009年第7期。

徐斌艳：《激进建构主义的认识理论》，《全球教育展望》2001年第10期。

薛衔天：《"黄祸论"或"中国威胁论"的历史与实质》，《百年潮》2007年第1期。

央视网：《指责中国不接受"洋垃圾"？外交部：美应立足自身消化危险废物》，http：//news.cctv.com/2018/03/26/ARTIXYiRv2 ZPWkRbIkiq1wix 180326.shtml。

杨欢、刘笑盈：《从〈世界新闻报〉的实践看我国国际新闻类报纸的生态环境》，载蔡帼芬、刘笑盈主编：《事实与建构：国际新闻的理论与实践》，中国传媒大学出版社2008年版。

叶绪民、朱宝荣、王锡明主编：《比较文学理论与实践》，武汉大学出版社2004年版。

张昆：《国家形象传播》，复旦大学出版社2005年版。

张咏华、殷玉倩：《框架建构理论透视下的国外主流媒体涉华报道——以英国〈卫报〉2005年关于中国的报道为分析样本》，《新闻记者》2006年第8期。

张征：《德国的报业发展与现状》，《新闻与传播研究》1996年第2期。

张征、冯静：《〈明镜〉周刊之"镜中中国"解析》，《国际新闻界》2005年第2期。

郑西帆、宋蒋萱：《德语纪录片〈中国边疆〉建构的多维中国形象分析——兼论如何提高国产纪录片的跨文化传播能力》，《新闻大学》2013年第4期。

中国新闻网：《外交部就苏丹达尔富尔问题、中越关系等答问》，http：//news.cri.cn/gb/18824/2008/01/24/2225@1925703.htm。

周海霞：《负面中国形象之跨文化解读——以德国〈时代〉周报（2006—2007）中的中国形象为例》，载殷桐生主编：《德意志文化研究》（第5辑），外语教学与研究出版社2009年版。

周海霞:《2008 年德国媒体眼中的中国形象——以〈时代〉周报 (2008) 和〈明镜〉周刊 (2008) 中的中国形象为例》,《德语学习学术版》2010 年第 2 期。

周海霞、王建斌:《经济危机时期德国媒体中的动态中国经济形象——以德国主流媒体〈明镜〉周刊和〈时代〉周报 2009—2010 年涉华报道为例》,《德国研究》2011 年第 1 期。

周海霞:《德国影视作品中的中国和中国人——关于德国喜剧电影〈酸甜邻居〉的跨文化解读》,《德语人文研究》2015 年第 2 期。

周海霞:《德国电影中的华人形象和中国形象——以三篇德语故事片为主的分析》,《华侨华人历史研究》2017 年第 3 期。

周海霞:《德国影视作品中的华人影像书写——华人叙事模式与角色类型化分析》,《德国研究》2018 年第 2 期。

周海霞:《"文化飞地":中餐馆与德国华人题材影像的空间叙事》,《华文文学》2018 年第 3 期。

周宁:《世纪末的中国形象:莫名的敌意与恐慌》,《书屋》2003 年第 12 期。